데이터 분석을 위한

LEARN IT

전처리와 시각화 with 파이썬

다양한 예제로 마스터하는 파이썬 실습

오경선, 양숙희, 장은실 지음

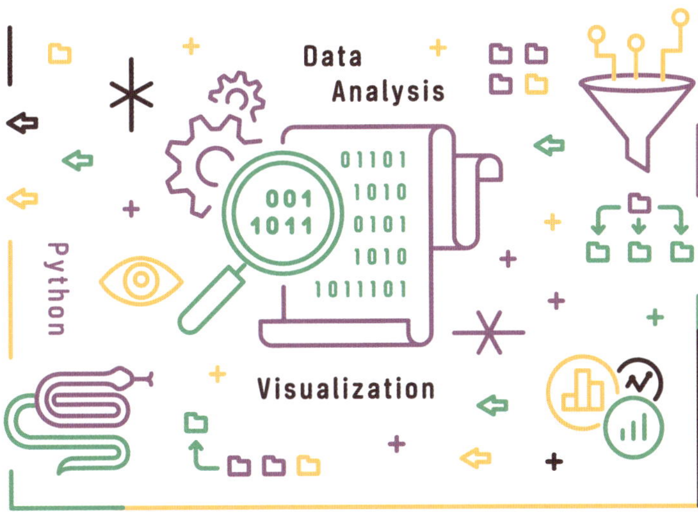

JN443872

길벗 캠퍼스

오경선(Oh KyungSun) | skyal@konkuk.ac.kr
성균관대학교 컴퓨터교육전공 교육학박사, 2017년~2019년 단국대학교 SW중심대학사업단 강의전담 조교수, 2019년~현재 건국대학교 상허교양대학 조교수로 재직, 저서 : 컴퓨팅사고, 데이터 분석, 프로그래밍 등 다양한 분야 집필

양숙희(Yang Sukhee) | ysh8460@skku.edu
동국대학교 경영정보전공 경영학박사, 2003년~현재 신구대 겸임교수, 건국대, 경기대, 연세대, 이화여대 출강, 2012년~현재 연소프트 기술지원 팀장, 2018년~현재 성균관대학교 소프트웨어대학 겸임교수, 2022년~현재 단국대학교 자유교양대학 초빙교수 재직, 저서 : 컴퓨터활용능력, 오피스활용, 데이터 분석, 프로그래밍 등 다양한 분야 집필

장은실(Jang Eunsill) | esjang@joongbu.ac.kr
동국대학교 컴퓨터공학전공 공학박사, 2018년~2020년 성균관대학교 소프트웨어대학 초빙교수, 2020년~2021년 한양대학교 소프트웨어학부 SW교육전담교수, 2021년~현재 중부대학교 학생성장교양학부 조교수 재직, 경기도경제과학진흥원(GBSA), 정보통신기획평가원(IITP), 중소기업기술정보진흥원, 한국연구재단(NRF) 등 심사평가위원, 저서 : 컴퓨팅기반문제해결, 데이터 분석, 프로그래밍 등 다양한 분야 집필

데이터 분석을 위한 전처리와 시각화 with 파이썬

초판 1쇄 발행 • 2023년 5월 1일
초판 2쇄 발행 • 2024년 10월 31일

지은이 • 오경선, 양숙희, 장은실
발행인 • 이종원
발행처 • (주)도서출판 길벗
브랜드 • 길벗캠퍼스
출판사 등록일 • 1990년 12월 24일
주소 • 서울시 마포구 월드컵로 10길 56(서교동)

대표 전화 • 02)332-0931 | 팩스 • 02)323-0586
홈페이지 • www.gilbut.co.kr | 이메일 • gilbut@gilbut.co.kr

책임편집 • 신유진(backdoosan@gilbut.co.kr) | **디자인** • 강은경 | **제작** • 이준호, 손일순
영업마케팅 및 교재 문의 • 박성용(psy1010@gilbut.co.kr) | **영업관리** • 김명자 | **독자지원** • 윤정아

전산편집 • 앤미디어 | **베타테스트** • 채향림, 박혜상 | **CTP 출력 및 인쇄** • 예림인쇄 | **제본** • 예림인쇄

- 길벗캠퍼스는 (주)도서출판 길벗의 IT대학교재 출판 브랜드입니다.
- 잘못된 책은 구입한 서점에서 바꿔 드립니다.

ISBN 979-11-407-0428-6 93000
(길벗 도서번호 060095)

정가 29,000원

머리말

이제는 사람과의 경쟁을 넘어 인공지능과도 경쟁해야 하는 시대가 되었다. 이 시대는 무한 경쟁 사회이며, 어떤 것도 영원 지속 가능한 것이 없는 사회인 것이다. 이는 계속해서 무엇인가 새로운 것을 찾고 분석하여 활용해야 하는 것을 반증하는 것이기도 하다. 기존의 방법이 영원할 수 없다는 것은 새로운 것을 계속 찾아야 한다는 부담일 수도 있지만, 새로운 패러다임을 창출하는 사람이 될 수도 있다는 의미이다. 즉, 언제든지 기회를 만들 수 있고 새로운 기회를 통해 시대의 흐름을 바꿀 수 있는 것이다.

데이터 분석은 현대 사회에서 매우 중요한 역할을 하며, 모든 산업과 분야에서 데이터는 기업과 조직의 성장과 발전을 위한 필수 자원이 되고 있다. 데이터 분석은 이러한 데이터 자원을 활용하여 기업과 조직의 비즈니스 전략 수립과 의사결정에 도움을 주는 핵심 기술이며, 더 이상 전문가에게만 필요한 기술이 아니라 누구나 도구처럼 사용하는 시대가 되었다. 인공지능과 데이터 분석은 학습자 특성, 고객의 소비 성향 파악, 콘텐츠 개발의 의사결정에 필요한 보다 정확한 근거 자료를 위해 활용되고 있으며, 이는 모든 분야에서 보편적인 도구로써 데이터 분석이나 인공지능 기술이 활용되고 있다는 것을 의미한다.

본 교재는 위와 같은 현 시대적 흐름을 반영하여 대학에서 교양 수준으로 데이터 분석을 누구나 쉽게 접근할 수 있도록 크게 네 개 영역으로 구성하여 집필하였다. 첫째 마당에서는 데이터 분석을 처음 시작하는 사람을 위해 어디서부터 시작해야 할지, 어떤 도구와 기술이 필요한지 등 많은 궁금증을 해소할 수 있도록 데이터 분석에 대한 개요와 함께 필요한 기초 지식과 도구 그리고 처리하는 과정과 방법에 대하여 다루었다. 둘째 마당에서는 효율적인 데이터 분석을 위해 데이터 분석가들이 선호하는 언어 중 하나인 파이썬에 대하여 학습하고, 데이터를 처리하고 분석하는 기초를 다질 수 있도록 관련 라이브러리와 패키지의 활용 방법을 다루었다. 셋째 마당에서는 데이터를 수집하고 처리하여 분석하는데 필요한 다양한 라이브러리와 패키지를 사용할 수 있도록 넘파이(NumPy), 판다스(Pandas), 그리고 시각화 라이브러리와 같은 대표적인 데이터 분석 라이브러리를 사용하는 방법을 다루었다. 넷째 마당에서는 어떤 데이터를 분석해야 할지 엄두가 나지 않는 초보자들을 위해 다양한 주제의 데이터를 활용한 미니 프로젝트 수행 과정을 다루어 학습자의 데이터 분석 실력을 향상시킬 수 있도록 하였다.
전체적으로 데이터 분석에 대한 이론적인 내용과 실제 적용 사례를 함께 다루고 있어, 데이터 분석을 처음 접하는 독자도 쉽게 이해하고 활용할 수 있도록 하였다. 더불어, 다양한 분야에서 데이터 분석을 활용하는 방법과 더 나은 의사결정을 위한 데이터 분석 기술도 함께 소개하며, 독자들이 깊이 있는 데이터 분석을 경험할 수 있도록 하였다.

데이터 분석 기술을 보편적인 도구로써 누구나 쉽게 활용할 수 있는 그날까지 저자들은 끊임없이 연구할 것이다. 이 교재를 접한 모든 독자들이 데이터 분석에 대한 도전을 시작으로 시대의 흐름을 바꾸는 기회를 만드는데 도움이 되었으면 한다.

끝으로 본 교재를 집필하는 동안 변함없는 마음으로 진심을 다하여 적극적으로 협조해 주신 집필진분들께 감사의 말씀을 드리며, 책을 출간하기까지 정성을 다해 주신 길벗출판사에 깊은 감사의 말씀을 전한다.

저자 오경선, 양숙희, 장은실

차례

- 책 내용을 따라할 수 있는 실습 파일은 길벗 홈페이지를 통해 제공됩니다.

길벗 출판사 홈페이지(www.gilbut.co.kr) 검색란에 '데이터 분석', '전처리와 시각화'를 검색 → 해당 도서 자료실의 '**실습예제**' 항목 → **실습에 필요한 예제 소스** 내려받기

주차별(15주) 학습 진도표

주차별	챕터	주제	주차별 내용
1주	1장	데이터 분석 개요	오리엔테이션/데이터 분석에 대하여 이해하고 활용 분야에 대하여 알아본 뒤, 데이터 분석 도구 및 처리 과정에 대하여 학습한다.
2주	2장	데이터 분석을 위한 실습 환경	데이터 분석을 실습할 수 있는 환경 중에서 파이썬 IDLE, 주피터 노트북, 구글 코랩에 대하여 학습한다.
3주	3장	데이터 분석을 위한 파이썬 핵심 문법	파이썬 변수, 표준 입 · 출력, 제어문, 함수, 람다 함수, 컬렉션 자료형, 리스트 내포, 정규 표현식, 파일 입 · 출력에 대하여 학습한다.
4주	4장	수치 연산이 쉬운 넘파이	넘파이 배열의 필요성에 대하여 이해하고, 넘파이 배열 속성 조회, 인덱싱과 슬라이싱, 연산, 형태 변환에 대하여 학습한다.
5주	5장	데이터 처리가 쉬운 판다스	판다스에 대하여 이해하고, 객체 생성, 데이터 조회, 데이터 가공, 그룹핑, 결측 데이터 처리, 데이터 병합에 대하여 학습한다.
6주	6장	판다스 활용	판다스 데이터 처리 과정을 익히고, 붓꽃 데이터 셋 분석 및 타이타닉 데이터 셋을 분석한다.
7주	7장	시각화 라이브러리	데이터 시각화의 필요성에 대하여 이해하고, 맷플롯립으로 시각화 및 시본을 활용한 시각화를 입체화한다.
8주	중간고사		
9주	8장	환경 관련 데이터 분석	미세먼지와 날씨와의 상관관계를 분석한다.
10주	9장	행복지수 데이터 분석	대한민국 행복지수 요소별 상관관계를 분석한다.
11주	10장	병원 노쇼 환자 데이터 분석	데이터 전처리에 대하여 이해하고, 예약 환자 데이터 셋을 활용한 정형 데이터의 전처리를 실습한다.
12주	11장	주식 시세 예측 분석	시계열 데이터에 대하여 이해하고, 애플 주식 데이터 셋을 활용한 시계열 전처리를 실습한다.
13주	12장	영화 리뷰 시각화	자연어 전처리 및 워드 클라우드에 대하여 이해하고, 영화 리뷰 데이터 셋을 활용한 자연어 전처리를 실습한다.
14주	13장	대학생 정신 건강 데이터 분석	대학생의 정신 건강 데이터를 가공하여 데이터를 분석하고 시각화하여 분석 결과를 해석할 수 있다.
15주	기말고사		

데이터 분석은 현재 가장 인기있는 분야 중 하나로, 기업과 개인 모두에서 활용되고 있다. 이 분야를 처음 시작한다면 어디서부터 시작해야 할지, 어떤 도구와 기술이 필요한지 등 많은 질문이 생길 수 있다. 첫째 마당에서는 데이터 분석에 대한 개요와 함께 필요한 기초 지식과 도구, 그리고 처리하는 과정과 방법에 대해 살펴본다.

< 첫째 마당 >

데이터 분석 개요

| 1장 |

데이터 분석 개요

학습 목표

- 데이터 분석이 무엇인지 알고 필요성에 대하여 설명한다.
- 데이터 분석 활용 분야에 대하여 설명한다.
- 데이터 분석 도구 종류에는 무엇이 있는지 알고, 데이터 분석 도구로써 파이썬을 설명한다.
- 데이터 분석 처리 과정에 대하여 설명한다.

1 〉 데이터 분석 이해

현시대는 첨단 기술의 발달로 수많은 데이터가 만들어지고 공유되고 있다. 하드웨어와 소프트웨어의 발전으로 PC에서 태블릿, 스마트폰에 이르기까지 다양한 전자기기로 정보들을 손쉽게 만들어 낼 수 있고, 유·무선 인터넷 및 통신기술의 발전으로 초연결사회의 전 세계 사람들은 터치나 클릭만으로 순식간에 정보를 주고받을 수 있는 시대가 되었다. 이렇게 발생된 수많은 데이터는 크게 쓸모 있는 데이터가 아닐 수도 있다. 그러나 약간의 기술과 노력을 기울이게 되면 무수히 많은 분야에서 유용한 정보로 재창출될 수 있다.

우리가 살고 있는 세상은 짧은 순간에도 다양한 종류의 수많은 종류의 데이터들이 생겨나고 있다. 잠들기 전에도 결제하면서 이용한 카드 내역 데이터, 보고서를 작성하면서 만든 문서 데이터, SNS에 올리기 위해 촬영한 사진과 동영상 데이터, SNS 게시물이나 동영상에 남긴 반응이나 댓글 데이터 등이 계속 생성된다. 이 데이터들 중 일부는 스스로가 직접 만든 데이터들도 있지만, 도심지에서 생활하면서 촬영되는 CCTV 데이터 등은 본인의 의지와 상관없이 만들어지는 데이터들이다.

이러한 데이터들은 주어진 조건에 따라 수집, 계산과 비교, 분석, 공유 및 평가되어 활용 가치가 높은 정보가 되는 것이다. 예를 들어, 보기 좋고 건강한 신체를 만들기 원한다면 식단 조절과 운동을 해야 한다. 이는 힘들지 않게 식사 조절하는 방법, 오랫동안 지속적으로 운동할 수 있는 방법 등에 대하여 기록, 계산, 분석 등을 하고 적용해야 효과적으로 원하는 신체를 만들 수 있게 될 것이다.

하지만 전문 트레이너에게 관리받으면서 운동과 제한된 식단을 성실히 실천해도 체지방은 줄지 않고 근육량도 늘지 않는 결과가 나타날 수 있다. 이럴 때는 어느 부분이 잘못되었는지 원인을 찾기 위해 관찰하고 분석해야 한다. 그 원인은 정확하지 않은 데이터가 될 수도 있고, 무리한 목표 기준이 될 수도 있다. 잘못된 결과가 도출될 때까지의 데이터는 새로운 목표 기준을 세우기 위한 기초 자료로 사용하면서 추후 만족스러운 결과에 도달하기 위한 의미있는 데이터로 사용된다.

이와 같이 주어진 데이터를 수집, 계산, 분석하여 새로운 정보를 얻어내거나 예측하기 위한 과정을 데이터 분석이라고 한다. 데이터 분석은 전문 분야에서만 사용되는 것이 아니다. 보기 좋고 건강한 신체를 만들기 위한 예시처럼 우리는 일상생활에서도 의도했든 의도하지 않았든 끊임없이 기록, 계산, 분석하면서 데이터 분석을 하고 있었을 것이다. 이러한 일상생활을 좀 더 확대한 것이 데이터 분석이라고 한다. 데이터 분석은 무엇이고 왜 필요한지, 데이터 분석 도구에는 무엇이 있으며 데이터 분석 처리 과정은 어떻게 되는지에 대하여 알아보자.

1.1 데이터 분석 정의

데이터(Data)란 사실(Fact)을 표현한 것으로써 숫자, 문자, 이미지, 오디오, 동영상 등의 형식으로 나타낸 모든 것을 의미한다. 데이터는 필요에 따라 정보(Information)가 될 수 있다. 예를 들어, 보기 좋고 건강한 신체를 만들기 원하는 사람에게는 현재 자신의 체지방량, 근육량이 운동 및 식단 종류를 선택할 때 유용한 정보가 된다. 하지만 단순히 체지방량과 근육량의 정보만으로 운동 및 식단 종류를 쉽게 결정하지는 않는다. 목적에 따라 종합적으로 수집된 데이터를 기록하고 필요한 계산과 비교 등의 과정을 거쳐 활용 가치가 있는 정보로 도출해 내야 하는데 이러한 작업을 데이터 분석(Data Analysis)이라고 한다.

데이터 분석(Data Analysis)

문제 해결 또는 인사이트 도출을 위한 목적으로 데이터 수집, 전처리 및 정형화, 분석하는 과정이다. 데이터 분석은 여러 가지 접근 방식이 있으며 다양한 기술을 조합하여 서로 다른 비즈니스, 과학, 사회과학 등 다양한 분야에서 사용된다. 오늘날 비즈니스 분야에서 데이터 분석은 의사 결정을 더욱 과학적이고 효율적으로 운영할 수 있도록 도와주는 중요한 역할을 한다.

정확한 데이터 분석을 위해서는 데이터의 특징이나 상태가 매우 중요하다. 데이터 특징을 정리하면 다음과 같다.

표 1-1. 데이터 분석을 위한 데이터 특징

데이터 특징	설명
문제 해결 또는 인사이트 도출을 위한 데이터	데이터 분석을 하는 목적은 문제 해결이나 개선을 위함인데, 목적에 맞지 않은 데이터는 오히려 데이터 분석에 방해가 된다. 예를 들어, 보기 좋고 건강한 신체를 만들기 위해 학력이나 동아리 정보는 필요하지 않다. 없어도 상관없는 데이터는 데이터 분석을 복잡하게 만들기 때문에 반드시 필요한 데이터를 판단해야 한다.
정확한 수치 데이터	데이터 분석을 위해서는 수집한 데이터가 정확한 수치 데이터여야 하고 그 수치 표현 형식도 일관되어야 한다. 예를 들어, 1년 전에 측정한 체중 데이터와 초기에는 킬로그램(kg) 단위로 정의한 체중을 파운드(lb) 단위로 표현한다면 데이터 분석 과정에서 오류가 발생하거나 복잡한 상황이 발생할 것이다. 데이터 분석을 위한 데이터는 정확하고 일관되게 표현되어야 정확한 결과를 얻을 수 있다.
적당한 양의 데이터	데이터 분석을 할 때 적은 양의 데이터를 이용하게 되면 한쪽으로 편향된 결과가 나타나 문제 해결 및 인사이트 도출에 적절하지 않은 정보를 제시할 수도 있다. 반면 너무 많은 양의 데이터를 이용하게 되면 복잡하고 데이터 자체의 가치와 일관성이 떨어질 수도 있다. 데이터 분석을 위해서는 적당한 양의 데이터가 필요한데, 적당한 양의 기준은 데이터 분석 목적에 따라 결정된다.

1.2 데이터 분석 필요성

보기 좋고 건강한 신체를 만들기 원하면서 운동은 하지 않고 식사만 거른다면 체중은 줄어들겠지만, 수분과 근육량만 감소하고 체지방량은 줄지 않기 때문에 보기 좋고 건강한 신체가 만들어지지는 않을 것이다. 건강하고 보기 좋은 신체를 원한다면 자신의 몸 상태에 따라 적당한 운동을 선택해야 하고 식사 습관 등의 생활 습관을 점검하여 나쁜 습관은 개선해야 할 것이다. 또한 몸을 만드는 동안에는 운동과 식단 조절을 하면서 자연스럽게 생활 습관 등을 관찰하게 되는데, 이를 통해 신체 변화에 따른 건강 문제를 점검할 기회를 갖게 된다.

이처럼 데이터 분석은 문제 해결이나 인사이트 도출을 위해 데이터만 있으면 되는 것이 아니라 문제의 핵심을 제대로 파악하는 것으로부터 출발해야 한다. 문제 핵심의 정확한 파악은 문제 상황을 구성하는 데이터에서 정보를 얻는 것이 가장 좋다. 문제 핵심을 파악한 후에는 문제 해결 또는 인사이트 도출의 목적을 정의하고, 그 목적 달성을 위해 필요한 데이터를 수집한다. 수집한 데이터에서 필요한 정보를 추출하고 방안을 제시하여 실행한다면 만족스러운 문제 해결 또는 인사이트 도출을 한다. 만약 방안을 실행하는 도중에 문제가 발생한다면 분석을 통해 얻은 정보를 이용하여 대처가 가능할 것이다. 이와 같은 데이터 분석의 필요성을 정리하면 다음과 같다.

데이터 분석의 필요성

1. 문제 상황을 정확히 파악한다.
2. 문제 해결 및 인사이트 도출을 위한 목적을 정확히 정의한다.
3. 목적에 따라 효율적인 방안을 제시한다.
4. 만족스러운 결과가 도출될 때까지 실행 과정을 평가하고 개선한다.

다음 그림과 같이 데이터 분석을 전문적으로 하는 사람을 데이터 분석가(Data Analyst)라고 한다. 데이터 분석가는 사람들이 어떤 분야에 관심이 있는지, 자주 찾는 정보는 무엇인지, 한번 접근하면 얼마나 머무는지 등의 데이터를 활용 가치가 있는 정보로 만드는 사람이다. 데이터 분석가는 글래스도어(Glassdoor)가 발표한 미국의 베스트 직업 순위에서 2020년에는 44위, 2021년과 2022년에는 35위로 점점 인기가 상승하고 있는 직업이다. 글래스도어에서 발표한 직업 순위는 단순히 높은 연봉 순으로만 선정하지 않고 일과 삶의 균형 측면을 모두 고려하여 최고의 직업 순위를 선정한 결과이다.

문제의 핵심 파악

1. 운동은 하지 않고 체중을 줄이려는 문제
2. 보기 좋고 건강한 신체 만들기
3. 몸 상태에 따른 적당한 운동 선택 및 식사 습관 등의 생활 습관 점검
4. 신체 변화에 따른 건강 문제 점검

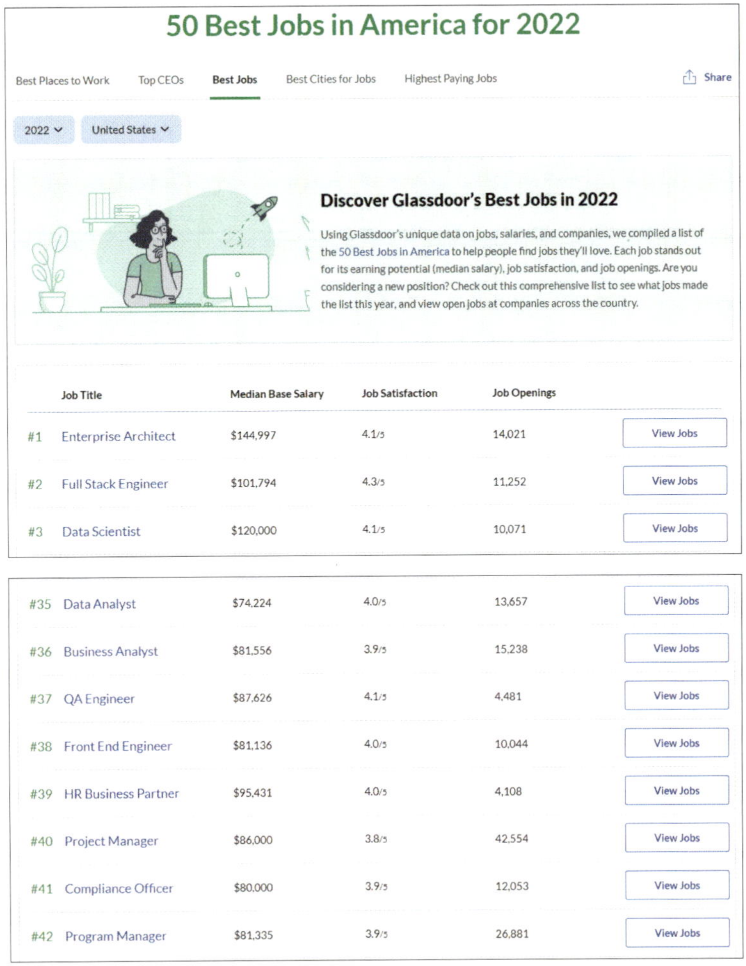
50 Best Jobs in America for 2022

Best Places to Work | Top CEOs | Best Jobs | Best Cities for Jobs | Highest Paying Jobs | Share

2022 | United States

Discover Glassdoor's Best Jobs in 2022

Using Glassdoor's unique data on jobs, salaries, and companies, we compiled a list of the 50 Best Jobs in America to help people find jobs they'll love. Each job stands out for its earning potential (median salary), job satisfaction, and job openings. Are you considering a new position? Check out this comprehensive list to see what jobs made the list this year, and view open jobs at companies across the country.

	Job Title	Median Base Salary	Job Satisfaction	Job Openings	
#1	Enterprise Architect	$144,997	4.1/5	14,021	View Jobs
#2	Full Stack Engineer	$101,794	4.3/5	11,252	View Jobs
#3	Data Scientist	$120,000	4.1/5	10,071	View Jobs
#35	Data Analyst	$74,224	4.0/5	13,657	View Jobs
#36	Business Analyst	$81,556	3.9/5	15,238	View Jobs
#37	QA Engineer	$87,626	4.1/5	4,481	View Jobs
#38	Front End Engineer	$81,136	4.0/5	10,044	View Jobs
#39	HR Business Partner	$95,431	4.0/5	4,108	View Jobs
#40	Project Manager	$86,000	3.8/5	42,554	View Jobs
#41	Compliance Officer	$80,000	3.9/5	12,053	View Jobs
#42	Program Manager	$81,335	3.9/5	26,881	View Jobs

그림 1-1. 2022년 미국의 베스트 직업 순위

2 〉 데이터 분석 활용 분야

ICT 발전으로 인해 관리되지 않고 버려졌던 기존 데이터의 경제적 가치를 찾기 위한 시도들이 시작되었는데, 이러한 시도에서 데이터의 가치를 찾아 활용한 사례가 등장하면서 많은 사람들의 관심이 주목되었다. 실제로 구글, 페이스북, 아마존, 트위터 등의 여러 기업에서 데이터를 활용하여 경제적 가치를 재발견하고 비즈니스에 적용하기 시작하였다.

데이터 분석은 여러 분야에서 활용되고 있는데, 가장 활발하게 활용되고 있는 분야는 마케팅 분야이다. 마케팅 기획과 실현은 소비자 심리학을 바탕으로 이루어졌는데, 이제는 데이터 분석 마케팅이 현실화되면서 기존의 마케팅 전략보다는 소비자와 시장의 데이터 분석 결과에 많은 영향을 받고 있다. 상세 거래 정보, 위치 정보, 구매 패턴과 후기 등의 데이터들을 탐색하고 관계를 분석하여 마케팅 전략을 설계하는 데 활용하고 있다.

2.1 국외 활용 사례

구글, 아마존, DHL, 넷플릭스, 스타벅스 등의 수많은 국외 기업들이 데이터 분석 기술을 활용하고 있는데, 이들 중에서 일부를 정리하면 다음과 같다.

표 1-2. 데이터 분석 국외 활용 사례

분류	국외 기업	활용 내용
고객 관계 관리 / 경험의 변화	아비바생명	고객 맞춤형 보험 상품 제공

고객 관계 관리 / 경험의 변화	사우스웨스트항공	고객 맞춤형 광고
	타겟	고객 맞춤형 상품 프로모션
	넷플릭스	시청자들의 행동 관찰, 선호도 분석을 통한 맞춤형 콘텐츠 제작
	스타벅스	데이터 기반의 상권 분석, 소비자 정보 기반의 추천 서비스
내부 프로세스 / 효율성 개선	DHL	물류 효율화, 투자 의사결정에 참고
	자라(Zara)	효율적인 물류 배송망 운영
	구글	데이터 센터 성능 및 에너지 사용 최적화
	테슬라	데이터 분석을 통해 의사결정을 내리는 데이터 드리븐(Data Driven) 경영 방식 도입
신규 가치 제안 창출	아마존	고객 주문 전에 예측 배송
	GE	산업 인터넷으로 스마트 공장 구현
	후지쯔	농업용 빅데이터 분석 솔루션 제공

2.2 국내 활용 사례

신한카드, 엔씨소프트, 이마트, SK텔레콤 등의 많은 국내 기업들이 데이터 분석 기술을 선택이 아닌 필수적으로 활용하고 있는데, 이들 중에서 일부를 정리하면 다음과 같다.

표 1-3. 데이터 분석 국내 활용 사례

분류	국내 기업	활용 내용
고객 관계 관리 / 경험의 변화	신한카드	고객 라이프 스타일 맞춤형 상품
	KB국민카드	소비자 정보 기반 카드 이용 및 편의성 서비스
	엔씨소프트	사기 탐지(Fraud Detection) 알고리즘을 통한 불법 행위 모니터링
	옥션, G마켓, 11번가	고객 구매력에 따른 개인화된 상품 추천과 광고 배달
내부 프로세스 / 효율성 개선	삼성SDS	제조업 생산성 향상 지원 솔루션
	이마트	데이터 분석을 통해 의사결정을 내리는 데이터 드리븐(Data Driven) 경영 방식으로 생산한 자체생산(PB) 상품
신규 가치 제안 창출	SK텔레콤	상권 분석 및 타겟 마케팅 지원 서비스

국내 정부에서는 코로나19 상황이 발생했을 때 데이터 분석을 이용하여 감염자에 대한 데이터를 디지털화함으로써 바이러스 통제와 확산에 대한 인사이트를 도출하였다. 이를 통해 바이러스 확산 위험을 최소화하는데 많은 도움을 주었다. 국내 K-ICT 빅데이터센터 및 한국지능정보사회진흥원에서는 '빅데이터 기반 사회현안 해결 및 국민 행복 실현'을 위해 시장 창출 및 확대, 산업 육성기반 확대, 지속 발전 가능 생태계 조성을 위해 다양한 사업 지원과 교육 및 인재 양성에 앞장서고 있다.

3 〉 데이터 분석 도구

데이터 분석의 중요성과 필요성이 알려지면서 많은 종류의 데이터 분석 도구가 개발되었다. SAS, SPSS 등의 통계 프로그램, 하둡(Hadoop) 분산 지원 프레임워크, 구글 애널리틱스(Google Analytics) 웹 분석 서비스, R, 파이썬(Python), 엑셀(Excel) 등 다양한 종류의 데이터 분석 도구가 등장했는데, 데이터 분석 도구를 선택할 때 고려해야 할 사항이 있다. 이를 정리하면 다음과 같다.

표 1-4. 데이터 분석 도구를 선택할 때 고려 사항

고려 사항	설명
처리 성능	처리 성능으로는 데이터양과 처리 속도로 판단할 수 있는데, 분석해야 하는 데이터양에 따라 처리 속도가 달라진다. 그렇기 때문에 분석해야 하는 데이터양을 가늠하여 그에 적합한 데이터 분석 도구를 선택해야 한다.
데이터 구성	데이터에는 표 형식으로 구성된 경우가 대부분이지만 종류에 따라 벡터, 행렬 등으로 구성될 수 있다. 데이터의 형태에 따라 그에 맞는 데이터 분석 도구를 선택해야 한다. 즉, 수집된 데이터를 분석에 알맞은 형태로 표현하고 구성하는데 제약이 적은 데이터 분석 도구가 필요하다.
분석 기법	데이터 분석에는 기본 연산, 집계, 통계 기법이 필수로 사용된다. 데이터 분석 도구에서 제공하는 집계, 통계 기법이 다양할수록 다각도로 분석한다. 그렇기 때문에 데이터 분석 목적과 수집된 데이터양에 따라 분석 기법을 선택하고 그 기법을 지원하는 데이터 분석 도구를 선택해야 한다.
시각화	데이터를 분석하고 중간 및 최종 결과를 공유하는 과정에서 가독성과 전달력을 높일 수 있는 기능이 중요하다. 예를 들어, 차트의 경우 분석 목적과 데이터 형식, 분석 기법에 따라 차트 종류를 선택하고 결과를 표현한다. 따라서 결과를 공유할 때 전달력을 높이려면 다양한 시각화 방법과 편리한 편집 기능을 제공하는 데이터 분석 도구가 필요하다.

3.1 데이터 분석 도구 종류

적은 양의 데이터를 분석할 때는 R, SAS, SPSS, 파이썬, 엑셀 등이 유용하고, 빅데이터 분석에는 하둡, 구글 애널리틱스 등이 적합하다. 하둡, 구글 애널리틱스 등은 빅데이터 분석에 표현할 수 있는 데이터 형식과 구성이 무제한이며, R, 파이썬, 엑셀 등은 시각화 기능을 매우 강력하게 지원한다. 시각화를 통한 분석 결과의 공유가 중요해짐에 따라 빅데이터 분석 도구들도 시각화 기능을 갱신하고 있다.

데이터 분석을 하는 목적에 따라 빅데이터 분석 도구가 적절할 때도 있지만, 일반적인 데이터 분석의 경우에는 R, 파이썬, 엑셀 등을 이용해도 충분한 분석이 가능하다. 또한 데이터 분석 과정과 방법을 학습할 때 처음부터 빅데이터를 이용하기 보다는 적은 양의 데이터를 이용하여 데이터 분석 방법을 학습하는 것이 좋아 나중에 빅데이터를 분석할 때는 보다 수월하게 분석할 수 있게 된다. 다양한 데이터 분석 도구 중에서도 적은 양의 데이터 분석에 용이한 R, 파이썬, 엑셀에 대한 특징을 정리하면 다음과 같다.

R

R은 통계학자인 뉴질랜드 오클랜드 대학의 로버트 젠틀맨(Robert Gentleman)과 로스 이하카(Ross Ihaka)가 만든 오픈 소스 통계 프로그래밍 언어로써 통계 목적의 다양한 연산과 출력에 최적화되어 있다. R은 많은 통계 함수 패키지를 제공하기 때문에 제약 없이 다양한 기법으로 데이터를 분석한다. 초보자도 쉽게 데이터 분석 프로그래밍할 수 있도록 다양한 통계 소스를 제공하고 이를 적용하여 쉽게 분석 결과를 얻을 수 있다. 다양한 시각화 기능도 제공하여 분석 과정과 결과를 공유하기 편리하고, 다른 프로그래밍 언어와 연계한 개발 및 웹과 연동 가능하여 개발자 입장에서도 사용하기 편리한 데이터 분석 도구이다.

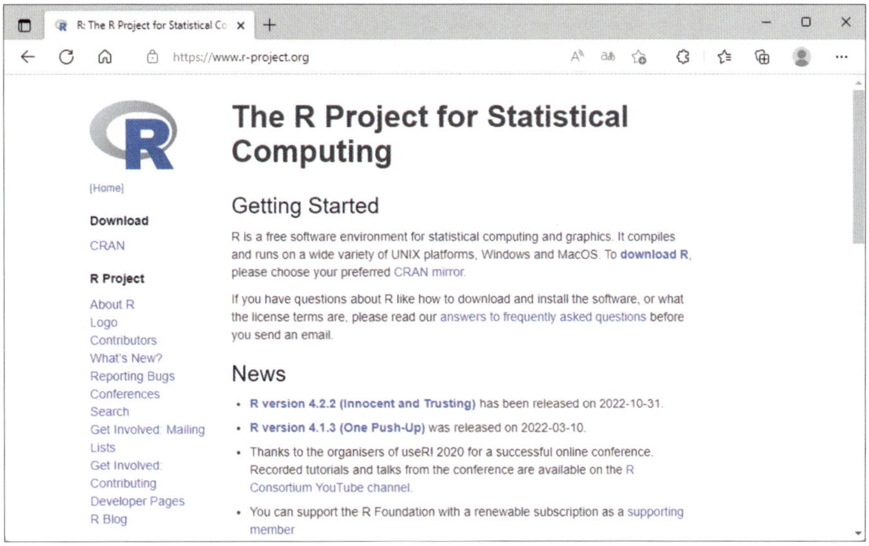

그림 1-2. R 홈페이지

파이썬

파이썬(Python)은 1991년 네덜란드 프로그래머인 귀도 반 로섬(Guido van Rossum)이 만든 프로그래밍 언어다. 교육용 프로그래밍 언어로 최근 인기가 많고 컴퓨터와 대화하는 방식의 인터프리터 언어로 간단하면서도 직관적인 문법 구조로 되어 있어 개발자뿐만 아니라 초보자도 쉽게 배우고 사용한다. 많은 종류의 라이브러리와 확장 패키지를 제공하기 때문에 코드를 작성하는 사람이 원하는 기능을 라이브러리나 패키지에서 찾아서 활용한다. 무엇보다 다른 프로그래밍 언어 또는 데이터베이스와의 호환성이 좋아 빠르고 효과적으로 프로그래밍할 수 있다는 점과 다양한 자료구조를 제공한다는 점은 데이터 분석 도구로써 파이썬의 큰 장점이다. 하지만 통계 프로그래밍을 위해 만들어진 R과 달리 파이썬은 특정 분야를 위해 만들어진 프로그래밍 언어가 아니기 때문에 통계적 라이브러리나 패키지가 R보다는 적은 편이다. 최근에는 통계 라이브러리가 대거 추가되어 데이터 분석 도구로써 점차 개선되고 있지만 빠르지 않은 처리 속도와 제한적인 시각화 기능은 앞으로도 계속 발전될 필요가 있다.

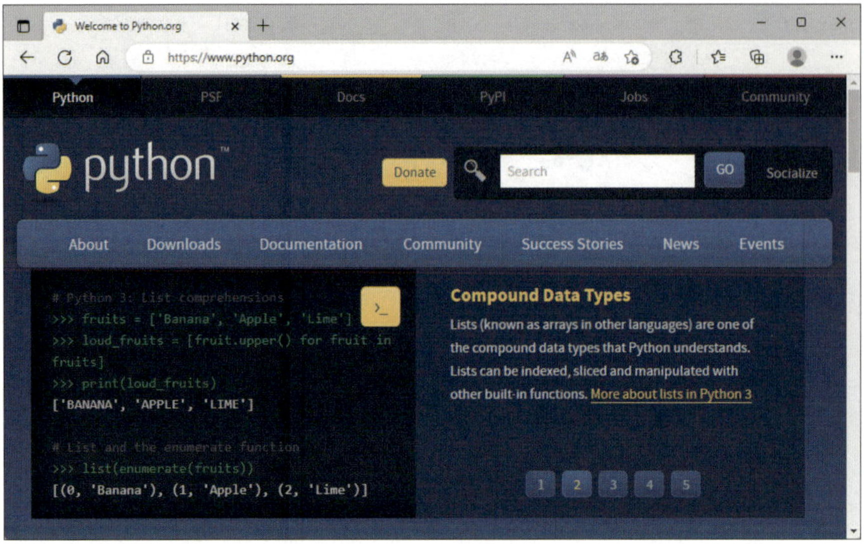

그림 1-3. 파이썬 홈페이지

파이썬 IDLE에서 데이터 분석을 하기 위해서는 라이브러리별로 다운로드 및 설치 과정을 거쳐야 한다. 이 과정이 복잡하고 쉽지 않지만, 아나콘다를 설치하면 웹 브라우저에서 동작하는 주피터 노트북으로 쉽게 데이터 분석을 할 수 있다. 이는 데이터 분석에 파이썬이 크게 성장하는데 영향을 준 이유 중 하나이다.

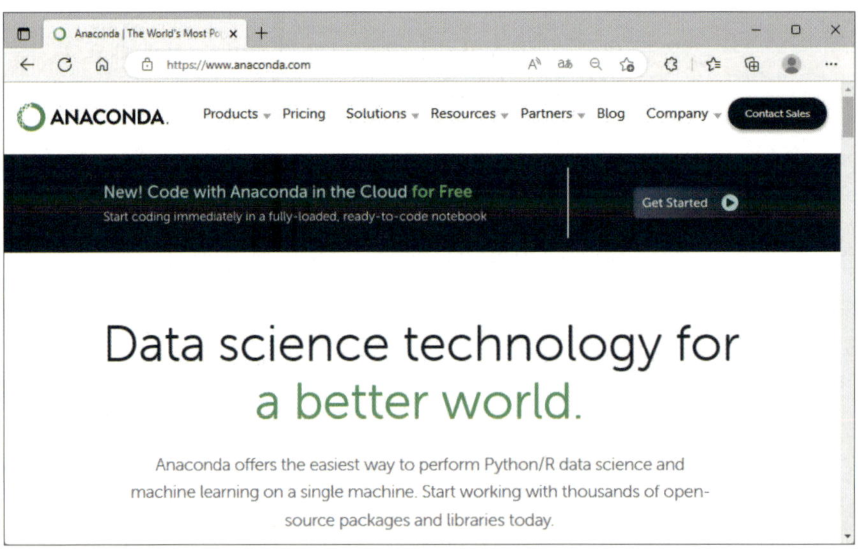

그림 1-4. 아나콘다 홈페이지

파이썬으로 데이터 분석을 하려면 필요한 개발 환경을 PC에 설치해야 한다. 그러나 지금은 별도의 설치 없이 가상 서버에서 데이터 분석을 할 수 있는 도구들이 등장하기 시작했다. 클라우드를 기반으로 제공하는 구글 코랩은 Colaboratory를 줄여서 구글 코랩(Colab)이라고 한다. 구글 코랩은 PC에 설치하여 사용하는 것이 아닌 구글 가상 서버(클라우드 기반)를 사용하기 때문에 좋은 성능과 접근성을 가지고 있다. 특히 PC에 설치하는 과정이 필요 없기 때문에 초보자들도 쉽게 시작할 수 있고, 구글 GPU 무료 접근 및 공유가 간편하다는 장점을 가지고 있다. 단, 구글 계정이 필요하고 인터넷이 연결되는 환경이어야 한다.

데이터 분석에 필요한 코랩 기반의 파이썬 핵심 문법은 둘째 마당에서 자세히 다룬다.

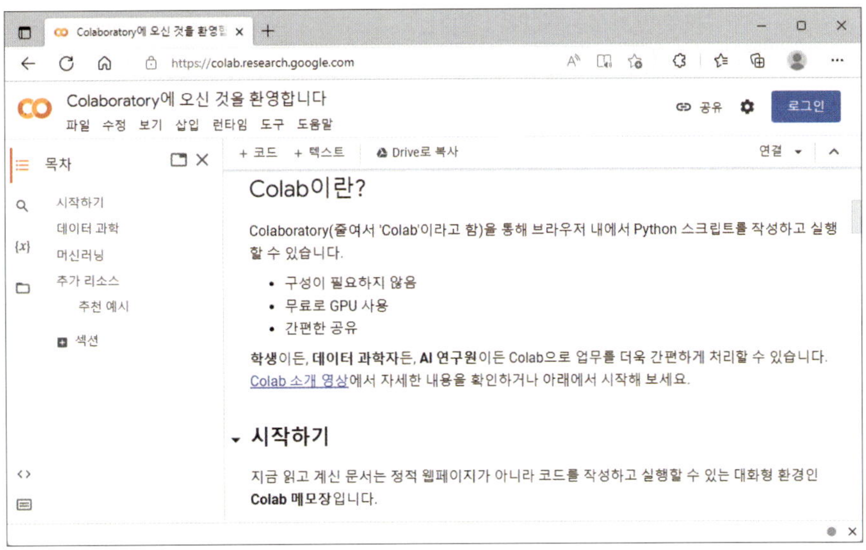

그림 1-5. 구글 코랩 홈페이지

엑셀

엑셀(Excel)은 마이크로소프트 사에서 만든 계산용 스프레드시트 프로그램으로 계산이 많은 문서 작업에 탁월한 기능을 제공한다. 다양한 함수와 차트 등의 시각화 도구를 비롯하여 여러 가지 분석 도구 기능을 제공하기 때문에 데이터 분석 입문자에게는 매우 유용한 데이터 분석 도구이다. 특히 R이나 파이썬은 데이터 관리뿐만 아니라 데이터 분석 코드를 작성하고 관리해야 하지만 엑셀은 데이터 위주의 분석 도구이기 때문에 워크시트를 구성하는 셀에 데이터를 입력하고 필요한 셀에 함수를 적용한 후 결과를 확인하는 방식으로 분석 과정의 데이터 정확성과 일관성에 집중할 수 있게 된다. 필요에 따라 VBscript를 이용하여 더 확장된 데이터 분석도 가능하다.

엑셀은 통계 목적으로 만들어진 프로그램이 아니기 때문에 집계 및 통계 기법과 시각화 기법은 R에 비해 제약이 있지만 데이터 분석에 많이 사용하는 상관 분석, 회귀분석 등의 기본 통계기법이나 머신러닝 기능 등은 수준있는 편이다.

R, 파이썬, 엑셀 모두 적은 양의 데이터 분석에 적당한 도구이지만, 특히 엑셀은 데이터양이 많아질수록 관리가 어려워지기 때문에 처리 용량이나 고급 분석 기능에 있어서는 제약이 있다.

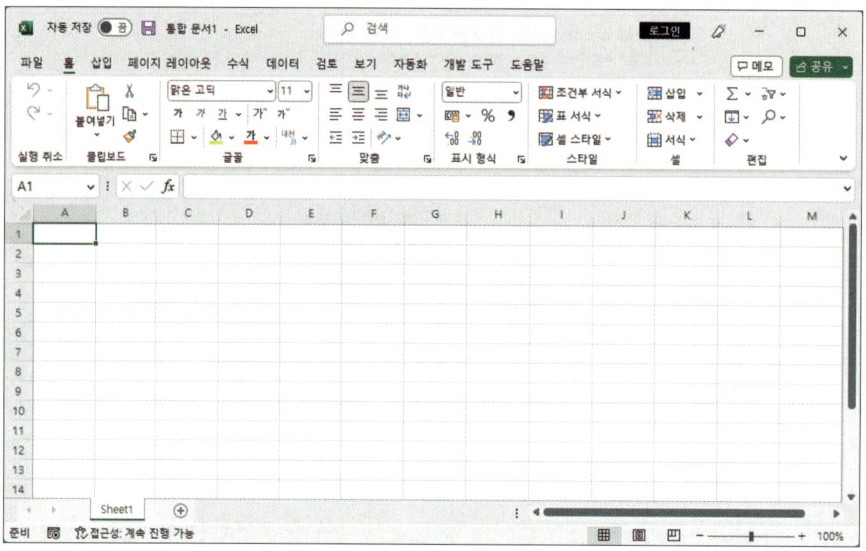

그림 1-6. 엑셀 화면

3.2 데이터 분석 도구로써의 파이썬

파이썬은 데이터 분석 도구로써 지속적으로 발전 중에 있으며, 초보자도 쉽게 배울 수 있다는 강력한 장점 때문에 데이터 분석 도구로 인기가 많은 편이다. 파이썬이 데이터 분석 도구로 유용한 이유를 정리하면 다음과 같다.

표 1-5. 파이썬이 데이터 분석 도구로 유용한 이유

유용한 이유	설명
직관적이고 쉬운 문법	프로그래밍을 배워본 적이 없어도 가장 거부감 없이 접근할 수 있는 프로그램 언어가 파이썬이다. 즉, 프로그래밍 입문 수준의 파이썬 문법 지식과 데이터 분석을 위한 파이썬 라이브러리에 대한 학습을 통해 쉽게 데이터 분석을 한다.
대량의 데이터를 빠르게 처리	웹사이트에서 지속적으로 발생하는 데이터의 경우 웹크롤링과 같은 방법으로 데이터를 분석해야 한다면 파이썬이 적합하다. 대용량 파일 처리 또한 엑셀보다도 빠르게 처리한다. 반복적인 작업도 프로그래밍 처리를 통해 효율을 높일 수 있다.
다양한 라이브러리 지원	파이썬에서 지원하는 다양한 라이브러리는 강력한 장점이 될 수 있다. 기초 문법을 익힐 때는 다소 지루하고 어려울 수 있지만, 이 단계를 지나면 파이썬에서 지원하는 판다스(Pandas), 넘파이(NumPy), 시본(Seaborn), 사이킷런(Scikitlearn), 텐서플로우(Tensorflow) 등의 라이브러리를 이용하여 다양한 서비스를 지원 받을 수 있게 된다.

4 〉 데이터 분석 처리 과정

데이터 분석 처리 과정은 문제 해결의 목적 정의, 데이터 수집, 데이터 전처리와 정형화, 데이터 탐색과 분석, 활용을 위한 공유 및 평가의 단계를 거친다.

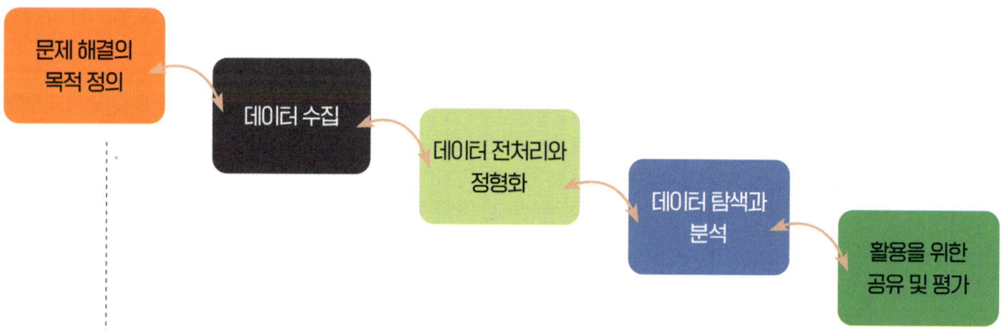

그림 1-7. 데이터 분석 처리 과정

문제 해결 또는 인사이트 도출을 위한 데이터 분석 처리 과정에서는 단계별로 완전히 처리한 후 다음 단계로 진행하는 것이 일반적이지만 매번 단계별로 완전한 처리가 어려울 수 있다. 그렇더라도 단계별 진행을 하면서 문제점이 발견되면 이전 단계로 되돌아가 제대로 처리한 후 다음 단계를 진행하는 것이 데이터 분석 결과의 완성도를 높이는 방법이다.

예를 들어, 데이터 수집 단계에서 문제 해결 목적이 명확하지 않다면 이전 단계로 돌아가 목적을 분명하고 상세히 정의한 후 데이터를 수집하는 것이 좋다. 데이터양이나 종류가 부족하다면 이전 단계로 되돌아가 데이터를 추가로 수집하여 단계별로 진행하는 것이 좋다. 이런 과정을 거치다 보면 마지막 단계인 데이터 분석 활용 단계에 이르기까지 앞 단계를 여러 번 반복할 수도 있다. 데이터 분석 처리 과정의 각 단계에서 어떤 일을 하는지 알아보자.

4.1 문제 해결의 목적 정의

문제 해결을 위한 데이터 분석을 할 때는 가장 먼저 문제가 무엇인지, 무엇을 원하는지를 정의하는 것이다. 문제가 명확하지 않은 상태에서 데이터 분석을 진행하게 되면 완성도 높은 결과를 제시하기 어렵고 문제를 더욱 복잡하게 만들 수도 있다. 문제를 명확히 정의하게 되면 데이터 수집 단계에서 분석을 위한 접근 방법을 결정할 수 있고, 원치 않는 작업을 최소화하여 데이터 분석이 수월해질 수 있다. 따라서 명확한 문제 정의를 하는 것이 데이터 분석의 목적을 정의하는 것이라고 한다. 보기 좋고 건강한 신체 만들기와 같은 개인적인 문제 해결 목적뿐만 아니라 사회적 또는 기업적 측면에서의 다양한 문제 해결 또한 목적이 존재하기 때문에 문제 해결을 위한 목적은 기준과 범위를 분명하고 상세하게 정의해야 한다. 이를 위해 고려해야 할 사항은 다음과 같다.

표 1-6. 문제 해결을 위한 데이터 분석의 목적을 정의할 때 고려 사항

고려 사항	설명
문제의 배경	문제의 배경 이해는 문제 해결 목적을 정하는 데 기준이 된다. 현재의 문제 상황만으로 문제 해결 목적을 정하게 되면 근본적인 문제 해결이 되지 않을 수도 있다. 예를 들어, 보기 좋고 건강한 신체를 만들기 위해 체중 감량에만 목적을 둔다면 결코 원하는 목적을 달성할 수 없게 된다. 따라서 문제 해결을 위한 목적을 정의할 때는 문제 상황 및 배경을 정확하고 상세히 관찰하여 이해해야 한다.
요구 사항 파악	문제의 배경을 이해하고 나면 고려해야 할 요구 사항을 파악해야 한다. 예를 들어, 보기 좋고 건강한 신체를 만들기 위해서는 운동을 해야 하는데, 무릎이 좋지 않다면 무릎에 무리가 가는 운동은 피해야 할 것이다. 이러한 요구 사항은 데이터 분석의 목적을 현실성 있게 정의할 수 있고 분석 과정에서 데이터 간의 연관성을 고려하는 것에도 영향을 준다.
분석 범위	데이터 분석의 목적을 정의하는 것은 무엇을 얼마나 원하는지를 정하는 것으로, 이를 위해서는 분석할 범위를 지정해야 한다. 보기 좋은 신체를 만들기 위한 목표가 근육량 증가와 체지방량 감소인지, 예쁜 옷을 입기 위한 신체 사이즈 감소인지에 따라 필요한 데이터 종류와 양, 분석 방법이 달라질 수 있다. 따라서 데이터 분석 범위를 명확히 함으로써 불필요한 데이터 수집이나 적절하지 않은 분석 방법을 피한다.

위와 같이 문제의 배경, 요구 사항 파악, 분석 범위를 정확히 파악하여 데이터 분석 목적을 정의하면 다음 단계에서 필요한 데이터 종류와 양, 데이터 속성을 정하는 기준이 마련되는 것이다.

4.2 데이터 수집

이전 단계에서 데이터 분석을 위한 목적을 명확히 정의했다면 목적에 맞는 데이터를 수집해야 한다. 데이터를 수집하는 것은 문제를 해결하기 위해 필요한 준비물을 준비하는 것이다. 데이터를 수집하려면 수집할 데이터의 속성을 찾아내서 정의해야 한다. 예를 들어, 보기 좋고 건강한 신체 만들기의 목적을 구성하는 속성에는 기본적으로 신장, 체중, 허리둘레, 근육량, 체지방량, 성별, 나이 등의 정보가 포함될 수 있다. 목적의 요구 사항과 범위에 따라 운동 종류 및 강도, 식습관, 생활 습관, 각종 건강 수치가 필요하다. 이와 같이 목적에 따라 필요한 데이터의 모든 속성을 정의해야 한다. 데이터 속성을 정의할 때는 데이터의 형식과 규칙(실수, 문자, 소수점 이하 자릿수, 유횻값의 범위 등)에 대하여 일관성 있는 기준을 지정해야 하고, 데이터양은 데이터 분석 목적에 따라 최소량의 데이터를 수집하여 데이터 분석 처리 과정을 진행한다. 나중에 필요한 경우 추가로 데이터를 수집하는 것이 좋다.

데이터 수집 방법은 문제 해결 목적 단계에서 어느 정도 결정되는데, 기존의 데이터를 활용하는 방법, 일정 기간 동안 또는 일정량의 데이터가 수집될 때까지 관찰하는 방법, 설문조사 방법 등으로 문제와 목적에 따라 결정한다. 단, 어떤 방법으로 수집하든지 정의된 데이터에 알맞은 데이터를 수집해야 시간 낭비와 오류를 최소화한다.

공공기관 홈페이지에서 무료로 제공하는 공공 데이터를 다운로드하여 수집한다. 다음은 무료로 공공 데이터를 다운로드할 수 있는 공공기관 홈페이지를 정리한 것이다.

표 1-7. 공공기관 홈페이지의 인터넷 주소

기관명	인터넷 주소
ACKIS(문화 예술 지식 정보 시스템)	https://policydb.kcti.re.kr/main.do
AI 허브	https://aihub.or.kr/

Kaggle (세계의 다양한 주제의 데이터)	https://www.kaggle.com/datasets
Quandl(경제, 의료, 부동산 등)	https://www.quandl.com
SGIS(통계 지리 정보 서비스)	http://sgis.kostat.go.kr/
TAAS(교통 사고 분석 시스템)	http://taas.koroad.or.kr/
Uniprot(염기서열)	https://www.uniprot.org
건축데이터 민간개방 시스템	https://open.eais.go.kr/
경기도 공공데이터 개방포털	https://data.gg.go.kr/portal/mainPage.do
경기버스정보	http://www.gbis.go.kr/
고속도로 공공데이터 포털(한국도로공사)	http://data.ex.co.kr/
공공데이터포털	https://www.data.go.kr/index.do
관광지식정보시스템	http://www.tour.go.kr/main.asp
국가공간정보포털(국토교통부)	http://www.nsdi.go.kr/
국가교통DB	https://www.ktdb.go.kr/
국가통계포털	http://kosis.kr/
기미나인(공공데이터 큐레이션 서비스)	https://www.gimi9.com/
기상자료개방포털	https://data.kma.go.kr/
농림축산식품 공공데이터	https://data.mafra.go.kr/main.do
데이콘(AI 해커톤 플랫폼)	https://dacon.io/
보건의료빅데이터개방시스템	http://opendata.hira.or.kr/op/opc/selectOpenDataList.do
부동산통계정보시스템	https://www.reb.or.kr/r-one/main.do
서울 열린 데이터 광장	http://data.seoul.go.kr
서울특별시 대기환경정보	https://cleanair.seoul.go.kr/
영화진흥위원회	http://www.kofic.or.kr/kofic/business/main/main.do
인공지능 팩토리	http://aifactory.space/
국민재난안전포털	https://www.safekorea.go.kr/idsiSFK/neo/main/main.html
정보공개포털	https://www.open.go.kr/
주민등록 인구통계(행정안전부)	https://jumin.mois.go.kr/
지방행정 인허가 데이터개방	http://www.localdata.kr/
철도안전정보종합관리시스템	https://www.railsafety.or.kr/index.do
티머니 카드&페이(대중교통 통계자료)	https://pay.tmoney.co.kr/ncs/pct/ugd/ReadUgdMainGd.dev
학교알리미(초 · 중등 교육정보 공시 서비스)	https://www.schoolinfo.go.kr/Main.do
한국소비자원 참가격	http://www.price.go.kr/tprice/portal/main/main.do

4.3 데이터 전처리와 정형화

데이터 수집 단계에서 확보한 데이터로부터 유용한 정보를 추출하려면 데이터 전처리와 정형화 과정을 거쳐야 한다.

데이터 전처리는 필터링, 데이터 형 변환, 정제 작업 등으로 이루어진다. 필터링으로 불필요하거나 중복된 데이터를 제거하고, 데이터를 형 변환하여 분석이 수월한 데이터 유형으로 변환하며, 정제 작업으로 수집된 데이터의 불일치성을 교정한다. 즉, 데이터 수집 단계에서 손실된 값을 보정하거나 무의미한 데이터를 제거하는 것이다.

데이터 정형화에서는 데이터 분석이 수월하도록 데이터 통합, 데이터 변환, 데이터 축소 등의 가공 작업이 이루어진다. 데이터 통합으로 관련성 있는 데이터끼리 결합하고, 데이터 변환으로 단위 등이 다른 것을 일치하도록 변환하며, 데이터의 고유 특성이 손상되지 않는 범위 내에서 데이터를 축소하여 분석의 효율성을 높인다. 즉, 데이터 가공의 정형화를 통하여 분석의 효율을 높이는 것이다.

데이터 전처리와 정형화는 정형 데이터와 비정형 데이터로 구분하여 넷째 마당에서 자세히 다룬다.

4.4 데이터 탐색과 분석

데이터 탐색과 분석 단계는 문제 해결 목적에 맞는 데이터를 수집하고 전처리 및 정형화 단계를 거친 이후의 단계로써, 미래 상황을 예측할 수 있는 자료로 제공될 수 있도록 다양한 수학적 연산과 추론 방법을 이용한다. 데이터 탐색과 분석은 판다스(Pandas), 넘파이(NumPy), 맷플롯립(Matplotlib) 등의 라이브러리와 함께 셋째 마당에서 자세히 다룬다. 먼저 데이터 분석 단계에서 무엇을 하는지 데이터 탐색과 데이터 일반화 과정으로 구분하여 간단히 살펴보자.

데이터 탐색

데이터 분석을 정확히 하려면 수집된 데이터의 전체를 살펴보는 과정부터 시작해야 한다. 전체적으로 데이터를 살펴보는 과정에서 이전 단계에서 수집한 데이터의 품질을 확인한다. 탐색 단계를 통하여 데이터의 오류, 범주나 형식의 오류, 데이터양의 적절성 등을 확인함으로써 본격적으로 데이터 분석을 시작하기 전에 최종적으로 데이터를 정리하게 된다. 그리고 다양한 통계, 추론식에 필요한 여러 가지 기준값(평균, 중간값, 최댓값, 최솟값, 표본의 수 등)을 마련하는 과정이기도 하다. 데이터 탐색 과정에서의 고려 사항은 다음과 같다.

표 1-8. 데이터 탐색 과정의 고려 사항

고려 사항1 : 문제 상황의 정확한 표현
데이터의 분산과 편향성으로 문제 상황을 정확히 표현했는지 판단한다. 분산은 데이터가 평균에서 떨어진 정도인데, 분산이 너무 크면 데이터의 보편성이 떨어지기 때문에 문제 해결의 일반화된 예측이 어렵고 너무 작으면 문제 상황의 다양한 가능성을 충분히 반영하지 못한다. 편향성은 예측값에 데이터가 치우친 정도인데, 편향성이 너무 높으면 예측값에 가깝기 때문에 문제 상황의 정확한 규칙 발견이 어렵고 너무 낮으면 문제 상황은 정확히 반영할 수 있지만 보편성이 떨어지기 때문에 일반화하기 어려울 수 있다. 분산과 편향성의 균형을 맞추는 것은 어렵지만 수학적 계산과 판단으로 데이터의 분산과 편향성의 균형을 최대화하여 분석에 활용해야 한다.

고려 사항2 : 일관성 있는 문제 상황 반영
수집한 데이터의 내용과 형식이 문제 해결 목적에서 벗어나 일관성 없는 데이터가 되면 이를 가지고 분석할 경우 오류가 발생하거나 문제 해결과 무관한 결과를 얻게 될 수 있다. 일관성을 유지하는 가장 기본적인 방법은 문제 해결 목적 정의 단계에서 문제와 목적을 명확히 정의하고 데이터 수집 단계에서 데이터를 상세하고 정확하게 정의하는 것이다. 이를 통해 데이터 분석에 필요한 데이터를 구분하고 정확한 측정 기준을 제공하여 데이터 내용과 형식의 일관성을 유지할 수 있게 된다.

위의 두 가지 고려 사항 기준에서 벗어난 데이터가 있다면 데이터 수집 단계로 되돌아가 데이터 수정 및 추가 수집 등의 작업을 다시 수행해야 한다.

데이터 일반화

데이터 일반화 과정에서는 문제 해결 목적에 따른 문제 상황을 이해하고 개선 및 해결 방법을 위한 근거를 마련한다. 문제 상황의 이해는 개선 또는 문제 해결책 제시를 위한 가장 기본적인 단계이기 때문에 데이터 탐색 과정에서 정리한 데이터를 이용하여 최대한의 정보를 도출해야 한다. 따라서 정의된 문제와 목적에 따라 데이터 계산, 정렬, 분류, 비교 등의 작업과 다양한 통계적 추론 방법을 활용한다. 데이터 일반화 과정의 주요 작업은 다음과 같다.

데이터 일반화 과정의 주요 작업

1. 데이터의 대푯값(평균, 최대, 최소 등) 파악
2. 데이터 범위, 분산 및 편향성을 이용한 규칙성과 특이점 발견
3. 조건에 따른 필터링, 그룹화를 이용하여 데이터 선별 및 비교
4. 미래 예측 및 개선 방향 제안

위의 주요 작업은 필요에 따라 선택적으로 수행한다. 어떤 작업이든 정의된 문제와 목적에 필요한 결과물을 얻어낸다면 데이터 일반화 과정에 해당된다.

4.5 활용을 위한 공유 및 평가

데이터 분석 결과가 도출되면 올바른 개선 또는 해결책 제시를 위하여 공유하여 평가한다. 평가를 위한 공유에서는 다음과 같은 내용을 포함한다.

공유 사항

1. 데이터 분석 계기, 문제 해결 목적과 정의된 문제
2. 수집된 데이터의 상세 내용 및 수집 방법
3. 정의된 목적에 따른 분석 방법과 결과
4. 분석 결과를 통해 도출한 과거와 현재 상황
5. 예측 가능한 미래 상황과 대안

위의 내용을 포함하여 공유하면 데이터 분석 과정의 단계에서 도출한 결과를 검토하고 평가한다. 평가 결과에 따른 개선 또는 해결책은 문제 상황에 적용한 후 얻어낸 새로운 데이터를 기록하고 올바른 개선 또는 해결책을 평가한다. 공유

및 평가 단계는 문제 상황과 결과 이해는 물론, 분석 결과에 따른 개선이나 해결책을 제시함으로써 문제 해결을 시도한 후의 성과 기록과 평가의 모든 것을 포함해야 한다.

공유 및 평가 단계에서 가장 효율적인 기능은 시각화다. 수치 데이터와 데이터 분석의 중간 및 최종 결과를 차트 등으로 도식화하여 표현함으로써 데이터의 전체적인 특징을 한 눈에 쉽게 파악할 수 있다. 이에 시각화는 미래 동향을 예측하여 시뮬레이션할 때 효율적인 기능을 제공한다.

연습 문제

연습 01 데이터 분석의 정의를 작성하세요.

연습 02 데이터 분석이 필요한 이유를 작성하세요.

연습 03 데이터 분석 활용 분야에 대하여 작성하세요.

연습 04

데이터 분석 도구의 종류를 작성하세요.

연습 05

데이터 분석 도구로써 파이썬의 장점을 작성하세요.

연습 06

데이터 분석 처리 과정을 작성하세요.

파이썬은 높은 생산성, 다양한 라이브러리와 패키지, 그리고 다양한 도구와 기술을 제공하여 데이터 분석가들이 선호하는 언어 중 하나이다. 둘째 마당에서는 파이썬을 사용하여 데이터를 처리하고 분석하는 기초를 다지고, 데이터 분석에 필요한 라이브러리와 패키지의 활용 방법을 배운다. 이를 통해 실제 데이터 분석 업무에서 파이썬을 더욱 자유롭게 사용할 수 있게 될 것이다.

< 둘째 마당 >

파이썬 기초

| 2장 |

데이터 분석을 위한 실습 환경

학습 목표

- 데이터 분석을 위한 실습 환경을 이해한다.
- 파이썬 IDLE을 이해하고, 파이썬 IDLE 환경에서 파이썬 코드를 실행한다.
- 주피터 노트북에 대하여 이해하고, 주피터 노트북 환경에서 파이썬 코드를 실행한다.
- 구글 코랩을 이해하고, 구글 코랩 환경에서 파이썬 코드를 실행한다.

1 〉 파이썬 IDLE

소규모 프로젝트에서 사용되었던 파이썬은 점차 완성도가 높아지면서 많은 기업의 개발 언어로 사용되고 있다. 대표 예로 구글은 자바와 함께 파이썬을 주 언어로 사용하여 많은 서비스를 만들고 있다. 최근에는 데이터 분석 및 인공지능 관련 라이브러리가 대거 추가되면서 데이터 분석 도구로써 빠르게 발전하고 있다.

파이썬은 쉬운 문법 구조, 무한 정수 처리 가능, 다양한 라이브러리 존재, 쉬운 이미지 처리의 특징을 가지고 있다. 파이썬의 대표적인 특징을 정리하면 다음과 같다.

파이썬 특징	
쉬운 문법 구조	• 파이썬은 다른 언어에 비해서 문법 구조가 쉽다. • 프로그램 개발, 수정, 실행 단계가 빠르다. • 프로그래밍 언어를 처음 배우는 사람도 쉽게 익힐 수 있다.
무한 정수 처리	• 컴퓨터의 메모리 용량만 넉넉하다면 무한 정수를 처리한다. • 다양한 산업 및 과학 분야의 복잡하고 어려운 계산에 활용된다.
다양한 라이브러리	• 개발자들이 만든 많은 라이브러리로 좀 더 쉽고 빠르게 프로그래밍할 수 있다. • 라이브러리는 대체로 무료이며, 누구든지 특정 기능의 라이브러리를 만들어 배포할 수 있다.
쉬운 이미지 처리	• 다른 언어에 비해서 상대적으로 이미지 처리를 쉽게 한다. • 많은 산업 분야의 이미지 처리에 활용된다.

이러한 파이썬을 이용하여 데이터 분석을 수행하는 개발 환경은 다양하다. 본 교재는 구글 코랩 환경에서 데이터 분석 실습을 진행하지만, 〈2장〉에서는 다양한 데이터 분석 실습 환경을 소개하고자 파이썬 IDLE, 주피터 노트북, 구글 코랩 실습 환경을 소개한다.

1.1 파이썬 IDLE 기본 사용법

먼저 파이썬 설치 파일을 다운로드하고 설치하는 방법을 알아본다. 본 교재에서는 윈도우 운영체제 중심으로 설명하므로 다른 운영체제는 파이썬 홈페이지(https://www.python.org/)의 설명을 참고하여 설치한다.

파이썬 IDLE 설치하기

파이썬 홈페이지(https://www.python.org/)에 접속하고 메뉴의 'Downloads'에서 윈도우용 파이썬을 선택하여 다운로드한다. 이때 Python 3.x로 시작하는 버전 중 가장 최신 버전을 선택하여 설치한다.

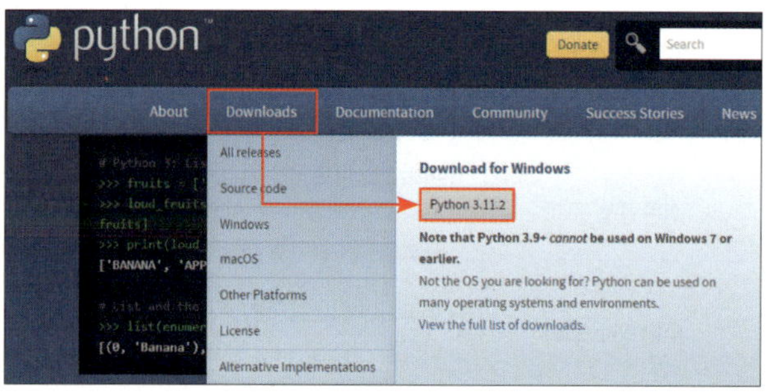

다운로드한 파이썬 설치 파일을 더블클릭하여 실행한다. Setup 대화상자가 표시되면 'Add Python.exe to PATH'를 체크 표시하고 'Install Now'를 선택한다.

설치가 완료되면 〈Close〉 버튼을 클릭하여 종료한다.

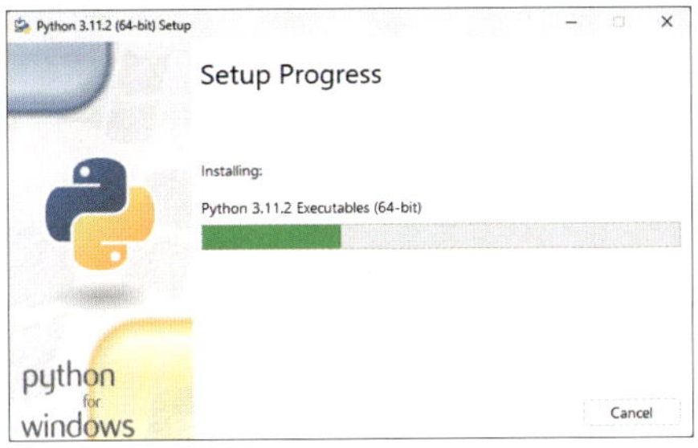

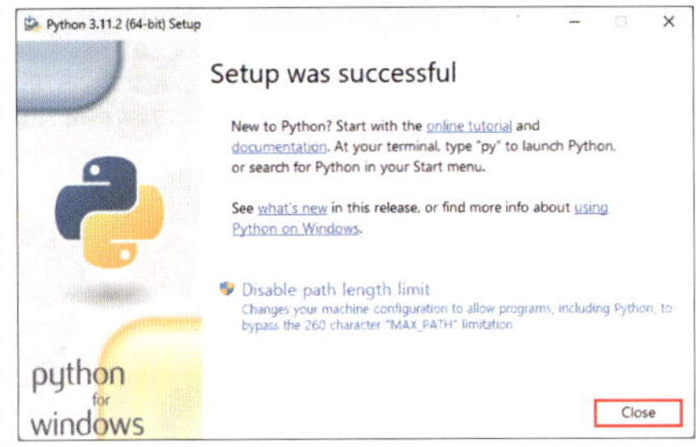

파이썬이 성공적으로 설치되었는지 확인하기 위해 시작 메뉴에서 확인한다.

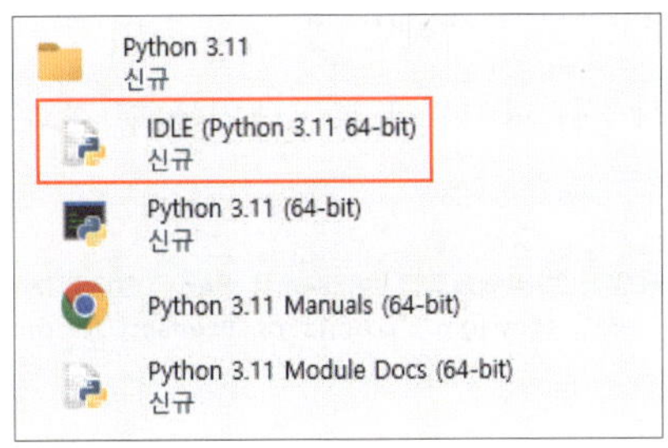

파이썬 IDLE 살펴보기

파이썬 문법을 본격적으로 학습하기 전에 파이썬 IDLE(Integrated Development and Learning Environment) 기능을 살펴본다. 윈도우 '시작' 아이콘(⊞)을 클릭하고 'idle'을 입력하여 표시되는 검색 결과에서 'IDLE (Python 3.11 64-bit)'를 선택하여 실행한다. 파이썬 IDLE은 파이썬 프로그래밍 작성을 도와주는 통합개발 환경이다.

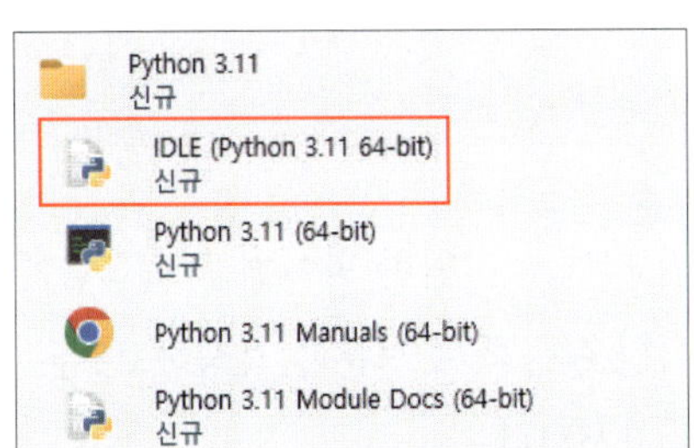

파이썬 IDLE은 셸 모드와 편집 모드의 두 가지 종류로 구성된다.

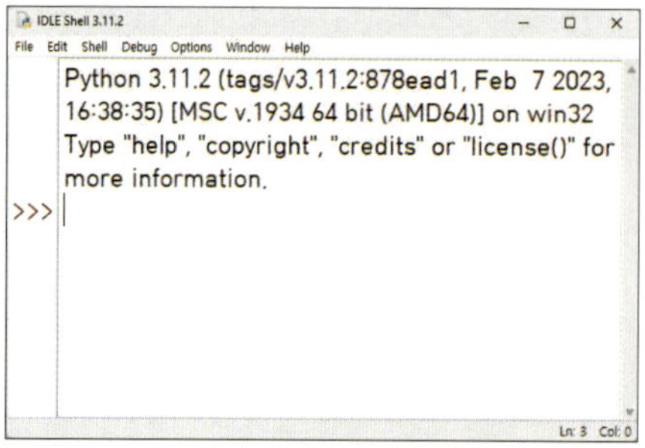

셸 모드

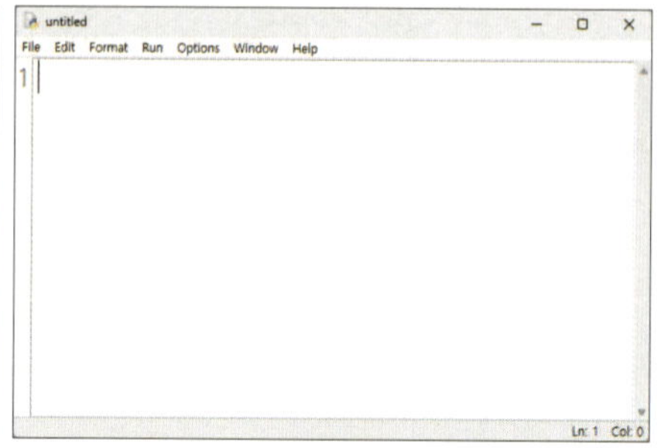

편집 모드

파이썬 IDLE을 실행하면 셸(Shell) 창이 먼저 나타난다. 셸 창에서는 IDLE 편집 창에서 작성한 파이썬 프로그램의 실행 결과를 확인할 수 있다.

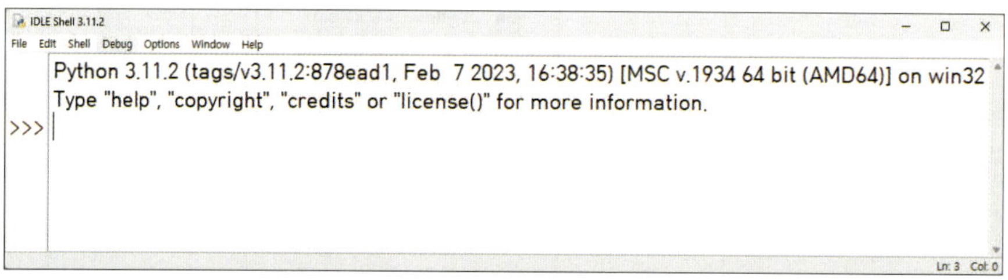

프로그램은 IDLE 편집 창에서 작성한다. IDLE 셸 창 메뉴에서 [File] → [New File]을 선택하여 실행하면 오른쪽 그림과 같이 빈 문서의 편집 창이 표시된다.

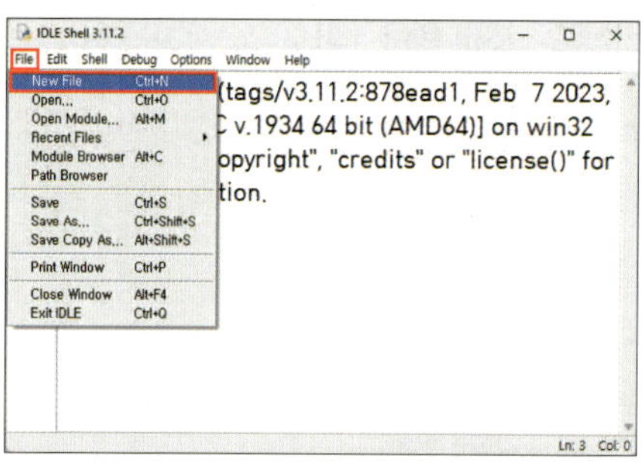

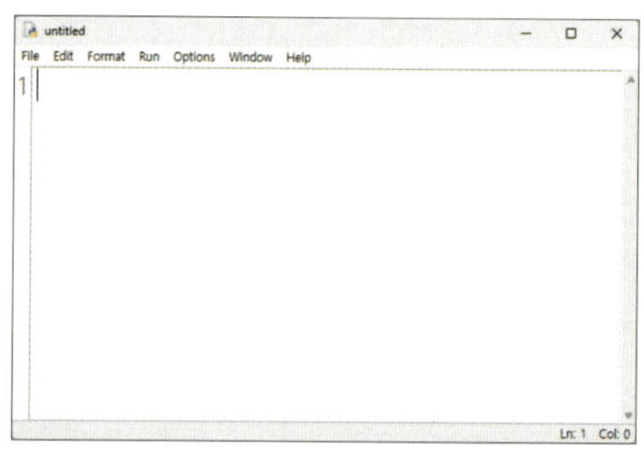

이제 편집 창에서 간단한 파이썬 프로그램을 작성해 보자. 첫 번째 문장은 '# 첫 번째 파이썬 실습'의 주석문을 작성하고, 두 번째 문장은 'print("반갑습니다.")'의 출력문을 작성한다.

실습 코드 2-1

첫 번째 파이썬 실습

```
# 첫 번째 파이썬 실습
print("반갑습니다.")
```

위에서 작성한 프로그램을 실행한다. 편집 창 메뉴에서 [Run] → [Run Module (F5)]을 선택한다. Save Before Run or Check 대화상자가 표시되면 〈확인〉 버튼을 클릭하여 파일을 저장할 수 있다.

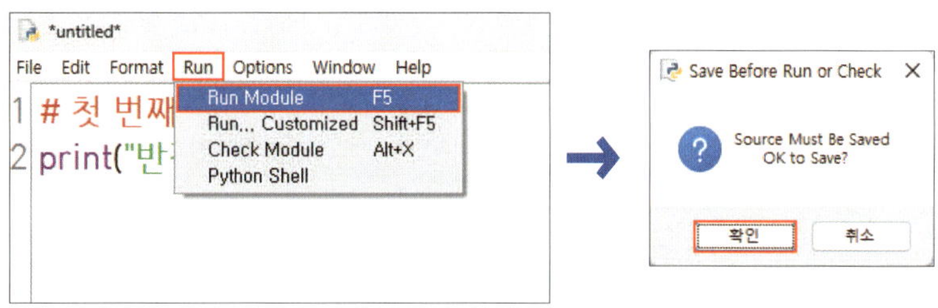

다른 이름으로 저장 대화상자가 표시되면 원하는 위치를 지정하고 파일 이름에 '예제02-1.py'를 입력한 다음 〈저장〉 버튼을 클릭하여 저장한다. py는 파이썬 파일의 확장자로 파일을 저장하면 파이썬 프로그램이 실행되고 결과는 셸 창에 출력된다. 다음 예시처럼 파이썬은 줄 바꿈을 통해 문장 작성을 완료하고 실행한다. 파이썬은 좀 더 쉽게 프로그램을 작성할 수 있도록 명령문 끝에 줄 바꿈을 이용하여 표현한다. 때문에 x=1 y=2 print(x+y)처럼 한 줄로 표현하게 되면 파이썬에서는 문법 오류가 발생한다. 하나의 명령문이 끝나면 반드시 줄 바꿈을 해야 한다.

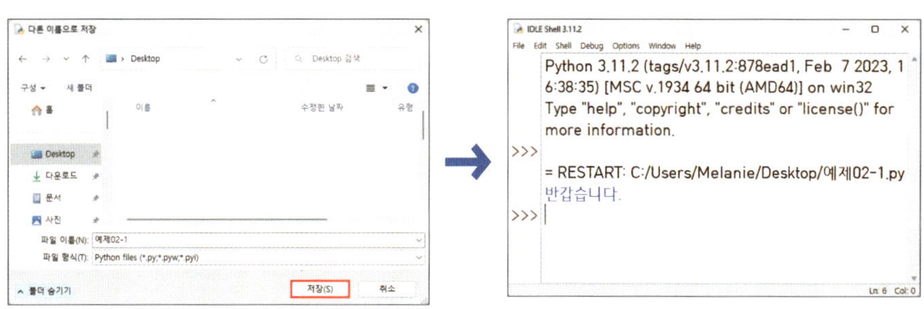

잠깐만요

문법 오류(Syntax Error)

프로그래밍 언어를 이용하여 명령문을 표현하는 규칙을 '문법'이라고 한다. 컴퓨터는 조금만 문법에 어긋나도 이해하지 못하고 오류가 발생하는데, 이러한 오류를 '문법 오류(Syntax Error)'라고 한다. 컴퓨터 프로그램은 반드시 문법 오류가 없는 명령문들의 집합으로 구성해야 실행된다.

주로 하나의 명령문 결과를 즉시 확인할 때는 셸 창을 이용하고, 여러 명령문을 한 번에 작성하거나 여러 번 재사용할 때는 편집 창을 이용하여 실습한다. IDLE 셸 모드와 편집 모드의 특징을 정리하면 다음과 같다.

특징	셸 모드	편집 모드
장점	한 줄 단위로 코드를 입력하여 사용자와 상호 동작할 수 있고 실시간으로 결과를 확인한다.	명령문들을 입력하여 파이썬 파일(*.py)로 저장하고 전체 내용을 한 번에 실행하여 재사용이 가능하다.
단점	코드를 저장하지 않아 재사용이 불가능하다.	입력한 명령에 오류가 있으면 명령문 실행 결과를 출력하지 않는다.
실행	기본 IDLE를 실행하면 나오는 셸 프롬프트(>>>)에 명령을 입력하여 사용한다.	IDLE을 실행하고 메뉴에서 〔File〕 → 〔New File〕을 선택하거나 Ctrl+N을 눌러 열리는 편집 창에 명령문을 입력하고, 〔Run〕 → 〔Run Module〕 또는 F5를 눌러 실행한다.

파이썬 IDLE에서 데이터 분석에 필요한 라이브러리를 사용하기 위해서는 파이썬과 별도로 각 라이브러리마다 다운로드 및 설치 과정을 거쳐야 한다. 이 과정은 생각보다 복잡하고 버전 관리가 쉽지 않다는 단점이 있다.

2 주피터 노트북

주피터 노트북(Jupyter Notebook)은 오픈소스 기반의 웹 플랫폼 개발 환경으로, 웹 브라우저에서 파이썬 코드를 작성하고 실행할 수 있다. 데이터 분석을 위한 다양한 기능과 머신러닝, 딥러닝 등에 활용되는데, 이를 통해 손쉽게 데이터를 시각화하고 분석할 수 있다. 주피터 노트북의 특징을 정리하면 다음과 같다.

주피터 노트북의 특징

1. 다양한 프로그래밍 언어를 지원한다.
2. 소스코드 실행 결과를 그대로 저장하여 공유할 수 있어 데이터 분석 과정을 순서대로 전달할 수 있다.
3. 시각화(그래프, 마크다운)를 만드는데 매우 유용하다.
4. 개발 도중에도 프로그램을 계속해서 실행하여 확인할 수 있다.

이와 같은 장점에도 불구하고 다른 디바이스에서 같은 프로젝트를 이어서 진행하기 비교적 까다롭다는 단점이 있다.

2.1 주피터 노트북 기본 사용법

주피터 노트북을 사용하기 위해서는 아나콘다(Anaconda)를 설치해야 한다. 아나콘다는 파이썬과 다양한 라이브러리를 포함한 패키지를 제공하여 데이터 분석 및 머신러닝 등에 필요한 환경을 손쉽게 구축할 수 있다. 본 교재에서는 윈도우 운영체제 중심으로 설명하므로 다른 운영체제는 아나콘다 홈페이지(https://www.anaconda.com/products/distribution)의 설명을 참고하여 설치한다.

아나콘다 설치하기

아나콘다 홈페이지(https://www.anaconda.com/products/distribution)에 접속하고 윈도우용 설치 파일의 〈Download〉 버튼을 클릭하여 다운로드한다.

다운로드한 설치 파일에서 마우스 오른쪽 버튼을 클릭하여 메뉴가 표시되면 '관리자 권한으로 실행'을 선택한다. '이 앱이 디바이스를 변경할 수 있도록 허용하시겠어요?'라는 창이 표시되면 〈예〉 버튼을 클릭하여 설치를 시작한다.

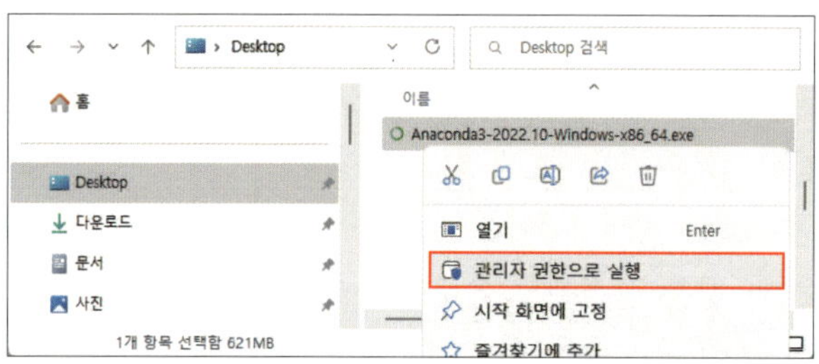

Setup 대화상자에서 〈Next〉 버튼을 클릭한다. 라이선스 동의 여부를 묻는 창이 나타나면 〈I Agree〉 버튼을 클릭한다.

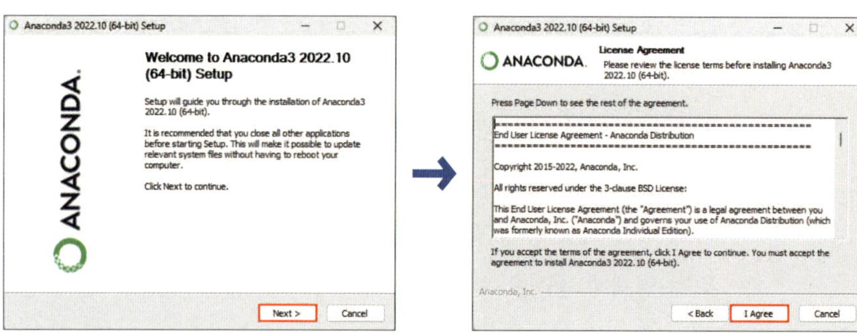

아나콘다 사용자 선택 창이 나타나면 현재 운영체제에서 로그인한 사용자만 사용할 수 있도록 'Just Me(recommended)'를 선택하고 〈Next〉 버튼을 클릭한다. 설치 위치를 지정하는 창이 나타나면 원하는 위치를 지정하고 〈Next〉 버튼을 클릭한다.

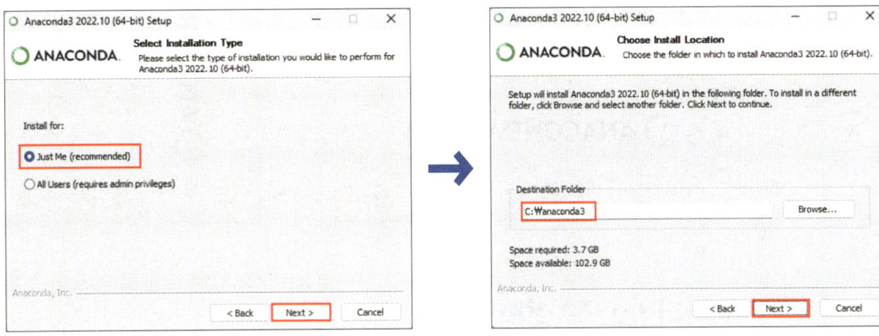

잠깐만요

설치 경로 주의사항

간혹 한글이거나 빈칸이 있는 폴더에 설치하게 되면 정상적으로 동작하지 않는 문제가 발생하거나, 경로명이 너무 길면 라이브러리를 참조할 때 최대 길이를 초과하는 경우가 발생한다. **최대한 짧은 경로**의 **빈칸 없는 영문 이름**의 폴더에 설치하는 것이 좋다.

고급 옵션 설정 창이 나타나면 기본값이 선택된 상태로 〈Install〉 버튼을 클릭하여 설치를 시작한다.

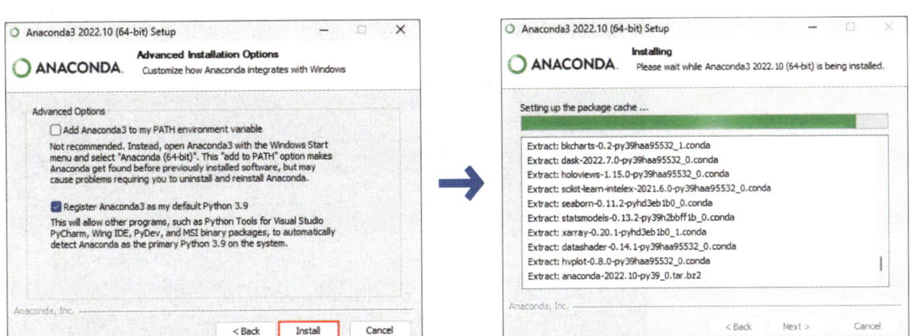

〈Next〉 버튼을 클릭하면 아나콘다 설치 완료 창이 나타난다. 〈Finish〉 버튼을 클릭하여 아나콘다 설치를 마친다.

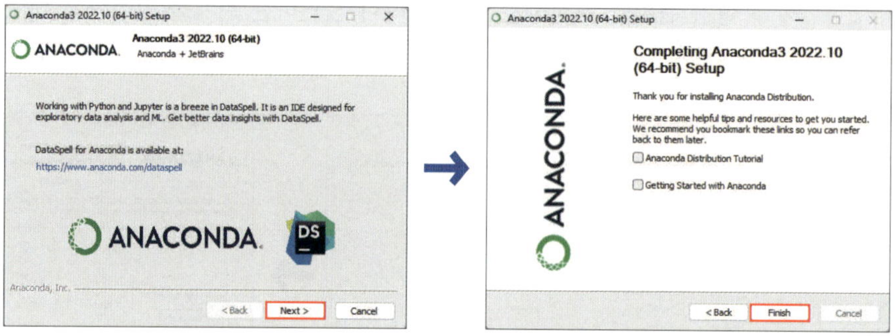

주피터 노트북 살펴보기

윈도우 '시작' 아이콘(■)을 클릭하고 'jupyter'를 입력하여 표시되는 검색 결과에서 'Jupyter Notebook (anaconda3)'을 선택하여 실행한다.

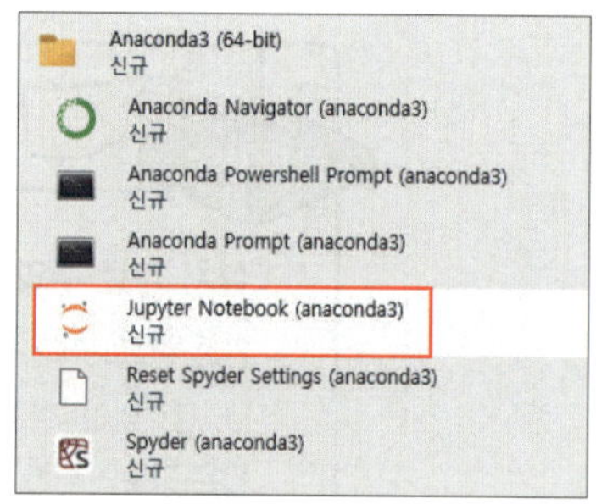

주피터 노트북이 실행되면 터미널 창이 열린 후 웹 브라우저에서 주피터 노트북 홈페이지가 표시된다.

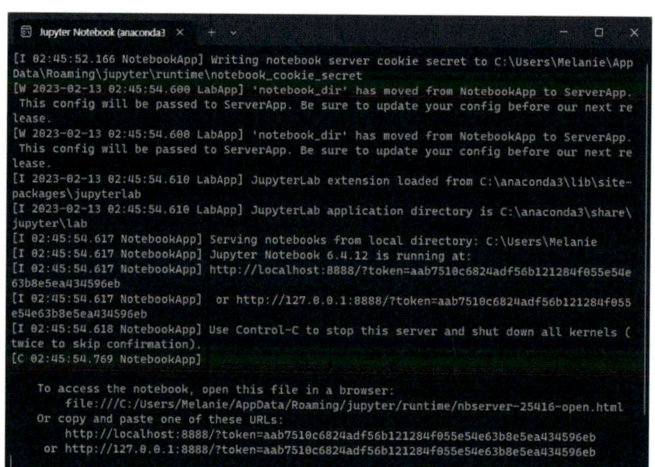

주피터 노트북 홈페이지의 폴더 목록은 로그인한 윈도우 사용자의 홈 경로이다. 보통 'C:₩사용자₩(사용자이름)'에 있는 목록이기 때문에 사용자마다 다르게 보일 것이다.

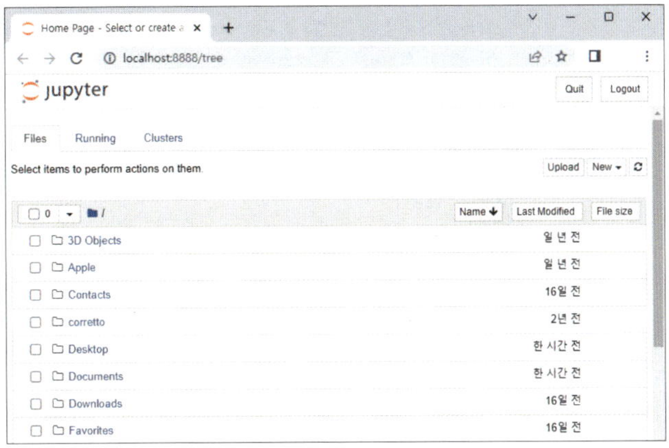

새로운 작업을 위해 화면의 오른쪽 상단에서 〈New〉 버튼을 클릭하고 표시되는 'Python 3 (ipykernel)'을 선택한다.

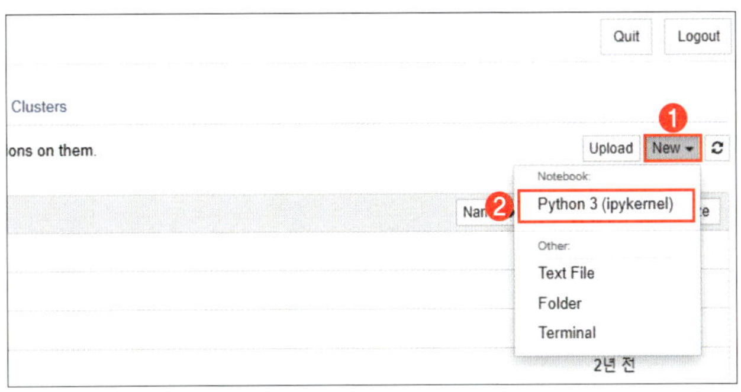

새로운 탭이 열리면서 신규 노트북 파일이 생성된다.

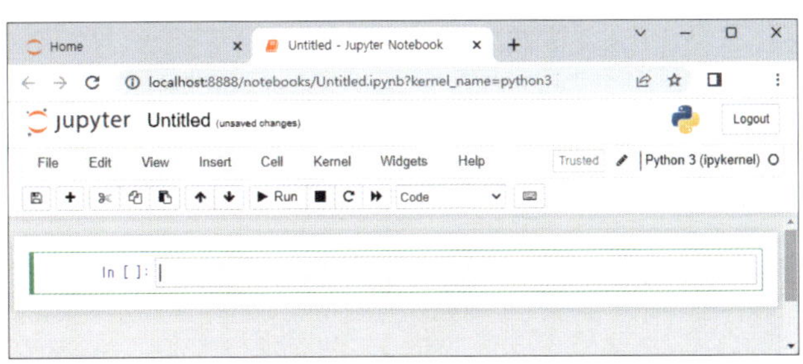

생성된 노트북 파일의 이름을 변경하기 위해 상단에 있는 'Untitled'를 클릭하면 파일 이름 변경 창이 표시된다. 'Untitled'에서 '예제02-2'로 변경하고 〈Rename〉 버튼을 클릭한다.

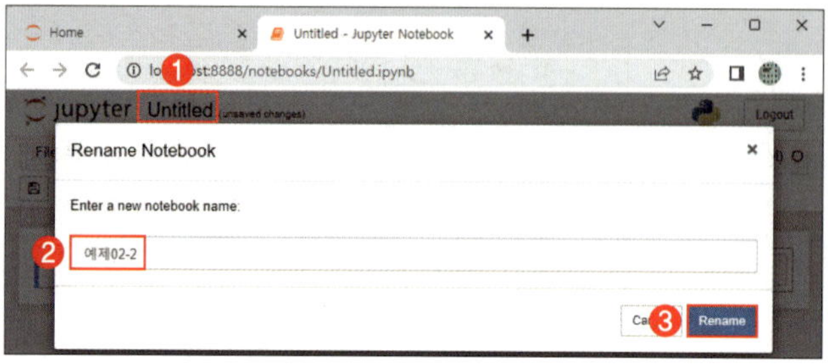

다음과 같이 이름이 변경된다.

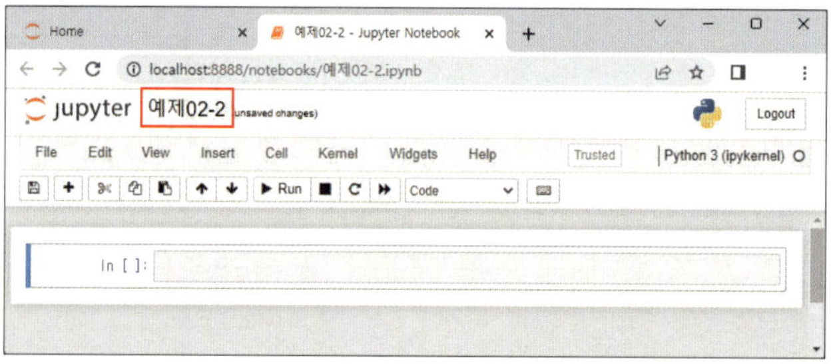

변경된 이름은 주피터 노트북 홈페이지에서도 확인 가능하다. 파일 이름 뒤에 붙는 .ipynb는 확장자이다.

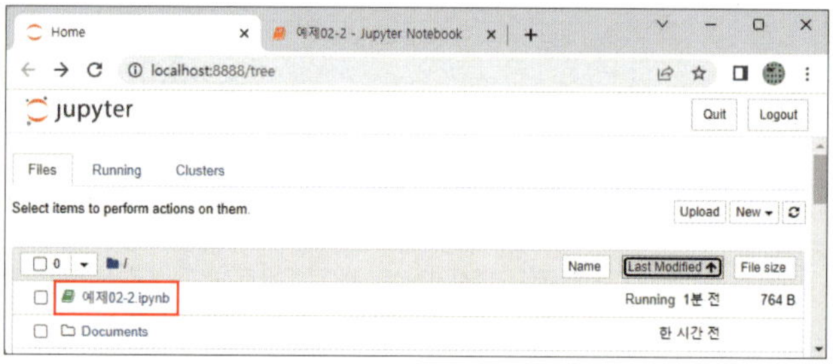

윈도우 파일 탐색기를 실행하고 'C:₩사용자₩(사용자이름)'을 선택하여 열면 생성된 노트북 파일을 확인할 수 있다.

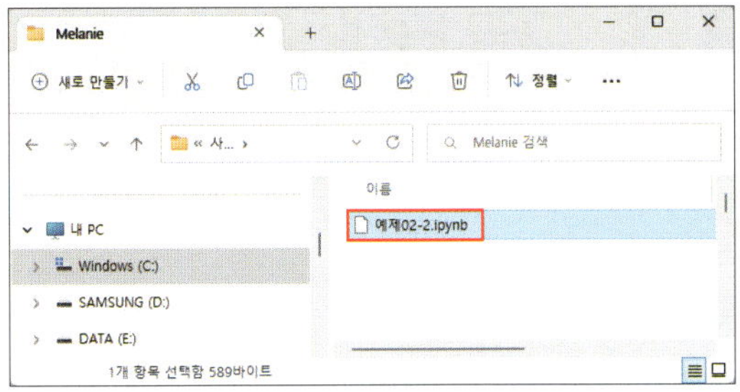

이제 파이썬 소스코드를 작성한다. 다시 노트북 탭으로 이동하면 소스코드를 작성할 수 있는 입력 창이 보인다. 이 입력 창을 셀(Cell)이라고 하는데, 이곳에 "print('안녕 주피터 노트북!!')"을 입력한다.

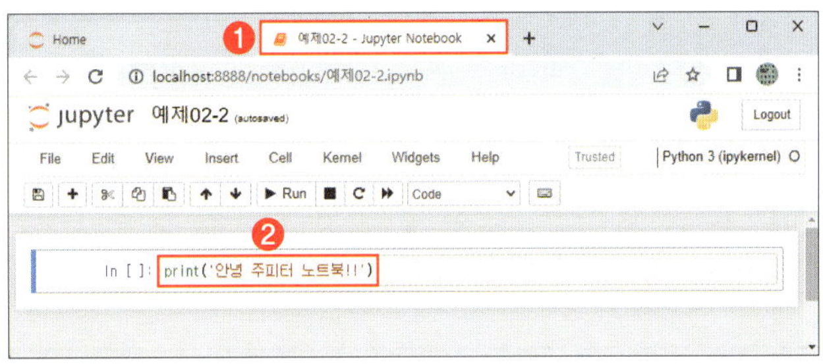

Ctrl+Enter를 눌러 소스코드를 실행한다. 입력 창 바로 아래에 소스코드 실행 결과가 출력된다. 새로운 셀을 추가할 때는 상단 메뉴의 [Insert] → [Insert Cell Below]를 클릭하거나 '+' 아이콘을 클릭한다. 셀 추가되면 소스코드를 입력하고 실행한다.

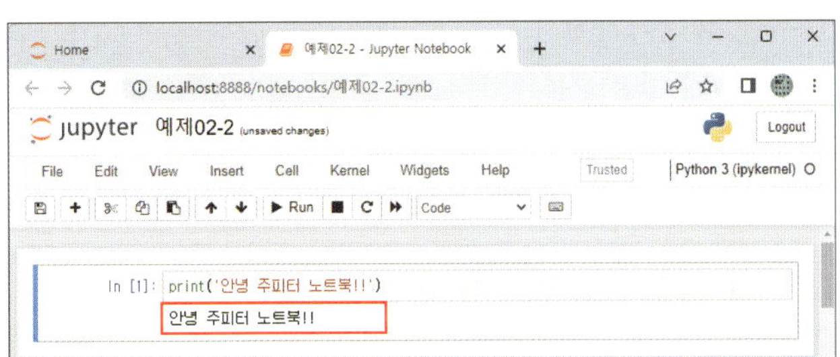

3 〉 구글 코랩

코랩(Colab)은 구글에서 교육과 과학 연구를 목적으로 개발한 도구이다. 스마트폰으로 코랩(Colab)에 접속하여 코드를 실행할 수 있고, 코드 외에 텍스트도 작성할 수 있다. 파이썬 코드 실행은 구글 클라우드 가상 서버에서 이루어지고, 파이썬이나 파이썬 패키지를 설치하지 않아도 사용할 수 있다. 코랩을 통해 진행 상황과 결과를 다른 사람들에게 편하게 공유할 수 있으며, 초보자들도 설치 과정의 어려움 없이 코드를 실행할 수 있다.

코랩에서 만든 파일은 구글 드라이브에 저장하여 불러올 수 있으며, 구글 드라이브 문서와 같이 링크로 접근하여 협업이 가능하다. 단, 구글 계정이 필요하고 인터넷이 연결되는 환경이어야 하며, 코드 실행 시 딜레이가 발생할 수 있다.

3.1 구글 코랩 기본 사용법

코랩에서 제공하는 기능을 온전하게 이용하려면 크롬 브라우저에서 구글 계정으로 로그인한 후에 코랩 사이트에 방문하는 것이 좋다. 크롬 브라우저가 없다면 구글 홈페이지에서 크롬 브라우저를 검색 후 다운로드하여 설치하고, 구글 계정이 없다면 구글 홈페이지에서 회원 가입하여 계정을 생성한다.

파일 생성 및 사용

코랩 사이트(https://colab.research.google.com/)에 접속하면 코랩에서 최근 작업한 파일 목록이 나타난다.

새로운 작업을 위해 화면 오른쪽 하단의 〈새 노트〉 버튼을 클릭한다. 또는 〈취소〉 버튼을 클릭한 후 표시되는 화면에서 [파일] → [새 노트]를 클릭해도 된다.

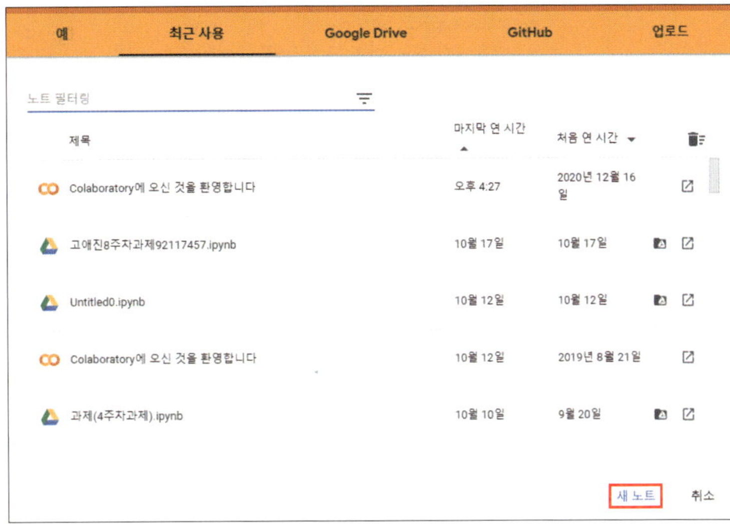

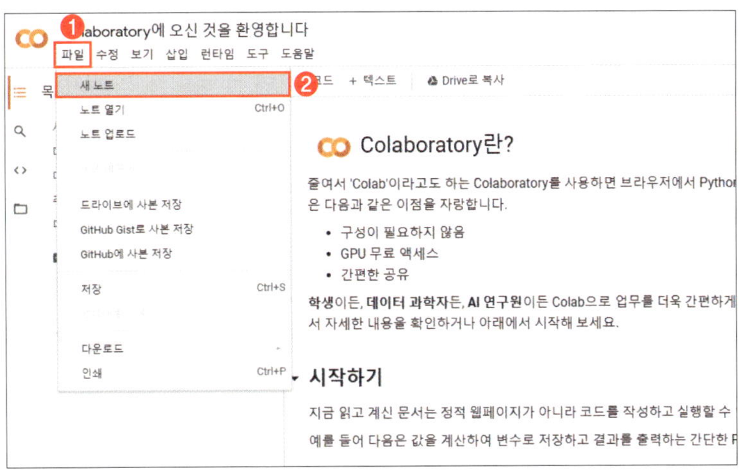

파일 이름과 셀

새로운 파일을 생성하면 파일 기본 이름이 'Untitled0.ipynb'로 생성되고, 새로운 파일을 생성할 때마다 'Untitled1', 'Untitled2,…'와 같이 생성된다. 현재 파일 이름이 'Untitled0'으로 생성되면 이 부분을 원하는 이름으로 변경한다.

코랩에서는 셀에 파이썬 실행 코드와 서식 있는 텍스트를 구분하여 입력할 수 있다. 코드 셀과 텍스트 셀은 메뉴 표시줄 아랫부분에 따로 구분되어 있다.

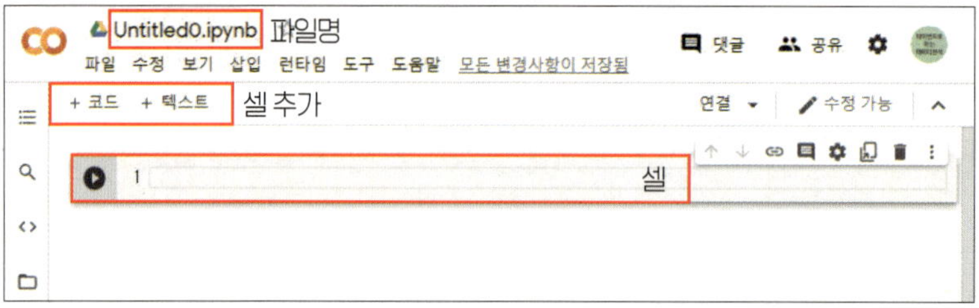

파일 이름 변경과 텍스트 셀

파일 이름을 '예제02-3.ipynb'로 변경하고 원래 있던 코드 셀에 파이썬 코드를 입력한다. 〈+ 텍스트〉 버튼을 클릭하여 현재 선택된 셀 아래 새로운 텍스트 셀이 추가되면 '2장 데이터 분석을 위한 실습 환경'을 입력한다. 텍스트 입력이 끝나고 다른 곳을 선택하면 텍스트 입력이 완료된다.

텍스트 셀을 클릭하여 커서가 표시될 때 Enter를 누르거나 더블클릭을 하면 수정할 수 있다. 텍스트 셀이 선택되면 윗부분에 도구 모음이 표시되는데, 가장 왼쪽에 '제목 전환' 아이콘(TT)을 클릭하면 제목으로 표시된다. 클릭할 때마다 세 종류 크기의 제목이 번갈아 가며 나타난다.

이 외에도 텍스트에 다양한 서식을 설정할 수 있다. 코드 셀이나 텍스트 셀은 선택되면 오른쪽 상단에 셀 도구 모음이 표시되는데, 위 또는 아래 방향 화살표를 클릭하여 셀들의 위치를 변경할 수 있고, '휴지통' 아이콘(🗑)을 클릭하여 코드 셀이나 텍스트 셀을 삭제할 수 있다.

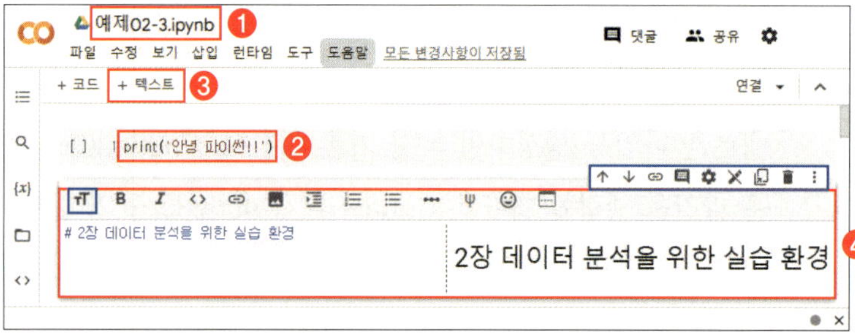

코드 셀

다른 파이썬 개발 환경과 동일한 방식으로 코랩에서의 코드 셀에 코드를 입력한다. 코드를 실행할 때는 각 셀 앞에 있는 '▶' 아이콘을 클릭하거나 Ctrl+Enter를 누르면 셀 단위로 실행된다. Shift+Enter를 누르면 현재 선택된 셀을 실행한 후에 현재 셀 아래에 새로운 코드 셀이 추가된다. 코드가 실행된 후에는 셀 바로 아래 실행 결과가 출력되고, 셀 앞에 실행번호가 표시된다. 코드 셀의 위아래 위치와 상관없이 이 실행번호가 코드의 실행 순서가 되기 때문에 프로그램 흐름상 실행되어야 하는 순서가 잘 맞도록 실행해야 한다.

런타임 기능

코랩에서 파이썬 코드를 실행하다 보면 실행 지연이 발생하거나 실행 순서가 엉켜 제대로 동작하지 않을 때가 있다. 이런 경우 메뉴에서 [런타임] → [실행 중단]을 클릭하여 세션을 종료 후 [런타임 다시 시작]을 클릭하여 다시 동작시킨다.

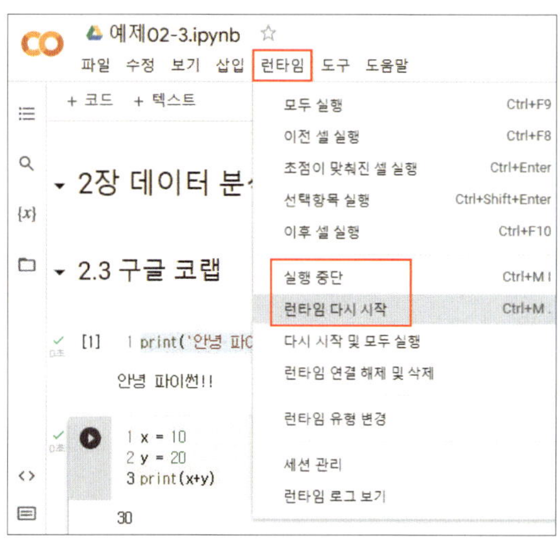

기타 기능

〔도구〕 → 〔단축키〕를 클릭하면 코랩에서 제공하는 다양한 단축키를 확인 및 설정할 수 있다.

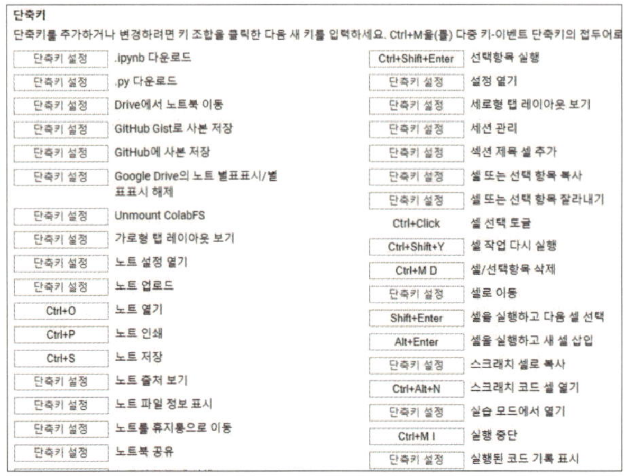

코랩에서는 공유 기능을 통해 해당 파일의 내용을 다른 사람과 공유할 수 있다. 오른쪽 상단의 〈공유〉 버튼을 클릭하면 공유하고 싶은 사용자 및 그룹을 지정할 수 있다. 〔사용자 및 그룹과 공유〕 대화상자가 나타나면 화면 왼쪽 하단에 '링크가 있는 모든 사용자로 변경'을 클릭한다.

링크 보기 대화상자가 표시되면 공유 허용 범위를 뷰어, 댓글 작성자, 편집자 중에서 하나를 선택한다. 뷰어는 읽기만 허용한 공유, 댓글 작성자는 코드에 댓글을 남길 수 있는 권한으로 공유, 편집자는 코드까지 모두 수정할 수 있는 권한으로 공유한다.

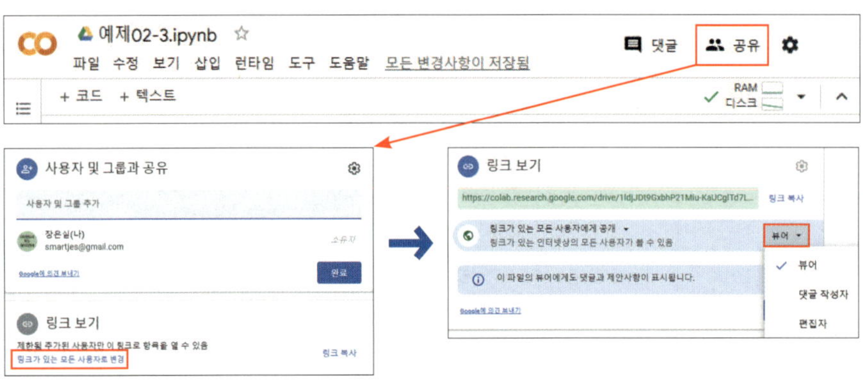

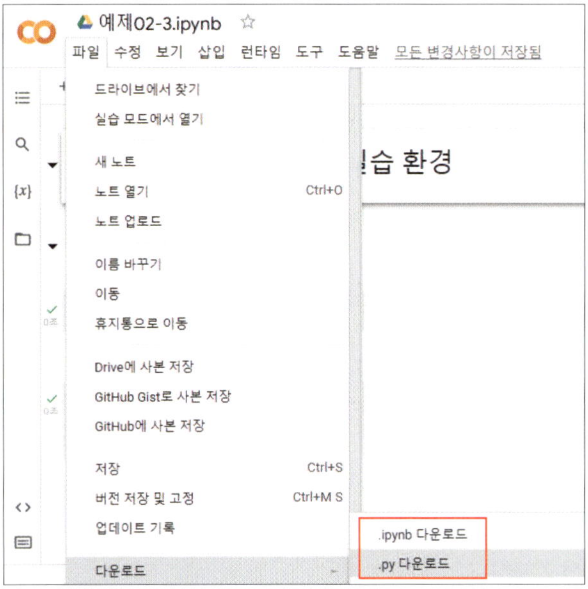

코랩에서 작성한 파일은 기본적으로 ipynb 형식의 파일이다. 메뉴에서 〔파일〕 → 〔다운로드〕 → 〔.ipynb 다운로드〕를 클릭하면 PC에 다운로드할 수 있다. 또한 파이썬 IDLE 환경에서 열 수 있는 py 형식은 〔파일〕 → 〔다운로드〕 → 〔.py 다운로드〕를 클릭하여 다운로드한다.

코랩에서 작성한 파일은 구글 드라이브에서도 확인할 수 있다. 구글 드라이브(https://drive.google.com/drive/my-drive)에 접속하면 〔내 드라이브〕 안에 'Colab Notebooks' 폴더가 생성되어 있는 것을 확인할 수 있고, 'Colab Notebooks' 폴더 안에 코랩에서 작성한 파일을 확인할 수 있다.

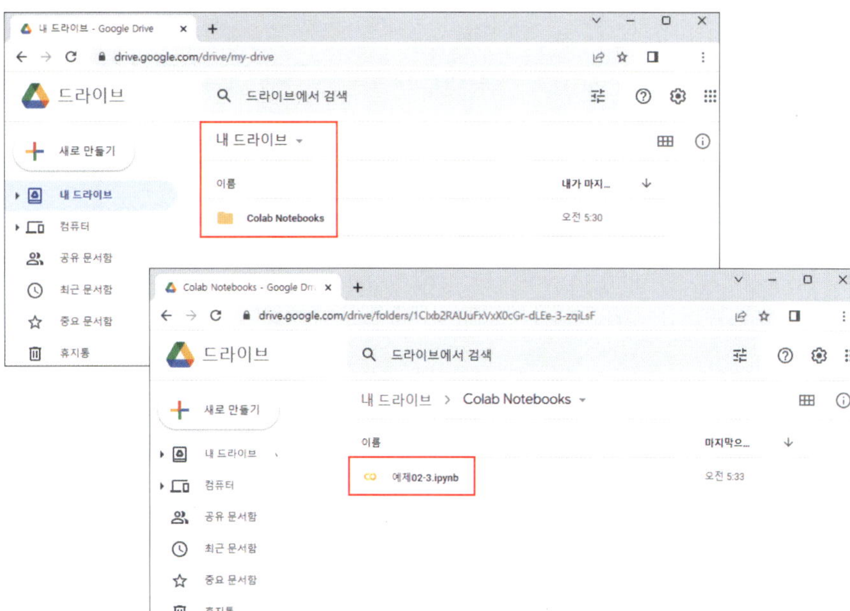

구글 드라이브에서 코랩 기반의 파일을 생성할 수 있는데, 왼쪽 상단의 〈새로 만들기〉 버튼을 클릭하여 나타나는 메뉴에서 'Google Colaboratory'를 클릭하거나, 빈 영역에 마우스 오른쪽 버튼을 클릭하여 〔더보기〕 → 〔Google Colaboratory〕를 클릭하면 새로운 코랩 기반의 파일이 생성되면서 작업 화면이 표시된다.

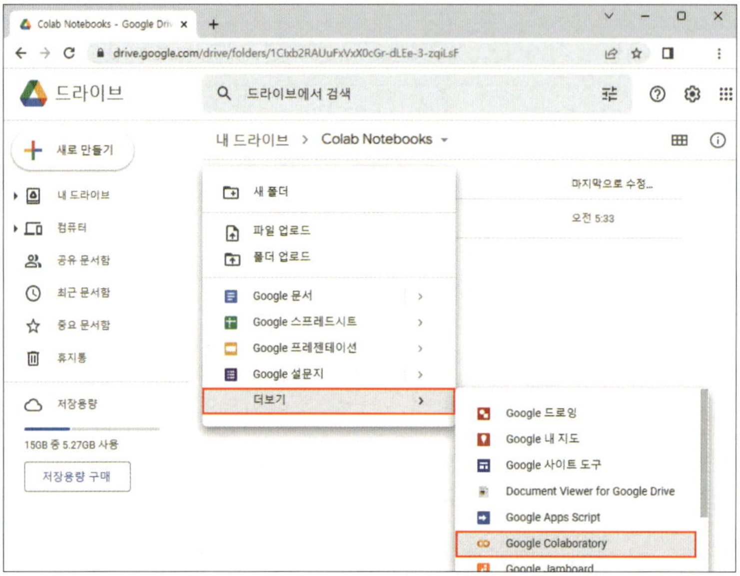

연습 문제

연습 01

파이썬 특징에 대해 작성하세요.

연습 02

파이썬 IDLE, 주피터 노트북, 구글 코랩 각각의 실습 환경 특징을 작성하세요.

연습 03

데이터 분석을 위한 파이썬 IDLE, 주피터 노트북, 구글 코랩 각각의 실습 환경 특징을 작성하세요.

연습 04 파이썬 IDLE 환경에서 간단한 실습을 수행하세요.

연습 05 주피터 노트북 환경에서 간단한 실습을 수행하세요.

연습 06 구글 코랩 환경에서 간단한 실습을 수행하세요.

| 3장 |

데이터 분석을 위한 파이썬 핵심 문법

학습 목표

- 변수, 연산자, 표준 입 · 출력 함수를 이용하여 자료를 입력받고 출력한다.
- 컬렉션 자료형인 리스트, 튜플, 딕셔너리, 세트의 특징을 이해하고 사용한다.
- 리스트 내포를 이용하여 원하는 자료를 조회하거나 추출한다.
- 선택문, 반복문, 기타 제어문의 다양한 형태를 이해하고 상황에 맞게 활용한다.
- 함수의 필요성을 이해하고 사용자 정의 함수 및 람다 함수를 활용한다.
- 파일 입 · 출력의 개념과 과정을 이해하고 텍스트 파일과 엑셀 파일에 입력 및 출력한다.

1 〉 변수

파이썬 문법은 명확한 몇 가지 특징이 있다. 파이썬 문법 특징을 정리하면 다음과 같다. 변수를 살펴보기 전에 문법 특징을 먼저 살펴본다.

파이썬 문법 특징	
콜론과 들여쓰기	• if, for, def 끝에는 콜론(:)을 사용하고, 내부의 코딩 블록은 동일한 들여쓰기를 사용해야 한다.
주석 처리	• 코드의 의미, 목적, 필요 내용 등 프로그램 소스코드 안에 설명을 표기하기 위해서 사용한다.
자동 완성 기능	• 코드를 작성하는 과정에서 자동 들여쓰기 기능을 제공한다. • 명령어 일부를 입력하고 Tab을 누르거나 잠시 기다리면 해당 명령어로 시작하는 파이썬 예약어가 콤보 상자에 나타난다. • 왼쪽 괄호(( )를 입력하면 함수의 인수 사용 형태가 표시된다. • 예약어, 함수명, 문자열, 출력 결과, 주석 등을 다양한 컬러로 표시한다.
예약어	• 이미 지정되어 있는 명령어를 의미한다. • True, False, None을 제외하고 모두 소문자로 되어 있다.

1.1 변수의 개념

변수는 값을 저장하는 메모리 공간으로, 값을 담아두는 그릇 또는 상자로 생각할 수 있다. 변수에 할당된 값은 프로그램 실행 중 언제든지 참조할 수 있으며, 필요에 따라 변수에 저장된 값은 변경할 수 있다.

- 변수(Variable)는 쉽게 변하는 수로, 프로그램이 동작하면서 어떤 상황 혹은 상태에 따라 변화하는 어떤 자료(데이터)를 담아 두기 위해 사용하는 개념이다.
- **'변수명=값'** 형식으로 사용하며 특정 값을 저장하고 기억하기 위한 목적으로 사용된다.
- 변수에는 숫자형(정수형, 실수형), 문자형(문자열형), 불, 리스트, 딕셔너리 등 거의 대부분을 할당할 수 있다.
- 컴퓨터에서 값을 저장하는 기억장치(메모리) 공간으로 변수를 사용하면 효율적인 프로그램을 작성할 수 있다.

1.2 변수의 특징

변수의 특징은 다음과 같다.

- 일시적으로 자료를 저장하는 공간이다.
- 변수에 저장된 값은 변할 수 있다.
- 변수에는 숫자, 문자열 등 모든 자료형을 저장할 수 있다.
- 변수에는 다른 변수의 값도 저장할 수 있다.
- 변수는 사용하기 전에 반드시 할당되어야 한다.

구조	변수 이름=값 예) name='파이썬'	• name은 변수명, ' '안에 있는 파이썬은 데이터, 즉 값이라는 뜻이다. • 파이썬에서 변수에 문자열 데이터를 할당할 때는 따옴표(' ' 또는 " ") 안에 써야 한다.
구조	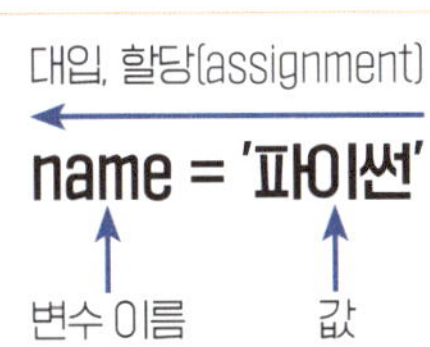	

1.3 변수를 사용하는 이유

프로그램에서 데이터를 변수에 저장해 두면 필요할 때마다 꺼내 사용할 수 있다.

실습 코드 3-1

변수를 사용하지 않은 소스코드

```
print('Hello python')
print('Hello python')
print('Hello python')
print('Hello python')
print('Hello python')
```

〈생각해 보기〉

만약 영어로 된 문장을 한글로 바꾸고 싶다면?

소스코드가 5줄부터 훨씬 더 많아진다면?

실습 코드 3-2

변수를 사용한 소스코드

〈코드〉

```
hello='안녕 파이썬'
print(hello)
print(hello)
print(hello)
print(hello)
print(hello)
```

〈실행 결과〉

```
안녕 파이썬
안녕 파이썬
안녕 파이썬
안녕 파이썬
안녕 파이썬
```

〈문제해결〉

변수는 데이터를 보관하고 변경 가능하며, 반복적으로 사용하는 데이터는 반드시 변수에 저장되어야 한다.

1.4 변수 생성 및 규칙

모든 프로그래밍 언어에는 변수명을 작성하는 규칙이 있다. 파이썬에서 변수를 만들고 값을 할당할 때 지켜야 할 규칙은 다음과 같다.

- **규칙1** : 영문자, 숫자, 밑줄 문자(_)로 구성될 수 있으며 첫 글자는 반드시 영문자/밑줄 문자(_)로 시작한다. 밑줄 문자(_)를 제외한 특수문자는 사용할 수 없다.
- **규칙2** : 공백이 들어가면 안 된다.
- **규칙3** : 대문자와 소문자를 구별한다. Name과 name은 다른 변수이다.
- **규칙4** : 파이썬에서 다른 용도로 사용되는 예약어는 변수명으로 사용할 수는 있지만 권장하지 않는다.

좋은 변수명 원칙

- 짧게 줄이는 것보다는 의미 전달이 잘 되게 하는 것이 좋다.
  예) 전화번호를 저장하기 위한 변수로 pn보다는 phone_num이 좋다.
- 변수명은 간단명료한 것이 좋다.
- 변수명은 전체 프로그램에서 하나의 일관된 규칙으로 작성하는 것이 좋다.
  예) phoneNum과 phone_num을 혼용해서 쓰지 않는 파이썬은 소문자와 밑줄 문자가 섞여 있는 형식을 주로 사용한다.

실습 코드 3-3

본인의 이름과 나이를 변수에 저장한 후 출력

〈코드〉

```
# 본인 이름과 나이 출력

name='파이썬'
age=20

print(name)
print(age)
```

〈실행 결과〉

```
파이썬
20
```

잠깐만요

파이썬의 주석처리

- 한 줄 주석처리 : #
- 여러 줄 주석처리 : ''' ~ ''' / """ ~ """

1.5 다양한 타입의 변수

변수에 들어 있는 자료의 값에 따라 변수의 형태가 결정된다. 파이썬은 다른 프로그래밍 언어와는 달리 값을 할당하면 타입이 결정되기 때문에 훨씬 더 쉽게 사용할 수 있으며, type(변수 이름)을 통해 변수의 타입을 알아볼 수 있다.

아래와 같이 변수에 값을 넣고 변수의 타입을 알아보자.

실습 코드 3-4

다양한 타입의 변수

구분	코드 및 실행 결과	메모리

예 1
정수형
	`num=100`
	`type(num)`
	
	〈실행 결과〉
	`int`
		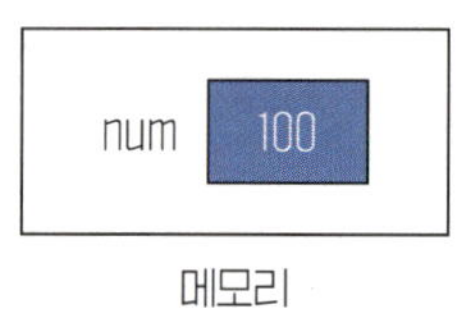

예 2
실수형
	`num=95.5`
	`type(num)`
	
	〈실행 결과〉
	`float`
		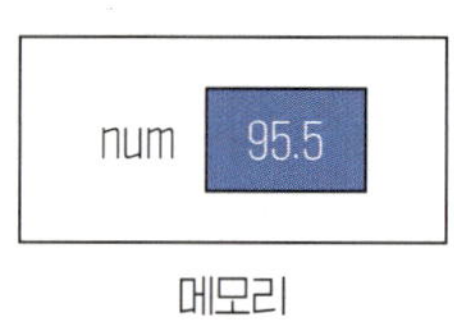

구분	코드 및 실행 결과	메모리

예 3
문자열형
	`name='홍길동'`
	`type(name)`
	
	〈실행 결과〉
	
	`str`

		메모리

예 4
불형
	`result=True`
	`type(result)`
	
	〈실행 결과〉
	
	`bool`

		메모리

잠깐만요

기본 자료형의 종류

자료형	의미	예시
int	integer, 정수	n=100
float	float, 부동 소수점	n=95.5
str	string, 문자열	n='Kim' n="Kim"
bool	boolean, 불	n=True n=False

2 〉 연산자

2.1 산술 연산자

파이썬에서 사용하는 기본적인 산술 연산자는 다음과 같다.

연산자	의미
+	더하기
–	빼기
*	곱하기
/	나누기
%	나머지
**	거듭제곱
//	몫

실습 코드 3-5

몫 연산자 활용 : 동전교환기
1000원짜리 지폐를 500원, 100원짜리 동전으로 교환

```
money=10000
print(money//500)
```

```
print(money//100)
```

〈실행 결과〉

```
20
```

〈실행 결과〉

```
100
```

실습 코드 3-6

몫, 나머지 연산자 활용 : 구입 가능한 사탕의 수

```
money=10000
price=450
numCandy=money//price
change=money%price
print(numCandy)
```

〈실행 결과〉

```
22
```

```
print(change)
```

〈실행 결과〉

```
100
```

2.2 대입 연산자

대입(할당, assignment) 연산자는 변수에 값을 할당하기 위하여 사용되는데, 기본적으로 =(등호)를 사용한다. 산술 연산자와 함께 사용하면 할당을 간결하게 할 수 있다. +=, −=, *=, /=, %=, //= 등과 같은 연산자도 대입 연산자에 해당된다. 복합 대입 연산자는 코드를 간결하게 만드는 데 도움이 된다.

연산자	의미	예시
=	왼쪽 변수에 오른쪽 값을 할당	a = 10
+=	왼쪽 변수에 오른쪽 값을 더하고 결과를 왼쪽 변수에 할당	a+ = 10 (a = a+10)
−=	왼쪽 변수에 오른쪽 값을 빼고 결과를 왼쪽 변수에 할당	a− = 10 (a = a−10)
*=	왼쪽 변수에 오른쪽 값을 곱하고 결과를 왼쪽 변수에 할당	a* = 10 (a = a*10)
/=	왼쪽 변수에 오른쪽 값을 나눈 결과를 왼쪽 변수에 할당	a/ = 10 (a = a/10)
%=	왼쪽 변수에 오른쪽 값을 나눈 나머지의 결과를 왼쪽 변수에 할당	a% = 10 (a = a%10)
**=	왼쪽 변수에 오른쪽 값만큼 거듭제곱을 하고 결과를 왼쪽 변수에 할당	a** = 2 (a = a**2)
//=	왼쪽 변수에서 오른쪽 값을 나눈 몫의 결과를 왼쪽 변수에 할당	a// = 10 (a = a//10)

```
a=10
print(a)
```

〈실행 결과〉

```
22
```

```
a += 10
print(a)
```

〈실행 결과〉

```
100
```

〈코드〉

```
a *= 2
print(a)
```

〈실행 결과〉

```
40
```

2.3 비교 연산자

비교 연산자(또는 관계 연산자)는 두 개 이상의 식 또는 변수의 비교를 위해 사용할 수 있으며 결과는 참(True) 또는 거짓(False)이다. 단독으로 사용되는 경우보다는 주로 조건문과 반복문에서 사용된다. 파이썬에서 사용할 수 있는 비교 연산자는 다음과 같다.

연산자	의미
==	값이 동일
!=	값이 동일하지 않음
〉	왼쪽 값이 오른쪽 값보다 큼
〉=	왼쪽 값이 오른쪽 값보다 크거나 동일
〈	왼쪽 값이 오른쪽 값보다 작음
〈=	왼쪽 값이 오른쪽 값보다 작거나 동일

```
10==10
```

〈실행 결과〉

```
True
```

```
10!=10
```

〈실행 결과〉

```
False
```

```
10>20
```

〈실행 결과〉

```
False
```

```
10<=20
```

〈실행 결과〉

```
True
```

2.4 논리 연산자

논리 연산자는 앞에서 살펴보았던 비교 연산이 많을 경우 모든 비교 연산이 참(True)인지 하나만 참(True)인지를 확인할 때 주로 사용한다. 이 외에도 참(True) 또는 거짓(False)을 반대로 만들어 주는 논리 연산자도 있는데, 논리 연산식의 결과도 참(True) 또는 거짓(False)이 된다. 논리 연산자의 종류는 다음과 같다.

연산자	의미
and	논리 AND 연산. 둘 다 참일 때만 참
or	논리 OR 연산. 둘 중 하나만 참이어도 참
not	논리 NOT 연산. 논리 상태를 반전

```
a=10
b=60
a<50 and b>50
# 비교 연산자와 논리 연산자 함께 사용
```

〈실행 결과〉

```
True
```

```
a>50 or b<70
```

〈실행 결과〉

```
True
```

```
not a>100
```

〈실행 결과〉

```
True
```

2.5 문자열 연산자

파이썬에서는 문자열을 더하거나 곱할 수 있다. 다른 언어에서는 쉽게 찾아볼 수 없는 재미있는 기능으로, 생각을 그대로 반영해 주는 파이썬만의 장점이라고 할 수 있다. 문자열을 더하거나 곱하는 방법에 대해 알아보자.

실습 코드 3-7

문자열 더하기 : +

```
head='파이썬'
tail=' 완전 좋아!'
print(head+tail)
```

〈실행 결과〉

```
파이썬 완전 좋아!
```

문자열 곱하기 : *

```
w='파이썬 '
print(w*5)
```

〈실행 결과〉

```
파이썬 파이썬 파이썬 파이썬 파이썬
```

잠깐만요

*의 의미는 우리가 일반적으로 사용하는 숫자 곱하기의 의미와는 다르다. 위 소스코드에서 w*5 **문장은 w를 5번 반복하라**는 뜻이다. 즉 *는 문자열의 반복을 뜻하는 의미이다.

실습 코드 3-8

문자열 곱하기 응용

〈코드〉

```
print('='*20)
print('파이썬 짱')
print('파이썬 좋아')
print('='*20)
```

〈실행 결과〉

```
>>>

====================
파이썬 짱
파이썬 좋아
====================
```

3 〉 표준 입력과 출력

파이썬을 이용하여 자료를 입력받고 출력하려면 input() 함수와 print() 함수를 이용한다. input() 함수를 이용하여 자료를 입력받고 저장하는 방법과 입력받은 자료를 다양한 자료형으로 변환하여 저장하는 방법에 대하여 학습하고, print() 함수를 이용하여 출력하는 다양한 방법을 학습한다. 먼저 input() 함수를 이용하여 자료를 입력받는 방법에 대하여 살펴보자.

3.1 표준 입력

input() 함수 내에 안내할 문자열을 포함시켜 사용한다. 만약 아무 메시지도 출력없이 커서가 깜빡거린다면 사용자는 입력을 받으려는 대기 상태라는 것을 이해하지 못하고 오류가 발생했다고 오해할 수도 있다.

입력받은 자료를 저장하기 위해서는 변수를 이용해야 한다. 다음과 같이 input() 함수에 의해 입력받은 자료는 name이라는 변수에 저장한다. name 변수에 저장한 '파이썬' 문자열은 print() 함수를 이용해서 출력하여 확인한다.

실습 코드 3-9

입력 자료 저장

〈코드〉

```
name=input('이름 입력: ')
print(name)
```

〈실행 결과〉

```
이름 입력: 파이썬
파이썬
```

파이썬은 input() 함수에 의해 입력받은 모든 자료를 문자열로 저장한다. 이는 숫자를 입력하더라도 문자열로 저장되어 원하는 연산이 이루어질 수 없다는 것을 의미한다. 다음과 같이 input() 함수에 의해 입력받은 10은 a 변수에, 20은 b 변수에 저장하고 a와 b를 더하여 출력하면 '1020'이 출력되는 것을 확인할 수 있다.

실습 코드 3-10

문자열로 입력된 자료

〈코드〉

```
a=input('숫자1 입력: ')
b=input('숫자2 입력: ')
print(a+b)
```

〈실행 결과〉

```
숫자1 입력: 10
숫자2 입력: 20
1020
```

그렇다면, input() 함수로 입력받은 숫자를 연산하기 위해서 어떻게 하면 좋을까? 다음과 같이 input() 함수 앞에 입력받은 자료를 int 자료형을 이용하여 정수형의 숫자로 변환하여 저장했더니 a 변수와 b 변수를 더한 결과가 숫자 30으로 출력된 것을 확인할 수 있다.

실습 코드 3-11

정수형으로 입력된 자료

〈코드〉

```
a=int(input('숫자1 입력: '))
b=int(input('숫자2 입력: '))
print(a+b)
```

〈실행 결과〉

```
숫자1 입력: 10
숫자2 입력: 20
30
```

입력받은 숫자가 실수라면 다음과 같이 float 자료형을 이용하여 실수형의 숫자로 변환하여 저장한다.

실습 코드 3-12

실수형으로 입력된 자료

〈코드〉

```
c=float(input('숫자 입력: '))
print(c)
```

〈실행 결과〉

```
숫자 입력: 5.7
5.7
```

파이썬을 이용하여 자료를 출력하려면 print() 함수를 이용한다. print() 함수를 이용하여 자료를 출력하면 내용 출력 후 자동으로 줄 바꿈이 된다. end 옵션을 이용하면 줄 바꿈을 제어할 수 있다. end 옵션 뒤 따옴표 안에 줄 바꿈을 대신할 문자를 입력하면 줄 바꿈 대신 따옴표 안의 문자가 출력된다. 따옴표 안에 공백을 입력하면 줄 바꿈 대신 공백이 출력된다. end 옵션을 이용하여 줄 바꿈을 제어하는 예시는 다음과 같다.

실습 코드 3-13

줄 바꿈 출력

```
print('파이썬')
print('좋아')
```

〈실행 결과〉

```
파이썬
좋아
```

end 옵션을 이용한 줄 바꿈 제어

```
print('파이썬', end=' ')
print('좋아')
```

〈실행 결과〉

```
파이썬 좋아
```

콤마(,)를 이용한 출력

파이썬은 크게 4가지 종류의 출력 형태가 있다. 콤마(,)로 구분하여 출력하는 형태, % 형식지정자를 이용하는 형태, format() 함수를 이용하는 형태, f-string 포맷팅을 이용하는 형태이다.

실습 코드 3-14

콤마(,)로 구분하여 출력

〈코드〉

```
name=input('이름 입력: ')
print('입력하신 이름은', name)
```

〈실행 결과〉

```
이름 입력: 파이썬
입력하신 이름은 파이썬
```

% 형식지정자를 이용한 출력

자료형을 지정하여 출력하는 % 형식지정자 출력 형태는 내용과 % 형식지정자를 원하는 순서대로 따옴표 안에 작성한다. % 형식지정자에 대응되는 변수를 % 뒤에 순서대로 작성한다.

실습 코드 3-15

%s 형식지정자를 이용하여 출력

〈코드〉

```
name=input('이름 입력: ')
print('입력하신 이름은 %s' % name)
```

〈실행 결과〉

```
이름 입력: 파이썬
입력하신 이름은 파이썬
```

% 형식지정자에 대응되는 변수가 한 개인 경우에는 괄호를 생략할 수 있지만, 두 개 이상인 경우에는 % 뒤의 괄호 안에 변수들을 작성해야 한다.

실습 코드 3-16

%d 형식지정자를 이용하여 출력

〈코드〉

```
a=int(input('숫자1 입력: '))
b=int(input('숫자2 입력: '))
print('%d + %d=%d' % (a, b, a+b))
```

〈실행 결과〉

```
숫자1 입력: 10
숫자2 입력: 20
10 + 20=30
```

다음과 같이 2개 이상의 % 형식지정자를 사용하는 경우에 % 형식지정자와 변수는 순서대로 대응되어 적용된다.

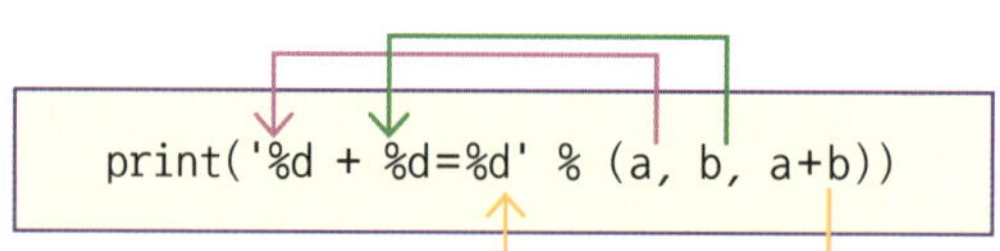

다음 예제는 %f 형식지정자를 이용하여 출력하는 예제이다. %f 형식지정자는 소수점이 있는 숫자인 경우에 적용하는 % 형식지정자이다.

실습 코드 3-17

%f 형식지정자를 이용하여 출력

〈코드〉

```
a=int(input('숫자1 입력: '))
b=int(input('숫자2 입력: '))
print('%d / %d=%f' % (a, b, a/b))
```

〈실행 결과〉

```
숫자1 입력: 5
숫자2 입력: 2
5 / 2=2.500000
```

위의 예제에서 보면 5/2의 결괏값을 2.500000으로 출력한 것을 확인할 수 있다. 소수점 이하 자리를 원하는 만큼 출력하려면 다음과 같이 %f를 %.2f처럼 수정하면 된다. 이는 소수점 이하 2자리까지만 출력하라는 의미이다.

```
print('%d + %d=%.2f' % (a, b, a/b))
```

print() 함수의 % 형식지정자의 종류에는 %s, %d, %f 외에도 여러 가지가 있다.

format() 함수를 이용한 출력

format() 함수를 이용하여 출력하는 형태는 내용과 중괄호 { }를 원하는 순서대로 따옴표 안에 작성한다. 중괄호에 대응되는 변수는 점(.)을 작성 후 format() 함수 안에 순서대로 작성한다.

실습 코드 3-18

format() 함수를 이용하여 출력

〈코드〉

```
a=int(input('숫자1 입력: '))
b=int(input('숫자2 입력: '))
print('{0} * {1}={2}'.format(a, b, a*b))
```

〈실행 결과〉

```
숫자1 입력: 3
숫자2 입력: 5
3 * 5=15
```

다음은 중괄호와 format() 함수 안의 변수들을 순서대로 대응하여 출력한 형태이다. 중괄호 안의 번호는 대응되는 변수의 순서로서 인덱스라고 부르며, 0부터 시작한다.

```
print('{0} * {1}={2}'.format(a, b, a*b))
```

중괄호 순서에 맞게 변수를 출력할 때는 인덱스 생략이 가능하나, 순서 변경 시에는 인덱스를 정확히 작성해야 한다. 또한 반복 출력 시에는 해당 자료의 인덱스를 포함한 중괄호를 여러 번 반복하여 작성한다.

실습 코드 3-19

중괄호 순서를 변경하고 자료를 반복하여 출력

```
print('{1} {1} {0} 노래를 한다'.format('개구리','개굴'))
```

〈실행 결과〉

```
개굴 개굴 개구리 노래를 한다
```

변경된 중괄호 순서와 반복하여 출력한 자료를 대응하여 살펴보면 다음과 같다.

```
print('{1} {1} {0} 노래를 한다'.format('개구리','개굴'))
```

f-sting 포맷팅을 이용한 출력

f-string 포맷팅 방법은 파이썬 3.6 버전부터 추가되었다. 문자열 맨 앞에 f를 붙이고 중괄호 안에 직접 변수명이나 출력하고 싶은 자료를 작성한다.

실습 코드 3-20

f-string 포맷팅을 이용하여 출력

〈코드〉

```
a=int(input('숫자1 입력: '))
b=int(input('숫자2 입력: '))
print(f'{a} - {b}={a-b}')
```

〈실행 결과〉

```
숫자1 입력: 20
숫자2 입력: 10
20 - 10=10
```

4 〉 컬렉션 자료형

4.1 컬렉션 자료형 개념과 필요성

어떤 프로그래밍 언어든 "그 언어의 자료형을 알고 이해할 수 있다면 이미 그 언어의 절반을 터득한 것이나 다름없다."는 말이 있다. 자료형이란 프로그래밍을 할 때 쓰이는 숫자, 문자열 등 자료 형태로 사용하는 모든 것을 뜻한다. 즉, 프로그램의 기본이자 핵심 단위가 바로 자료형이다. 지금까지는 숫자형, 문자열형 등의 값을 저장하기 위해서는 값의 개수만큼 변수가 필요했다. 예를 들어, 내가 좋아하는 음악의 플레이리스트를 만들기 위해서 자료를 저장한다고 할 때 음악의 개수만큼 변수의 개수가 필요했다. 변수는 하나의 값을 저장할 수밖에 없기 때문에 한 번에 여러 개의 값을 저장하거나 여러 가지 데이터들을 관계있는 그룹으로 관리하는 데 어려움이 있다. 파이썬은 이러한 문제를 해결할 수 있는 방법으로 다양한 효율적인 컬렉션 자료형들을 제공하는데 리스트, 튜플, 딕셔너리, 세트라는 자료형이 있다.

'컬렉션'은 여러 개의 값을 하나의 변수에 담을 수 있고 변수 안에 공간을 여러 개 가지며, 변수 안에 서로 다른 공간을 찾는 방법이다. 파이썬에서 제공하는 컬렉션 자료형의 종류는 다음과 같다.

컬렉션 자료형 종류	생성 방법
리스트(list)	[]
튜플(tuple)	()
딕셔너리(dictionary)	{키:값}
세트(set)	{ }

4.2 리스트 자료형

파이썬 프로그래밍 언어 내에서 가장 많이 쓰이는 구조인 리스트를 이용하면 많은 양의 데이터들을 한 번에 모아 효율적으로 처리하고 저장할 수 있다. 기존의 변수는 오직 하나의 데이터를 저장하기 때문에 1000명의 점수 데이터를 저장하기 위해서는 1000개의 변수가 필요하다. 반면에 리스트는 오직 하나의 리스트 변수를 이용하여 1000명의 점수 데이터를 효율적으로 저장하고 처리할 수 있다. 이번 학기 이수한 과목의 점수를 입력받고 합계를 출력하는 프로그램을 작성해 보자.

실습 코드 3-21

일반 변수 사용

〈코드〉

```
hap=0
a=int(input('숫자1: '))
b=int(input('숫자2: '))
c=int(input('숫자3: '))
d=int(input('숫자4: '))

hap=a+b+c+d

print(f'합계: {hap}')
```

〈실행 결과〉

```
숫자1: 10
숫자2: 20
숫자3: 30
숫자4: 40
합계: 100
```

실습 코드 3-22

리스트 변수 사용

〈코드〉

```
a=[10,10,10,10]
a[0]=int(input('숫자1: '))
a[1]=int(input('숫자2: '))
a[2]=int(input('숫자3: '))
a[3]=int(input('숫자4: '))

hap=a[0]+a[1]+a[2]+a[3]

print(f'합계: {hap}')
```

〈실행 결과〉

```
숫자1: 10
숫자2: 20
숫자3: 30
숫자4: 40
합계: 100
```

리스트 문법

리스트 대괄호 [] 안에 서로 다른 자료형의 값을 콤마(,)로 구분해 하나 이상 저장할 수 있는 컬렉션 자료형이다. 대괄호 []에 넣는 자료를 요소(Element)라고 부르며 요소들은 순서를 가지고 있고 인덱스를 사용하여 참조할 수 있다.

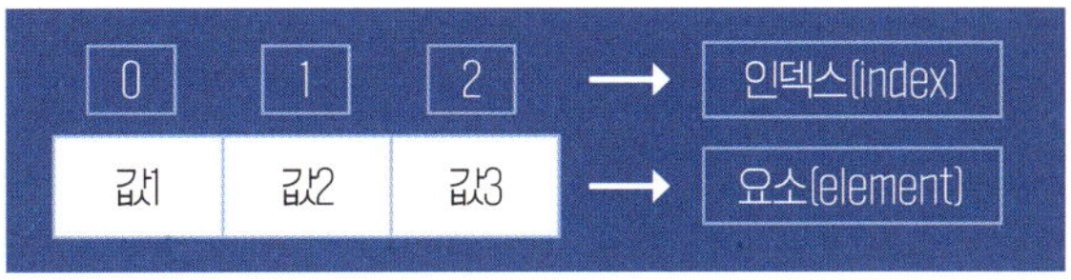

리스트의 문법은 다음과 같다.

리스트명=[값1, 값2, 값3, ...]

실습 코드 3-23

빈 리스트 생성

```
a=[]
print(a)
```

〈실행 결과〉

```
[]
```

```
b=list()
print(b)
```

〈실행 결과〉

```
[]
```

리스트의 요소는 보통의 경우 동일한 자료형으로 구성되는데 서로 다른 자료형도 가능하며 또 다른 리스트로 포함할 수 있다. 파이썬에서 제공하는 리스트는 여러 자료형을 섞어서 저장할 수 있다.

실습 코드 3-24

리스트 초기화

```
a=[1, 2, 3, 4, 5]
print(a)
```

```
b=['안녕','파이썬']
print(b)
```

〈실행 결과〉

```
[1, 2, 3, 4, 5]
```

〈실행 결과〉

```
['안녕', '파이썬']
```

```
c=[1,2,'안녕',[10,20]]
print(c)
```

〈실행 결과〉

```
[1, 2, '안녕', [10, 20]]
```

리스트 인덱싱 및 슬라이싱

리스트도 문자열처럼 인덱싱과 슬라이싱이 가능하다. 인덱싱(Indexing)은 무엇인가를 '가리킨다'라는 의미이고, 슬라이싱(Slicing)은 무엇인가를 '잘라낸다'라는 의미이다.

리스트 인덱스(Index) 구조

a=[10,20,30,40]

인덱스 →	0	1	2	3
	10	20	30	40
역 인덱스 →	−4	−3	−2	−1

리스트의 첫 번째 요소의 위치를 0에서 시작한다. 파이썬뿐만 아니라 다른 프로그래밍 언어도 대부분 0에서 시작한다. 프로그래밍하다 보면 리스트의 마지막 항목에 접근해야 할 때가 많은데 파이썬에서는 리스트의 마지막 요소에 접근하는 특별한 문법이 있다. 바로 [−1]인데, 이 요청을 하면 항상 리스트의 마지막 요소를 반환한다. 이를 확장해서 [−2]는 뒤에서 두 번째 요소를, [−3]은 뒤에서 세 번째 요소를 반환한다.

실습 코드 3-25

리스트 인덱싱 사용

```
a=[40,30,20,10]
print(a)
```

〈실행 결과〉

```
[40, 30, 20, 10]
```

```
a[0] # 리스트의 첫 번째 값을 가져온다.
```

〈실행 결과〉

```
40
```

```
a[0]+a[1]
```

〈실행 결과〉

```
70
```

```
a[-1] # 리스트의 마지막 값을 가져온다.
```

〈실행 결과〉

```
10
```

```
a[4]
```

〈실행 결과〉

```
---------------------------------------------------------------------------
IndexError                                Traceback (most recent call last)
<ipython-input-18-ed40d1f49c42> in <module>()
----> 1 a[4]

IndexError: list index out of range
```

리스트 슬라이싱

```
a=[10,20,30,40]
a[1:3] #슬라이싱은 새로운 리스트를 반환한다.
[20, 30]
```

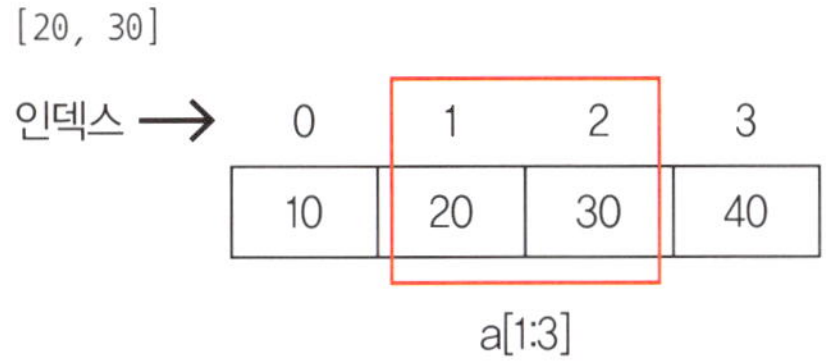

슬라이싱은 리스트 안에서 범위를 지정하여 원하는 요소들을 선택하는 연산으로 리스트명[시작:끝]과 같은 형식을 사용하고 시작 요소부터(끝−1) 인덱스에 있는 요소까지 선택한다.

실습 코드 3-26

리스트 슬라이싱 사용

```
a=[50,40,30,[20,10]]
a[0:2]
```

〈실행 결과〉

```
[50, 40]
```

```
a[3]
```

〈실행 결과〉

```
[20, 10]
```

```
a[1:]
```

〈실행 결과〉

```
[40, 30, [20, 10]]
```

```
a[:2]
```

〈실행 결과〉

```
[50, 40]
```

```
a[3][0] # 이중 리스트 슬라이싱 하기
```

〈실행 결과〉

```
20
```

```
a[3][1] # 이중 리스트 슬라이싱 하기
```

〈실행 결과〉

```
10
```

```
a[-1]
```

〈실행 결과〉

```
[20, 10]
```

리스트 값 변경하기

리스트의 값을 변경하기 위해서는 첨자(인덱스)를 사용해서 그 위치의 값을 변경하면 된다.

실습 코드 3-27

리스트 값 변경

```
a=[30,20,10]
print(a)
```

〈실행 결과〉

```
[30, 20, 10]
```

```
a[1:3]=[100,90] # 연속된 범위의 값도 변경 가능하다.
print(a)
```

〈실행 결과〉

```
[30, 100, 90]
```

```
a[0]=100
print(a)
```

〈실행 결과〉

```
[100, 100, 90]
```

리스트 제어 함수

문자열과 마찬가지로 리스트도 리스트 변수 이름 뒤에 마침표(.)를 붙인 다음 함수 이름을 사용하면 된다. 파이썬에서 제공하는 유용한 리스트 제어 함수는 다음과 같다.

함수	설명	사용법
append()	리스트에 요소를 마지막 위치에 새로 추가	리스트.append(값)
insert()	리스트의 해당 위치에 요소를 새로 삽입	리스트.insert(위치, 값)
sort()	오름차순 정렬 내림차순 정렬	리스트.sort() 리스트.sort(reverse=True)
reverse()	현재의 리스트를 그대로 거꾸로 뒤집기	리스트.reverse()

pop()	리스트 제일 뒤의 항목을 빼내고, 빼낸 항목은 삭제 제거할 위치에 있는 요소를 제거	리스트.pop() 리스트.pop(위치)
remove()	해당 요소를 찾아 삭제	리스트.remove(삭제할 값)
count()	해당 요소의 개수를 반환	리스트.count(찾을 값)
index()	리스트에 위치 값이 있으면 위치값을 반환	리스트.index(값)
len()	리스트 총 요소 개수를 반환	len(리스트)

4.3 튜플 자료형

리스트는 프로그램 실행 중에 바뀔 수 있는 요소를 저장하는 데 알맞은 자료형이다. 튜플은 한번 저장된 값은 수정할 수 없는 자료형으로 읽기 전용의 데이터를 저장할 때 유용하게 사용된다. 따라서 프로그램이 실행되는 동안 데이터가 항상 변하지 않아야 한다면 튜플을 사용하고 이와는 반대로 수시로 데이터를 변화시켜야 할 경우라면 리스트를 사용해야 한다.

저장된 데이터를 변경, 추가, 삭제할 수도 없는 튜플을 왜 만들어 놓았을까? 이유는 파이썬 프로그래밍에서 튜플을 사용하는 쪽이 더 유리한 경우도 있기 때문이다. 보통 튜플은 요소가 절대 변경되지 않고 유지되어야 할 때 사용하기 때문에 튜플을 만든 상태에서 요소를 변경하게 되면 에러가 발생하게 된다. 따라서 요소를 실수로 변경하는 상황을 방지할 수 있다. 반면 요소를 자주 변경해야 할 때는 리스트를 사용한다. 보통 실무에서는 요소를 변경하는 경우가 많기 때문에 튜플보다 리스트를 더 자주 사용하는 편이다.

튜플의 문법

() 안에 서로 다른 자료형의 값을 콤마(,)로 구분해 하나 이상 저장할 수 있는 컬렉션 자료형이다. 0부터 시작하는 인덱스를 이용해 접근할 수 있고 한 번 저장된 요소는 변경할 수 없다.

튜플 문법은 다음과 같다.

튜플명=(값1, 값2, 값3, ...)

실습 코드 3-28

튜플 초기화

```
a=()
print(a)
```

〈실행 결과〉

```
()
```

```
a=tuple()
print(a)
```

〈실행 결과〉

```
()
```

```
a=(3,2,1)
print(a)
```

〈실행 결과〉

```
(3, 2, 1)
```

```
a=2,1
print(a)
```

〈실행 결과〉

```
(2, 1)
```

```
a=tuple(range(10))
print(a)
```

〈실행 결과〉

```
(0, 1, 2, 3, 4, 5, 6, 7, 8, 9)
```

```
a=(40,30,(20,10))
print(a)
```

〈실행 결과〉

```
(40, 30, (20, 10))
```

```
a=['월','화','수','목','금','토','일']
a=tuple(a) # 리스트를 튜플로 자료형 변환
print(a)
```

〈실행 결과〉

```
('월', '화', '수', '목', '금', '토', '일')
```

실습 코드 3-29

튜플 데이터 변경

```
a=(30,20,10)
a[0]=100
```

〈실행 결과〉

```
---------------------------------------------------------------------------
TypeError                                 Traceback (most recent call last)
<ipython-input-65-b48a500f82af> in <module>()
      1 a=(30,20,10)
----> 2 a[0]=100

TypeError: 'tuple' object does not support item assignment
```

```
a.append(40)
```

〈실행 결과〉

```
---------------------------------------------------------------------------
AttributeError                            Traceback (most recent call last)
<ipython-input-66-b73c348d3c6d> in <module>()
----> 1 a.append(40)

AttributeError: 'tuple' object has no attribute 'append'
```

튜플은 데이터를 변경할 수 없기에 인덱스에 의한 변경도 불가능하고 리스트에서 사용했던 append() 함수 또한 당연히 튜플에서는 제공되지 않는다.

튜플의 인덱싱 및 슬라이싱

튜플은 저장된 데이터를 변경시킬 수 없다는 점만 제외하면 리스트와 동일하다.

실습 코드 3-30

튜플 인덱싱과 슬라이싱

```
a=(40,30,20,10)
a[0]
```

〈실행 결과〉

```
40
```

```
a[-1]
```

〈실행 결과〉

```
10
```

```
a[1:]
```

〈실행 결과〉

```
(30, 20, 10)
```

```
a[:2]
```

〈실행 결과〉

```
(40, 30)
```

4.4 딕셔너리 자료형

딕셔너리(Dictionary)는 한글로 표현하면 '사전'이다. 한글, 영어 사전들은 가나다순, 알파벳순으로 정렬하게 된다. 이러한 정렬 덕분에 찾고 싶은 단어를 쉽고 빠르게 찾을 수 있다. 파이썬에서는 연관된 값을 묶어서 저장하는 용도로 딕셔너리(Dictionary)라는 자료형을 제공한다. 딕셔너리는 순서가 없는 컬렉션 자료형으로 각각의 요소는 key:value 형태로 저장된다. 딕셔너리는 리스트나 튜플처럼 index에 의해 해당 요소를 찾지 않고 key를 통해 value를 얻는다. 이것이 바로 딕셔너리의 가장 큰 특징이다.

딕셔너리 문법

{} 안에 키:값 형식의 항목을 콤마(,)로 구분해 하나 이상 저장할 수 있는 컬렉션 자료형이다. 딕셔너리는 키를 먼저 지정하고 콜론(:)을 붙여서 값을 표현한다.

키와 값은 1:1 대응관계이다.

딕셔너리 구조

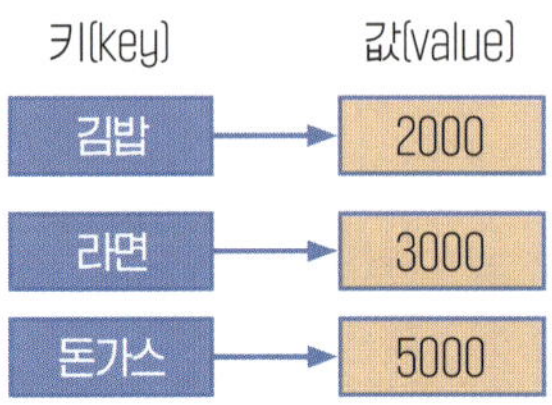

딕셔너리 문법은 다음과 같다.

딕셔너리명={key1:value1, key2:value2, key3:value3,...}

실습 코드 3-31

빈 딕셔너리 생성

```
a={}
print(a)
```

〈실행 결과〉

```
{}
```

```
a=dict()
print(a)
```

〈실행 결과〉

```
{}
```

실습 코드 3-32

딕셔너리 초기화

```
fruit={1:'호두',2:'땅콩'}
print(fruit)
```

〈실행 결과〉

```
{1: '호두', 2: '땅콩'}
```

```
menu={'김밥':3000,'라면':5000}
print(menu)
```

〈실행 결과〉

```
{'김밥': 3000, '라면': 5000}
```

딕셔너리 요소에 접근하기

딕셔너리를 생성할 때는 중괄호 {}를 사용하지만 딕셔너리 요소에 접근할 때는 리스트처럼 딕셔너리 뒤에 대괄호 []를 입력하고 내부에 인덱스 대신 키를 입력한다. 키를 이용해 값을 읽어올 수 있으며 요소를 추가할 때 동일 키가 없으면 새로운 요소를 추가하고, 동일 키가 있으면 저장된 요소를 변경한다.

실습 코드 3-33

딕셔너리 요소에 접근

```
menu={'김밥':3000,'라면':5000}
menu['김밥']
```

〈실행 결과〉

```
3000
```

```
menu['라면']
```

〈실행 결과〉

```
5000
```

```
menu['라면']=5500
menu['라면']
```

〈실행 결과〉

```
5500
```

```
menu['떡볶이']=4000
print(menu)
```

〈실행 결과〉

```
{'김밥': 3000, '라면': 5500, '떡볶이': 4000}
```

```
menu['어묵']
```

〈실행 결과〉

```
---------------------------------------------------------------------------
KeyError                                  Traceback (most recent call last)
<ipython-input-82-426a2e6cdc0a> in <module>()
----> 1 menu['어묵']

KeyError: '어묵'
```

딕셔너리 제어 함수

딕셔너리도 딕셔너리변수 이름 뒤에 마침표(.)를 붙인 다음 함수 이름을 사용하면 된다. 파이썬에서 제공하는 유용한 딕셔너리 제어 함수는 다음과 같다.

함수	설명	사용법
get()	항목 접근하기	딕셔너리.get(key)
pop() del()	항목 꺼내고 삭제하기 항목 삭제하기	딕셔너리.pop(key) del(딕셔너리[key])
items()	딕셔너리에 저장된 모든 키와 값 반환	딕셔너리.items()
keys()	딕셔너리에 저장된 모든 키 반환	딕셔너리.keys()
values()	딕셔너리에 저장된 모든 값 반환	딕셔너리.values()

4.5 세트 자료형

세트(Set) 자료형은 집합에 관련된 것을 쉽게 처리하기 위해 만든 자료형으로 중복을 허용하지 않는 컬렉션 자료형이다. 리스트나 튜플은 순서가 있어 인덱싱을 통해 자료형의 값을 얻을 수 있지만, 세트 자료형은 순서가 없어 인덱싱으로 값을 얻을 수 없다. 세트 자료형은 수학의 집합과 같고, 중복되지 않은 요소들로 구성되며, 세트 간의 순서가 없다는 특징이 있다.

세트의 문법

세트의 문법은 다음과 같다.

```
세트명={}
```

실습 코드 3-34

세트 초기화

```
a={30,20,10}
print(a)
```

〈실행 결과〉

```
{10, 20, 30}
```

```
b=set([30,20,10])
print(a)
```

〈실행 결과〉

```
{10, 20, 30}
```

```
a={10,40,30,40}
print(a)
```

〈실행 결과〉

```
{40, 10, 30}
```

세트 연산

실습 코드 3-35

세트 합집합, 교집합, 차집합

```
A={30,20,10}
B={40,20}
A & B            # 교집합
```

〈실행 결과〉

```
{20}
```

```
A.intersection(B)  # 교집합
```

〈실행 결과〉

```
{20}
```

```
A | B            # 합집합
```

〈실행 결과〉

```
{10, 20, 30, 40}
```

```
A.union(B)       # 합집합
```

〈실행 결과〉

```
{10, 20, 30, 40}
```

1	A - B # 차집합	1	A.difference(B) # 차집합
〈실행 결과〉 {10, 30}		**〈실행 결과〉** {10, 30}	

세트 제어 함수

세트도 세트변수 이름 뒤에 마침표(.)를 붙인 다음 함수 이름을 사용하면 된다. 파이썬에서 제공하는 유용한 세트 제어 함수는 다음과 같다.

함수	설명	사용법
intersection( )	두 세트의 교집합 연산	세트1.intersection(세트2)
union( )	두 세트의 합집합 연산 단, 중복 원소는 1개만 저장	세트1.union(세트2)
difference( )	세트의 차집합 연산	세트1.difference(세트2)
add( )	세트에 값 1개 추가	세트.add(값)
update( )	세트에 값 여러 개 추가	세트.update([값1,값2])
remove( )	세트의 특정 값 삭제	세트.remove(값)

5 〉 리스트 내포

리스트 내포(List Comprehension)는 원하는 자료들을 조회 또는 추출하여 리스트로 변환하는 표현식이다. 리스트 내포는 조건식을 이용하여 같은 연산을 전체 항목이나 일부 항목에 적용할 수 있다. 리스트 내포를 이용하여 항목들을 대문자로 변경한다거나 소문자로 변경하는 등의 작업을 처리할 수 있다.

5.1 리스트 내포 처리 과정

리스트 내포 처리 과정은 다음의 1 → 2 → 3에서 1로 이동하여 반복 수행한다. 더 이상 꺼내올 항목이 없으면 종료한다.

리스트 내포 처리 과정

1. 항목들에서 순차적으로 하나씩 꺼내 온다.
2. 조건식을 적용하여 해당 조건에 맞는 항목은 추출하고, 조건에 맞지 않으면 무시한다.
3. 위에서 추출된 항목은 리스트에 추가한다.

기본적인 리스트 내포 형식

가장 기본적인 리스트 내포 형식은 다음과 같다. 항목들에서 순차적으로 꺼내온 자료는 변수에 저장한 후 표현식에 적용하여 리스트에 추가한다.

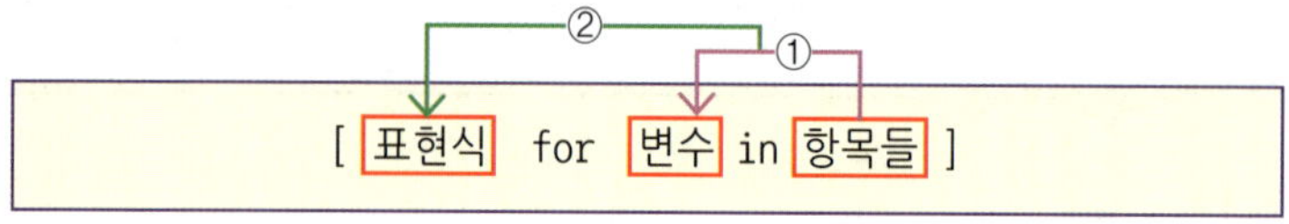


```
list1=[-40,-20,0,20,40]
[x for x in list1]
```

〈실행 결과〉

```
[-40, -20, 0, 20, 40]
```

```
list1=[-40,-20,0,20,40]
[x+5 for x in list1]
```

〈실행 결과〉

```
[-35, -15, 5, 25, 45]
```

```
list1=[-40,-20,0,20,40]
[x/5 for x in list1]
```

〈실행 결과〉

```
[-8.0, -4.0, 0.0, 4.0, 8.0]
```

```
list1=[-40,-20,0,20,40]
[x**2 for x in list1]
```

〈실행 결과〉

```
[1600, 400, 0, 400, 1600]
```

조건 있는 리스트 내포 형식

조건 있는 리스트 내포 형식은 다음과 같다. 항목들에서 순차적으로 꺼내온 자료는 변수에 저장한 후 조건에 맞는 항목만 추출하여 표현식에 적용하여 리스트에 추가한다.

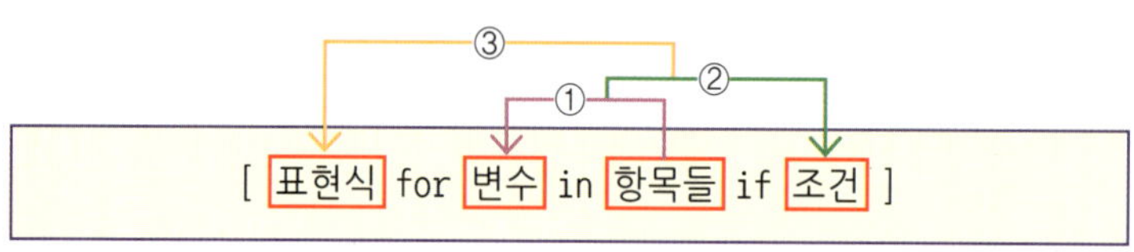

항목들에서 0의 값을 가져와 변수 x에 저장한 후 1/x 연산을 수행하게 되면 분모가 0이 되어 오류가 발생한다. 이때 조건 있는 리스트 내포 형식을 이용하여 0보다 큰 항목들만 1/x 연산을 수행하게 할 수 있다.

```
list1=[-40,-20,0,20,40]
[1/x for x in list1]
```

〈실행 결과〉

```
---------------------------------------------------------------------------
ZeroDivisionError                         Traceback (most recent call last)
<ipython-input-13-cf6c7b56bd33> in <module>()
      1 list1=[-40,-20,0,20,40]
----> 2 [1/x for x in list1]
<ipython-input-13-cf6c7b56bd33> in <listcomp>(.0)
      1 list1=[-40,-20,0,20,40]
----> 2 [1/x for x in list1]

ZeroDivisionError: division by zero
```

```
list1=[-40,-20,0,20,40]
[1/x for x in list1 if x>0]
```

〈실행 결과〉

```
[0.05, 0.025]
```

```
list1=[-40,-20,0,20,40]
[1/x for x in list1 if x!=0]
```

〈실행 결과〉

```
[-0.025, -0.05, 0.05, 0.025]
```

항목들은 컬렉션 자료형의 자료나 range() 함수를 이용하여 생성된 자료일 수 있다.

```
[num * 5 for num in range(3)]
```

〈실행 결과〉

```
[0, 5, 10]
```

```
[num * 5 for num in range(10) if num % 2 == 0]
```

〈실행 결과〉

```
[0, 10, 20, 30, 40]
```

range() 함수를 이용하여 97부터 26개의 정수를 생성한다. 생성한 정수들에서 순차적으로 하나씩 가져와 n 변수에 저장한다. n 변수에 저장된 정수는 chr() 함수를 이용하여 문자로 변환한 후 alpha 리스트에 추가한다. 26개의 정수는 모두 소문자로 변환되어 alpha 리스트에 저장된다.

```
alpha=[chr(n) for n in range(97,97+26)]
print(alpha)
```

〈실행 결과〉

```
['a', 'b', 'c', 'd', 'e', 'f', 'g', 'h', 'i', 'j', 'k', 'l', 'm', 'n', 'o', 'p',
'q', 'r', 's', 't', 'u', 'v', 'w', 'x', 'y', 'z']
```

잠깐만요

chr() 함수

- 유니코드(Unicode) 값을 입력받아 그 코드의 해당 문자를 출력하는 함수
  유니코드(Unicode) 65: A, 66: B, 67: C, … , 97: a, 98: b, 99: c, …

6 〉 선택문

파이썬 문장은 제어문을 만나기 전에는 위에서 아래로 순차적으로 실행된다. 제어문은 조건식에 만족하는 동안 특정 구간을 한 번 또는 여러 번 반복하여 실행하도록 제어하는 문장이다.

파이썬의 제어문은 선택문과 반복문으로 나뉘는데, 선택문은 조건식이 만족하면 한 번 실행하고, 만족하지 않으면 해당 구간을 건너뛰게 된다. 즉, 파이썬의 선택문은 if 문을 이용하여 조건식의 결과가 True인지, False인지에 따라 코드를 실행하거나 실행하지 않는 선택적 구조이다.

파이썬 선택문을 표현하기 위한 조건식에 대하여 학습하고, 선택문의 다양한 형태를 학습한다. 먼저 파이썬 선택문의 종류와 규칙에 대하여 살펴본다.

6.1 파이썬 선택문 개요

파이썬 선택문의 형태에는 if, if~else, if~elif, if~elif~else, if~in~else 등이 있다. 파이썬 선택문의 규칙은 다음과 같다.

파이썬 선택문의 규칙

1. if 문의 조건식들은 논리 연산이 가능한 문장으로 참 거짓 판별이 가능하도록 작성해야 한다.
2. if 문의 조건식 끝에는 항상 :(콜론)이 있어야 한다.
3. 실행 코드는 반드시 공백(Spacebar 또는 Tab)으로 들여쓰기(Indent)를 하여 if 문에 포함되는(종속) 코드로 작성해야 한다.

잠깐만요

선택문 표현을 위해 필요한 조건식은 비교 연산자와 논리 연산자를 이용하여 표현하는데, 조건식이 만족하면 True, 만족하지 않으면 False의 결괏값을 가지게 된다.

6.2 if/if~else 문

파이썬 선택문의 가장 기본적인 if/if~else 문의 구조를 살펴보면 다음과 같다.

if 문 기본 문법	순서도
if 조건식: (공백) 명령문1 ⋮ if 문 다음 명령문	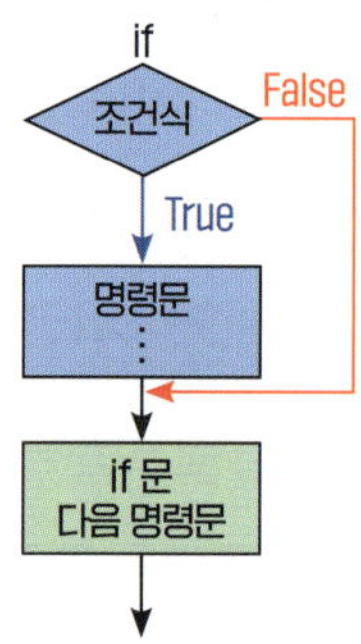

설명 : if 문의 조건식 결과가 True 라면 명령문1, … 을 실행하고, 조건식의 결과가 False 라면 명령문1, … 을 건너뛰고 if 문 다음 명령문을 실행한다.

if~else 문 기본 문법	순서도

if 조건식:
(공백) 명령문1
⋮
else:
(공백) 명령문2
⋮
if 문 다음 명령문
	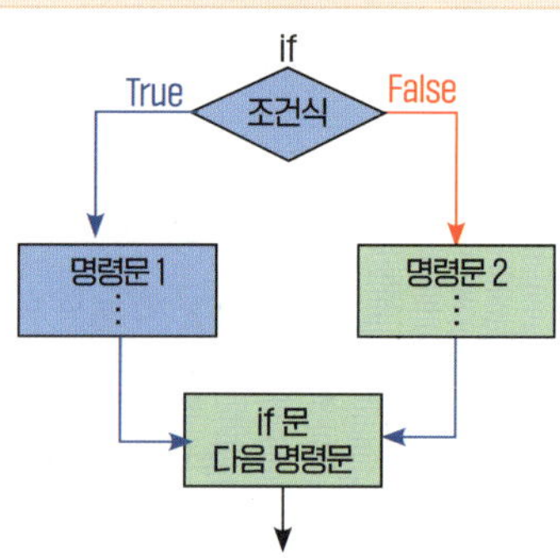

if 문의 조건식 결과가 True라면 명령문1, … 을 실행하고 if 문 다음 명령문을 실행한다.

if 문의 조건식 결과가 False라면 명령문2, … 을 실행하고 if 문 다음 명령문을 실행한다.

다음 예제를 실행해 보자. 'y'를 입력하면 if 문의 member=='y' 조건식을 만족하기 때문에 '반갑습니다.'라는 문장을 출력하고, 그 외의 다른 값을 입력하면 member=='y' 조건식을 만족하지 않기 때문에 아무것도 실행되지 않는다.

실습 코드 3-36

회원이면 '어서 오십시오.' 인사말 출력

```
member=input('회원이십니까?(y/n) ')
if member == 'y':
    print('반갑습니다.')
```

〈실행 결과〉

```
회원이십니까?(y/n) y
반갑습니다.
```

〈실행 결과〉

```
회원이십니까?(y/n) n
```

다음 예제는 if 문의 member=='y' 조건식을 만족하면 '반갑습니다.'라는 문장을 출력하고, 조건식을 만족하지 않으면 else 문의 '회원가입을 해주세요.'라는 문장을 출력하는 if~else 문의 기본 예제이다.

실습 코드 3-37

회원이면 '어서 오십시오.', 회원이 아니면 회원가입 안내말 출력

```
member=input('회원이십니까?(y/n) ')
if member == 'y':
    print('반갑습니다.')
else:
    print('회원가입을 해주세요.')
```

〈실행 결과〉

```
회원이십니까?(y/n) y
반갑습니다.
```

〈실행 결과〉

```
회원이십니까?(y/n) n
회원가입을 해주세요.
```

6.3 if~elif/if~elif~else 문

여러 조건식에 따라 다양한 처리를 수행하기 위한 파이썬 선택문의 if~elif/if~elif~else 문을 살펴보면 다음과 같다.

if~else 문 기본 문법	순서도

if 조건식1:
(공백) 명령문1
⋮
elif 조건식2:
(공백) 명령문2
⋮
if 문 다음 명령문
	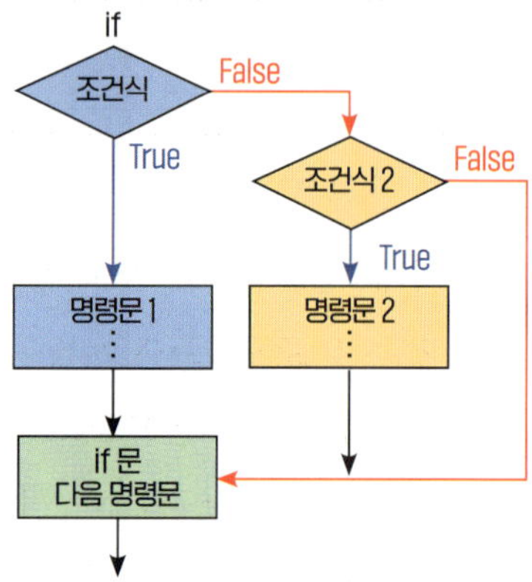

if 문의 조건식1 결과가 True라면 명령문1, … 을 실행하고, False라면 조건식2를 확인하여 결과가 True일 때 명령문2, … 을 실행하고, False라면 건너뛰고 if 문 다음 명령문을 실행한다.	

if~elif~else 문 기본 문법	순서도

if 조건식1:
(공백) 명령문1
⋮
elif 조건식2:
(공백) 명령문2
⋮
else:
(공백) 명령문3
⋮
if 문 다음 명령문
	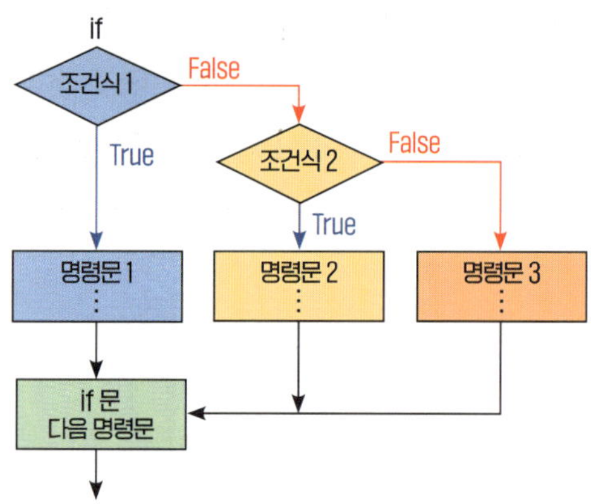

if 문의 조건식1 결과가 True라면 명령문1, … 을 실행하고, False라면 조건식2를 확인하여 결과가 True일 때 명령문2, … 을 실행하고, False라면 명령문3, … 을 실행한 뒤, if 문 다음 명령문을 실행한다.	

다음 예제는 if 문의 1〈=age〈6 조건식을 만족하면 '입장료는 무료' 문장을 출력하고, 조건식을 만족하지 않으면 elif 문의 6〈=age〈60 조건식을 확인하여 만족할 때 '입장료는 20000원' 문장을 출력하며, 조건식을 만족하지 않으면 그 다음 elif 문의 age 〉= 60 조건식을 확인하여 만족할 때 '입장료는 10000.0원' 문장을 출력하고, 조건식을 만족하지 않으면 종료하는 if~elif 문의 기본 예제이다.

실습 코드 3-38

if~elif 문으로 입력받은 나이에 따라 놀이동산 입장료를 출력

• 입장료 정가 : 2만원, 1세~6세 미만 : 무료, 6세~60세 미만 : 정가, 60세 이상 : 정가의 50%

〈코드〉

```
age = int(input('나이 입력: '))
price = 20000
if 1 <= age < 6 :
    print('입장료는 무료')
elif 6 <= age < 60 :
    print(f'입장료는 {price}원')
elif age >= 60 :
    print(f'입장료는 {price*0.5}원')
```

〈실행 결과 1〉

```
나이 입력: 37
입장료는 20000원
```

〈실행 결과 2〉

```
나이 입력: 5
입장료는 무료
```

〈실행 결과 3〉

```
나이 입력: 0
```

위 예제와 같이 실행하면 0 이하의 나이를 입력할 때 if 문, elif 문 중에 맞는 조건식이 없기 때문에 아무것도 실행되지 않고 종료된다.

모든 조건식에 만족하지 않을 때의 처리를 위해서는 다음 예제와 같이 else 문을 이용하면 안정적으로 실행된다.

실습 코드 3-39

else 문으로 입력받은 나이에 따라 놀이동산 입장료를 출력

- 입장료 정가 : 2만원, 1세~6세 미만 : 무료, 6세~60세 미만 : 정가, 60세 이상 : 정가의 50%
- 이외의 나이를 입력할 경우 오류 메시지 출력

〈코드〉

```
age = int(input('나이 입력: '))
price = 20000
if 1 <= age < 6 :
    print('입장료는 무료')
elif 6 <= age < 60 :
    print(f'입장료는 {price}원')
elif age >= 60 :
    print(f'입장료는 {price*0.5}원')
else :
    print('1살 이상의 나이를 입력해
    주세요.')
```

〈실행 결과 1〉

```
나이 입력: 27
입장료는 20000원
```

〈실행 결과 2〉

```
나이 입력: 75
입장료는 10000.0원
```

〈실행 결과 3〉

```
나이 입력: 0
1살 이상의 나이를 입력해 주세요.
```

7 〉 반복문과 기타 제어문

파이썬 반복문은 특정 문장을 여러 번 반복하여 실행하는 반복적 구조로 범위의 횟수나 조건식이 만족하는 동안 여러 번 반복하여 실행하는 제어문 문장이다.

파이썬의 반복문의 종류에는 for 문과 while 문이 있다. for 문은 범위의 횟수 동안 특정 문장을 여러 번 반복하여 실행하는 반복문이고, while 문은 조건식의 결과가 True이면 특정 문장을 여러 번 반복 실행하다가 조건식이 False가 되면 반복을 종료하는 반복문이다.

파이썬 반복문의 종류 for 문과 while 문에 대하여 학습하고, 기타 제어문 break 문과 continue 문에 대하여 학습한다.

7.1 파이썬 반복문 개요

파이썬 반복문의 for 문과 while 문의 공통 규칙과 각각의 규칙은 다음과 같다.

파이썬 반복문의 규칙

1. for 문과 while 문의 조건식 끝에는 항상 :(콜론)이 있어야 한다.
2. 실행 코드는 반드시 공백(스페이스바 또는 Tab)으로 들여쓰기(indent)를 하여 for 문과 while 문에 포함되는(종속) 코드로 작성해야 한다.

for 문의 규칙

1. 제어변수와 특정 범위를 활용하여 반복 실행한다.
2. 특정 범위는 range( ) 함수, 리스트, 문자열 등을 이용하여 지정한다.

while 문의 규칙

1. 선택문처럼 조건식의 결과가 참 또는 거짓인지에 따라 특정 문장을 반복 실행하거나 실행하지 않는 조건적 반복 실행 구조이다.
2. while 문의 조건식들은 논리 연산이 가능한 문장, 즉 참 · 거짓 판별이 가능한 것이어야 한다.

7.2 for 문

for 문은 range() 함수, 리스트, 문자열 등을 이용하여 특정 범위를 지정한다. range() 함수를 이용하는 경우 시작 값부터 종료 값까지 증가한 값만큼 증가시키면서 항목의 원소를 하나씩 꺼내와 제어변수에 저장한 뒤, for 문에 종속된 명령문들을 실행한다. 즉, for 문을 처음 실행하게 될 때 range() 함수의 시작 값을 가져와 제어변수에 저장한 뒤, for 문 안에 있는 명령문1, …을 실행한다. 이후 다시 for 문으로 돌아와 range() 함수의 시작 값에서 증가 값만큼 증가시킨 값을 제어변수에 저장한 뒤, for 문 안에 있는 명령문1, …을 다시 실행한다. 이 과정을 반복하게 되는데 range() 함수의 종료 값까지 증가하게 되면 종료 값을 제어변수에 저장한 뒤, 마지막으로 for 문에 있는 명령문1, …을 실행하고 for 문을 종료한다.

예를 들어, range(0, 10, 1)과 range(0, 10)과 range(10)은 모두 0부터 9까지 1씩 증가하며 숫자를 하나씩 가져와 제어변수에 저장한다는 의미이다. 즉, 시작 값을 생략하면 0이 되고, 증가 값을 생략하면 1이 된다. 하지만 종료 값은 생략할 수 없으며, 시작 값과 증가 값은 정수형이어야 하고, 증가 값은 0이 될 수 없다. for 문의 기본 구조를 살펴보면 다음과 같다.

for 문 기본 문법

```
for 제어변수 in range( 시작값, 종료값+1, 증가값 ) :
(공백) 명령문1
        ⋮
for 문 다음 명령문
```

```
for 제어변수 in 리스트 :
(공백) 명령문1
        ⋮
for 문 다음 명령문
```

```
for 제어변수 in '문자열' :
(공백) 명령문1
        ⋮
for 문 다음 명령문
```

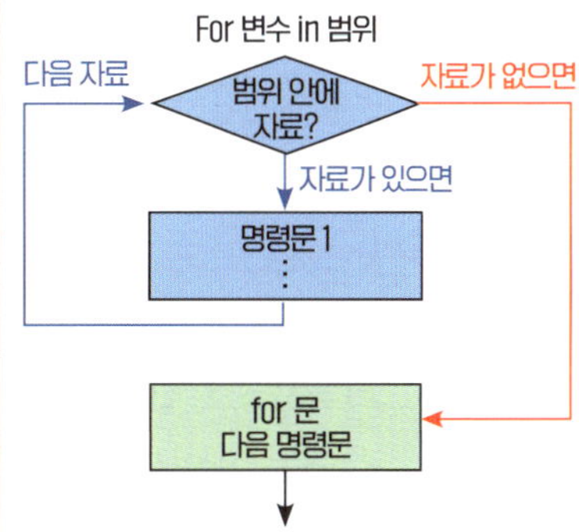

다음 range(5)는 0부터 4까지 1씩 증가하면서 실행하는 예제로, 처음에는 0의 값을 가져와 제어변수 x에 저장한 후, '*' 문자를 x+1 (0+1)만큼 반복 출력한다.

실습 코드 3-40

range() 함수를 이용한 반복 출력

〈코드〉

```
for x in range(5) :
    print('*' * (x+1))
```

〈실행 결과〉

```
*
**
***
****
*****
```

다음은 odd 리스트에서 항목을 하나씩 가져와 반복 실행하는 예제로, 처음에는 odd 리스트의 1을 가져와 제어변수 x에 저장한 후, x+1 (1+1)을 출력한다. 이후 odd 리스트의 다음 항목 3을 가져와 제어변수 x에 저장한 후 x+1 (3+1)을 출력한다. 이 과정을 반복하게 되는데 마지막 항목 9를 가져와 제어변수 x에 저장한 후 x+1 (9+1)을 출력하고 for 문을 종료한다.

실습 코드 3-41

리스트를 이용한 반복 출력

〈코드〉

```
odd = [1, 3, 5, 7, 9]
for x in odd :
    print(x+1, end=' ')
```

〈실행 결과〉

```
2 4 6 8 10
```

다음은 '파이썬' 문자열에서 문자를 하나씩 가져와 반복 실행하는 예제로서, 처음에는 '파이썬' 문자열의 문자 '파'를 가져와 제어변수 x에 저장한 후, x ('파')를 출력한다. 이후 '파이썬' 문자열의 다음 문자 '이'를 가져와 제어변수 x에 저장한 후 x ('이')를 출력한다. 이 과정을 반복하게 되는데 마지막 문자 '썬'을 가져와 제어변수 x에 저장한 후 x ('썬')를 출력하고 for 문을 종료한다.

실습 코드 3-42

문자열을 이용한 반복 출력

〈코드〉

```
for x in '파이썬' :
    print(x, end=' ')
```

〈실행 결과〉

```
파 이 썬
```

7.3 while 문

while 문은 선택문처럼 조건식의 결과에 따라 실행 여부가 결정되는데, 선택문은 조건식의 결과가 참이면 실행하고, 거짓이면 건너뛰는 과정을 한 번만 실행한다. 반면 while 문은 조건식의 결과가 참이면 종속된 특정 문장을 실행하고, 조건식을 다시 확인하여 결과가 참이면 다시 반복 실행, 거짓이면 종료하게 된다. 즉, 조건 확인과 실행을 계속 반복하는 조건적 반복 실행 구조이다. while 문의 기본 구조를 살펴보면 다음과 같다.

while 문 기본 문법 (1)	순서도
while 조건식: (공백) 명령문1 ⋮ while 문 다음 명령문	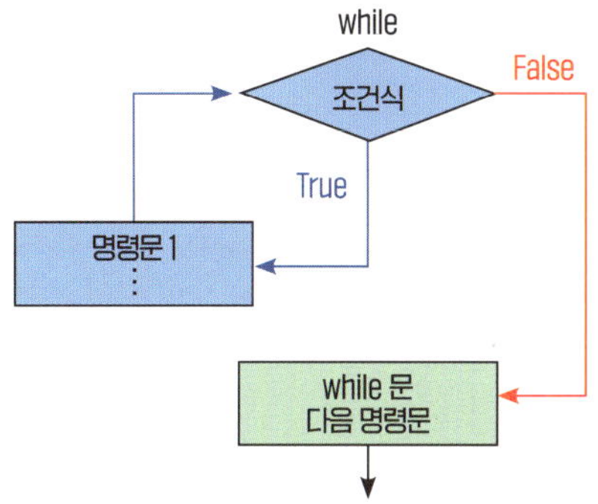

while 문의 조건식 결과가 True라면 명령문1, …을 실행하고, 이후 while 문의 조건식을 다시 확인하여 결과가 True라면 명령문1, …을 실행하는 과정을 반복하다가 조건식의 결과가 False가 되면 명령문1, …을 건너뛰고 while 문 구조를 벗어나 while 문 다음 명령문을 실행한다.

while 문 기본 문법 (2)	순서도

while 조건식:
(공백) 명령문1
⋮
else:
(공백) 명령문2
⋮
while 문 다음 명령문
	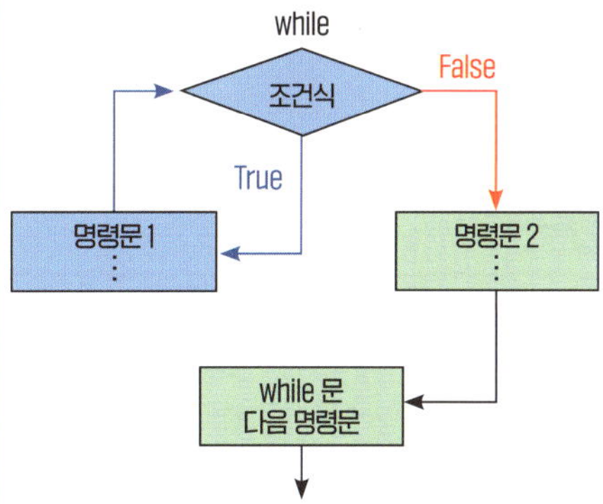

while 문의 조건식 결과가 True라면 명령문1, …을 실행하고, 이후 while 문의 조건식을 다시 확인하여 결과가 True라면 명령문1, …을 실행하는 과정을 반복하다가 조건식의 결과가 False가 되면 명령문2, …을 실행하고 while 문 구조를 벗어나 while 문 다음 명령문을 실행한다.

다음 예제를 실행하면 처음에는 while 문의 year<=3 조건식을 만족하기 때문에 '서당개 1년' 문장을 출력하고, year 변수를 1 증가시켜 year 변수는 2가 된다. 이후 while 문의 year<=3 조건식을 다시 확인하는데 결과가 참이기 때문에 '서당개 2년' 문장을 출력하고, year 변수를 1 증가시키는 과정을 반복하다가 year 변수가 4가 되면 year<=3 조건식을 만족하지 않기 때문에 while 문을 벗어나 '풍월을 읊습니다.' 문장을 출력한다.

실습 코드 3-43

while 문을 이용한 반복 출력 (1)

〈코드〉

```python
year = 1
while year <= 3 :
    print(f'서당개 {year}년')
    year += 1

print('풍월을 읊습니다.')
```

〈실행 결과〉

```
서당개 1년
서당개 2년
서당개 3년
풍월을 읊습니다.
```

다음 예제를 실행하여 'y'를 입력하면 while 문의 result != 'y' 조건식을 만족하지 않기 때문에 while 문을 벗어나 '종료' 문장을 출력 후 종료하고, 그 외의 다른 값을 입력하면 result !='y' 조건식을 만족하기 때문에 '파이썬 좋아!' 문장을 출력하고 다른 값을 입력받는 과정을 반복 실행한다.

실습 코드 3-44

while 문을 이용한 반복 출력 (2)

〈코드〉

```python
result = None
while result != 'y':
    print('파이썬 좋아!')
    result = input('계속하려면 입력:(종료:y) ')

print('종료')
```

〈실행 결과〉

```
파이썬 좋아!
계속하려면 입력:(종료:y) hi
파이썬 좋아!
계속하려면 입력:(종료:y) 4321
파이썬 좋아!
계속하려면 입력:(종료:y) y
종료
```

다음은 단을 입력받아 구구단을 출력하는 예제이다. 위의 예제는 for 문을 이용하고, 다음 예제는 while 문을 이용한다. for 문을 이용한 예제에서는 range() 함수를 이용하여 1부터 9까지 반복하면서 구구단을 출력하고, while 문을 이용한 예제에서는 조건식 i <= 9를 만족할 때까지 반복하면서 구구단을 출력한다.

실습 코드 3-45

단을 입력받아 구구단 출력

〈코드〉

```
num = int(input('단 입력: '))
for a in range(1, 10):
    print(f'{num} × {a} = {num*a}')
```

〈코드〉

```
a = 1
num = int(input('단 입력: '))
while a <= 9 :
    print(f'{num} × {a} = {num*a}')
    a += 1
```

〈실행 결과〉

```
단 입력: 5
5 × 1=5
5 × 2=10
5 × 3=15
5 × 4=20
5 × 5=25
5 × 6=30
5 × 7=35
5 × 8=40
5 × 9=45
```

7.4 기타 제어문

for 문이나 while 문으로 반복 실행하다 보면 특정 상황이 발생했을 때 반복의 흐름을 바꿔야 할 필요가 발생한다. break 문을 만나게 되면 반복 구간을 더 이상 실행하지 않고 반복문을 강제 종료한다. continue 문을 만나게 되면 반복 구간의 남은 명령문을 실행하지 않고 반복문 처음으로 이동한다.

예제처럼 while 문의 조건식을 True로 표현하면 조건이 항상 참이 되어 무한 반복 실행하게 된다. 조건 결과가 항상 참이 되면 무한 반복(무한 루프)을 하게 되어 프로그램을 종료할 수 없게 된다. 조건식을 True로 표현하지 않더라도 프로그램을 작성하다 보면 반복 실행이 종료되지 않는 상황이 발생할 수 있다. 이런 경우 for 문이나 while 문 안에 탈출 조건식을 작성하여 탈출 조건에 만족하면 강제 종료해야 한다.

다음 예제는 while True 문에 따라 무한 반복을 실행하게 되는데, 내부의 탈출 조건식 num == 0을 만족하게 되면 break 문을 만나게 되어 while 문을 강제 종료한다.

실습 코드 3-46

무한 반복 while 문 안에서 break를 이용한 강제 종료

〈코드〉

```
while True:
    num = int(input('번호 입력(종료 0): '))
    if num == 0 :
        break
    print('while 무한루프 반복중')
```

〈실행 결과〉

```
번호 입력(종료 0): 1
while 무한루프 반복중
번호 입력(종료 0): 5
while 무한루프 반복중
번호 입력(종료 0): 0
```

다음은 1~30 사이의 정수 중에서 7의 배수를 출력하는 예제이다. 앞서 살펴본 예제는 for 문 안에 if 문을 이용하여 7로 나눈 나머지가 0이면 '7의 배수' 문장을 출력한다.

아래 예제는 for 문 안에 if 문을 이용하여 7로 나눈 나머지가 0이 아니면 continue 문을 만나게 되어 '7의 배수' 문장을 출력하지 않고 for 문의 처음으로 이동한다.

실습 코드 3-47

1~30 사이의 정수 중에서 7의 배수 출력

〈코드〉

```
for x in range(1,31) :
    if x % 7 == 0 :
        print(f'7의 배수: {x}')
```

〈코드〉

```
for x in range(1,31) :
    if x % 7 != 0 :
        continue
    print(f'7의 배수: {x}')
```

〈실행 결과〉

```
7의 배수: 7
7의 배수: 14
7의 배수: 21
7의 배수: 28
```

파이썬에는 기타 제어문으로 pass 문이 있는데, pass 문은 아무것도 실행하지 않는 문장이다. 반복문이나 임시 함수 작성 시 기본 틀만 표현하려고 내부에 당장 아무것도 작성하지 않으면 오류가 발생한다. 이럴 때 임시적으로 pass 문을 작성해 놓으면 오류 없이 기본 틀을 갖출 수 있다. 이후 실제 코드를 작성할 때

pass 문을 삭제한다. 다음 예제는 pass 문의 사용 형태이다.

실습 코드 3-48

pass 사용 형태

```
while True:
    pass
```

```
for x in range(10):
    pass
```

7.5 중첩 반복문

중첩 반복문은 반복문 내부에 또 다른 반복문이 표현된 형태이다. 한 번의 반복문으로 수행하기 어려운 복잡한 문제의 경우 중첩 반복문을 사용하여 해결한다. while 문 안에 while 문을 중첩하거나 while 문 안에 for 문을 중첩하여 작성한다. 또는 for 문 안에 for 문을 중첩하거나 for 문 안에 while 문을 중첩하여 작성할 수 있다.

다음 예제는 외부 while True 문에 따라 0을 입력하기 전까지 무한 반복을 실행하게 되는데, 내부 while 문에서는 입력받은 단의 구구단을 모두 출력하면 내부 while 문의 수행을 완료한다. 이후 외부 while 문으로 이동하여 단을 입력받고 구구단을 출력하는 과정을 반복하다가 0을 입력하게 되면 외부 while True 문을 종료하게 되어 종료 메시지를 출력하고 프로그램을 종료한다.

실습 코드 3-49

0을 입력하기 전까지 단을 입력받아 구구단 출력

〈코드〉

```
while True:
    num = int(input('단 입력(종료:0) '))
    if num == 0:
        break
    a = 1
    while a <= 9:
        print(f'{num} × {a} = {num*a}')
        a += 1
```

〈실행 결과〉

```
단 입력(종료:0) 5
5 × 1=5
5 × 2=10
5 × 3=15
5 × 4=20
5 × 5=25
5 × 6=30
5 × 7=35
```

```
print('구구단 프로그램 종료')
```

```
5 × 8=40
5 × 9=45
단 입력(종료:0) 3
3 × 1=3
3 × 2=6
3 × 3=9
3 × 4=12
3 × 5=15
3 × 6=18
3 × 7=21
3 × 8=24
3 × 9=27
단 입력(종료:0) 0
구구단 프로그램 종료
```

다음 외부 for 문에서는 main 리스트의 처음 속 재료를 하나 가져와 실행하게 되는데, 내부 for 문에서는 side 리스트의 속 재료를 하나씩 가져와 김밥의 배합을 출력하면 내부 for 문의 수행을 완료한다. 이후 외부 for 문으로 이동하여 main 리스트의 다음 속 재료를 가져와 내부 for 문의 side 리스트의 속 재료와 김밥 배합을 출력하는 과정을 반복하다가 모두 출력하게 되면 외부 for 문을 종료하게 되어 프로그램을 종료한다.

실습 코드 3-50

김밥 배합 출력

〈코드〉

```
main = ['베이컨','크래미']
side = ['당근','오이']
x = 1
for m in main :
    for s in side :
        print(f'{x}: {m}+{s}+계란')
        x += 1
```

〈실행 결과〉

```
1: 베이컨+당근+계란
2: 베이컨+오이+계란
3: 크래미+당근+계란
4: 크래미+오이+계란
```

8 〉 함수

8.1 함수란?

프로그래밍과 관련하여 함수는 특정한 작업을 위해 서로 관련되어 있는 일련의 명령문이다. 함수를 정의할 때 이름을 지정하고, 그 함수가 수행할 일을 위해 순서대로 명령문을 작성한다. 프로그래밍하면서 함수의 이름으로 함수를 호출할 수 있는데 이러한 함수는 새로운 개념이 아니다. 이미 우리는 많은 함수를 사용해 파이썬 코드를 작성했다. 표준 출력함수 print(), 표준 입력함수 input(), 데이터 타입을 확인하는 type() 함수, 길이를 반환해 주는 len() 함수, 리스트나 특정변수를 삭제하는 del() 함수, 데이터구조를 초기에 생성할 때 사용하는 list() 함수, 범위를 지정하는 range() 함수 등을 사용해 왔다. 이 중에서 type() 함수를 살펴보자.

다음 함수의 이름은 type로, 괄호 안의 값을 함수의 인수라고 한다. 인수는 함수에 대한 입력으로 함수에 전달하는 값 또는 변수이다. type() 함수의 결과는 인수의 자료형 타입이라는 것을 알 수 있다. 이처럼 함수가 인수를 취하고, 결과를 반환한다고 말하는 것이 일반적이다. 여기서 결과를 반환 값(Return Value)이라고 부른다.

```
type(37)
```

〈실행 결과〉

```
int
```

```
type(7.8)
```

〈실행 결과〉

```
float
```

함수를 사용하는 이유는 다음과 같다. 첫째, 프로그램에서 좋은 코드란 중복성이 없는 코드를 말한다. 중복된 코드는 여러 번 사용한다는 것을 의미하기도 한다. 이때, 중복된 코드를 별도로 분류하여 함수로 만들게 되면 코드의 양을 줄일 수 있고, 이로 인해서 가독성이 좋아진다. 둘째, 간결해진 코드는 전체의 기능을 이해하기에 수월하다. 셋째, 프로그램의 흐름을 파악하기 쉽기에 관리하기 쉽다. 넷째, 중요한 기능만 함수로 정의하면 이를 필요로 하는 프로그램이나 다른 프로그래머에게 재사용이 가능하여 매우 효율적으로 사용할 수 있다.

함수는 내장 함수와 사용자 정의 함수 두 가지로 나눌 수 있다. print() 함수는 변수나 상수를 출력하는 일을 한다. 그러나 우리는 print() 함수가 어떤 코드로 구성되어 있는지 정의한 적이 없다. 이처럼 프로그램에 이미 지정된 함수를 내장 함수라고 한다. 사용자 정의 함수는 사용자가 필요에 의해 직접 정의하는 함수를 말한다.

8.2 사용자 정의 함수

사용자 정의 함수에 대해서 알아보자. 파이썬에서 함수를 선언하는 것은 무척 단순하다. 함수를 직접 만들기 위해서는 def라는 예약어를 사용한다. def는 '정의하다'라는 뜻으로 영어 단어 'define'의 앞글자에서 가져온 것이다.

함수 이름을 작성할 때에도 변수에서 이름을 정의했던 것과 같이 다음과 같은 규칙을 따라야 한다.

- 알파벳, 숫자, 밑줄 문자(_)만 사용 가능
- 함수의 첫 글자는 반드시 알파벳 또는 밑줄 문자만 사용 가능
- 공백 사용 불가
- 예약어(print, def 등) 사용 불가

직관적으로 이해가 가능한 단어로 함수명을 정의하는 것이 중요하다. 함수의 기능을 설명하는 동사 또는 명사+동사를 사용하면 좀 더 이해하기 쉽다.

함수 이름 뒤에는 빈 괄호를 넣거나, 괄호 안에 인수를 입력받는 함수로 작성할 수 있다. 이때, 인수(Argument)는 호출된 함수에 전달할 값이다. 매개변수(Parameter)는 호출된 함수에서 전달받은 값을 임시로 할당하는 변수이다. 매개변수로부터 처리된 작업의 결과는 반환 값(Return Value)이고, 호출한 함수로 값이 반환된다. 이때 반환되는 값은 반드시 하나이다. 인수, 매개변수, 반환 값은 항상 존재해야 하는 것은 아니다. 함수의 기본 구조는 다음과 같다.

```
def 함수 이름(매개변수1, 매개변수2) :
    문장1
    ...
    return 결괏값
```

함수 정의의 첫 번째 줄을 'header'라고 하고, 나머지 부분은 'body'라고 한다. 'header'는 콜론(:)으로 끝나야 하며, body 부분은 들여쓰기 해야 한다. 일반적으로 들여쓰기는 4칸 공백이다. body 부분에는 여러 명령문이 포함될 수 있다.

```
def print_lyrics():
    print('아침은 너무 멀어')
    print('훌쩍 커버렸어')
```

사용자 정의 함수를 호출하는 방법은 내장 함수를 호출하는 방법과 동일하다.

```
print_lyrics()
```

〈실행 결과〉

```
아침은 너무 멀어
훌쩍 커버렸어
```

다른 예시로 반지름을 입력받아 원기둥의 부피를 구하는 함수를 정의한 것이다.

```
def cylinder_volume(height, radius=5):
    pi=3.14159
    return height * pi * radius ** 2
```

다음과 같이 정의한 함수를 호출할 수 있다.

```
cylinder_volume(4, 3)
```

〈실행 결과〉

```
113.09724
```

두 개의 수를 입력받아 큰 수를 결정하는 함수를 만들어 보자. 먼저, 함수명이 max1()인 함수를 정의한다. 함수의 body 부분에서는 num1〉num2면 num1을 반환하도록 작성한다. 만약 앞의 조건을 만족하지 않으면 num2를 반환하도록 한다. 주 프로그램에서 a, b에 수를 입력받아 저장한다. 이후 max1 함수를 호출할 때 a, b를 인수로 전달하고 결괏값을 출력한다.

실습 코드 3-51

두 개의 수를 입력받아 큰 수 결정하는 함수의 예

〈코드〉

```
def max1(num1,num2):
    if num1>num2:
        return num1
    else:
        return num2
a=int(input('숫자1: '))
b=int(input('숫자2: '))
print(f'큰수: {max1(a,b)}')
```

〈실행 결과〉

```
숫자1: 15
숫자2: 25
큰수: 25
```

또 다른 예로, 사용자에게 0부터 100 사이의 수 하나를 입력받아 3, 6, 9가 들어 있으면 “통과”를 출력하고 그렇지 않으면 “다음 수”를 출력하는 함수를 만들어 보자.

십의 자리에 3, 6, 9가 들어 있는지 알기 위해 산술 연산자 ‘//’를 이용하고 일의 자리에 3, 6, 9가 들어 있는지 알기 위해 산술 연산자 ‘%’를 이용한다. 만약 십의 자리에 3, 6, 9가 하나라도 들어가 있다면 “통과”를 출력한다. 그렇지 않고 일의 자리에 3, 6, 9가 하나라도 들어가 있다면 “통과”를 출력한다. 모든 조건을 만족하지 않으면 “다음 수”를 출력한다.

실습 코드 3-52

함수를 활용한 3, 6, 9 게임 예

〈코드〉

```
def game(num):
    a=num//10
    b=num%10
    if a==3 or a==6 or a==9:
        return '통과'
    elif b==3 or b==6 or b==9:
        return '통과'
    else:
        return '다음 수'

num=int(input('숫자: '))
print(game(num))
```

〈실행 결과〉

```
숫자: 11
다음 수
```

〈실행 결과〉

```
숫자: 23
통과
```

〈실행 결과〉

```
숫자: 30
통과
```

8.3 람다 함수

이름이 없는 익명 함수를 람다(lambda) 함수라고 한다. 람다 함수의 표현식은 식 형태로 되어 있어 람다 표현식(Lambda Expression)이라고 부른다. 특히 람다 표현식은 함수를 간편하게 작성할 수 있어 다른 함수의 인수로 넣을 때 많이 사용한다.

람다 표현식 작성

람다 표현식을 사용하기 전에 먼저 숫자를 받은 뒤 5를 더해서 반환하는 함수 plus_five를 만들어 보자. return x + 5로 매개변수 x에 5를 더한 값을 반환하는 간단한 함수이다.

〈코드〉

```
def plus_five(x):
  return x + 5

plus_five(10)
```

〈실행 결과〉

```
15
```

람다 표현식은 다음과 같이 람다(lambda)에 매개변수를 지정하고 :(콜론) 뒤에 반환 값으로 사용할 식을 지정한다.

> 람다(lambda) 매개변수들: 식

위의 plus_five 함수를 람다 표현식으로 작성하면 다음과 같다.

실행하면 함수 객체가 나오는데, 람다 표현식은 이름이 없는 함수를 만들기 때문에 이 상태로는 함수를 호출할 수 없기 때문에 람다 표현식을 익명 함수(Anonymous Function)라고 부르는 것이다.

```
lambda x: x + 5
```

```
<function __main__.<lambda>>
```

람다로 만든 익명 함수를 호출하려면 다음과 같이 람다 표현식을 변수에 할당해 주어야 한다.

〈코드〉

```
plus_five=lambda x: x + 5
plus_five(10)
```

〈실행 결과〉

```
15
```

앞서 살펴본 람다 표현식을 살펴보면 lambda x: x + 5는 매개변수 x 하나를 받고, x에 5를 더해서 반환한다는 뜻이다. 즉, 매개변수, 연산자, 값 등을 조합한 식으로 반환 값을 만드는 방식이다. 다음 그림과 같이 def로 만든 함수와 비교해 보면 쉽게 구분할 수 있다.

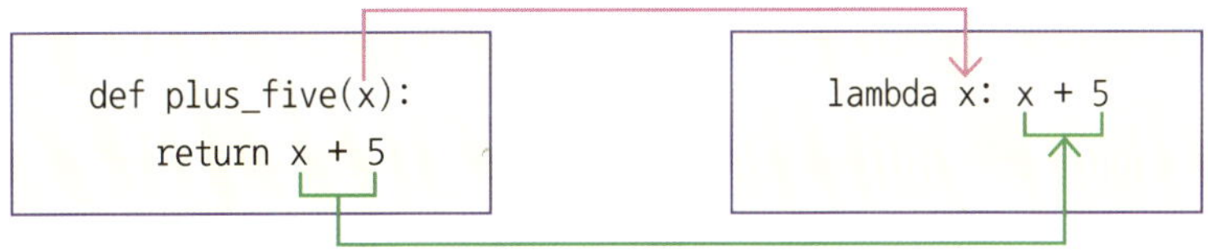

람다 표현식에서 주의할 점은 람다 표현식 안에서는 새 변수를 만들 수 없다는 점이다. 따라서 반환 값 부분은 변수 없이 식 한 줄로 표현할 수 있어야 한다. 만약 변수가 필요한 코드라면 def로 함수를 작성하는 것이 좋다. 단, 람다 표현식 바깥에 있는 변수라면 사용할 수 있다.

람다 표현식을 인수로 사용

람다 표현식을 사용하는 이유는 함수의 인수 부분에서 간단하게 함수를 만들기 위해서이다. 이런 방식으로 사용하는 대표적인 예가 map() 함수이다.

람다 표현식을 사용하기 전에 먼저 def로 함수를 만들어 map() 함수를 사용해 보자. 다음과 같이 숫자를 받은 뒤 5를 더해서 반환하는 함수 plus_five를 작성하고 map() 함수에 plus_five 함수와 리스트 [30, 20, 10]을 추가한다. map() 함수의 결과는 리스트 함수를 사용하여 리스트로 변환해서 확인한다.

〈코드〉

```
def plus_five(x):
  return x + 5

list(map(plus_five, [30, 20, 10]))
```

〈실행 결과〉

```
[35, 25, 15]
```

plus_five 함수는 매개변수 x에 5를 더해서 반환하므로 리스트 [30, 20, 10]이 [35, 25, 15]로 변경되었다. 지금까지 map() 함수를 사용할 때 map(str, [30, 20, 10])과 같이 자료형 int, float, str 등을 넣었는데, plus_five처럼 함수를 직접 만들어서 추가해도 된다. 다음은 람다 표현식으로 함수를 만들어서 map() 함수에 넣은 예시다.

	〈코드〉	〈실행 결과〉
1	`list(map(lambda x: x + 5, [30, 20, 10]))`	[35, 25, 15]

plus_five 함수 대신 람다 표현식 lambda x: x + 5를 추가했다. 세 줄의 코드가 한 줄로 줄어들었다. 이처럼 람다 표현식은 함수를 다른 함수의 인수로 추가할 때 매우 편리하게 사용된다.

9 〉 파일 입 · 출력

지금까지 대표적인 입력 함수 input() 함수를 통해 사용자로부터 입력받고 출력 함수 print() 함수를 통해 화면에 글자를 출력했다. 즉 사용자로부터 데이터를 입력받아 변수에 저장하고 처리할 결괏값을 화면에 출력했다. 하지만 입 · 출력 데이터가 크다면 변수에 데이터를 저장하는 것은 한계가 있으며, 변수에 저장한 데이터는 프로그램 실행 중일 때만 값을 보관하기 때문에 처리한 결괏값을 영구적으로 저장하고 불러오기 위해서는 보조기억장치(하드디스크, Usb 등) 공간에 파일로 저장해야 한다. 보조기억장치로부터 파일을 읽고 쓰는 다양한 방법들을 살펴보자.

9.1 파일 입 · 출력 기본

파일 개념

실행 중인 프로그램이 종료되면 처리한 결괏값은 메모리에서 사라지기 때문에 모든 데이터는 사용할 수가 없다. 따라서 프로그램을 실행하는 도중에 데이터를 영구적으로 저장하고 싶다면 보조기억장치(하드디스크)에 파일 형태로 저장해야 한다. 텍스트 파일은 사람이 읽을 수 있는 텍스트가 들어있는 파일의 형태로 연속적인 줄로 구성되며, 각 줄의 끝을 알리는 줄바꿈 문자('₩n')로 종료된다. 메모장으로 작성한 파일이 가장 대표적인 텍스트 파일의 예시이다.

파일 입·출력 기본 과정

파일에 저장된 데이터를 읽고 처리하는 방법은 제일 먼저 사용하려는 파일을 open() 함수를 통해 열어야 한다. 파일이 열리면 파일에 있는 데이터를 읽거나 쓸 수 있다. 그리고 파일과 관련된 작업이 모두 종료되면 파일을 close() 함수를 통해 닫아주는 것이 좋다. 이는 쓰기 모드로 열었던 파일을 닫지 않고 다시 사용하려고 하면 오류가 발생하기 때문이다.

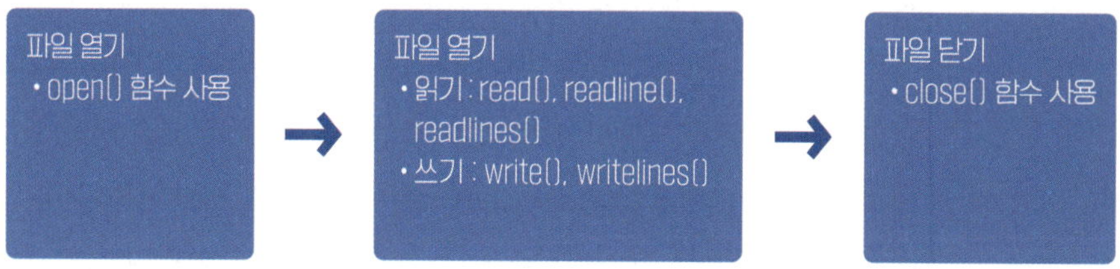

9.2 세션 저장소에 업로드

코랩에서 파일 입·출력을 하기 위해서는 파일들을 업로드하고 연결해야 한다. 업로드하고 연결하는 여러 방법 중에 코랩 세션 저장소에 업로드하는 방법을 사용하기로 한다. 참고로 코랩 세션 저장소에 업로드한 파일은 런타임이 종료되면 파일도 삭제된다. 따라서 업로드한 파일에 변경이 발생한 경우에는 다운로드 해두어야 파일의 내용을 유지시킬 수 있다.

❶ 구글 드라이브에서 마우스 오른쪽 버튼을 클릭하여 '더보기' → 'Google Colaboratory'를 선택하여 코랩을 실행한다. 'Google Colaboratory'가 보이지 않는다면 〈2장〉의 코랩 환경 설정 내용을 통해 구글 드라이브에 연결한다. 코랩의 새 노트가 나타나면 이름을 '예제03-2.ipynb'로 수정한다.

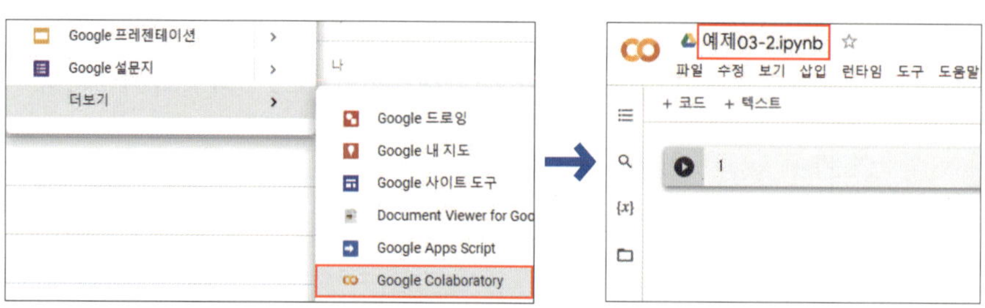

❷ 코랩 노트의 왼쪽 메뉴에서 '파일' 아이콘(□)을 클릭한다. 파일 화면이 표시되면 'name.txt' 파일을 드래그하여 업로드한다.

9.3 텍스트 파일 읽고 쓰기

파일 열기

파일을 생성하기 위해 파이썬 내장 함수 open()을 사용한다. open() 함수는 다음과 같이 '파일 이름'과 '파일 열기 모드'를 입력값으로 받고 결괏값으로 파일 객체를 반환한다.

파일 객체=open(파일명, 파일 열기 모드)
읽기 : 변수명=open('파일명', 'r')
쓰기 : 변수명=open('파일명', 'w')

파일 열기 모드는 다음과 같은 종류가 있다.

종류	설명
r	읽기 모드(read), 기본값
w	쓰기 모드(write)
a	추가 모드(append)

파일 읽기 모드(r)는 파일을 읽기만 할 때 사용 가능하며 생략도 가능하다. 파일을 쓰기 모드(w)로 열게 되면 해당 파일이 이미 존재할 경우 원래 있던 내용은 모두 사라지고, 해당 파일이 존재하지 않으면 새로운 파일이 현재 디렉토리에 생성된다. 파일을 추가 모드(a)로 열게 되면 기존 파일 뒤에 내용을 추가한다.

텍스트 파일 읽기

파이썬에서 외부의 파일을 읽어서 프로그램에서 사용할 수 있는 방법은 여러 가지 방법이 있다. 데이터 읽기를 실행하려면 텍스트 파일이 필요하다. 다음과 같이 메모장을 이용하여 'name.txt' 파일을 생성하고 다양한 방법으로 파일 내용을 읽어서 출력해 보자. 텍스트 파일은 인코딩 방식을 'UTF-8'로 지정하여 저장한다. 'name.txt' 파일은 앞에서 설명한 내용을 참고하여 코랩 세션 저장소에 업로드한다.

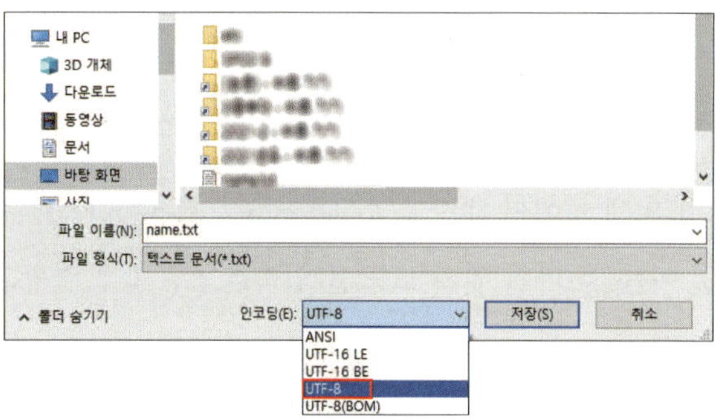

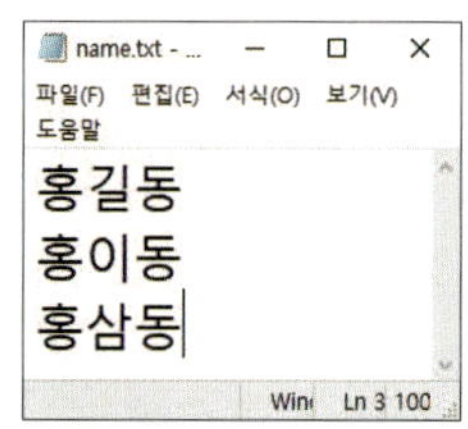

[예제 파일 : name.txt]

read() 함수는 파일의 전체 내용을 문자열로 반환한다.

실습 코드 3-53

파일 읽기 : read() 함수

〈코드〉

```
f=open('name.txt')
data=f.read()
print(data)
f.close()
```

〈실행 결과〉

```
홍길동
홍이동
홍삼동
```

readline() 함수는 파일의 내용을 한 줄씩 읽어서 문자열로 반환한다.

실습 코드 3-54

파일 읽기 : readline() 함수 (1)

〈코드〉

```
f=open('name.txt')
data=f.readline()
print(data)
f.close()
```

〈실행 결과〉

```
홍길동
```

만약에 텍스트 파일에 3줄이 저장되어 있다면 readline() 함수를 3번 호출하여 화면에 출력해야 한다. 하지만 보통의 경우 파일에 몇 줄이 들어있는지는 미리 파악할 수가 없기에 모든 줄을 읽어서 화면에 출력하고 싶다면 다음과 같은 방법이 좋다. 만약 더 이상 읽을 줄이 없다면 break 문을 수행한다. print(data,end='') 문을 사용한 이유는 기본적으로 텍스트 파일의 줄 끝에는 개행 문자('₩n')를 포함하기 때문에 print() 함수의 end 인자를 사용하여 출력 화면을 변경시킬 수 있기 때문이다.

실습 코드 3-55

파일 읽기 : readline() 함수 (2)

〈코드〉

```
f=open('name.txt')
while True:
    data=f.readline()
    if not data:break
    print(data,end='')
f.close()
```

〈실행 결과〉

```
홍길동
홍이동
홍삼동
```

readline() 함수는 한 줄씩 읽지만, readlines() 함수는 파일의 모든 줄을 읽어서 리스트로 반환한다.

실습 코드 3-56

파일 읽기 : readlines() 함수 (1)

〈코드〉

```
f=open('name.txt')
data=f.readlines()
print(data,end='')
f.close()
```

〈실행 결과〉

```
['홍길동\n', '홍이동\n', '홍삼동']
```

만약에 한 줄씩 출력하고 싶다면 다음과 같이 수정하면 된다.

실습 코드 3-57

파일 읽기 : readlines() 함수 (2)

〈코드〉

```
f=open('name.txt')
data=f.readlines()
for line in data:
    print(line,end='')
f.close()
```

〈실행 결과〉

```
홍길동
홍이동
홍삼동
```

잠깐만요

파이썬에서는 주로 with 문을 사용하여 파일 처리를 한다. with 블록을 벗어나면 자동으로 파일이 닫힌다(자동 close).

```
with open('name.txt') as f:
    data=f.readlines()
    print(data,end='')
```

텍스트 파일 쓰기

프로그램에서 처리한 결괏값을 파일에 저장하기 위해서는 open() 함수로 파일을 쓰기 모드('w')로 생성한 후 다양한 함수(write(), writelines())를 이용한다.

실습 코드 3-58

파일 쓰기 모드 : write() 함수

동아리 회원의 이름을 사용자로부터 입력받아 파일에 저장해 보자.

〈코드〉

```
f=open('club.txt','w')

while True:
    name=input('이름: ')
    if not name:break
    f.write(name)
f.close()
```

〈실행 결과〉

```
이름: 김유미
이름: 구웅
이름: 유바비
이름:
```

코랩에서 위 코드를 실행시킨 후 왼쪽 메뉴의 '파일' 아이콘(🗀)을 클릭하여 목록을 확인하면 'club.txt' 파일이 생성된 것을 확인할 수 있다. 해당 파일을 더블 클릭하면 오른쪽 창에 저장되어 있는 파일 내용을 미리 볼 수 있다.

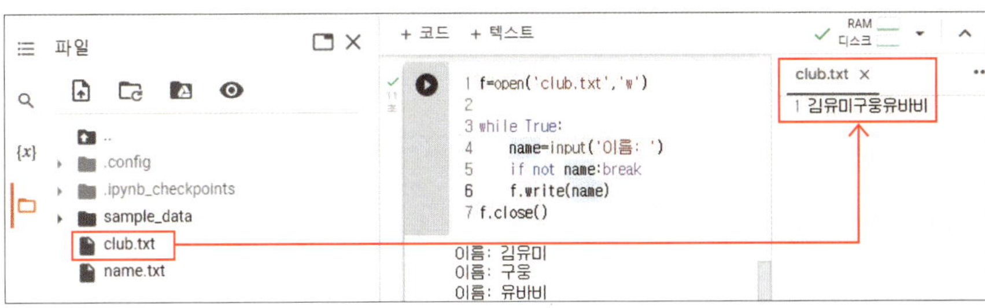

write() 함수는 자동 개행 기능이 포함되어 있지 않기 때문에 파일에 줄 단위로 저장하고 싶다면 다음과 같이 개행 문자를 포함시키면 된다.

〈코드〉

```
f=open('club.txt','w')

while True:
    name=input('이름: ')
    if not name:break
    f.write(name+'\n')
f.close()
```

〈실행 결과〉

club.txt ×

```
1 김유미
2 구웅
3 유바비
4
```

파일 쓰기 모드('w')로 파일을 열 때는 기존 파일이 있을 경우 그 파일의 내용이 모두 사라진다. 기존 파일 내용을 유지하면서 단지 새로운 값을 추가하는 경우에는 파일을 추가 모드('a')로 하면 된다. 프로그램을 실행시킨 후 미리 보기를 통해 입력받은 내용이 'club.txt' 파일 맨 뒤에 추가되어 저장되었는지를 확인해 보자.

실습 코드 3-59

파일 추가 모드 : write() 함수

동아리 회원의 이름을 사용자로부터 입력받아 기존 파일(club.txt)에 추가해 보자.

〈코드〉

```
f=open('club.txt','a')

while True:
    name=input('이름: ')
    if not name:break
    f.write(name+'\n')
f.close()
```

〈실행 결과〉

```
이름: 루비
이름: 새이
이름:
```

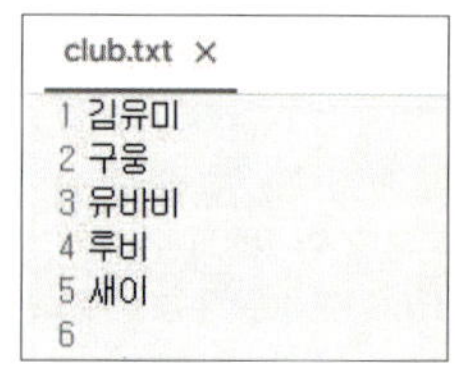

9.4 파일 오류 처리

파일을 open() 함수로 열려고 할 때 만약에 파일이 없다면 오류가 발생한다. 이처럼 파일이 없을 때 오류가 발생하지 않게 하려면 os.path.exists(파일명), os.path.isfile(파일명) 형식을 사용하거나 예외 처리 구문(try~except)을 사용하면 된다. 예외 처리란 프로그램 실행 도중 예상치 못한 오류 등의 예외 상황을 만났을 때 안전하게 처리하는 방법을 말한다. 대표적인 경우 파일 처리에서 파일을 열려고 할 때 현재 디렉토리에 파일이 없는 경우 다음과 같은 오류가 날 수 있다.

실습 코드 3-60

현재 디렉토리에 읽고자 하는 파일이 없는 경우 오류 메시지

```
---------------------------------------------------------------------------
FileNotFoundError                         Traceback (most recent call last)
<ipython-input-18-25973f7c2adc> in <module>()
----> 1 f=open('test.txt','r')
      2
      3 while True:
      4     name=input('이름: ')
      5     if not name:break

FileNotFoundError: [Errno 2] No such file or directory: 'test.txt'
```

실습 코드 3-61

파일 오류 처리 : os.path.exists() 사용

사용자로부터 읽으려는 파일명을 입력받아 파일이 존재할 경우 파일을 모든 내용을 읽어서 화면에 출력하고 파일이 존재하지 않다면 오류 메시지를 출력한다.

〈코드〉

```
import os.path

fname=input('파일명: ')
fname=fname+'.txt'
if os.path.exists(fname): # os.path.isfile(fname)
    f=open(fname,'r')
    data=f.read()
    print(data,end='')
    f.close()
else:
    print('{} 파일이 없습니다.'.format(fname))
```

〈실행 결과〉

```
파일명: club
김유미
구웅
유바비
루비
새이
```

〈실행 결과〉

```
파일명: test
test.txt 파일이 없습니다.
```

실습 코드 3-62

파일 오류 처리 : try ~ except 사용

파일이 존재할 경우 파일을 모든 내용을 읽어서 화면에 출력하고 파일이 존재하지 않다면 오류 메시지를 출력한다.

〈코드〉

```
fname=input('파일명: ')
fname=fname+'.txt'
try:
    f=open(fname)
    data=f.read()
    print(data,end='')
    f.close()
except:
    print('{} 파일이 없습니다.'.format(fname))
```

〈실행 결과〉

```
파일명: name
홍길동
홍이동
홍삼동
```

〈실행 결과〉

```
파일명: test
test.txt 파일이 없습니다.
```

잠깐만요

프로그래밍하다 보면 필연적으로 오류(또는 에러)와 만나게 된다. 예상할 수 있는 오류는 쉽게 if 문을 통해서 제어할 수 있지만, 뜬금없이 나타나는 오류(Error)를 잡기에는 역부족이다. 그래서 파이썬에서는 예외 처리(Exception Handling)를 제공하는데 확실한 오류는 물론이고, 예상치 못한 오류까지 잡기에는 예외 처리가 제격이다. 예외(Exception)라는 말이 조금 어렵게 느껴진다면 파이썬에서는 그냥 쉽게 오류, 에러라고 생각하면 된다.

파이썬 예외처리 코드 기본 구조

```
try:
    (예외가 일어날 것 같은 코드, 즉 위험한 코드)
except:
    (예외가 있을 때 실행될 코드)
else:
    (예외가 없을 때 실행될 코드)
finally:
    (예외와 상관없이 무조건 실행될 코드)
```

9.5 엑셀 파일 읽고 쓰기

엑셀 파일 읽기

텍스트 파일과 다르게 엑셀 파일은 여는 과정 없이 바로 읽어 올 수 있다. 코랩 세션 저장소에 업로드한 엑셀 파일을 읽어온다. 엑셀 파일은 읽어온 후 데이터프레임으로 저장하여 내용을 확인한다. 데이터프레임을 사용하려면 판다스(Pandas) 라이브러리를 Import 하여 사용해야 한다. 판다스 라이브러리는 셋째 마당에서 자세히 다루게 된다.

함수	설명	사용법
read_csv() read_excel()	csv, xls 파일을 읽고,데이터프레임으로 저장	데이터프레임명.read.csv("파일명.csv") 데이터프레임명.read.excel("파일명.xls")

엑셀 파일을 읽고, 내용을 확인하기 위해서는 판다스(Pandas) 라이브러리를 import 한다. 판다스의 read_csv() 함수를 이용하여 'my_file.csv' 파일을 읽어 my_file에 저장한다. my_file에 저장된 csv 파일의 내용은 데이터프레임 형태로 저장된다. head() 함수를 이용하여 상위 5개 행을 출력한다.

[예제 파일 : my_file.csv]

이름	중간	기말	과제	출석	학점	가산점
유미	95	87	95	100	A+	2
구웅	88	90	90	70	A	10
바비	72	83	80	72	B+	5
루비	80	80	75	90	B+	0

실습 코드 3-63

csv 파일을 읽어 데이터프레임으로 저장하여 확인

〈코드〉

```
import pandas as pd
my_file=pd.read_csv('my_file.csv')
my_file.head()
```

〈실행 결과〉

	이름	중간	기말	과제	출석	학점	가산점
0	유미	95	87	95	100	A+	2
1	구웅	88	90	90	70	A	10
2	바비	72	83	80	72	B+	5

엑셀 파일 쓰기

함수	설명	사용법
to_csv() to_excel()	데이터프레임을 csv 또는 xls 파일로 저장	데이터프레임명.to_csv('파일명.csv') 데이터프레임명.to_excel('파일명.xls')

실습 코드 3-64

데이터프레임 데이터 생성

```
new_pd=pd.DataFrame([['루비',80,80,75,90,'B+',0]])
new_pd
```

〈실행 결과〉

	0	1	2	3	4	5	6
0	루비	80	80	75	90	B+	0

to_csv() 함수를 이용하여 'my_file.csv' 파일에 추가할 때는 mode 옵션을 'a'로 지정하여 기존 데이터에 추가할 수 있도록 한다. header 옵션과 index 옵션은 False로 지정하여 기존 헤더와 인덱스 형태가 유지되도록 한다. head() 함수를 이용하여 상위 5개 행을 출력하여 새로운 데이터가 추가되었는지 확인한다.

실습 코드 3-65

새롭게 생성한 데이터프레임 데이터를 csv 파일에 저장

```
new_pd.to_csv('my_file.csv', mode='a', header=False, index=False)
my_file=pd.read_csv('my_file.csv')
my_file.head()
```

〈실행 결과〉

	이름	중간	기말	과제	출석	학점	가산점
0	유미	95	87	95	100	A+	2
1	구웅	88	90	90	70	A	10
2	바비	72	83	80	72	B+	5
3	루비	80	80	75	90	B+	0

이름	중간	기말	과제	출석	학점	가산점
유미	95	87	95	100	A+	2
구웅	88	90	90	70	A	10
바비	72	83	80	72	B+	5
루비	80	80	75	90	B+	0

my_file.csv

엑셀 파일 읽고 쓰기

판다스의 read_excel 함수를 이용하여 'my_addr.xlsx' 파일을 읽어오고, my_addr에 저장한다. my_addr에 저장된 xlsx 파일의 내용은 데이터프레임 형태로 저장된다. head() 함수를 이용하여 상위 5개 행을 출력한다.

[예제 파일 : my_addr.xlsx]

	A	B	C
1	**이름**	**연락처**	**이메일**
2	이순신	010-1234-1234	lee@test.com
3	강감찬	010-1111-1111	kang@test.com
4	홍길동	010-2222-2222	hong@test.com

실습 코드 3-66

xlsx 파일을 읽어 데이터프레임으로 저장하여 확인

```
import pandas as pd
my_addr=pd.read_excel('my_addr.xlsx')
my_addr.head()
```

〈실행 결과〉

	이름	연락처	이메일
0	이순신	010-1234-1234	lee@test.com
1	강감찬	010-1111-1111	kang@test.com
2	홍길동	010-2222-2222	hong@test.com

앞에서 데이터를 추가했던 방법은 새로운 데이터를 엑셀 파일에 바로 저장했다. 이번에는 데이터프레임에 새로운 데이터를 추가해 보자. 하나로 합쳐진 데이터프레임을 기존의 xlsx 파일에 저장한다.

실습 코드 3-67

데이터프레임 데이터를 생성하여 기존 데이터프레임에 추가

```
new_data = pd.DataFrame([{'이름':'유관순','연락처':'010-3333-3333',
'이메일':'you@test.com'}])
my_addr = pd.concat([my_addr, new_data], ignore_index=True)
my_addr
```

〈실행 결과〉

	이름	연락처	이메일
0	이순신	010-1234-1234	lee@test.com
1	강감찬	010-1111-1111	kang@test.com
2	홍길동	010-2222-2222	hong@test.com
0	유관순	010-3333-3333	you@test.com

to_excel() 함수를 이용하여 하나로 합쳐진 데이터프레임을 기존 'my_addr.xlsx' 파일에 저장한다. index 옵션은 False로 지정하여 기존 인덱스 형태가 유지되도록 한다. head() 함수를 이용하여 상위 5개 행을 출력하여 새로운 데이터가 추가되었는지 확인한다.

실습 코드 3-68

하나로 합쳐진 데이터프레임 데이터를 xlsx 파일에 저장

```
my_addr.to_excel('my_addr.xlsx',index=False)
my_addr=pd.read_excel('my_addr.xlsx')
my_addr.head()
```

〈실행 결과〉

	이름	연락처	이메일
0	이순신	010-1234-1234	lee@test.com
1	강감찬	010-1111-1111	kang@test.com
2	홍길동	010-2222-2222	hong@test.com
3	유관순	010-3333-3333	you@test.com

	A	B	C
1	이름	연락처	이메일
2	이순신	010-1234-1234	lee@test.com
3	강감찬	010-1111-1111	kang@test.com
4	홍길동	010-2222-2222	hong@test.com
5	유관순	010-3333-3333	you@test.com

my_addr.xlsx

연습 문제

연습 01

학교, 학과, 이름, 연락처를 입력받아 변수에 저장하여 출력하세요.

- 변수명 : 학교(univ), 학과(dept), 이름(name), 연락처(phone)

〈코드 작성〉

〈실행 결과〉

```
학교: 한국대학교
학과: 경제학과
이름: 홍길동
연락처: 010-1234-5678

홍길동 학생은 한국대학교 경제학과에 재학 중이며, 연락처는 010-1234-5678입니다.
```

연습 02

이름과 출생연도를 입력받아 한국 나이를 출력하는 프로그램을 작성하세요.

〈코드 작성〉

〈실행 결과〉

```
이름 입력: 홍길동
출생년도 입력: 2004

2023년 시점, 홍길동님의 한국 나이는 20살입니다.
```

연습 03

월을 입력받아 계절을 출력하는 프로그램을 작성하세요.

- 3~5월은 봄, 6~8월은 여름, 9~11월은 가을, 12~2월은 겨울

〈실행 결과 1〉

```
월 입력: 10
10월은 가을
```

〈실행 결과 2〉

```
월 입력: 3
3월은 봄
```

연습 04

두 번의 점수를 입력받아 합격 및 불합격 여부를 출력하는 프로그램을 작성하세요.

- input( ) 함수를 이용하여 1차 및 2차 점수를 입력받고, 조건(평균 70점 이상, 각 점수당 50점 이상(과락: 50점미만))이 맞으면 합격, 그렇지 않으면 불합격 결과를 출력한다.

〈실행 결과 1〉

```
1차 점수 입력: 90
2차 점수 입력: 70
합격
```

〈실행 결과 2〉

```
1차 점수 입력: 100
2차 점수 입력: 49
불합격
```

연습 05

컴퓨터가 생각한 1~30 사이의 숫자를 맞히는 게임 프로그램을 작성하세요.

- 1~30 사이의 정수 중에서 랜덤하게 생성한 정수를 맞힐 때까지 무한 반복한다.
- 단, 0을 입력하면 정답을 맞히지 못해도 무한 반복을 종료한다.

〈실행 결과〉

```
<< 1~30 숫자 맞히기 게임 >>
숫자 입력(종료 0): 15
더 큰 숫자 입력!
숫자 입력(종료 0): 20
더 큰 숫자 입력!
숫자 입력(종료 0): 25
더 큰 숫자 입력!
숫자 입력(종료 0): 28
정답!!
```

연습 06

행운의 로또 복권 번호를 생성하여 리스트에 저장한 후 출력하세요.

- 로또 번호는 1~45 숫자 중에서 중복 숫자 없이 총 6개의 숫자로 구성된다.

〈실행 결과〉

```
<< 생성된 로또 번호 >>
41 24 6 13 33 44
```

연습 07

타자 연습 게임 프로그램을 작성하세요.

- 타자 연습 단어들은 리스트로 초기화하고, 엔터를 눌러 시작되면 리스트의 단어 중에서 랜덤하게 출력된다. 단, 0을 입력할 때까지 무한 반복한다.

〈실행 결과〉

```
타자게임 시작 (엔터 입력)
문제 1 (종료 0): 낙하
낙하
맞음!!

문제 2 (종료 0): 불구덩이든
불구덩이
틀림! 다시!

문제 3 (종료 0): 불구덩이든
불구덩이든
맞음!!

문제 4 (종료 0): 낙하
0
```

연습 08

MT 장소를 선정하기 위한 프로그램이다. 실행 결과와 같이 MT 장소를 입력받아 딕셔너리에 저장한 후 투표 결과와 최다득표 MT 장소를 화면에 출력하세요.

- 필요에 따라 리스트 내포를 이용한다.

〈실행 결과〉

```
대성리:0표 춘천:0표 을왕리:0표
청평:0표

<< MT 장소 투표 >>
장소: 대성리
장소: 을왕리
장소: 춘천
장소: 을왕리
장소:
대성리:1표 춘천:1표 을왕리:2표
청평:0표

최다득표: 을왕리 2표
```

연습 09

다음 파이썬 코드의 결과를 예측하세요.

```
def print_lyrics():
    print('Stay in the middle')
    print('Like you a little')
    print("Don't want no riddle")
    print('말해줘 say it back, oh, say it ditto')
    print('아침은 너무 멀어 so say it ditto')

print('Hoo', 'ooh '*4)
print()
print_lyrics()
```

〈실행 결과〉

연습 10

사이렌오더를 통해 음료를 미리 예약하는 프로그램을 작성하세요.

- 메뉴는 아메리카노 3000원, 카페라떼 4000원, 바닐라라떼 4500원
- 메뉴번호를 입력하면 해당메뉴와 가격을 출력해 주는 부분을 함수로 작성한다.

```
def price(menue):
    

menue=int(input('메뉴선택(1:아메리카노/2:카페라떼/3:바닐라라떼) '))
price(menue)
```

〈실행 결과 1〉

```
메뉴선택(1:아메리카노/2:카페라떼/3:바닐라라떼) 1
아메리카노: 3,000원
```

〈실행 결과 2〉

```
메뉴선택(1:아메리카노/2:카페라떼/3:바닐라라떼) 2
카페라떼: 4,000원
```

연습 11

다음 빈 곳에 알맞은 파이썬 코드를 작성하세요.

• 확장자가 .jpg, .png인 이미지 파일만 출력되도록 람다 표현식을 사용한다.

```
files=['report.hwp','newJeans','attention.png','ditto.jpg','address.xslx']

print(________________________________________)
```

〈실행 결과 1〉

```
['attention.png', 'ditto.jpg']
```

연습 12

파일(weather.txt)에는 다음과 같은 형태로 하반기 기온에 대한 월별 최저기온과 최고기온이 저장되어 있다. 파일 내용을 읽어서 월의 평균기온(최저기온과 최고기온)을 계산한 후에 실행 화면과 같이 출력하세요.

```
7, 20.1, 25.9
8, 24.6, 31.8
9, 17.9, 25.8
10, 11.9, 21.3
11, 6.5, 15.5
12, -1.3, 7.6
```

〈실행 결과〉

```
7월 평균기온은 23.0℃입니다.
8월 평균기온은 28.2℃입니다.
9월 평균기온은 21.9℃입니다.
10월 평균기온은 16.6℃입니다.
11월 평균기온은 11.0℃입니다.
12월 평균기온은 3.1℃입니다.
```

연습 13

임의의 엑셀 파일을 이용하여 다음 작업을 수행해 보세요.

• xlsx 파일을 읽어 데이터프레임으로 저장하여 확인한다.
• 데이터프레임 데이터를 생성하여 기존 데이터프레임에 추가한다.
• 하나로 합쳐진 데이터프레임 데이터를 xlsx 파일에 저장한다.

〈작성〉

____

데이터 분석가들이 가장 많이 활용하는 도구 중 하나는 데이터를 수집하고 처리하여 분석하는 과정에서 다양한 라이브러리와 패키지를 사용하는 것이다. 이번 마당에서는 넘파이(NumPy), 판다스(Pandas), 그리고 시각화 라이브러리와 같은 대표적인 데이터 분석 라이브러리에 대해 살펴볼 것이다.

< 셋째 마당 >

데이터 분석 라이브러리

| 4장 |

수치 연산이 쉬운 넘파이

학습 목표

- 배열과 리스트의 차이점을 알고 배열을 사용하는 이유를 이해한다.
- 배열을 생성하고 다루는 방법을 이해한다.
- 배열의 속성을 조회하고 인덱싱과 슬라이싱 개념을 이해한다.
- 배열의 연산 처리 개념을 이해한다.
- 배열의 다양한 형태로 변환하는 방법을 이해한다.

Data Analysis

1 〉 넘파이 배열 개념 및 특징

많은 숫자 데이터를 하나의 변수에 넣고 관리할 때 리스트는 속도가 느리고 메모리를 많이 차지하는 단점이 있다. 배열(Array)을 사용하면 적은 메모리로 많은 데이터를 빠르게 처리할 수 있으며, 파이썬 리스트 객체를 개선한 넘파이의 ndarray 객체를 사용하면 더 많은 데이터를 더 빠르게 처리할 수 있다.

파이썬은 자체적으로 배열 자료형을 제공하지 않기 때문에 배열을 구현한 다른 패키지를 임포트 해야 한다. 파이썬에서 배열을 사용하기 위한 표준 패키지는 넘파이다. 넘파이는 C언어로 구현된 파이썬 라이브러리로써, 고성능의 수치계산을 위해 제작되었다.

Numerical Python의 줄임말이기도 한 넘파이는 벡터 및 행렬 연산에 있어서 매우 편리한 기능을 제공한다. 또한 이는 데이터 분석할 때 사용되는 라이브러리인 판다스(Pandas)와 맷플롯립(Matplotlib)의 기반으로 사용되기도 한다.

넘파이에서는 기본적으로 array라는 단위로 데이터를 관리하며 이에 대해 연산을 수행한다. 넘파이의 배열 연산은 C로 구현된 내부 반복문을 사용하기 때문에 파이썬 반복문보다 속도가 빠르며 벡터화 연산(Vectorized Operation)을 이용하여 간단한 코드로도 복잡한 선형 대수 연산을 수행할 수 있다. 또한 배열 인덱싱(Array Indexing)을 사용한 질의(Query) 기능을 이용하여 간단한 코드로도 복잡한 수식을 계산할 수 있다.

넘파이의 특징은 다음과 같다.

넘파이(NumPy) 특징

- 고성능 과학 계산용 패키지로 강력한 N차원 배열 객체
- 정교한 브로드캐스팅(Broadcast) 기능
- 파이썬 자료형 리스트와 비슷하지만, 더 빠르고 메모리를 효율적으로 관리
- 반복문 없이 데이터 배열에 대한 처리를 지원하여 빠르고 편리
- 데이터 과학 도구에 대한 생태계의 핵심을 이루고 있음
- 유용한 선형 대수학, 푸리에 변환 및 난수 기능
- 범용적 데이터 처리에 사용 가능한 다차원 컨테이너

먼저 넘파이를 사용하기 위해서는 다음의 명령문을 통해 패키지를 설치해야 한다. 구글 코랩과 같은 온라인 편집기는 이미 넘파이가 설치되어 있어 불러와서 사용할 수 있다.

```
pip install numpy
```

먼저 넘파이를 사용하기 위해서는 다음과 같은 코드로 넘파이를 import 해야 한다. 넘파이는 np라는 이름으로 임포트 하는 것이 관례다.

```
import numpy as np
```

넘파이를 설치하고 import numpy만 해도 되지만, 이를 코드에서 편하게 사용하기 위해 as np를 붙여 np라는 이름으로 넘파이를 사용한다.

2 〉 넘파이 배열 생성

넘파이는 과학 연산을 위한 파이썬 핵심 라이브러리로 고성능 다차원 배열과 이런 배열을 처리하는 다양한 함수와 툴을 제공하며, 이 절에서는 넘파이 배열(numpy.ndarray 객체) 생성 방법을 소개한다.

넘파이 배열은 다음과 같이 다차원 배열을 지원한다. 다차원 배열은 입체적인 데이터 구조를 가지며, 데이터의 차원은 여러 갈래의 데이터 방향을 갖는다. 다차원 배열의 데이터 방향을 axis로 표현할 수 있다. 행 방향(높이), 열 방향(폭), 채널 방향은 각각 axis=0, axis=1 그리고 axis=2로 지정된다.

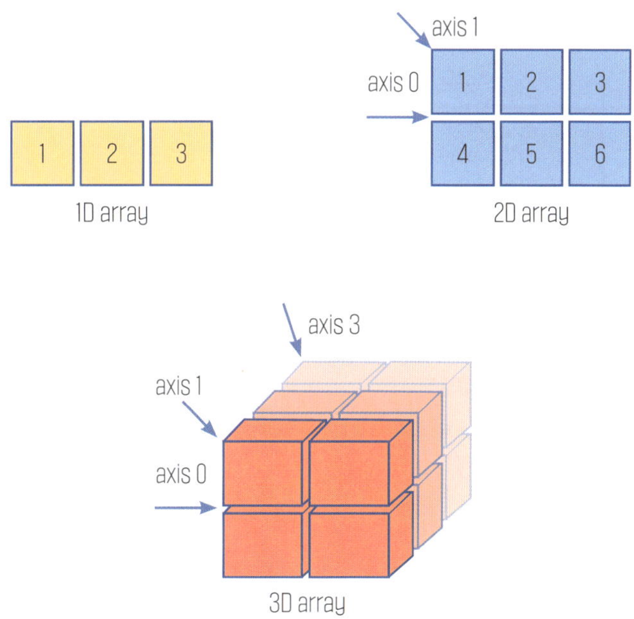

그림 4-1. 축(axis) 이해

2.1 리스트로 배열 생성

넘파이의 array 함수에 리스트 또는 튜플을 추가하면 ndarray 클래스 객체 즉, 배열로 변환한다. 배열을 생성하는 방법은 다음과 같다.

실습 코드 4-1

1차원 배열(list)로 numpy 배열 생성

〈코드〉

```
import numpy as np
arr=np.array([1, 2, 3, 4, 5])
print(arr)
```

〈실행 결과〉

```
[1 2 3 4 5]
```

실습 코드 4-2

2차원 배열(list)로 numpy 배열 생성

〈코드〉

```
arr=np.array([[1,2,3],[4,5,6]])
print(arr)
```

〈실행 결과〉

```
[[1 2 3]
 [4 5 6]]
```

실습 코드 4-3

3차원 배열(list)로 numpy 배열 생성

〈코드〉

```
arr=np.array([[[1,2,3],[4,5,6],[7,8,9]],
              [[1,2,3],[4,5,6],[7,8,9]],
              [[1,2,3],[4,5,6],[7,8,9]]])
print(arr)
```

〈실행 결과〉

```
[[[1 2 3]
  [4 5 6]
  [7 8 9]]

 [[1 2 3]
  [4 5 6]
  [7 8 9]]

 [[1 2 3]
  [4 5 6]
  [7 8 9]]]
```

2.2 배열 생성 및 초기화

배열이 만들어지는 시점에 배열의 크기는 알지만, 요소의 값이 정해지지 않았을 수 있다. 넘파이는 초기 플레이스홀더(Placeholder)를 이용해서 배열을 만들기 위한 다양한 함수를 제공한다. 이 함수들은 배열을 효과적으로 초기화해 본다.

표 4-1. 배열 생성 및 초기화 함수

함수	설명
zeros()	• 주어진 형태와 타입을 갖는 0으로 채워진 배열을 반환 • zeros(shape, dtype=float, order='C') • 지정된 shape의 배열을 생성하고, 모든 요소를 0으로 초기화
ones()	• 주어진 형태와 타입을 갖는 1로 채워진 배열을 반환 • np.ones(shape, dtype=None, order='C') • 지정된 shape의 배열을 생성하고, 모든 요소를 1로 초기화
full()	• 모든 요소를 지정한 값으로 초기화 • np.full(shape, fill_value, dtype=None, order='C') • 지정된 shape의 배열을 생성하고, 모든 요소를 지정한 "fill_value"로 초기화
eye()	• 단위 행렬(정사각형 행렬) 생성 • 주대각선의 원소가 모두 1이고 나머지 원소는 모두 0인 정사각형 행렬 • np.eye(N, M=None, k=0, dtype=〈class 'float'〉) • (N, N) shape의 단위 행렬(Unit Matrix)을 생성 예) np.eye(n크기)

〈코드〉

```
a=np.zeros(10)
print(a)
```

〈실행 결과〉

```
[0. 0. 0. 0. 0. 0. 0. 0. 0. 0.]
```

〈코드〉

```
b=np.zeros((3,3))
print(b)
```

〈실행 결과〉

```
[[0. 0. 0.]
 [0. 0. 0.]
 [0. 0. 0.]]
```

〈코드〉

```
a=np.ones(10)
print(a)
```

〈실행 결과〉

```
[1. 1. 1. 1. 1. 1. 1. 1. 1. 1.]
```

〈코드〉

```
b=np.ones((3,3))
print(b)
```

〈실행 결과〉

```
[[1. 1. 1.]
 [1. 1. 1.]
 [1. 1. 1.]]
```

〈코드〉

```
a=np.full((3,3),1.5)
print(a)
```

〈실행 결과〉

```
[[1.5 1.5 1.5]
 [1.5 1.5 1.5]
 [1.5 1.5 1.5]]
```

〈코드〉

```
a=np.eye(3)
print(a)
```

〈실행 결과〉

```
[[1. 0. 0.]
 [0. 1. 0.]
 [0. 0. 1.]]
```

2.3 생성한 값으로 배열 생성

넘파이는 주어진 조건으로 데이터를 생성한 후, 배열을 만드는 데이터 생성 함수를 제공한다. 연속적인 숫자들을 만들어내기 위해 넘파이는 파이썬의 range()와 유사한 함수인 np.arange()를 제공한다. 넘파이는 시작과 끝값을 지정하고, 그 사이의 값을 균등하게 배분하는 기능을 하는 linspace()와 logspace()를 제공한다.

np.arange() 함수

np.arange() 함수 설명은 다음과 같다.

numpy.arange([start,] stop[, step,], dtype=None)

- start부터 stop 미만까지 step 간격으로 데이터 생성한 후 배열을 생성
- 범위 내에서 간격을 기준 균등 간격의 배열
- 요소의 개수가 아닌 데이터의 간격을 기준으로 배열 생성

실습 코드 4-4

arange() : 정수 범위로 배열 생성

```
a=np.arange(1,21)
print(a)
```

〈실행 결과〉

```
[ 1  2  3  4  5  6  7  8  9 10 11 12 13 14 15 16 17 18 19 20]
```

np.linspace() 함수

np.linspace() 함수 설명은 다음과 같다.

- numpy.linspace(start, stop, num=50, endpoint=True, retstep=False, dtype=None)
- start부터 stop의 범위에서 num개를 균일한 간격으로 데이터를 생성하고 배열을 만드는 함수
- 요소 개수를 기준으로 균등 간격의 배열을 생성

실습 코드 4-5

linspace() : 범위 내에서 균등 간격의 배열 생성

```
a=np.linspace(0,10,5)
print(a)
```

〈실행 결과〉

```
[ 0.   2.5  5.   7.5 10. ]
```

np.logspace() 함수

np.logspace() 함수 설명은 다음과 같다.

numpy.logspace(start, stop, num=50, endpoint=True, base=10.0, dtype=None)

- 로그 스케일의 linspace 함수
- 로그 스케일로 지정된 범위에서 num 개수만큼 균등 간격으로 데이터 생성한 후 배열 생성

실습 코드 4-6

logspace() : 범위 내에서 균등 간격으로 로그 스케일로 배열 생성

```
a=np.logspace(np.log10(10),np.log10(100),5)
print(a)
```

〈실행 결과〉

```
[ 10.         17.7827941   31.6227766   56.23413252 100.        ]
```

```
a=np.logspace(1,2,5)
print(a)
```

〈실행 결과〉

```
[ 10.         17.7827941   31.6227766   56.23413252 100.        ]
```

2.4 난수 기반으로 배열 생성

넘파이는 난수 발생 및 배열 생성을 생성하는 numpy.random 모듈을 제공한다. numpy.random 모듈은 다음과 같은 함수를 제공한다.

표 4-2. 난수(랜덤) 함수

함수명	설명
seed	난수 발생을 위한 시드(seed) 지정
shuffle	리스트나 배열의 순서를 섞음
random	랜덤한 수의 배열 생성

randint	일정 구간의 랜덤 정수 배열 생성
rand	균등분포에서 표본 추출
randn	표준편차가 1, 평균값 0인 정규분포의 표본 추출
normal	정규분포를 고려한 랜덤한 수의 배열 생성

random() 함수

random() 함수 설명은 다음과 같다.

np.random.random(size=None)

• 난수 : [0., 1.)의 균등 분포(Uniform Distribution)에서 표본 추출

실습 코드 4-7

random : 랜덤한 수의 배열 생성

```
a=np.random.random()
print(a)
```

〈실행 결과〉

```
0.38106243437430776
```

```
a=np.random.random((4,4))
print(a)
```

〈실행 결과〉

```
[[0.56611774 0.43869224 0.59967091 0.28460428]
 [0.88891737 0.45654037 0.39968146 0.42149914]
 [0.11235447 0.85252051 0.76067407 0.85206147]
 [0.23948174 0.13362393 0.74631404 0.77856926]]
```

randint() 함수

randint() 함수 설명은 다음과 같다.

numpy.random.randint(low, high=None, size=None, dtype='l')

- 지정된 shape로 배열을 만들고 low부터 high 미만의 범위에서 정수 표본 추출

실습 코드 4-8

randint : 랜덤한 정수의 배열 생성

```
a=np.random.randint(1,10)
print(a)
```

〈실행 결과〉

```
7
```

```
a=np.random.randint(1,10,(4,4))
print(a)
```

〈실행 결과〉

```
[[4 3 5 3]
 [9 7 3 4]
 [6 6 8 5]
 [1 1 2 7]]
```

rand() 함수

rand() 함수 설명은 다음과 같다.

numpy.random.rand(d0, d1, ..., dn)

- Shape이 (d0, d1, ..., dn) 인 배열 생성 후 난수로 초기화
- 난수 : [0, 1)의 균등 분포(Uniform Distribution) 형상으로 표본 추출

실습 코드 4-9

rand : 균등분포를 고려한 랜덤한 수의 배열 생성

```
a=np.random.rand(3,3)
print(a)
```

〈실행 결과〉

```
[[0.65196273 0.22268638 0.4100056 ]
 [0.32182384 0.74909368 0.34848859]
 [0.92806017 0.33672181 0.82752128]]
```

randn() 함수

randn() 함수 설명은 다음과 같다.

numpy.random.randn(d0, d1, ..., dn)

- (d0, d1, ..., dn) shape 배열 생성 후 난수로 초기화
- 난수 : 표준 정규 분포(Standard Normal Distribution)에서 표본 추출

실습 코드 4-10

randn : 표준 정규분포를 고려한 랜덤한 수의 배열 생성

```
a=np.random.randn(3,3)
print(a)
```

〈실행 결과〉

```
[[-1.01615161  0.04366704  0.16808196]
 [ 1.35233181 -0.3245635  -0.81957937]
 [-1.02578405 -0.16054881  0.90137109]]
```

3 〉 넘파이 배열 조회

3.1 넘파이 표준 데이터 타입

넘파이는 다음과 같은 다양한 데이터 타입을 지원한다. 배열을 생성할 때 dtype 속성으로 다음과 같은 데이터 타입을 지정할 수 있다.

표 4-3. 데이터 타입

데이터 타입	설명
np.int32/64	64 비트 정수 타입
np.float32/64	32 비트 부동 소수 타입
np.bool	불린 타입 (True, False)
np.object	파이썬 객체 타입
np.complex	복소수 (128 float)

3.2 넘파이 배열 속성 정보

넘파이는 배열의 속성을 검사하는 다음과 같은 방법을 제공한다.

표 4-4. 배열 속성

속성	설명
ndim	배열 차원 수 또는 배열 축의 수
shape	배열 각 차원의 크기를 튜플 형태로 표현

size	배열 원소의 개수
dtype	배열 내 원소의 데이터형
itemsize	배열 내 원소의 크기를 바이트 단위로 기술
nbytes	배열 전체 바이트

실습 코드 4-11

배열의 속성 알아보기

〈코드〉

```
arr=np.arange(1,6)
print(arr)
print('ndim:',arr.ndim)
print('shape:',arr.shape)
print('dtype:',arr.dtype)
print('size:',arr.size)
print('itemsize:',arr.itemsize)
print('nbytes:',arr.nbytes)
```

〈실행 결과〉

```
[1 2 3 4 5]
ndim: 1
shape: (5,)
dtype: int64
size: 5
itemsize: 8
nbytes: 40
```

3.3 배열의 인덱싱

배열의 각 요소는 axis 인덱스 배열로 참조할 수 있으며, 1차원 배열은 1개 인덱스, 2차원 배열은 2개 인덱스, 3차원 인덱스는 3개 인덱스로 요소를 참조할 수 있다. 인덱스로 참조한 요소는 값 참조, 값 수정이 모두 가능하다.

실습 코드 4-12

1차원 배열의 인덱싱 및 변경

〈코드〉

```
a1=np.arange(9) # 1차원 배열
print(a1)
print(a1[0])
print(a1[-1])
a1[0]=10 # 요소변경
print(a1)
```

〈실행 결과〉

```
[0 1 2 3 4 5 6 7 8]
0
8
[10  1  2  3  4  5  6  7  8]
```

실습 코드 4-13

2차원 배열의 인덱싱 및 변경

```
a2=np.arange(9).reshape((3, 3)) #2차원 배열
print(a2)
print(a2[0,1]) # 1행 두 번째 컬럼 요소 참조
print(a2[1,2]) # 2행 세 번째 컬럼 요소 참조
a2[0,0]=10 # 1행 첫번째 컬럼 업데이트
print(a2)
```

〈실행 결과〉

```
[[0 1 2]
 [3 4 5]
 [6 7 8]]
1
5
[[10  1  2]
 [ 3  4  5]
 [ 6  7  8]]
```

3.4 배열의 슬라이싱

여러 개의 배열 요소를 참조할 때 슬라이싱(Slicing)을 사용한다. 슬라이싱은 축(Axis)별로 범위를 지정하여 실행하는데 범위는 시작 인덱스(from_index)와 종료 인덱스(to_index) 형태로 지정한다. 요소 범위를 지정할 때 종료 인덱스(to_index)는 포함되지 않는다. 범위 지정에서 시작 인덱스가 생략될 경우 0으로 간주되며, 종료 인덱스가 생략될 경우 마지막 인덱스(−1)로 설정된다. 따라서 ':' 형태로 지정된 범위는 전체 범위를 의미한다. 시작 인덱스(from_index)와 종료 인덱스(to_index)에 음수를 지정하면 이것은 반대 방향을 의미한다.

슬라이싱은 원본 배열의 뷰이기 때문에 슬라이싱 결과의 요소를 업데이트하면 원본에 반영된다.

실습 코드 4-14

1차원 배열의 슬라이싱

〈코드〉

```
a1= np.arange(6)
print(a1)
print(a1[0:3])
print(a1[1:])
print(a1[-2:])
print(a1[:-3])
print(a1[::2])
print(a1[::-1])
```

〈실행 결과〉

```
[0 1 2 3 4 5]
[0 1 2]
[1 2 3 4 5]
[4 5]
[0 1 2]
[0 2 4]
[5 4 3 2 1 0]
```

실습 코드 4-15

2차원 배열의 슬라이싱

```
a2=np.arange(1, 25).reshape((4, 6))
print(a2[1])
print(a2[1:3,1:5])
print(a2[2,:])
print(a2[:3,:3])
print(a2[2:,::-1])
print(a2[::-1,::-1])
```

```
[[ 1  2  3  4  5  6]
 [ 7  8  9 10 11 12]
 [13 14 15 16 17 18]
 [19 20 21 22 23 24]]
```

〈실행 결과〉

```
[ 7  8  9 10 11 12]
[[ 8  9 10 11]
 [14 15 16 17]]
[13 14 15 16 17 18]
[[ 1  2  3]
 [ 7  8  9]
 [13 14 15]]
[[18 17 16 15 14 13]
 [24 23 22 21 20 19]]
[[24 23 22 21 20 19]
 [18 17 16 15 14 13]
 [12 11 10  9  8  7]
 [ 6  5  4  3  2  1]]
```

3.5 논리 인덱싱

논리(Boolean) 인덱싱은 배열 각 요소의 선택 여부 불린(True or False)을 지정하는 방식으로, 해당 인덱스의 True만 조회한다.

실습 코드 4-16

불린 인덱싱 개념

〈코드〉

```
a=np.arange(1,6)
print(a)
b=[True,False,False,True,False]
print(a[b])
```

〈실행 결과〉

```
[1 2 3 4 5]
[1 4]
```

실습 코드 4-17

불린 인덱싱 : 비교 연산자 사용

〈코드〉

```
a=np.arange(11)
print(a[a<5])
five_up=(a>=5)
five_up
print(a[five_up])
divide_by_2=a[a%2==0]
print(divide_by_2)
```

〈실행 결과〉

```
[0 1 2 3 4]
[ 5  6  7  8  9 10]
[ 0  2  4  6  8 10]
```

실습 코드 4-18

불리언 인덱싱 : 관계 연산자 사용

〈코드〉

```
# 논리 연산자 사용( &, | ~)
c=a[(a > 5) & (a < 11)] # and
print(c)
d=a[(a > 9) | (a < 5)]  # or
print(d)
e=a[~(a%3==0)] # not
print(e)
```

〈실행 결과〉

```
[ 6  7  8  9 10]
[ 0  1  2  3  4 10]
[ 1  2  4  5  7  8 10]
```

4 〉 배열의 연산

4.1 배열의 일반 연산

넘파이는 기본 연산자를 연산자 재정의하여 배열(행렬) 연산에 대한 직관적으로 표현을 강화하였다.

산술 연산

모든 산술 연산(Arithmetic Operations) 함수는 np 모듈에 포함되어 있다.

실습 코드 4-19

산술 연산 : 사칙연산 연산자와 함수 활용

```
a=np.arange(1,11)
b=np.arange(1,11)
print(a+b)
print(np.add(a,b)) # 덧셈 함수
print(a-b)
print(np.subtract(a,b)) # 뺄셈 함수
print(a*b)
print(np.multiply(a,b)) # 곱셈 함수
print(a/b)
print(np.divide(a,b)) # 나눗셈 함수
```

〈실행 결과〉

```
[ 2  4  6  8 10 12 14 16 18 20]
[ 2  4  6  8 10 12 14 16 18 20]
[0 0 0 0 0 0 0 0 0 0]
[0 0 0 0 0 0 0 0 0 0]
```

```
[  1   4   9  16  25  36  49  64  81 100]
[  1   4   9  16  25  36  49  64  81 100]
[1. 1. 1. 1. 1. 1. 1. 1. 1. 1.]
[1. 1. 1. 1. 1. 1. 1. 1. 1. 1.]
```

실습 코드 4-20

기타 연산 : 지수/제곱근/sin/cos/tan/log

```
a=np.arange(1,11)
print(np.exp(a))
print(np.sqrt(a))
print(np.sin(a))
print(np.cos(a))
print(np.tan(a))
print(np.log(a))
```

〈실행 결과〉

```
[2.71828183e+00 7.38905610e+00 2.00855369e+01 5.45981500e+01
 1.48413159e+02 4.03428793e+02 1.09663316e+03 2.98095799e+03
 8.10308393e+03 2.20264658e+04]
[1.         1.41421356 1.73205081 2.         2.23606798 2.44948974
 2.64575131 2.82842712 3.         3.16227766]
[ 0.84147098  0.90929743  0.14112001 -0.7568025  -0.95892427 -0.2794155
  0.6569866   0.98935825  0.41211849 -0.54402111]
[ 0.54030231 -0.41614684 -0.9899925  -0.65364362  0.28366219  0.96017029
  0.75390225 -0.14550003 -0.91113026 -0.83907153]
[ 1.55740772 -2.18503986 -0.14254654  1.15782128 -3.38051501 -0.29100619
  0.87144798 -6.79971146 -0.45231566  0.64836083]
[0.         0.69314718 1.09861229 1.38629436 1.60943791 1.79175947
 1.94591015 2.07944154 2.19722458 2.30258509]
```

집계 함수

넘파이의 모든 집계 함수는 집계 함수는 축(axis)을 기준으로 계산된다. 집계 함수에 axis를 지정하지 않으면 axis=None이다. axis=None, 0, 1은 다음과 같은 기준으로 생각할 수 있다.

Case 1 : axis=None

- axis=None은 전체 행렬을 하나의 배열로 간주하고 집계 함수의 범위를 전체 행렬로 정의한다.

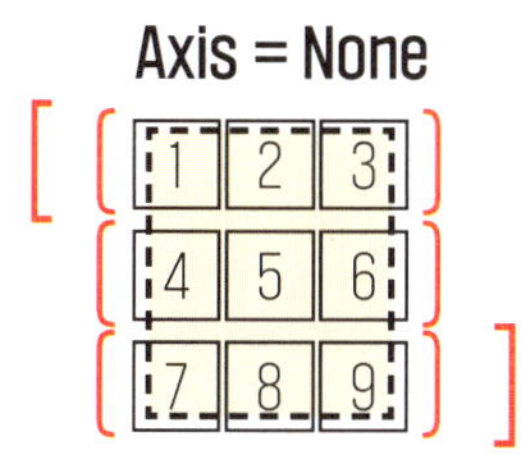

그림 4-2. Axis=None

Case 2 : axis=0

- axis=0은 행을 기준으로 각 행의 동일 인덱스의 요소를 그룹으로 한다.
- 각 그룹을 집계 함수의 범위로 정의한다.

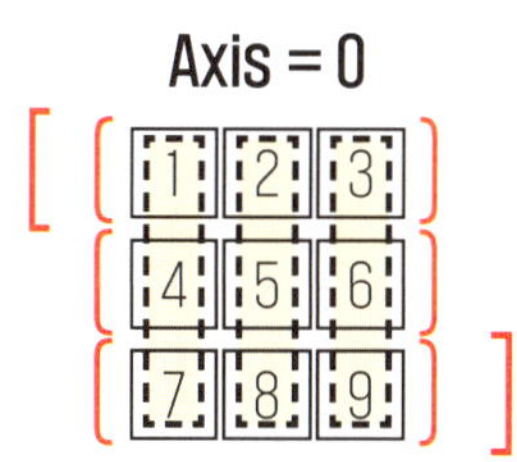

그림 4-3. Axis=0

Case 3 : axis=1

- axis=1은 열을 기준으로 각 열의 요소를 그룹으로 한다.
- 각 그룹을 집계 함수의 범위로 정의한다.

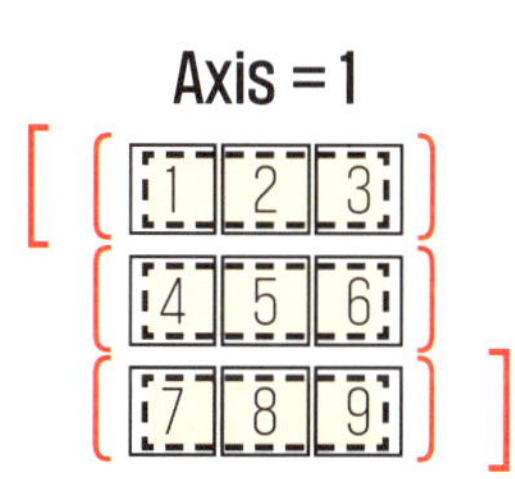

그림 4-4. Axis=none

실습 코드 4-21

합계 : [ndarray 배열 객체].sum(), np.sum()

〈코드〉

```
a=np.arange(1,10).reshape(3,3)
print(a.sum())
print(np.sum(a))
print(a)
b=a.sum(axis=0)
print(b)
c=a.sum(axis=1)
print(c)
```

〈실행 결과〉

```
45
45
[[1 2 3]
 [4 5 6]
 [7 8 9]]
[12 15 18]
[ 6 15 24]
```

실습 코드 4-22

최댓값 : [ndarray 배열 객체].max(), np.max()

〈코드〉

```
a=np.arange(1,10).reshape(3,3)
print(a)
print(a.max(),np.max(a))
print(a.max(axis=0), np.max(a,axis=0))
print(a.max(axis=1),np.max(a,axis=1))
```

〈실행 결과〉

```
[[1 2 3]
 [4 5 6]
 [7 8 9]]
9 9
[7 8 9] [7 8 9]
[3 6 9] [3 6 9]
```

실습 코드 4-23

최솟값 : [ndarray 배열 객체].min(), np.min()

〈코드〉

```
# 최솟값 : [ndarray 배열 객체].min(), np.min()
a=np.arange(1,10).reshape(3,3)
print(a)
print(a.min(),np.min(a))
print(a.min(axis=0), np.min(a,axis=0))
print(a.min(axis=1),np.min(a,axis=1))
```

〈실행 결과〉

```
[[1 2 3]
 [4 5 6]
 [7 8 9]]
1 1
[1 2 3] [1 2 3]
[1 4 7] [1 4 7]
```

실습 코드 4-24

평균과 중앙값 : [ndarray 배열 객체].mean(), np.mean() / np.median()

```
a=np.arange(1,10).reshape(3,3)
print(a)
print(a.mean(),np.mean(a))
print(a.mean(axis=0),np.mean(a,axis=0))
print(a.mean(axis=1),np.mean(a,axis=1))
print(np.median(a)) # 중앙값
```

〈실행 결과〉

```
[[1 2 3]
 [4 5 6]
 [7 8 9]]
5.0 5.0
[4. 5. 6.] [4. 5. 6.]
[2. 5. 8.] [2. 5. 8.]
5.0
```

실습 코드 4-25

표준편차 : [ndarray 배열 객체].std(), np.std() : 표준편차

```
# 표준편차
a=np.arange(1,10).reshape(3,3)
print(a)
print(a.std(), np.std(a))
print(a.std(axis=0), np.std(a,axis=0))
print(a.std(axis=1), np.std(a,axis=1))
```

〈실행 결과〉

```
[[1 2 3]
 [4 5 6]
 [7 8 9]]
2.581988897471611 2.581988897471611
[2.44948974 2.44948974 2.44948974] [2.44948974 2.44948974 2.44948974]
[0.81649658 0.81649658 0.81649658] [0.81649658 0.81649658 0.81649658]
```

4.2 브로드캐스팅 연산

Shape가 같은 두 배열에 대한 이항 연산은 배열의 요소별로 수행된다. 두 배열 간의 Shape가 다르면 다음과 같이 두 배열 간의 형상을 맞추는 브로드캐스팅(Broadcasting) 과정을 거친다. 브로드캐스팅은 어떤 조건만 만족한다면 모양이 다른 배열끼리 연산도 가능하게 해주며, 모양이 부족한 부분은 확장하여 연산을 수행할 수 있도록 한다.

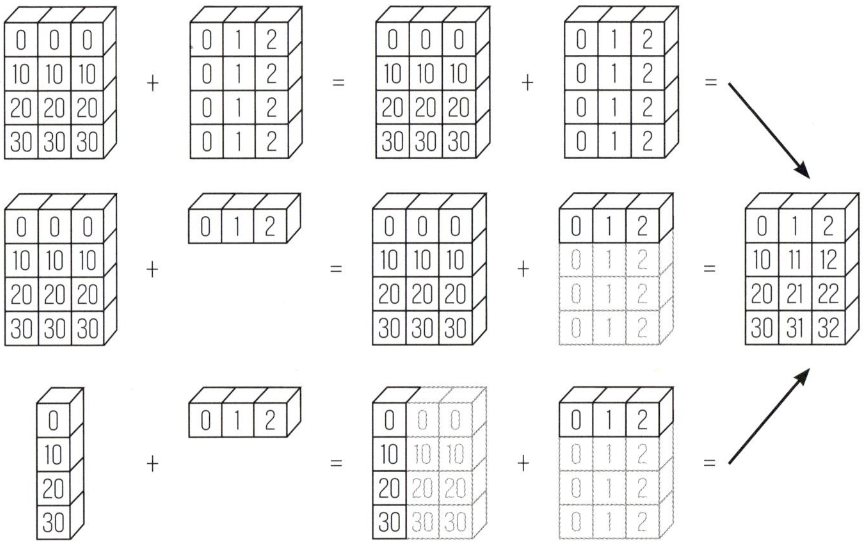

그림 4-5. 브로드캐스팅

실습 코드 4-26

브로드캐스팅 개념

〈코드〉

```
# 브로드캐스팅 사용하지 않은 경우
x=np.array([1,2,3,4,5])
y=np.array([1,1,1,1,1])
print(x+y)
# 브로드캐스팅을 사용한 경우
y=1
print(x+y)
```

〈실행 결과〉

```
[2 3 4 5 6]
[2 3 4 5 6]
```

Shape가 다른 두 배열의 연산

- Shape이 다른 두 배열 사이의 이항 연산에서 브로드캐스팅 발생
- 두 배열을 같은 Shape로 만든 후 연산을 수행

Case 1 : 배열과 스칼라

실습 코드 4-27

shape가 다른 두 배열의 연산

〈코드〉

```
a=np.arange(1,25).reshape(4,6)
print(a+100) # 브로드캐스팅
------------------------------------
# step1 : 스칼라 배열 변경
new_arr=np.full_like(a,100)
print(new_arr)
# step2 : 배열 이항 연산
print(a+new_arr)
```

〈실행 결과〉

```
[[101 102 103 104 105 106]
 [107 108 109 110 111 112]
 [113 114 115 116 117 118]
 [119 120 121 122 123 124]]
```

Case 2 : Shape가 다른 배열들의 연산

실습 코드 4-28

shape가 다른 두 배열의 연산

〈코드〉

```
a=np.arange(5).reshape((1, 5))
print(a)
b=np.arange(5).reshape((5, 1))
print(b)
print(a+b) # 브로드캐스팅
```

〈실행 결과〉

```
[[0 1 2 3 4]]
[[0]
 [1]
 [2]
 [3]
 [4]]
[[0 1 2 3 4]
 [1 2 3 4 5]
 [2 3 4 5 6]
 [3 4 5 6 7]
 [4 5 6 7 8]]
```

4.3 백터 연산

넘파이는 벡터 연산을 지원한다. 넘파이의 집합 연산에는 Vectorization이 적용되어 있다. 배열 처리에 대한 벡터 연산을 적용할 경우 처리 속도가 100배 이상 향상된다. 머신러닝에서 선형대수 연산을 처리할 때 매우 높은 효과가 있을 수 있다. 다음의 테스트에서 천만 개의 요소를 갖는 배열의 요소를 합산하는 코드를 반복문으로 처리하면 3.2초가 소요된 연산을 벡터 연산으로 처리하면 10밀리세컨드로 단축된다.

실습 코드 4-29

백터 연산 수행시간 비교

```
import numpy as np
import time
a=np.arange(10000000)
result=0
s=time.time()
for v in a:
  result += v
e=time.time()
print(result, e-s) # 반복문 연산 수행시간
s=time.time()
result=np.sum(a)
e=time.time()
print(result, e-s) # 백터 연산 수행시간
```

〈실행 결과〉

```
49999995000000 3.2174816131591797
49999995000000 0.010171651840209961
```

5 〉 배열 변환

배열을 변환하는 방법으로는 전치, 배열 shape 변환, 배열 요소 추가와 삭제, 배열 결합, 배열 분리 등이 있다.

5.1 전치

전치(Tranpose)는 행렬의 인덱스가 바뀌는 변환이다. 행렬의 Tranpose는 다음과 같다.

$$\begin{bmatrix}1 & 2\end{bmatrix}^T = \begin{bmatrix}1\\2\end{bmatrix}$$

$$\begin{bmatrix}1 & 2\\3 & 4\end{bmatrix}^T = \begin{bmatrix}1 & 3\\2 & 4\end{bmatrix}$$

$$\begin{bmatrix}1 & 2\\3 & 4\\5 & 6\end{bmatrix}^T = \begin{bmatrix}1 & 3 & 5\\2 & 4 & 6\end{bmatrix}$$

그림 4-6. 전치행렬

다음은 넘파이에서 행렬을 전치하기 위해 [numpy.ndarray 객체].T 속성을 사용한다. 이 속성은 전치된 행렬을 반환한다.

실습 코드 4-30

전치행렬

〈코드〉

```
a=np.random.randint(1,10,(3,3))
print(a)
print(a.T) # 전치행렬
```

〈실행 결과〉

```
[[9 2 2]
 [9 7 5]
 [9 7 8]]
[[9 9 9]
 [2 7 7]
 [2 5 8]]
```

5.2 배열 형태 변경

[numpy.ndarray 객체]는 배열의 Shape을 변경하는 ravel 메소드와 reshape 메소드를 제공한다. ravel은 배열의 shape를 1차원 배열로 만드는 메소드이고, reshape는 데이터 변경 없이 지정된 shape로 변환하는 메소드이다. 머신러닝이나 딥러닝을 진행하는 중에 데이터의 구조를 변경하여 처리할 때가 많은데 이때 넘파이 reshape를 많이 사용한다.

[numpy.ndarray 객체].ravel()

배열을 1차원 배열로 반환하는 메소드로 numpy.ndarray 배열 객체의 뷰를 반환한다. ravel 메소드가 반환하는 배열은 원본 배열이 뷰이다. 따라서 ravel 메소드가 반환하는 배열의 요소를 수정하면 원본 배열 요소에도 반영된다.

실습 코드 4-31

배열을 1차원 배열로 반환

〈코드〉

```
a=np.array([[1,2,3],[4,5,6]])
print(a)
a.ravel()
b=a.ravel()
b[0]=10
print(b)
print(a) # b 배열 변경이 a 행렬에 반영됨
```

〈실행 결과〉

```
[[1 2 3]
 [4 5 6]]
[10 2 3 4 5 6]
[[10 2 3]
 [4 5 6]]
```

[numpy.ndarray 객체].reshape()

[numpy.ndarray 객체]의 shape를 변경한다. 데이터의 개수와 형태의 크기는 같아야 한다. reshape() 함수에서 변환된 배열은 원래 배열과 동일한 메모리를 공유하기에 한 배열에서 데이터를 변경하면 다른 배열의 데이터도 수정된다.

ndarray가 아닌 다른 자료(list, tuple, range)를 바로 reshape하면 오류가 표시된다. 이런 경우에는 np.array() 함수를 이용하여 numpy.ndarray로 바꾸어 reshape 할 수 있다.

실습 코드 4-32

shape 변경 : reshape 함수

```
x=np.arange(20)
y=x.reshape(4,5)
print(y)
x[0]=10
print(x)
print(y)
```

〈실행 결과〉

```
[[ 0  1  2  3  4]
 [ 5  6  7  8  9]
 [10 11 12 13 14]
 [15 16 17 18 19]]
[10  1  2  3  4  5  6  7  8  9 10 11 12 13 14 15 16 17 18 19]
[[10  1  2  3  4]
 [ 5  6  7  8  9]
 [10 11 12 13 14]
 [15 16 17 18 19]]
```

실습 코드 4-33

다차원 list data를 reshape하기 : np.array()

```
list_data=[1,2,3,4,5,6]
list_data.reshape(3,2)
```

〈실행 결과〉

```
---------------------------------------------------------------------------
AttributeError                            Traceback (most recent call last)
<ipython-input-1-e7806ada173d> in <cell line: 2>()
      1 list_data = [1,2,3,4,5,6]
----> 2 list_data.reshape(3,2)

AttributeError: 'list' object has no attribute 'reshape'
```

〈코드〉

```
list_data=[1,2,3,4,5,6]
#list_data.reshape(3,2)
data=np.array(list_data)
type(data)
print(data.reshape(3,2))
print(list_data)
```

〈실행 결과〉

```
[[1 2]
 [3 4]
 [5 6]]
[1, 2, 3, 4, 5, 6]
```

5.3 배열 요소 추가 및 삭제

배열의 요소를 변경, 추가, 삽입 및 삭제하는 resize, append, insert, delete 함수를 제공한다.

[numpy.ndarray 객체].resize()

np.resize와 np.reshape 함수는 배열의 shape을 변경한다는 부분에서 유사하다. 차이점은 reshape 함수는 배열 요소 수를 변경하지 않기 때문에 reshape 전후 배열의 요소 수는 같다. 반면에 resize는 shape를 변경하는 과정에서 배열 요소 수를 줄이거나 늘린다. resize() 함수 설명은 다음과 같다.

np.resize(a, new_shape)
- np.ndarray.resize(new_shape, refcheck=True)
- 배열의 shape와 크기를 변경한다.

실습 코드 4-34 shape 변경하기 : resize 함수 – 요소 수가 동일한 경우는 reshape()와 같다.

〈코드〉

```
x=np.arange(20)
y=np.resize(x,(5,4))
y
```

〈실행 결과〉

```
array([[ 0,  1,  2,  3],
       [ 4,  5,  6,  7],
       [ 8,  9, 10, 11],
       [12, 13, 14, 15],
       [16, 17, 18, 19]])
```

실습 코드 4-35

shape 변경 : resize 함수 - 요소 수가 더 많은 경우

〈코드〉

```
x=np.arange(20)
y=np.resize(x,(5,6))
y
```

〈실행 결과〉

```
array([[ 0,  1,  2,  3,  4,  5],
       [ 6,  7,  8,  9, 10, 11],
       [12, 13, 14, 15, 16, 17],
       [18, 19,  0,  1,  2,  3],
       [ 4,  5,  6,  7,  8,  9]])
```

새 배열에 요소 수가 많으면 원래 가지고 있는 배열의 데이터는 반복되지만, 오류는 발생하지 않는다.

실습 코드 4-36

shape 변경 : resize 함수 - 요소 수가 더 적은 경우

〈코드〉

```
x=np.arange(20)
y=np.resize(x,(5,3))
y
```

〈실행 결과〉

```
array([[ 0,  1,  2],
       [ 3,  4,  5],
       [ 6,  7,  8],
       [ 9, 10, 11],
       [12, 13, 14]])
```

새 배열에 요소 수가 적으면 새 배열을 채우는 데 필요한 요소 수를 행 순서대로 가져온다.

resize() 함수는 원래 배열과 동일한 메모리를 공유하지 않기 때문에 한 배열의 데이터 변경은 다른 배열에 매핑되지 않는다.

실습 코드 4-37

shape 변경 : resize 함수와 reshape 함수 큰 차이점

```
x=np.arange(20)
y=np.resize(x,(4,5))
print(y)
x[0]=10
print(x)
print(y)
```

〈실행 결과〉

```
[[ 0  1  2  3  4]
 [ 5  6  7  8  9]
 [10 11 12 13 14]
 [15 16 17 18 19]]
[10  1  2  3  4  5  6  7  8  9 10 11 12 13 14 15 16 17 18 19]
[[ 0  1  2  3  4]
 [ 5  6  7  8  9]
 [10 11 12 13 14]
 [15 16 17 18 19]]
```

[numpy.ndarray 객체].append()

np.append() 함수 설명은 다음과 같다.

> np.append(arr, values, axis=None)
>
> • 배열의 끝에 값을 추가

np.append 함수는 배열의 끝에 요소(값 또는 배열)를 추가한다. axis로 배열이 추가되는 방향을 지정할 수 있다.

실습 코드 4-38

값 추가

〈코드〉

```
a=np.arange(3)
b=np.append(a, 3)
print(b)
```

〈실행 결과〉

```
[0 1 2 3]
```

배열 [1, 2, 3]의 끝에 값 3을 추가한다. 값 또는 배열에 추가된 새로운 배열을 반환한다.

실습 코드 4-39

배열 추가

〈코드〉

```
a=np.array([[1, 2, 3], [4, 5, 6]])
b=np.array([[7, 8, 9]])
c=np.append(a, b)
print(c)
```

〈실행 결과〉

```
[1 2 3 4 5 6 7 8 9]
```

배열을 추가할 때 세 번째 파라미터에 축(axis)을 지정하지 않으면, 1차원 배열로 변환(flatten)되어서 추가된다.

실습 코드 4-40

축(axis) 추가

〈코드〉

```
a=np.array([[1, 2, 3], [4, 5, 6]])
b=np.array([[7, 8, 9]])
c=np.append(a, b, axis=0)
print(c)
```

〈실행 결과〉

```
[[1 2 3]
 [4 5 6]
 [7 8 9]]
```

첫 번째 축(axis=0)을 기준으로 추가해서 2차원 배열을 반환한다.

[numpy.ndarray 객체].insert()

np.insert() 함수 설명은 다음과 같다.

np.insert(arr, obj, values, axis=None)

- axis를 지정하지 않으며 1차원 배열로 변환
- 추가할 방향을 axis로 지정

주어진 축에 대해 주어진 인덱스 앞에 값을 삽입한다.

실습 코드 4-41

값 추가 : 1차원 배열

〈코드〉

```
a=np.array([1, 2, 3])
b=np.insert(a, 1, 5)
print(a)
print(b)
```

〈실행 결과〉

```
[1 2 3]
[1 5 2 3]
```

실습 코드 4-42

값 추가 : 2차원 배열

〈코드〉

```
a=np.array([[1, 1], [2, 2], [3, 3]])
b=np.insert(a, 1, 5)
print(a)
print(b)
```

〈실행 결과〉

```
[[1 1]
 [2 2]
 [3 3]]
[1 5 1 2 2 3 3]
```

축(axis)을 지정하지 않았기 때문에 1차원 배열로 변환한 후 값을 삽입한다.

실습 코드 4-43

값 추가 : 축 지정

〈코드〉

```
a=np.array([[1, 1], [2, 2], [3, 3]])
b=np.insert(a, 1, 5, axis=0)
c=np.insert(a, 1, 5, axis=1)
print(a)
print(b)
print(c)
```

〈실행 결과〉

```
[[1 1]
 [2 2]
 [3 3]]
[[1 1]
 [5 5]
 [2 2]
 [3 3]]
[[1 5 1]
 [2 5 2]
 [3 5 3]]
```

배열 b는 axis=0으로 지정한 후 값을 삽입한 배열로 첫 번째 축을 따라 5가 삽입되었다. 배열 c는 axis=1로 지정한 후 값을 삽입한 배열 두 번째 축을 따라 5가 삽입되었다.

[numpy.ndarray 객체].delete()

np.delete() 함수 설명은 다음과 같다.

> np.delete(arr, obj, axis=None)
> - axis를 지정하지 않으며 1차원 배열로 변환
> - 삭제할 방향을 axis로 지정
> - delete 함수는 원본 배열을 변경하지 않으며 새로운 배열을 반환

인덱스 배열의 요소 또는 서브 배열(sub-array)을 제거한다. 축을 지정하면 지정한 축에 대해 서브 배열이 제거된 배열을 반환한다.

실습 코드 4-44

값 삭제

〈코드〉

```
a=np.arange(12).reshape(3,4)
print(a)
print(np.delete(a, 5))
```

〈실행 결과〉

```
[[ 0  1  2  3]
 [ 4  5  6  7]
 [ 8  9 10 11]]
[ 0  1  2  3  4  6  7  8  9 10 11]
```

np.delete(a, 5)와 같이 축이 지정되지 않으면 1차원으로 변환된(flattened) 배열에서 지정한 인덱스의 값을 제거한다.

실습 코드 4-45

값 삭제 : 축 지정

〈코드〉

```
a=np.arange(12).reshape(3,4)
print(a)
print(np.delete(a, 1, axis=0))
print(np.delete(a, 1, axis=1))
```

〈실행 결과〉

```
[[ 0  1  2  3]
 [ 4  5  6  7]
 [ 8  9 10 11]]
[[ 0  1  2  3]
 [ 8  9 10 11]]
[[ 0  2  3]
 [ 4  6  7]
 [ 8 10 11]]
```

np.delete(a, 1, axis=1)과 같이 축을 지정하면, 축을 따라 지정한 인덱스의 서브 배열을 제거한 배열을 반환한다.

index=1 along axis = 1

$$\underset{a}{\begin{pmatrix} 0 & \boxed{1} & 2 & 3 \\ 4 & \boxed{5} & 6 & 7 \\ 8 & \boxed{9} & 10 & 11 \end{pmatrix}} \rightarrow \underset{\text{np.delete(a, 1, axis = 1)}}{\begin{pmatrix} 0 & 2 & 3 \\ 4 & 6 & 7 \\ 8 & 10 & 11 \end{pmatrix}}$$

5.4 배열 결합

배열과 배열을 결합하는 np.concatenate, np.vstack, np.hstack 함수를 제공한다.

[numpy.ndarray 객체].concatenate()

np.concatenate() 함수 설명은 다음과 같다.

```
concatenate((a1, a2, ...), axis=0)
```

- a1, a2.... : 배열

배열의 시퀀스를 지정한 축을 따라 연결한다.

실습 코드 4-46

배열 결합

〈코드〉

```
a1=np.array([1, 2, 3])
a2=np.array([4, 5, 6])
arr=np.concatenate((a1, a2))
print(arr)
```

〈실행 결과〉

```
[1 2 3 4 5 6]
```

np.concatenate((arr1, arr2))는 파이썬 리스트의 더하기 연산과 같이 두 배열을 연결한 배열을 반환한다.

실습 코드 4-47

배열 결합 : 축 지정

〈코드〉

```
a1=np.array([[1, 2, 3]])
a2=np.array([[4, 5, 6]])
axis0=np.concatenate((a1, a2), axis=0)
axis1=np.concatenate((a1, a2), axis=1)
print(axis0)
print(axis1)
```

〈실행 결과〉

```
[[1 2 3]
 [4 5 6]]
[[1 2 3 4 5 6]]
```

axis=0으로 지정하면 첫 번째 축을 따라 배열을 연결하고, axis=1로 지정하면 두 번째 축을 따라 배열을 연결한다.

[numpy.ndarray 객체].vstack()

np.vstack() 함수 설명은 다음과 같다.

np.vstack(tup)

- tup : 튜플
- 튜플로 설정된 여러 배열을 수직 방향으로 연결(axis=0 방향)
- np.concatenate(tup, axis=0)와 동일

배열의 시퀀스를 지정한 축을 따라 연결한다.

실습 코드 4-48

수직 방향 배열 결합

〈코드〉

```
a1=np.array([1, 2, 3])
a2=np.array([4, 5, 6])
np.vstack((a1,a2))
```

〈실행 결과〉

```
array([[1, 2, 3],
       [4, 5, 6]])
```

[numpy.ndarray 객체].hstack()

np.hstack() 함수 설명은 다음과 같다.

np.hstack(tup)

- tup : 튜플
- 튜플로 설정된 여러 배열을 수평 방향으로 연결(axis=1 방향)
- np.concatenate(tup, axis=1)와 동일

배열의 시퀀스를 지정한 축을 따라 연결한다.

실습 코드 4-49

수평 방향 배열 결합

〈코드〉

```
a1=np.array([1, 2, 3])
a2=np.array([4, 5, 6])
np.hstack((a1,a2))
```

〈실행 결과〉

```
array([1, 2, 3, 4, 5, 6])
```

5.5 배열 분리

numpy는 배열을 수직, 수평으로 분할하는 함수를 제공한다.

- **np.hsplit()** : 지정한 배열을 수평(행) 방향으로 분할
- **np.vsplit()** : 지정한 배열을 수직(열) 방향으로 분할

[numpy.ndarray 객체].hsplit()

배열을 수평 방향으로 여러 개의 서브 배열로 나눈다.

실습 코드 4-50

수평 방향 배열 분리

〈코드〉

```
a=np.arange(16).reshape(4, 4)
a_hsplit=np.hsplit(a, 2)
print(a)
print(a_hsplit)
```

〈실행 결과〉

```
[[ 0  1  2  3]
 [ 4  5  6  7]
 [ 8  9 10 11]
 [12 13 14 15]]
[array([[ 0,  1],
       [ 4,  5],
       [ 8,  9],
       [12, 13]]), array([[ 2,  3],
       [ 6,  7],
       [10, 11],
       [14, 15]])]
```

np.hsplit(a, 2)는 배열 a를 수평(열) 방향으로 분리해 리스트의 형태로 반환한다.

[numpy.ndarray 객체].vsplit()

배열을 수직 방향으로 여러 개의 서브 배열로 나눈다.

실습 코드 4-51

수직 방향 배열 분리

```
a=np.arange(16).reshape(4, 4)
a_vsplit=np.vsplit(a, 2)
print(a)
print(a_vsplit)
```

〈실행 결과〉

```
[[ 0  1  2  3]
 [ 4  5  6  7]
 [ 8  9 10 11]
 [12 13 14 15]]
[array([[0, 1, 2, 3],
       [4, 5, 6, 7]]), array([[ 8,  9, 10, 11],
       [12, 13, 14, 15]])]
```

np.vsplit(a, 2)는 배열 a를 수직(행) 방향으로 쪼개서 리스트의 형태로 반환한다.

연습 문제

연습 01 다음은 1부터 10까지 1차원 배열을 생성하고 배열의 속성을 알아보는 프로그램이다. 실행 결과를 확인하고 빈칸에 가장 알맞은 속성을 작성하세요.

〈코드〉

```
arr=np. ________(1,11)
print(arr)
print('ndim:',arr.ndim)
print(_________)
print(_________)
print('size:',arr.size)
```

〈실행 결과〉

```
[ 1  2  3  4  5  6  7  8  9 10]
ndim: 1
(10,)
int64
size:10
```

연습 02 다음 각각의 문제들을 넘파이를 활용하여 해결해 보세요.

❶ 값이 10~50인 벡터를 만들고 벡터를 반전시켜 출력해 보세요.

〈실행 결과〉

```
array([49, 48, 47, 46, 45, 44, 43, 42, 41, 40, 39, 38, 37, 36, 35, 34, 33, 32, 31, 30,
29, 28, 27, 26, 25, 24, 23, 22, 21, 20, 19, 18, 17, 16, 15, 14, 13, 12, 11, 10])
```

❷ 랜덤 값이 있는 10x10 배열을 만들고 최댓값과 최솟값을 찾아보세요.

〈실행 결과〉

```
0.9999705407237094 0.0043241861661831305

# 결괏값은 실행할 때마다 달라진다.
```

❸ 0~8 범위의 값을 사용하여 3x3 배열을 생성해 보세요.

〈실행 결과〉

```
[[0 1 2]
 [3 4 5]
 [6 7 8]]
```

❹ 다음과 같이 1에서 24까지의 값을 가지는 4x6 크기의 2차원 행렬 arr을 생성해 보세요.

〈실행 결과〉

```
array([[ 1,  2,  3,  4,  5,  6],
       [ 7,  8,  9, 10, 11, 12],
       [13, 14, 15, 16, 17, 18],
       [19, 20, 21, 22, 23, 24]])
```

❺ arr 배열에 슬라이싱을 적용하여 다음과 같은 값을 가지는 배열을 생성해 보세요.

〈실행 결과〉

```
[[ 8  9 10 11]
 [14 15 16 17]]
```

❻ arr 배열에 슬라이싱을 적용하여 다음과 같은 값을 가지는 배열을 생성해 보세요.

〈실행 결과〉

```
[[18 17 16 15 14 13]
 [24 23 22 21 20 19]]
```

❼ arr 배열에서 2의 배수만 출력해 보세요.

〈실행 결과〉

```
array([ 2,  4,  6,  8, 10, 12, 14, 16, 18, 20, 22, 24])
```

❽ arr 배열에서 10부터 20까지의 값만 출력해 보세요.

〈실행 결과〉

```
array([10, 11, 12, 13, 14, 15, 16, 17, 18, 19, 20])
```

연습 03 numpy 배열을 사용하여 1부터 20까지의 연속된 정수값을 가지는 1차원 배열을 생성하여 실행 결과와 같이 출력되기 위해서 밑줄에 들어갈 알맞은 코드를 쓰세요.

〈코드〉

```
import numpy as np
arr= ____________________
print('마지막 원소:', __________)
print('모든 원소의 합:', _________)
print('모든 원소의 평균:', _________)
new_arr= _________________
print(new_arr)
```

〈실행 결과〉

```
<< 1~30 숫자 맞히기 게임 >>
숫자 입력(종료 0): 15
더 큰 숫자 입력!
숫자 입력(종료 0): 20
더 큰 숫자 입력!
숫자 입력(종료 0): 25
더 큰 숫자 입력!
숫자 입력(종료 0): 28
정답!!
```

연습 04 학생들의 근로 장학금이 numpy 배열에 저장되어 있다. 이번 학기 학생들의 근로장학금을 1.5배 올려주려고 한다. 다음은 인상된 근로장학금을 출력하고 근로장학금이 평균 근로장학금보다 많은 학생들의 근로장학금을 출력하고 원소의 수를 출력하는 프로그램이다. 실행 결과를 확인하고 빈칸에 가장 알맞은 답을 작성해 보세요.

〈코드〉

```
import numpy as np
salary=[200,150,180,220,250]
new_salary=np.array(salary,dtype='float64') * 1.5
print('인상된 금액 : ',new_salary)
avg_salary=__________________
print('평균 금액 : ', avg_salary)
result=__________________
print('평균이상인 원소 : ', new_salary[result])
print('평균이상인 원소의 개수 : ',_______________)
```

〈실행 결과〉

```
인상된 금액 : [300. 225. 270. 330. 375.]
평균 금액 : 300.0
평균이상인 원소 : [300. 330. 375.]
평균이상인 원소의 개수 : 3
```

| 5장 |

데이터 처리가 쉬운 판다스

학습 목표

- 판다스 개념 및 특징을 익힌다.
- 판다스 객체 생성하는 방법을 익힌다.
- 데이터를 확인하는 다양한 방법을 익힌다.
- 데이터를 가공하고 그룹핑 하는 방법을 익힌다.
- 결측데이터를 처리하는 방법을 익힌다.
- 데이터를 병합하는 방법을 익힌다.

1 〉 판다스 개념 및 특징

판다스(Pandas)는 고수준의 자료구조와 빠르고 쉬운 데이터 분석 도구를 제공하는 파이썬의 라이브러리이다. 넘파이 기반에서 개발되어 넘파이를 사용하는 애플리케이션에서 쉽게 사용 가능하고 여러 형태의 데이터들을 분석하고 정리할 때 유용하게 사용 가능하다. 온전히 통계 분석을 위해 고안된 R과는 다르게 파이썬은 일반적인 프로그래밍 언어(General Purpose Programming Language)이며, 데이터 분석을 하기 위해서는 여러 가지 라이브러리를 사용할 수밖에 없다. 이 패키지들 중 R의 데이터프레임 데이터 타입을 참고하여 만든 것이 바로 판다스 데이터프레임이다.

판다스는 데이터프레임을 주로 다루기 위한 라이브러리이며, 데이터프레임을 자유롭게 가공하는 것은 데이터 과학자들에게 중요하다. 물론 판다스의 문법을 외우지 않고, 필요할 때마다 책이나 웹에서 찾아가면서 해도 좋지만 자주 사용하는 조작법을 외운다면 데이터 핸들링을 빠르게 작업할 수 있다.

판다스(Pandas) 특징

- 자동적/명시적으로 축의 이름에 따라 데이터를 정렬할 수 있는 데이터구조
- 잘못 정렬된 데이터에 의한 오류를 방지하고, 다양한 방식으로 색인된 데이터를 다룰 수 있는 기능
- 통합된 시계열 기능
- 시계열 데이터와 비시계열 데이터를 함께 다룰 수 있는 통합 자료구조
- 산술 연산과 한 축의 모든 값을 더하는 등 데이터 축약 연산은 축의 이름 같은 메타데이터로 전달될 수 있어야 함
- 누락된 데이터를 유연하게 처리할 수 있는 기능
- SQL 같은 일반 데이터베이스처럼 데이터를 합치고 관계 연산을 수행하는 기능

먼저 판다스를 사용하기 위해서는 아래의 명령문을 통해 패키지를 설치해야 한다. 구글 코랩과 같은 온라인 편집기는 이미 판다스가 설치되어 있기 때문에 불러와서 사용한다.

```
pip install pandas
```

먼저 판다스를 사용하기 위해서는 아래와 같은 코드로 판다스를 Import 해야 한다. 판다스는 pd라는 이름으로 Import 하는 것이 관례이다.

```
import pandas as pd
```

판다스를 설치한 후에는 단순히 import pandas만 해도 되지만, 코드에서 더 편리하게 사용하기 위해 as pd를 붙임으로써 pd라는 이름의 판다스를 사용한다.

2 〉 판다스 객체 생성

판다스의 기본 객체인 Series와 DataFrame을 생성하는 다양한 방법에 대해 알아본다.

- **시리즈(Series)** : 레이블을 갖는 1차원 배열
- **데이터프레임(DataFrame)** : 레이블을 갖는 행과 열을 갖는 2차원 배열

Pandas 모듈 데이터는 Series(1개 변수)와 DataFrame 2개 이상의 변수로 나뉜다. 외부 데이터를 Pandas 모듈로 읽어 들이면 자동으로 DataFrame으로 된다. Pandas 데이터프레임을 행, 열, 그리고 형식 기준으로 다룬다.

2.1 Series와 DataFrame

Series는 다양한 자료형을 담을 수 있는 1차원의 배열이며, 엑셀 문서의 하나의 열(Column)과 같다. Series는 Index라는 레이블을 가진다. DataFrame은 행과 열을 갖는 2차원의 자료형으로 여러 개의 Series가 모이면 DataFrame을 구성한다.

	Brand
0	Samsung
1	LG
2	Apple
3	Apple

Series

\+

	Color
0	Black
1	Gold
2	Silver
3	Gray

Series

=

	Brand	Color
0	Samsung	Black
1	LG	Gold
2	Apple	Silver
3	Apple	Gray

DataFrame

아래 그림과 같이 DataFrame은 Index와 Key, 그리고 Value들로 구성된다.

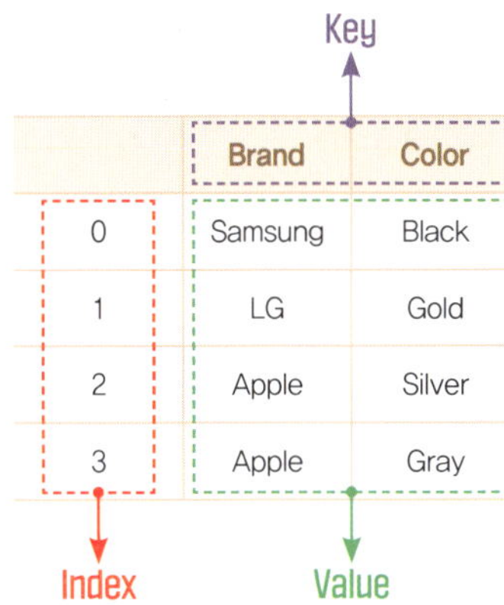

2.2 Series 만들기

Series는 동일한 유형의 데이터를 저장하는 1차원 배열이다. Series()에 값들의 리스트를 입력해서 Series를 만들면, Pandas가 정수 인덱스를 자동으로 만든다.

실습 코드 5-1

정수형 Series 만들기

```
import pandas as pd
score=pd.Series([95, 90, 85, 90, 95])
score
```

〈실행 결과〉

```
0    95
1    90
2    85
3    90
4    95
dtype: int64
```

실습 코드 5-2

실수형 Series 만들기

```
s=pd.Series([4, 3.5, 3.8, 3, 3.7])
s
```

〈실행 결과〉

```
0    4.0
1    3.5
2    3.8
3    3.0
4    3.7
dtype: float64
```

정수와 실수가 함께 있는 리스트를 입력하면 두 자료형을 모두 표현할 수 있는 실수 자료형의 Series가 하나 만들어 진다.

실습 코드 5-3

인덱스 지정

```
s=pd.Series([90,80,95],index=['A','B','C'])
s
```

〈실행 결과〉

```
A    90
B    80
C    95
dtype: int64
```

Series()의 index 키워드를 사용해서 인덱스를 자유롭게 설정한다.

2.3 DataFrame 만들기

시리즈들을 모아 하나의 데이터프레임을 만들 수 있다. 넘파이 배열과 딕셔너리 구조를 이용하여 데이터프레임을 생성한다.

실습 코드 5-4

넘파이로 배열 생성

〈코드〉

```
import numpy as np
import pandas as pd
arr=np.arange(12).reshape(4,3)
print(arr)
print()
df=pd.DataFrame(arr)
print(df)
```

〈실행 결과〉

```
[[ 0  1  2]
 [ 3  4  5]
 [ 6  7  8]
 [ 9 10 11]]

   0   1   2
0  0   1   2
1  3   4   5
2  6   7   8
3  9  10  11
```

실습 코드 5-5

딕셔너리로 배열 생성

〈코드〉

```
df=pd.DataFrame({'name':['장은실','오경선','양숙희'],
                 'score':[90,80,95],
                 'dept':['com','eng','math']})
df
```

〈실행 결과〉

	name	score	dept
0	장은실	90	com
1	오경선	80	eng
2	양숙희	95	math

딕셔너리의 키가 그대로 DataFrame의 키가 되며, 그 결과로 만들어지는 DataFrame의 열(Column)은 서로 다른 자료형(Dtypes)을 갖는다.

2.4 csv 활용

판다스가 제공하는 read_csv() 함수를 이용하여 데이터를 DataFrame으로 불러올 수 있다.

[예제 파일 : mobile.csv]

실습 코드 5-6

csv 파일 불러오기

〈코드〉

```
df=pd.read_csv('mobile.csv')
df
```

〈실행 결과〉

	Brand	Color	price
0	Samsung	Black	100
1	LG	Gold	70
2	Apple	Silver	150
3	Apple	Gray	120

실습 코드 5-7

csv 파일 불러오기 : 인덱스 지정

〈코드〉

```
df=pd.read_csv('mobile.csv', index_col=0)
df
```

〈실행 결과〉

	Color	price
Brand		
Samsung	Black	100
LG	Gold	70
Apple	Silver	150
Apple	Gray	120

index_col은 인덱스로 사용할 열을 지정한다. index_col=0으로 지정해서 첫 번째 열이 인덱스가 되었다.

3 판다스 데이터 확인

판다스에는 데이터 분석에 유용한 여러 가지 함수(메소드)와 속성이 미리 정의되어 있다. 판다스 객체의 데이터를 확인하는 다양한 방법을 소개한다.

DataFrame 만들기

csv 파일을 불러와서 데이터프레임을 생성한다.

[예제 파일 : weather.csv]

실습 코드 5-8

csv 파일 불러오기

```
df=pd.read_csv('weather.csv')
df
```

〈실행 결과〉

	date	temp	max_wind	mean_wind
0	2010-08-01	28.7	8.3	3.4
1	2010-08-02	25.2	8.7	3.8
2	2010-08-03	22.1	6.3	2.9
3	2010-08-04	25.3	6.6	4.2
4	2010-08-05	27.2	9.1	5.6
...	...	...	...	...
3648	2020-07-27	22.1	4.2	1.7
3649	2020-07-28	21.9	4.5	1.6
3650	2020-07-29	21.6	3.2	1.0
3651	2020-07-30	22.9	9.7	2.4
3652	2020-07-31	25.7	4.8	2.5

3653 rows × 4 columns

df.shape

.shape 속성을 이용하면 데이터의 (행, 열) 크기를 확인한다.

실습 코드 5-9

(행, 열) 크기 확인

〈코드〉

```
df.shape
```

〈실행 결과〉

```
(3653, 4)
```

df.info()

.info() 함수는 데이터에 대한 전반적인 정보를 나타낸다. df를 구성하는 행과 열의 크기, 컬럼명, 컬럼을 구성하는 값의 자료형 등을 출력해 준다.

실습 코드 5-10

데이터의 전체적인 구조 출력

〈코드〉

```
df.info()
```

〈실행 결과〉

```
<class 'pandas.core.frame.DataFrame'>
RangeIndex: 3653 entrles, D to 3652
Data columns (total 4 columns) :
 #   column     Non-Null Count   Dtype
---  ------     --------------   -----
0    date       3653 non-null    object
1    temp       3653 non-null    float64
2    max_wind   3649 non-null    float64
3    mean_wind  3647 non-null    float64
dtypes: float64(3), object(1)
memory usage: 114.3+ KB
```

- 데이터 개수 n= 3653 entry, 행 인덱싱 번호 0 to 3652
- **열 변수 형식 출력** : 실수 float, 문자열 object
- **결측치 개수가 나타남** : max_wind, mena_wind 변수에는 결측치가 있음

df.head()/df.tail()

데이터를 잘 불러왔는지 확인하기 위해 앞 부분과 마지막 부분을 확인한다.

실습 코드 5-11

상위 N행 살펴보기

〈코드〉

```
df.head()
```

〈실행 결과〉

	date	temp	max_wind	mean_wind
0	2010-08-01	28.7	8.3	3.4
1	2010-08-02	25.2	8.7	3.8
2	2010-08-03	22.1	6.3	2.9
3	2010-08-04	25.3	6.6	4.2
4	2010-08-05	27.2	9.1	5.6

실습 코드 5-12

하위 N행 살펴보기

```
df.tail(3)
```

〈실행 결과〉

	date	temp	max_wind	mean_wind
3650	2020-07-29	21.6	3.2	1.0
3651	2020-07-30	22.9	9.7	2.4
3652	2020-07-31	25.7	4.8	2.5

.head() 함수는 불러온 데이터의 상위 5개의 행을 출력한다. 비슷하게 .tail()의 경우 하위 5개의 행을 출력한다. 괄호() 안에 원하는 숫자를 넣으면 그 숫자만큼 행을 출력한다.

df.index/df.columns

인덱스(행 이름)와 열의 레이블(컬럼 이름)을 출력하려면, .index와 .columns를 사용한다.

실습 코드 5-13

인덱스 출력

```
df.index
```

〈실행 결과〉

```
RangleIndex(start=0, stop=3653, step=1)
```

데이터프레임의 인덱스(행 이름)를 반환한다. 인덱스를 따로 지정하지 않았기 때문에 0부터 시작하는 인덱스가 부여되었다.

실습 코드 5-14

컬럼 출력

```
df.columns
```

〈실행 결과〉

```
Index(['date', 'temp', 'max_wind', mean_wind'], dtype='object')
```

.columns 속성을 이용하면 해당 데이터프레임을 구성하는 컬럼명을 확인한다. 이 기능은 컬럼명을 변경할 때도 유용하게 사용된다.

df.describe()

.describe() 함수는 데이터의 컬럼별 요약 통계량을 나타낸다. 또한 mean(), max(), median() 등 개별 함수를 사용하여 통계량을 계산할 수도 있다.

실습 코드 5-15

요약 통계량 확인

```
df.describe()
```

〈실행 결과〉

	temp	max_wind	mean_wind
count	3653.000000	3649.000000	3647.000000
mean	12.942102	7.911099	3.936441
std	8.538507	3.029862	1.888473
min	-9.000000	2.000000	0.200000
25%	5.400000	5.700000	2.500000
50%	13.800000	7.600000	3.600000
75%	20.100000	9.700000	5.000000
max	31.300000	26.000000	14.900000

실습 코드 5-16

기온(temp) 컬럼의 평균 출력

〈코드〉

```
df['temp'].mean()
```

〈실행 결과〉

```
12.942102381604148
```

df.sort_values()

.sort_values()를 사용해서 데이터 크기순으로 정렬한다. 예제에서는 두 번째 열의 값의 크기에 따라 DataFrame을 정렬했다.

함수 형식

DataFrame.sort_values(by=['정렬변수','정렬변수2',], ascending=False, inplace=True)

- **by=[ ]** : by=을 사용하지 않아도 된다.
- **inplace=True** : 정렬 결과가 동일 데이터프레임 이름으로 저장된다.
- **ascending=True** : 디폴트이므로 오름차순 정렬이면 사용하지 않아도 된다. 단, 내림차순이면 ascending=False 사용한다.

실습 코드 5-17

최대풍속(max_wind) 컬럼의 값 크기에 따라 오름차순으로 정렬

〈코드〉

```
df.sort_values(by='max_wind')
```

〈실행 결과〉

	date	temp	max_wind	mean_wind
1514	2014-09-23	20.7	2.0	1.0
1134	2013-09-08	20.4	2.1	0.8
421	2011-09-26	18.7	2.1	0.3
1512	2014-09-21	20.4	2.2	1.2
1005	2013-05-02	7.1	2.2	0.8
...	...	...	...	...
2988	2018-10-06	19.4	26.0	7.0
559	2012-02-11	-0.7	NaN	NaN
560	2012-02-12	0.4	NaN	NaN
561	2012-02-13	4.0	NaN	NaN
3183	2019-04-19	7.8	NaN	2.3

3653 rows × 4 columns

실습 코드 5-18

최대풍속(max_wind) 컬럼의 값 크기에 따라 내림차순으로 정렬

〈코드〉

```
df.sort_values(by='max_wind',
ascending=False)
```

〈실행 결과〉

	date	temp	max_wind	mean_wind
2988	2018-10-06	19.4	26.0	7.0
3340	2019-09-23	15.0	25.8	11.0
1850	2015-08-25	20.1	25.3	14.9
3339	2019-09-22	15.7	23.1	11.9
1851	2015-08-26	17.4	22.6	8.1
...	...	...	...	...
1514	2014-09-23	20.7	2.0	1.0
559	2012-02-11	-0.7	NaN	NaN
560	2012-02-12	0.4	NaN	NaN
561	2012-02-13	4.0	NaN	NaN
3183	2019-04-19	7.8	NaN	2.3

3653 rows × 4 columns

df.value_counts()

범주형 변수의 빈도분석 결과를 출력한다. 즉 어떤 컬럼의 unique value들의 개수를 구한다.

[예제 파일 : bank.csv]

실습 코드 5-19

빈도 분석 출력

```
bank=pd.read_csv('bank.csv')
bank['job'].value_counts()  # 내림차순
bank['job'].value_counts(ascending=True) # 오름차순
```

〈실행 결과〉

```
management      1560    student         153
blue-collar     1499    housemaid       208
technician      1206    unemployed      223
admin.          834     entrepreneur    239
services        661     self-employed   256
retired         351     retired         351
self-employed   256     services        661
entrepreneur    239     admin.          834
```

```
unemployed       223      technician      1206
housemaid        208      blue-collar     1499
student          153      management      1560
Name: job, dtype: int64 Name: job, dtype: int 64
```

df.unique()

데이터가 어떤 구성으로 이루어져 있는지 확인하려면, .unique()로 해당 열의 고유값을 볼 수 있다.

실습 코드 5-20

column의 고유값 출력

```
bank['job'].unique()
```

〈실행 결과〉

```
array(['management', 'technician', 'blue-collar', 'retired', 'services',
       'admin.', 'entrepreneur', 'self-employed', 'unemployed', 'student',
       nan, 'housemaid'], dtype=object)
```

4 〉 판다스 데이터 선택

Pandas DataFrame에서 데이터를 선택하는 다양한 방법을 알아본다.

	date	temp	max_wind	mean_wind
0	2020-07-01	16.8	19.7	8.7
1	2020-07-02	20.1	3.9	2.4
2	2020-07-03	19.2	4.8	3.1
3	2020-07-04	19.0	5.5	3.0
4	2020-07-05	19.8	6.2	3.9

df[1:3]

df['temp'] or df.temp

열 선택하기

DataFrame의 하나의 열을 선택하면, 하나의 Series를 만든다. df['컬럼명']는 df.컬럼명과 같다. 단, 이 방법에서는 열 이름이 숫자로 시작하지 않고 공백이나 특수 문자 등을 포함하지 않는 등의 조건을 만족해야 한다. iloc() 및 loc() 메소드를 사용하여 여러 열을 선택할 수도 있다.

실습 코드 5-21

단일 컬럼 선택하기

〈코드〉

```
df['temp'] # df.temp
#type(df['temp'])
```

〈실행 결과〉

```
0       28.7
1       25.2
2       22.1
3       25.3
4       27.2
        ...
3648    22.1
3649    21.9
3650    21.6
2651    22.9
3652    25.7
Name: temp, Length: 3653, dtype: float64
```

추출할 열 이름을 목록에 저장한 다음 []에 전달하면 DataFrame에서 여러 열을 선택한다.

실습 코드 5-22

여러 컬럼 선택

```
df[['date','temp']]
```

〈실행 결과〉

	date	temp
0	2010-08-01	28.7
1	2010-08-02	25.2
2	2010-08-03	22.1
3	2010-08-04	25.3
4	2010-08-05	27.2
...	...	...

열 이름을 사용하여 열을 선택하려는 경우 loc()을 사용한다.

실습 코드 5-23

여러 컬럼 선택 : loc()

```
df.loc[:,['date','temp']]
```

〈실행 결과〉

	date	temp
0	2010-08-01	28.7
1	2010-08-02	25.2
2	2010-08-03	22.1
3	2010-08-04	25.3
4	2010-08-05	27.2
...	...	...

열 인덱스를 사용하여 추출하려면 다음과 같이 iloc()을 사용한다.

실습 코드 5-24

여러 컬럼 선택 : iloc()

```
df.iloc[:,[0,1]]
```

〈실행 결과〉

	date	temp
0	2010-08-01	28.7
1	2010-08-02	25.2
2	2010-08-03	22.1
3	2010-08-04	25.3
4	2010-08-05	27.2
...	...	...

행 선택하기

실습 코드 5-25

특정 행 범위 선택

```
df[0:3]
```

〈실행 결과〉

	date	temp	max_wind	mean_wind
0	2010-08-01	28.7	8.3	3.4
1	2010-08-02	25.2	8.7	3.8
2	2010-08-03	22.1	6.3	2.9

인덱스 숫자를 사용하면 행을 슬라이스한다.

레이블로 선택하기(df.loc)

실습 코드 5-26

특정 날짜에 해당하는 열 선택

```
df.index=df['date']
df.loc['2010-08-01',['temp','mean_wind']]
```

〈실행 결과〉

```
temp        28.7
mean_wind    3.4
Name: 2010-08-01, dtype: object
```

위치로 선택하기(df.iloc)

iloc[n]과 같이 정수를 입력하면 해당 행을 선택한다. iloc 이후에 붙은 숫자 3은 (위에서 0부터 셀 때) 3번째 행이라는 뜻이다.

실습 코드 5-27

특정 행 선택

```
df.iloc[3]
```

〈실행 결과〉

```
date         2010-08-04
temp               28.3
max_wind            6.6
mean_wind           4.2
Name: 2010-08-04, dtype: object
```

실습 코드 5-28

특정 행과 열 선택 : 슬라이싱

```
df.iloc[1:3,0:2]
```

〈실행 결과〉

	date	temp	max_wind	mean_wind
date				
2010-08-01	2010-08-01	28.7	8.3	3.4
2010-08-02	2010-08-02	25.2	8.7	3.8
2010-08-03	2010-08-03	22.1	6.3	2.9
2010-08-04	2010-08-04	25.3	6.6	4.2
2010-08-05	2010-08-05	27.2	9.1	5.6

	date	temp
date		
2010-08-02	2010-08-02	25.2
2010-08-03	2010-08-03	22.1

불 인덱싱

하나의 열의 값을 기준으로 데이터를 선택한다. df[df.A 〉 0]은 df에서 A열이 0보다 큰 데이터를 보여 준다.

실습 코드 5-29

조건에 맞는 데이터 추출 (1)

```
w=df['temp']>=30
df[w]
```

〈실행 결과〉

	date	temp	max_wind	mean_wind
date				
2013-08-08	2013-08-08	31.3	7.8	4.6
2013-08-09	2013-08-09	30.6	9.9	6.4
2013-08-10	2013-08-10	30.6	7.4	3.8
2018-07-23	2018-07-23	30.5	6.5	1.6
2018-08-04	2018-08-04	30.3	5.8	3.0

기온(temp)이 30도 이상인 모든 데이터를 추출한다. 넘파이의 불 인덱싱과 동일한 문법이다.

실습 코드 5-30

조건에 맞는 데이터 추출 (2)

```
# 최고로 더웠던 날의 모든 정보를 출력하세요.
w=df['temp']==df['temp'].max()
df[w]
```

〈실행 결과〉

	date	temp	max_wind	mean_wind
date				
2013-08-08	2013-08-08	31.3	7.8	4.6

실습 코드 5-31

조건이 2개 이상인 경우 추출

```
# 기온이 30도 이상이고 최대풍속이 9 이상인 데이터
w=(df['temp']>=30) & (df['max_wind']>=9)
df[w]
```

〈실행 결과〉

	date	temp	max_wind	mean_wind
date				
2013-08-09	2013-08-09	30.6	9.9	6.4

조건이 2개 이상인 경우에는 ()로 묶는다. | =or, &=and 의미이다.

5 〉 판다스 결측데이터 처리

판다스는 누락된 데이터를 표시할 때 NaN(Not a Number)으로 표기하며, 연산에는 포함되지 않는다. 이번에는 DataFrame에서 누락된 데이터를 처리하는 방법에 대해 다룬다.

결측데이터 확인하기

실습 코드 5-32

결측데이터 확인

```
# 최대풍속이 측정되지 않은 모든 데이터 출력
df[df['mean_wind'].isna()]
```

〈실행 결과〉

date	date	temp	max_wind	mean_wind
2012-02-11	2012-02-11	-0.7	NaN	NaN
2012-02-12	2012-02-12	0.4	NaN	NaN
2012-02-13	2012-02-13	4.0	NaN	NaN
2015-03-22	2015-03-22	10.1	11.6	NaN
2015-04-01	2015-04-01	7.3	12.1	NaN

isna() 함수는 값이 nan일 때 True, 그렇지 않으면 False가 된다.

실습 코드 5-33

결측데이터 개수 확인 : 컬럼별 결측데이터 개수 확인

```
df.isnull().sum()
```

〈실행 결과〉

```
date         0
temp         0
max_wind     4
mean_wind    6
dtype : int64
```

isnull() 함수가 결측데이터이면 True 값을 반환하고, 유효한 데이터가 존재하면 False를 반환한다. notnull() 함수가 유효한 데이터가 존재하면 True를 반환하고, 결측데이터면 False를 반환한다.

결측데이터 삭제하기

결측데이터를 다루는 가장 간단한 방법은 결측데이터를 가진 행이나 열을 삭제하는 것이다. 판다스에서 dropna() 함수를 이용하여 삭제한다.

표 5-1. 함수 설명 : DataFrame.dropna(axis, how, thresh, subset, inplace)

매개변수	설명
axis	• 축을 행 또는 열로 결정한다. • 0 또는 'index'이면 누락된 값이 포함 된 행을 삭제한다. • 1 또는 'columns'면 누락된 값이 포함 된 열을 삭제한다. • 기본적으로 값은 0으로 설정되어 있다.
how	• any는 null 값이 있는 경우 행 또는 열을 삭제한다. • all은 모든 값이 누락된 경우 행 또는 열을 삭제한다. • 기본적으로 any로 설정한다.
inplace	• True로 설정하면 호출자 DataFrame을 변경하는 부울 값이다. • 기본적으로 값은 False로 설정되어 있다.

실습 코드 5-34

결측데이터가 있는 행 삭제 후 확인

〈코드〉

```
df2=df.dropna()
df2.isnull().sum()
```

〈실행 결과〉

```
date         0
temp         0
max_wind     0
mean_wind    0
dtype :  int64
```

행 데이터 중 어느 한 변수에도 결측치가 있는 경우 삭제되므로 향후 제거한 데이터프레임을 사용하려면 다른 이름으로 저장해야 한다.

결측데이터 대체하기

실습 코드 5-35

결측데이터 대체 : 평균값으로 대체

```
df.fillna(df.mean(numeric_only=True), inplace=True)
```

fillna()는 결측데이터를 특정 값으로 채운다. inplace를 True로 설정해 원본 데이터를 수정한다.

실습 코드 5-36

결측데이터 대체 후 확인

〈코드〉

```
df.isnull().sum()
```

〈실행 결과〉

```
date         0
temp         0
max_wind     0
mean_wind    0
dtype :  int64
```

6 〉 판다스 데이터 가공

엑셀(.xlsx)파일을 불러와서 데이터프레임을 생성한다.

[예제 파일 : dust1.xlsx]

실습 코드 5-37

엑셀 파일 불러오기

```
dust=pd.read_excel('dust1.xlsx')
dust.head()
```

〈실행 결과〉

	지역	망	측정소코드	측정소명	측정일시	SO2	CO	O3	NO2	PM10	PM25	주소
0	서울 송파구	도시대기	111273	송파구	2021040101	0.004	1.0	0.002	0.066	50	18	서울 송파구 백제고분로 236
1	서울 송파구	도시대기	111273	송파구	2021040102	0.004	0.8	0.002	0.058	48	20	서울 송파구 백제고분로 236
2	서울 송파구	도시대기	111273	송파구	2021040103	0.004	0.8	0.002	0.055	44	20	서울 송파구 백제고분로 236
3	서울 송파구	도시대기	111273	송파구	2021040104	0.003	0.8	0.002	0.055	40	20	서울 송파구 백제고분로 236
4	서울 송파구	도시대기	111273	송파구	2021040105	0.004	0.8	0.002	0.053	38	17	서울 송파구 백제고분로 236

컬럼(변수) 삭제/생성하기

데이터 분석에 필요 없는 '지역', '망', '측정소코드' 컬럼을 삭제하고 특정값으로 새로운 컬럼을 생성한다.

실습 코드 5-38

컬럼 삭제

```
dust=dust.drop(['지역','망','측정소코드'], axis=1)
dust.head()
```

〈실행 결과〉

	측정소명	측정일시	SO2	CO	O3	NO2	PM10	PM25	주소
0	송파구	2021040101	0.004	1.0	0.002	0.066	50	18	서울 송파구 백제고분로 236
1	송파구	2021040102	0.004	0.8	0.002	0.058	48	20	서울 송파구 백제고분로 236
2	송파구	2021040103	0.004	0.8	0.002	0.055	44	20	서울 송파구 백제고분로 236
3	송파구	2021040104	0.003	0.8	0.002	0.055	40	20	서울 송파구 백제고분로 236
4	송파구	2021040105	0.004	0.8	0.002	0.053	38	17	서울 송파구 백제고분로 236

axis의 기본값이 axis=0으로, 행이 삭제된다. 컬럼을 삭제하기 위해서는 axis=1을 반드시 사용해야 한다.

실습 코드 5-39

컬럼 생성

```
dust['city']='서울'
dust.head()
```

〈실행 결과〉

	측정소명	측정일시	SO2	CO	O3	NO2	PM10	PM25	주소	city
0	송파구	2021040101	0.004	1.0	0.002	0.066	50	18	서울 송파구 백제고분로 236	서울
1	송파구	2021040102	0.004	0.8	0.002	0.058	48	20	서울 송파구 백제고분로 236	서울
2	송파구	2021040103	0.004	0.8	0.002	0.055	44	20	서울 송파구 백제고분로 236	서울
3	송파구	2021040104	0.003	0.8	0.002	0.055	40	20	서울 송파구 백제고분로 236	서울
4	송파구	2021040105	0.004	0.8	0.002	0.053	38	17	서울 송파구 백제고분로 236	서울

컬럼 이름 변경하기

DataFrame.columns=['새이름1', '새이름2', ...]

- 전체 변수 이름을 재설정한다.
- 변수명을 차례로 재설정한다. 변수가 많은 경우 적절하지 않다.

DataFrame.rename(columns={'기존이름':'새이름'}, inplace=True)

- 원하는 변수 이름만 수정한다.
- 딕셔너리 구조로 정의한다. 즉, 이전 열 이름을 키로 지정하고 새 이름을 값으로 지정한다.

실습 코드 5-40

컬럼 이름 변경

```
dust.rename(columns={'측정소명':'name',
                     '측정일시':'date',
                     '주소':'addr'}, inplace=True)
dust.columns
```

〈실행 결과〉

```
Index(['name', 'date', 'SO2', 'CO', 'O3', 'NO2', 'PM10', 'PM25', 'addr', 'city'], dtype='object'
```

데이터 형 변환

실습 코드 5-41

데이터형으로 확인

〈코드〉

```
dust.dtypes
```

〈실행 결과〉

```
name     object
date      int64
SO2     float64
CO      float64
O3      float64
NO2     float64
PM10      int64
PM25      int64
addr     object
city     object
dtype: object
```

date 컬럼이 숫자형(int)으로 저장되어 있다. 숫자 형식은 문자 형식으로 변환해야 한다. astype(str)로 문자열 형식으로 변환하고 데이터 길이 날짜 형식 8자리에 적합하게 str.slice()를 사용하여 첫 8자리만 지정한다(문자열 데이터를 숫자로 바꾸는 경우 .astype(int)).

실습 코드 5-42

숫자 int형을 문자열형으로 변환

〈코드〉

```
dust['date']=dust['date'].astype(str)
dust['date']=dust['date'].str.slice(0,8)
dust.dtypes
```

〈실행 결과〉

```
name    object
date    object
SO2     float64
CO      float64
O3      float64
NO2     float64
PM10      int64
PM25      int64
addr    object
city    object
dtype: object
```

실습 코드 5-43

문자열형을 날짜형으로 변환

〈코드〉

```
dust['date']=pd.to_datetime(dust['date'])
dust.dtypes
```

〈실행 결과〉

```
name              object
date      datetime64[ns]
SO2              float64
CO               float64
O3               float64
NO2              float64
PM10               int64
PM25               int64
addr              object
city              object
dtype : object
```

실습 코드 5-44

날짜 형식 활용 : Series.dt. 형식

```
dust['year']=dust['date'].dt.year
dust['month']=dust['date'].dt.month
dust['day']=dust['date'].dt.day
dust.head()
```

〈실행 결과〉

	name	date	SO2	CO	O3	NO2	PM10	PM25	addr	city	year	month	day
0	송파구	2021-04-01	0.004	1.0	0.002	0.066	50	18	서울 송파구 백제고분로 236	서울	2021	4	1
1	송파구	2021-04-01	0.004	0.8	0.002	0.058	48	20	서울 송파구 백제고분로 236	서울	2021	4	1
2	송파구	2021-04-01	0.004	0.8	0.002	0.055	44	20	서울 송파구 백제고분로 236	서울	2021	4	1
3	송파구	2021-04-01	0.003	0.8	0.002	0.055	40	20	서울 송파구 백제고분로 236	서울	2021	4	1
4	송파구	2021-04-01	0.004	0.8	0.002	0.053	38	17	서울 송파구 백제고분로 236	서울	2021	4	1

데이터 병합하기

	국적코드	성별	입국객수	증가수
0	A01	남성	125000	8000
1	A01	여성	130000	10000
2	A05	남성	300	10
3	A05	여성	200	50
4	A06	남성	158912	24486
5	A06	여성	325000	63466

+

	국적코드	국적명
0	A01	필리핀
1	A01	일본
2	A05	미국
3	A05	중국
4	A06	호주
5	A06	베트남

→

	국적코드	성별	입국객수	증가수	국적명
0	A01	남성	125000	8000	필리핀
1	A01	여성	130000	10000	필리핀
2	A05	남성	300	10	호주
3	A05	여성	200	50	호주
4	A06	남성	158912	24486	베트남
5	A06	여성	325000	63466	베트남

merge() 함수는 두 데이터프레임을 각 데이터에 존재하는 고유값(Key)을 기준으로 병합할 때 사용한다.

함수 형식

pd.merge(df_left, df_right, how='inner', on=None)

- 아무런 옵션도 적용하지 않으면, on=None이므로 두 데이터의 공통 열 이름(id)을 기준으로 Inner(교집합)를 조인하게 된다.
- Outer 옵션을 적용하여 id를 기준으로 합치는데, 어느 한쪽에라도 없는 데이터가 있는 경우 NaN 값이 지정된다.
- 왼쪽에 입력한 데이터프레임 기준(how='left')으로, 각각의 key 값에 해당하는 열을 지정한다.

• 오른쪽에 입력한 데이터프레임 기준(how='right')으로, 각각의 key 값에 해당하는 열을 지정한다.

[예제 파일 : nation.xlsx/code.xlsx]

실습 코드 5-45

병합할 원본 데이터 확인

```
s1=pd.read_excel('nation.xlsx')
s2=pd.read_excel('code.xlsx')
```

〈실행 결과〉

	국적코드	성별	입국객수	증가수
0	A01	남성	125000	8000
1	A01	여성	130000	10000
2	A05	남성	300	10
3	A05	여성	200	50
4	A06	남성	158912	24486
5	A06	여성	325000	63466

	국적코드	국적명
0	A01	필리핀
1	A02	일본
2	A03	미국
3	A04	중국
4	A05	호주
5	A06	베트남
6	A07	스위스
7	A99	기타

실습 코드 5-46

데이터 병합 : 공통 컬럼을 기준

```
pd.merge(s1,s2,on='국적코드')
```

〈실행 결과〉

	국적코드	성별	입국객수	증가수	국적명
0	A01	남성	125000	8000	필리핀
1	A01	여성	130000	10000	필리핀
2	A05	남성	300	10	호주
3	A05	여성	200	50	호주
4	A06	남성	158912	24486	베트남
5	A06	여성	325000	63466	베트남

Data Analysis

7 〉 판다스 데이터 그룹핑

데이터 그룹핑은 데이터를 특정한 값에 기반에 묶는 기능으로 groupby() 함수를 사용하여 통계량을 요약한다.

통계량에 관련된 함수에는 mean(평균), std(표준편차), var(분산), max(최댓값), min(최솟값), mode(최빈값) 함수 등이 있다.

[예제 파일 : nation.xlsx]

실습 코드 5-47

한 열을 기준으로 그룹화

```
s1=pd.read_excel('nation.xlsx')
s1.groupby('국적코드').sum()
```

〈실행 결과〉

국적코드	입국객수	증가수
A01	255000	18000
A05	500	60
A06	483912	87952

groupby()를 사용해서 '국적코드' 열을 기준으로 그룹화하고, sum() 함수를 적용한다.

실습 코드 5-48

여러 열을 기준으로 그룹화

```
s1=pd.read_excel(filename)
s1.groupby(['국적코드','성별']).sum()
```

〈실행 결과〉

		입국객수	증가수
국적코드	성별		
A01	남성	125000	8000
	여성	130000	10000
A05	남성	300	10
	여성	200	50
A06	남성	158912	24486
	여성	325000	63466

여러 열을 그룹으로 묶어서 계층적인 인덱스를 구성한다. 그리고 sum() 함수를 사용해서 인덱스별 합을 구한다.

연습 문제

연습 01 **본인이 태어난 지역의 출생년도의 모든 기온 데이터(1월~12월)를 다운로드하여 판다스를 이용하여 읽고 다음과 문제를 해결해 보세요.**

❶ 데이터를 수집한 후 불러와서 확인해 보세요.
❷ 태어난 날짜의 최고기온과 최저기온을 나타내 보세요.
❸ 평균기온이 20도를 이상인 날들을 찾아, 모든 기상 데이터를 나타내 보세요.
❹ 가장 무더웠던 날이 언제인지 알아보고, 이날의 평균기온, 최저기온, 최고기온을 나타내 보세요.

〈실행 결과〉

연습 02 '코로나 이후 국민들의 매체 기기 이용량 변화'에 대한 정보를 가지고 있는 데이터 파일 (covid. csv)을 이용하여 다음 문제를 해결해 보세요.

❶ csv 파일을 불러와서 데이터를 확인해 보세요.
❷ 사례수가 가장 높은 항목의 모든 정보를 출력해 보세요.
❸ 증가율이 높은 3개의 항목을 출력해 보세요.

〈실행 결과 1〉

	사례수	증가	감소	변화없음
항목				
스마트폰	999	78.9	1.7	19.4
텔레비전	965	68.5	3.9	27.6
개인용 PC	973	65.7	3.7	30.6
태블릿 PC	662	46.8	4.2	49.0
라디오	687	35.5	12.5	52.0
잡지·책	776	31.3	17.8	50.9
종이신문	552	17.6	23.2	59.2

〈실행 결과 2〉

	사례수	증가	감소	변화없음
항목				
스마트폰	999	78.9	1.7	19.4

〈실행 결과 3〉

	사례수	증가	감소	변화없음
항목				
스마트폰	999	78.9	1.7	19.4
텔레비전	965	68.5	3.9	27.6
개인용 PC	973	65.7	3.7	30.6

연습 03 '서울특별시 코로나19 백신 예방접종 현황'에 대한 정보를 가지고 있는 데이터 파일(vaccine.csv)을 이용하여 다음 문제를 차례대로 수행하세요.

〈필드 설명〉

필드명	설명
date	접종일
subject	접종대상자
day1num	당일 1차 접종자 수
day1sum	1차 접종 누계
day1rate	1차 접종률
day2num	당일 2차 접종자 수
day2sum	2차 접종 누계
day2rate	2차 접종률

❶ csv 파일을 불러와서 하위 5행의 데이터를 확인해 보세요.

❷ 필요 없는 열을 삭제한 후 출력해 보세요.
- 삭제할 열 : day1sum, day1rate, day2sum, day2rate

❸ 데이터프레임의 기초통계량을 확인해 보세요.

❹ 월별 '당일 1차 접종자 수(day1num)', '당일 2차 접종자 수(day2num)' 컬럼의 평균을 출력해 보세요.

〈실행 결과 1〉

	date	subject	day1num	day1sum	day1rate	day2num	day2sum	day2rate
174	2021.04.25	1023346	23323	350631	34.2	3411	18513	1.8
175	2021.04.24	1023346	200	350427	34.2	0	18513	1.8
176	2021.04.23	1027740	10195	345764	33.6	119	18376	1.8
177	2021.04.22	1023538	27074	317386	31.0	2479	15901	1.6
178	2021.04.21	1019322	22501	291857	28.6	2358	13543	1.3

〈실행 결과 2〉

	date	subject	day1num	day2num
0	2021.10.16	9505868	10673	66910
1	2021.10.15	9505868	14556	133580
2	2021.10.14	9505868	9609	94569
3	2021.10.13	9505868	9804	77503
4	2021.10.12	9505868	17274	110204
...	...	...	...	...
174	2021.04.25	1023346	23323	3411
175	2021.04.24	1023346	200	0
176	2021.04.23	1027740	10195	119
177	2021.04.22	1023538	27074	2479
178	2021.04.21	1019322	22501	2358

179 rows × 4 columns

〈실행 결과 3〉

	subject	day1num	day2num
count	1.790000e+02	179.000000	179.000000
mean	5.086644e+06	40078.150838	34096.636872
std	3.324235e+06	44231.469656	40745.688278
min	1.019322e+06	0.000000	0.000000
25%	2.279241e+06	4385.000000	4794.500000
50%	3.943320e+06	23323.000000	16581.000000
75%	9.505868e+06	71634.500000	50950.000000
max	9.795426e+06	169036.000000	200186.000000

〈실행 결과 4〉

	day1num	day2num
month		
4	22060.100000	2304.600000
5	18225.548387	9734.000000
6	55957.200000	20147.300000
7	25807.870968	9934.903226
8	57667.258065	55575.000000
9	65715.000000	62162.000000
10	9406.312500	79900.750000

연습 04 수강과 교수 데이터 파일을 이용하여 다음 문제를 해결해 보세요.

	수강코드	과목명	담당교수
0	111	파이썬	양숙희
1	222	데이터분석	오경선
2	333	인공지능	장은실
3	444	선형대수	황복동
4	555	이산수학	정명식
5	666	컴퓨터개론	최봉수
6	777	자료구조	김진영
7	888	정보통신	김진호

수강 테이블 : signup.csv

	담당교수	학과
0	양숙희	컴퓨터공학
1	장은실	정보통신
2	오경선	인공지능
3	황복동	컴퓨터공학
4	정명식	인공지능

교수 테이블 : professor.csv

❶ 두 데이터프레임을 merge( ) 함수를 사용하여 다음과 같이 결합하고 출력해 보세요.

	수강코드	과목명	담당교수	학과
0	111	파이썬	양숙희	컴퓨터공학
1	222	데이터분석	오경선	인공지능
2	333	인공지능	장은실	정보통신
3	444	선형대수	황복동	컴퓨터공학
4	555	이산수학	정명식	인공지능

❷ 교수 테이블에서 학과별 인원수를 출력해 보세요.

• count() 함수를 사용한다.

〈실행 결과〉

	담당교수
학과	
인공지능	2
정보통신	1
컴퓨터공학	2

| 6장 |

판다스 활용

학습 목표

- 판다스로 데이터를 처리하는 과정을 익힌다.
- 판다스 라이브러리를 활용하여 붓꽃 데이터 셋을 분석하는 방법을 익힌다.
- 판다스 라이브러리를 활용하여 타이타닉 데이터 셋을 분석하는 방법을 익힌다.
- 판다스로 데이터 시각화하는 방법을 익힌다.

1 〉 붓꽃 데이터 분석

데이터 설명

통계학자(Fisher)가 정리한 아이리스(붓꽃) 데이터는 붓꽃의 3가지 종(Setosa, Versicolor, Virginica)을 각각의 특성에 맞게 분류되어 있다. 꽃잎의 각 부분의 너비와 길이 등을 측정한 데이터이며 150개의 레코드로 구성되어 있다. 아이리스 꽃은 아래의 그림과 같으며 프랑스의 국화라고 한다.

Iris Versicolor　　Iris Setosa　　Iris Virginica

그림 6-1. 붓꽃의 3가지 종

필드의 이해

데이터의 이해를 돕기 위해 포함된 5개의 변수에 대하여 간략하게 설명한다. 총 5개의 필드로 구성되어 있다.

표 6-1. 데이터 정보 : 붓꽃(iris) 정보에 관한 데이터 파일

변수명	변수 설명
Sepal Length	꽃받침의 길이 정보
Sepal Width	꽃받침의 너비 정보
Petal Length	꽃잎의 길이 정보

Petal Width	꽃잎의 너비 정보
Species	꽃의 종류 정보, Setosa/Versicolor/Virginica 3종류로 구분

	SepalLength	SepalWidth	PetalLength	PetalWidth	Species
0	5.1	3.5	1.4	0.2	setosa
1	4.9	3.0	1.4	0.2	setosa
2	4.7	3.2	1.3	0.2	setosa
3	4.6	3.1	1.5	0.2	setosa
4	5.0	3.6	1.4	0.2	setosa
...	...	...	...	...	...
145	6.7	3.0	5.2	2.3	virginica
146	6.3	2.5	5.0	1.9	virginica
147	6.5	3.0	5.2	2.0	virginica
148	6.2	3.4	5.4	2.3	virginica
149	5.9	3.0	5.1	1.8	virginica

그림 6-2. 원본 데이터 형태

1.1 붓꽃 데이터 읽어와서 확인

붓꽃 데이터를 가져오기 위해 csv 파일을 읽어오고, 처음 5줄 데이터를 출력하여 필요 데이터를 확인한다.

[예제 파일 : iris.csv]

❶ 1행에서는 파이썬 라이브러리 판다스(Pandas)를 임포트(Import) 하고, 3행에서는 판다스의 read_csv를 사용하여 'iris.csv' 파일을 읽어 데이터프레임 변수 iris에 저장한다.

4행에서는 iris의 처음 5행을 출력한다. head 함수에 숫자를 입력하면, 숫자만큼의 행을 추출할 수 있다.

실습 코드 6-1

'붓꽃' 파일 읽어오기

```
import pandas as pd
filename='iris.csv' # 코랩 파일 경로 : '/content/drive/MyDrive/iris.csv'
iris=pd.read_csv(filename)
iris.head()
```

〈실행 결과〉

	SepalLength	SepalWidth	PetalLength	PetalWidth	Species
0	5.1	3.5	1.4	0.2	setosa
1	4.9	3.0	1.4	0.2	setosa
2	4.7	3.2	1.3	0.2	setosa
3	4.6	3.1	1.5	0.2	setosa
4	5.0	3.6	1.4	0.2	setosa

❷ 데이터 전체적인 구조를 확인한다. info() 함수는 데이터프레임의 기본 정보를 보여 준다.현재 모든 열에 150개 유효한 값(Non-null)이 있고, 64비트 실수형과 문자열형으로 구성되어 있는 것을 알 수 있다.

실습 코드 6-2

데이터의 기본 정보 출력

```
iris.info()
```

〈실행 결과〉

```
<class 'pandas.core.frame.DataFrame'>
RangeIndex: 150 entries, 0 to 149
Data columns (total 5 columns) :
 #    column        Non-Null Count     Dtype
---   ------        --------------     ----
0  SepalLength      150 non-null       float64
1  SepalWidth       150 non-null       float64
2  PetalLength      150 non-null       float64
3  PetalWidth       150 non-null       float64
3  Species          150 non-null       object
dtypes: float64(4), object(1)
memory usage: 6.0+ KB
```

❸ 데이터 기초 통계량을 확인한다. describe() 함수는 150개 샘플의 평균값, 표준편차, 최솟값, 최댓값 등 통계 정보를 요약한다.

실습 코드 6-3

데이터의 기초 통계량 출력

```
iris.describe()
```

〈실행 결과〉

	SepalLength	SepalWidth	PetalLength	PetalWidth
count	150.000000	150.000000	150.000000	150.000000
mean	5.843333	3.057333	3.758000	1.199333
std	0.828066	0.435866	1.765298	0.762238
min	4.300000	2.000000	1.000000	0.100000
25%	5.100000	2.800000	1.600000	0.300000
50%	5.800000	3.000000	4.350000	1.300000
75%	6.400000	3.300000	5.100000	1.800000
max	7.900000	4.400000	6.900000	2.500000

❹ value_counts()를 적용하여 품종별 데이터 개수를 구한다.

실습 코드 6-4

품종별 개수 구하기

```
count=pd.DataFrame(iris['Species'].value_counts())
count
```

〈실행 결과〉

	Species
setosa	50
versicolor	50
virginica	49

1.2 붓꽃 데이터 전처리

결측데이터와 중복 데이터를 확인하고 처리하는 방법을 알아본다. 데이터를 수집하는 과정에서 결측데이터 또는 데이터가 종종 중복되는 경우가 있다. 중복된 데이터가 분석에 사용이 된다면 문제가 발생될 수 있으므로 중복 데이터를 확인하고 처리하는 과정이 필요하다.

결측치 확인하기

실습 코드 6-5

결측치 확인

〈코드〉

```
iris.isnull().sum()
```

〈실행 결과〉

```
SepalLength     0
SepalWidth      0
PetalLength     0
PetalLidth      0
Species         0
dtype:  int 64
```

데이터프레임에 isnull()을 적용하면, 각 원소가 결측값(null)인지 아닌지 체크한다. 결측값이면 True, 정상 데이터면 False를 반환한다. 그리고 그 상태에서 sum()을 적용하면, 각 열의 결측값의 개수를 계산해 준다. 현재 우리는 모두 유효값이었기 때문에, 결측값이 없음을 알 수 있다.

중복 데이터 확인하기

실습 코드 6-6

중복 데이터 확인

〈코드〉

```
iris.duplicated().sum()
```

〈실행 결과〉

```
1
```

데이터프레임에 duplicated()를 적용하면 동일한 샘플이 중복되어 존재하는지 체크한다. 중복되면 True, 아니면 False를 반환한다. 현재 1개의 행이 중복된 상태임을 알 수 있다.

실습 코드 6-7

실제 중복 데이터 확인

```
index=iris.duplicated()
iris.loc[index, :]
```

〈실행 결과〉

	SepalLength	SepalWidth	PetalLength	PetalWidth	Species
142	5.8	2.7	5.1	1.9	virginica

실제 어느 행의 데이터가 중복인지 확인할 수 있다. loc 인덱서의 행 위치에 중복 데이터인지 여부를 표시하는 bool 값을 입력한다. 중복인 행을 True이므로 출력된다. 현재 142번 데이터가 중복됨을 알 수 있다.

중복 데이터를 모두 확인하기

실습 코드 6-8

중복 데이터 모두 확인

```
result=(iris['SepalLength']==5.8) & (iris['PetalWidth']==1.9)
iris.loc[result,:]
```

〈실행 결과〉

	SepalLength	SepalWidth	PetalLength	PetalWidth	Species
101	5.8	2.7	5.1	1.9	virginica
142	5.8	2.7	5.1	1.9	virginica

duplicated() 결과를 가지고 어떤 데이터 행끼리 중복되는지 확인할 수 있다. 현재 142번과 101번의 데이터가 중복됨을 알 수 있다.

중복 데이터 삭제하기

중복된 데이터를 삭제한다. 중복 데이터에서 단일한 1개의 키만 남기고 drop_duplibcates()를 이용하여 나머지 중복 데이터를 제거한다.

실습 코드 6-9

중복 데이터 삭제

```
iris=iris.drop_duplicates()
#iris.duplicated().sum()
result=(iris['SepalLength']==5.8) & (iris['PetalWidth']==1.9)
iris.loc[result,:]
```

〈실행 결과〉

	SepalLength	SepalWidth	PetalLength	PetalWidth	Species
101	5.8	2.7	5.1	1.9	virginica

중복으로 나타났던 142번 행이 제거됨을 확인할 수 있다.

1.3 붓꽃 데이터 그룹핑

실습 코드 6-10

'품종' 열을 기준으로 합계 구하기

```
iris.groupby('Species').sum()
```

〈실행 결과〉

	SepalLength	SepalWidth	PetalLength	PetalWidth
Species				
setosa	250.3	171.4	73.1	12.3
versicolor	296.8	138.5	213.0	66.3
virginica	323.6	146.0	272.5	99.4

실습 코드 6-11

'품종' 열을 기준으로 평균 구하기

```
iris.groupby('Species').mean()
```

〈실행 결과〉

	SepalLength	SepalWidth	PetalLength	PetalWidth
Species				
setosa	5.006000	3.428000	1.462000	0.246000
versicolor	5.936000	2.770000	4.260000	1.326000
virginica	6.604082	2.979592	5.561224	2.028571

잠깐만요

- sklearn(사이킷런) 패키지는 붓꽃(iris) 데이터 셋을 내장하고 있다. load_iris() 함수로 붓꽃 데이터를 불러올 수 있다.

잠깐만요

sklearn(사이킷런) 패키지에서 붓꽃 데이터 셋 불러오기

```
from sklearn.datasets import load_iris
iris_dataset=load_iris()
#iris_dataset.keys()
df=pd.DataFrame(iris_dataset['data'], columns=iris_dataset['feature_names'])
df.head()
```

〈실행 결과〉

	sepal length (cm)	sepal width (cm)	petal length (cm)	petal width (cm)
0	5.1	3.5	1.4	0.2
1	4.9	3.0	1.4	0.2
2	4.7	3.2	1.3	0.2
3	4.6	3.1	1.5	0.2
4	5.0	3.6	1.4	0.2

• seaborn(시본) 모듈도 붓꽃(iris) 데이터 셋을 내장하고 있다. load_dataset() 함수로 붓꽃 데이터를 불러올 수 있다.

시본 모듈에서 붓꽃 데이터 셋 불러오기

```
import seaborn as sns
df=sns.load_dataset('iris')
df.head()
```

〈실행 결과〉

	sepal_length	sepal_width	petal_length	petal_width	species
0	5.1	3.5	1.4	0.2	setosa
1	4.9	3.0	1.4	0.2	setosa
2	4.7	3.2	1.3	0.2	setosa
3	4.6	3.1	1.5	0.2	setosa
4	5.0	3.6	1.4	0.2	setosa

1.4 판다스의 데이터 시각화

판다스의 시리즈나 데이터프레임은 'plot'이라는 시각화 메소드를 내장하고 있다. plot은 matplotlib를 내부에서 임포트하여 사용한다. plot 메소드의 kind라는 인수를 바꾸면 여러 가지 플롯을 그릴 수 있다. 다음과 같은 인수값을 지원한다.

옵션	종류	옵션	종류
line	선 그래프	kde	커널 밀도 그래프
bar	막대 그래프 – 수직	area	면적 그래프
barh	막대 그래프 – 수평	pie	원형 그래프
his	히스토그램 그래프	scatter	산점도 그래프
box	박스 그래프	hexbin	고밀도 산점도 그래프

막대 그래프 그리기

수직 막대 그래프는 kind='bar' 옵션을 통해 구현하며, 데이터 시각화 한글 인코딩 문제를 해결하기 위해 아래와 같이 구글 코랩에서 해당 모듈을 설치한다.

```
!pip install koreanize-matplotlib
import koreanize_matplotlib
```

실습 코드 6-12

꽃 받침 길이의 시각화

```
import matplotlib.pyplot as plt
import pandas as pd
filename='iris.csv'
iris=pd.read_csv(filename)
iris.head()
iris.SepalLength[:10].plot(kind='bar', rot=0)
plt.title('꽃받침의 길이 시각화')
plt.xlabel('Data')
plt.ylabel('꽃받침의 길이')
plt.show()
```

〈실행 결과〉

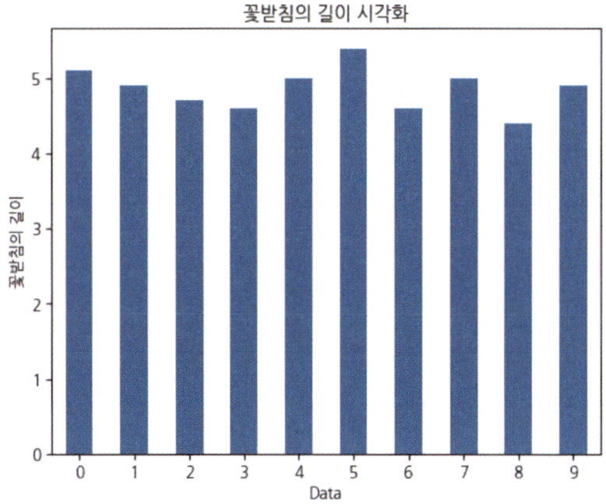

matplotlib에서 제공하는 다양한 함수에 대해 접근하기 위해서는 cmd 창에 'pip install matplotlib'을 입력하여 matplotlib 외부 모듈을 설치해야 한다.

실습 코드 6-13

붓꽃 종류별 꽃 받침 길이의 평균에 대한 시각화

```
df2=iris.groupby(iris['Species']).mean()
df2
```

〈실행 결과〉

Species	SepalLength	SepalWidth	PetalLength	PetalWidth
setosa	5.006	3.428	1.462	0.246
versicolor	5.936	2.770	4.260	1.326
virginica	6.588	2.974	5.552	2.026

```
df2.SepalLength[:].plot(kind='bar', rot=0)
plt.title('품종별 SelpalLength 그래프')
plt.xlabel('Data')
plt.ylabel('꽃받침 길이의 평균값')
plt.show()
```

〈실행 결과〉

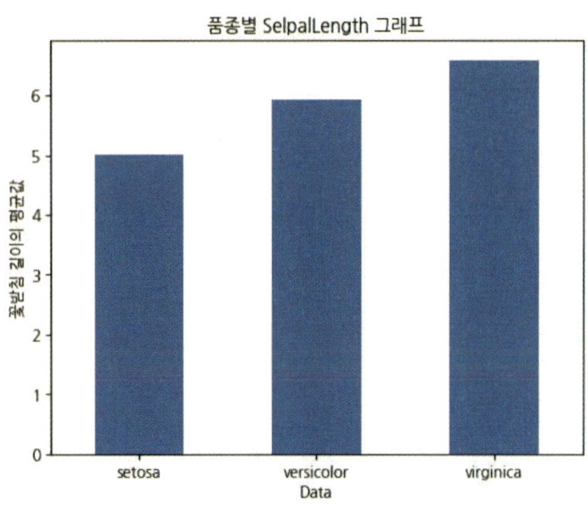

히스토그램 그래프 그리기

데이터 값을 일정 구간으로 나누고, 구간에 속하는 데이터의 개수를 막대 그래프 형태로 나타낸다. 히스토그램 그래프는 kind='hist' 옵션을 통해 구현한다.

실습 코드 6-14

각 특징 값들의 빈도수 그래프 그리기

```
iris.plot(kind='hist') #iris.plot.hist()
plt.title('각 특징 값들의 빈도수 히스토그램')
plt.show()
```

〈실행 결과〉

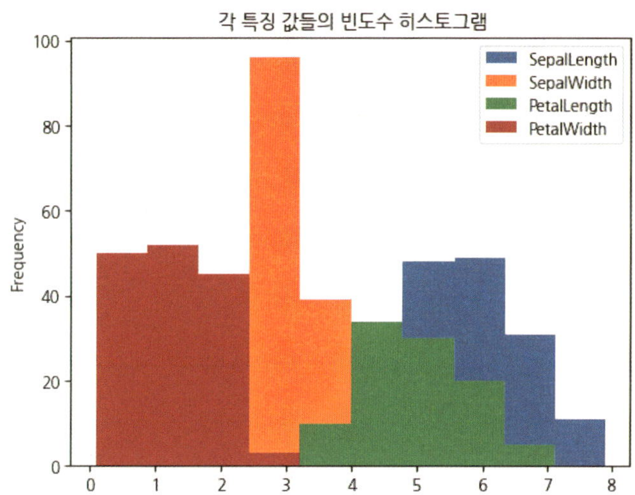

상자 그래프 그리기

사분위수 범위를 확인해 데이터의 분포 파악하고 이상치(Outlier) 유무를 확인할 때 사용할 수도 있다. 상자 그래프는 kind='box' 옵션을 통해 구현한다.

실습 코드 6-15

각 특징 값들의 빈도수 그래프 그리기

```
iris.plot(kind='box')
plt.title('각 특징 값들의 빈도수에 대한 Box Plot')
plt.xlabel('특징')
plt.ylabel('데이터 값')
plt.show()
```

〈실행 결과〉

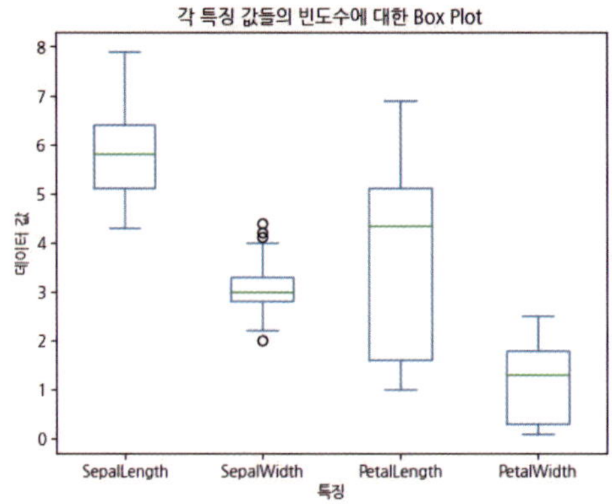

산점도 그래프 그리기

산점도 그래프는 두 변수 간의 관계를 나타내는 그래프이다. 산점도 그래프는 kind='scatter' 옵션을 통해 구현한다.

실습 코드 6-16

산점도 그래프 그리기

```
iris.plot(x='SepalLength', y='PetalLength', kind='scatter')
plt.show()

```

〈실행 결과〉

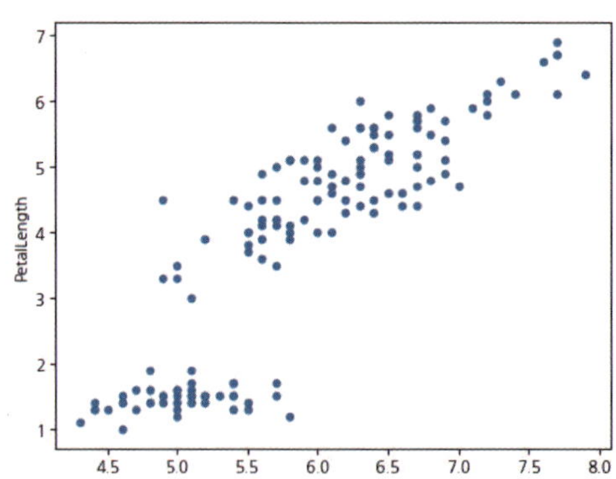

X축 꽃받침의 길이(SepalLength)가 증가할 때 Y축 꽃잎의 길이(PetalLength) 값이 점점 증가하는 경향을 보인다.

2 〉 타이타닉 데이터 분석

데이터 설명

타이타닉 데이터는 데이터 사이언스나 머신러닝 분야에서 입문자용으로 가장 많이 사용하는 예제 중 하나다. 이 데이터는 데이터 분석 경연 사이트인 캐글(Kaggle)에서 입문자용으로 가장 많이 사용되며, 다양한 사람들이 다양한 방법으로 다양한 관점에서 데이터를 분석하고 있다. 이러한 이유로, 타이타닉 데이터를 활용하여 공부하면 데이터 분석의 전반적인 과정을 습득하는 데 도움이 된다. 타이타닉 호 침몰 사건 당시 사망자와 생존자를 구분하는 요인 분석을 통해 승객들의 생존 여부를 예측해 본다.

필드의 이해

데이터의 이해를 돕기 위해 포함된 타이타닉 데이터 셋에 포함된 12개의 변수에 대하여 간략하게 설명한다.

표 6-2. 데이터 정보 : 타이타닉(Titanic) 정보에 관한 데이터 파일

변수명	변수 설명
PassengerId	승객 번호
Survived	생존 여부 : 0=사망, 1=생존
Pclass	객실 등급 : 1=등급, 2=등급, 3=등급
Name	승객 이름
Sex	성별
Age	나이
SibSp	함께 탑승한 형제와 배우자의 수

Parch	함께 탑승한 부모, 아이의 수
Ticket	티켓 번호
Fare	탑승 요금
Cabin	객실 번호
Embarked	탑승 항구 : C=Cherbourg/Q=Queenstown/S=Southampton

	PassengerId	Survived	Pclass	Name	Sex	Age	SibSp	Parch	Ticket	Fare	Cabin	Embarked
0	1	0	3	Braund, Mr. Owen Harris	male	22.0	1	0	A/5 21171	7.2500	NaN	S
1	2	1	1	Cumings, Mrs. John Bradley (Florence Briggs Th...	female	38.0	1	0	PC 17599	71.2833	C85	C
2	3	1	3	Heikkinen, Miss. Laina	female	26.0	0	0	STON/O2. 3101282	7.9250	NaN	S
3	4	1	1	Futrelle, Mrs. Jacques Heath (Lily May Peel)	female	35.0	1	0	113803	53.1000	C123	S
4	5	0	3	Allen, Mr. William Henry	male	35.0	0	0	373450	8.0500	NaN	S
...	...	...	...	...	...	...	...	...	...	...	...	...
886	887	0	2	Montvila, Rev. Juozas	male	27.0	0	0	211536	13.0000	NaN	S
887	888	1	1	Graham, Miss. Margaret Edith	female	19.0	0	0	112053	30.0000	B42	S
888	889	0	3	Johnston, Miss. Catherine Helen "Carrie"	female	NaN	1	2	W./C. 6607	23.4500	NaN	S
889	890	1	1	Behr, Mr. Karl Howell	male	26.0	0	0	111369	30.0000	C148	C
890	891	0	3	Dooley, Mr. Patrick	male	32.0	0	0	370376	7.7500	NaN	Q

그림 6-3. 원본 데이터 형태

2.1 타이타닉 데이터 읽어와서 확인

타이타닉 데이터를 가져오기 위해 train.csv 파일을 읽어 들이고, 처음 5줄 데이터를 출력하여 필요 데이터를 확인한다.

[예제 파일 : train.csv]

❶ 1행에서는 파이썬 라이브러리 판다스(Pandas)를 임포트(Import) 하고, 3행에서는 판다스의 read_csv를 사용하여 'train.csv' 파일을 읽어와 데이터프레임 변수 titanic에 저장한다.

3행에서는 titanic의 처음 5행을 출력한다.

실습 코드 6-17

'타이타닉' 파일 읽어오기

```
import pandas as pd
titanic=pd.read_csv('train.csv')
titanic.head()
```

〈실행 결과〉

	PassengerId	Survived	Pclass	Name	Sex	Age	SibSp	Parch	Ticket	Fare	Cabin	Embarked
0	1	0	3	Braund, Mr. Owen Harris	male	22.0	1	0	A/5 21171	7.2500	NaN	S
1	2	1	1	Cumings, Mrs. John Bradley (Florence Briggs Th...	female	38.0	1	0	PC 17599	71.2833	C85	C
2	3	1	3	Heikkinen, Miss. Laina	female	26.0	0	0	STON/O2. 3101282	7.9250	NaN	S
3	4	1	1	Futrelle, Mrs. Jacques Heath (Lily May Peel)	female	35.0	1	0	113803	53.1000	C123	S
4	5	0	3	Allen, Mr. William Henry	male	35.0	0	0	373450	8.0500	NaN	S

❷ 데이터 전체적인 구조를 확인한다. 자료의 샘플 수는 891개로, 결측데이터를 포함한 컬럼들도 존재한다. 자료형은 int, float, object로 구성되어 있다.

실습 코드 6-18

데이터의 기본 정보 출력

```
titanic.info()
```

〈실행 결과〉

```
<class 'pandas.core.frame.DataFrame'>
RangeIndex: 891 entries, 0 to 890
Data columns (total 12 columns):
 #   Column       Non-Null Count  Dtype
---  ------       --------------  -----
 0   PassengerId  891 non-null    int64
 1   Survived     891 non-null    int64
 2   Pclass       891 non-null    int64
 3   Name         891 non-null    object
 4   Sex          891 non-null    object
 5   Age          714 non-null    float64
 6   SibSp        891 non-null    int64
 7   Parch        891 non-null    int64
 8   Ticket       891 non-null    object
 9   Fare         891 non-null    float64
 10  Cabin        204 non-null    object
 11  Embarked     889 non-null    object
dtypes: float64(2), int64(5), object(5)
memory usage: 83.7+ KB
```

❸ 데이터 기초 통계량을 확인한다. describe() 함수는 891개 샘플의 평균값, 표준편차, 최솟값, 최댓값 등 통계 정보를 요약한다.

실습 코드 6-19

데이터의 기초 통계량 출력

```
titanic.describe()
```

〈실행 결과〉

	PassengerId	Survived	Pclass	Age	SibSp	Parch	Fare
count	891.000000	891.000000	891.000000	714.000000	891.000000	891.000000	891.000000
mean	446.000000	0.383838	2.308642	29.699118	0.523008	0.381594	32.204208
std	257.353842	0.486592	0.836071	14.526497	1.102743	0.806057	49.693429
min	1.000000	0.000000	1.000000	0.420000	0.000000	0.000000	0.000000
25%	223.500000	0.000000	2.000000	20.125000	0.000000	0.000000	7.910400
50%	446.000000	0.000000	3.000000	28.000000	0.000000	0.000000	14.454200
75%	668.500000	1.000000	3.000000	38.000000	1.000000	0.000000	31.000000
max	891.000000	1.000000	3.000000	80.000000	8.000000	6.000000	512.329200

생존율(Survived)이 38.4%임을 알 수 있다(mean의 Survived=0.383838).

❹ 요금 기준으로 오름차순 정렬한 결과를 확인한다.

실습 코드 6-20

요금(Fare) 기준 내림차순 정렬

```
titanic.sort_values('Fare',ascending=False)
```

〈실행 결과〉

	PassengerId	Survived	Pclass	Name	Sex	Age	SibSp	Parch	Ticket	Fare	Cabin	Embarked
258	259	1	1	Ward, Miss. Anna	female	35.0	0	0	PC 17755	512.3292	NaN	C
737	738	1	1	Lesurer, Mr. Gustave J	male	35.0	0	0	PC 17755	512.3292	B101	C
679	680	1	1	Cardeza, Mr. Thomas Drake Martinez	male	36.0	0	1	PC 17755	512.3292	B51 B53 B55	C
88	89	1	1	Fortune, Miss. Mabel Helen	female	23.0	3	2	19950	263.0000	C23 C25 C27	S
27	28	0	1	Fortune, Mr. Charles Alexander	male	19.0	3	2	19950	263.0000	C23 C25 C27	S
...	...	...	...	...	...	...	...	...	...	...	...	...

❺ 생존자별 인원수를 확인한다.

실습 코드 6-21

생존자별 인원수 출력

〈코드〉

```
pd.DataFrame(titanic['Survived'].value_counts())
```

〈실행 결과〉

	Survived
0	549
1	342

2.2 타이타닉 데이터 전처리

결측데이터를 확인하고 처리하는 방법을 알아본다. 결측데이터가 포함된 컬럼을 삭제하고 결측데이터를 다른 값으로 대체하는 방법을 알아본다.

결측치 확인하기

실습 코드 6-22

결측치 확인

〈코드〉

```
titanic.isnull().sum()
```

〈실행 결과〉

```
PassengerId      0
Survived         0
Pclass           0
Name             0
Sex              0
Age            177
SibSp            0
Parch            0
Ticket           0
Fare             0
Cabin          687
Embarked         2
```

Age, Cabin, Embarked 컬럼에 결측데이터가 존재함을 확인할 수 있다.

객실번호(Cabin) 컬럼 삭제

결측데이터가 너무 많으면 데이터 분석에 의미가 없으므로 삭제한다.

실습 코드 6-23

결측데이터가 포함된 컬럼 삭제

```
titanic.drop(['Cabin'],axis=1,inplace=True)
titanic.columns
```

〈실행 결과〉

```
Index(['PassengerId', 'Survived', 'Pclass', 'Name', 'Sex', 'Age', 'SibSp',
       'Parch', 'Ticket', 'Fare', 'Embarked'],
      dtype='object')
```

결측데이터 최빈값으로 대체하기

탑승 항구는 2개의 결측치가 있어서, 어떤 값으로 채워도 문제가 없다고 판단된다. 이러한 경우에는 일반적으로 최빈값으로 결측치를 대체한다.

실습 코드 6-24

최빈값 찾기

```
titanic['Embarked'].value_counts()
```

〈실행 결과〉

```
S    644
C    168
Q     77
```

실습 코드 6-25

최빈값 대체

〈코드〉

```
titanic['Embarked']=titanic['Embarked'].fillna('S')
titanic.isnull().sum()
```

〈실행 결과〉

```
PassengerId  0
Survived     0
Pclass       0
Name         0
Sex          0
Age        177
SibSp        0
Parch        0
Ticket       0
Fare         0
Cabin        0
Embarked     0
```

titanic.Embarked.dropna().mode()[0] 명령어로도 최빈값을 대체할 수 있다.

결측데이터 평균값으로 대체하기

나이는 결측치가 많고 생존 여부와 상관이 있을 것으로 판단되어 데이터를 평균값으로 대체한다.

실습 코드 6-26

평균값 대체

〈코드〉

```
avg=titanic['Age'].mean()
titanic['Age']=titanic['Age'].fillna(avg)
```

〈실행 결과〉

```
PassengerId  0
Survived     0
Pclass       0
Name         0
Sex          0
Age          0
SibSp        0
Parch        0
Ticket       0
Fare         0
Cabin        0
Embarked     0
dtype:  int64
```

2.3 타이타닉 데이터 그룹핑하기

데이터 그룹핑 문법은 아래와 같다.

데이터프레임.groupby(그룹이 되는 컬럼)[계산하고 싶은 컬럼].집계 함수()

실습 코드 6-27

항구별(Emparked) Pclass 컬럼의 평균값을 출력

```
titanic.groupby('Embarked')['Pclass'].mean()
```

〈실행 결과〉

Embarked	Pclass
C	1.886905
Q	2.909091
S	2.346749

dtype: float64

실습 코드 6-28

Pclass, Sex 별 Age 컬럼의 평균값을 출력

```
titanic.groupby(['Pclass', 'Sex'])['Age'].mean()
```

〈실행 결과〉

Pclass	Sex	Age
1	female	34.611765
	male	41.281386
2	female	28.722973
	male	30.740707
3	female	21.750000
	male	26.507589

dtype: float64

좌석 등급별 생존자 확인

실습 코드 6-29

시본 모듈로 막대 그래프 그리기

```
import seaborn as sns
sns.countplot(x='Pclass',hue='Survived',data=titanic)
plt.show()
```

〈실행 결과〉

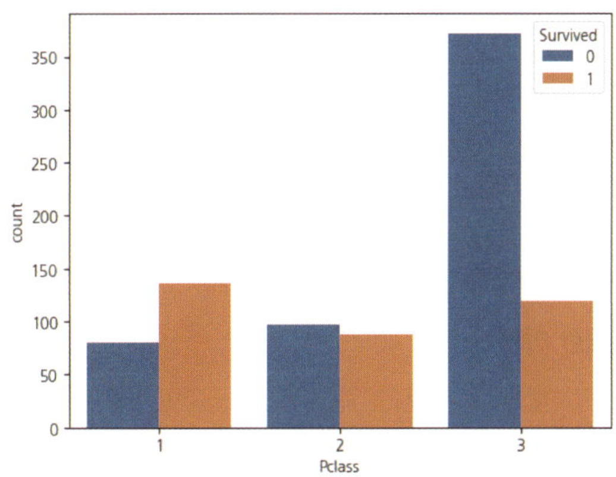

좌석등급별 생존자는 1등급일 경우 생존자 비율이 높았으며 3등급일 경우 사망자 비율이 훨씬 높았음을 확인할 수 있다. 즉 객실 등급이 좋을수록 생존율이 높았다.

상관관계 확인

실습 코드 6-30

시본 모듈로 히트맵 그래프 그리기

```
titanic2=titanic[['PassengerId','Survived','Pclass','Age','SibSp',
'Parch','Fare']]
```

```
sns.heatmap(data=titanic2.corr(),annot=True,cmap='Blues')
plt.show()
```

〈실행 결과〉

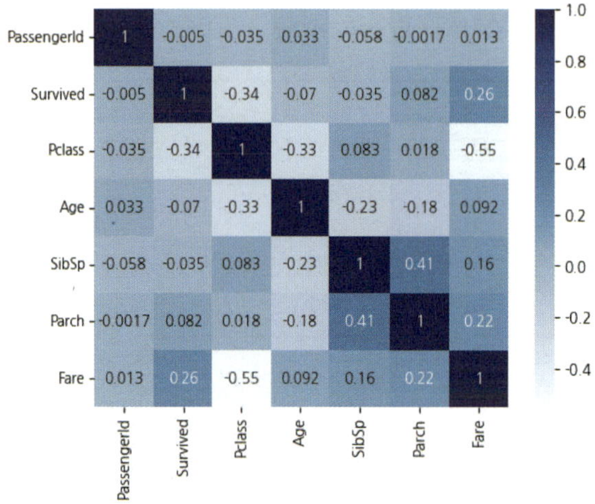

잠깐만요

상관 분석에 대한 이해

상관 분석 개념

- 두 변수가 어떤 선형적 관계에 있는지를 분석하는 방법 – 두 변수는 서로 독립적이거나 상관된 관계일 수 있는데, 두 변수의 관계의 강도를 상관관계라고 한다.
- 단순 상관 분석 – 두 변수가 어느 정도 강한 관계에 있는지 측정한다.

상관 계수

- 변수 간 관계의 정도(0~1)와 방향(+, −)을 하나의 수치로 요약하는 지수로 −1에서 +1 사이의 값을 가진다.
- 상관 계수가 +면 양의 상관관계이며, 한 변수가 증가하면 다른 변수도 증가한다.
- 상관 계수가 −면 음의 상관관계이며, 한 변수가 증가할 때 다른 변수는 감소한다.
- 상관 계수는 데이터프레임.corr() 함수로 구한다.

상관 분석 결과의 시각화

- 두 변수의 관계를 보여 주는 산점도나 히트맵을 많이 사용한다.

연습 문제

연습 01 **본문의 붓꽃 데이터 셋에서 다음 문제를 해결해 보세요.**

❶ '품종' 열을 기준으로 최댓값과 최솟값을 구한 후 아래와 같이 출력해 보세요.

〈실행 결과〉

```
            SepalLength   SepalWidth   PetalLength   PetalWidth
Species
setosa      5.8           4.4          1.9           0.6
versicolor  7.0           3.4          5.1           1.8
virginica   7.9           3.8          6.9           2.5
            SepalLength   SepalWidth   PetalLength   PetalWidth
Species
setosa      4.3           2.3          1.0           0.1
versicolor  4.9           2.0          3.0           1.0
virginica   4.9           2.2          4.5           1.4
```

❷ 아래와 같이 컬럼명을 변경한 후 상위 5개의 데이터를 출력해 보세요.

〈실행 결과〉

	SL	SW	PL	PW	SP
0	5.1	3.5	1.4	0.2	setosa
1	4.9	3.0	1.4	0.2	setosa
2	4.7	3.2	1.3	0.2	setosa
3	4.6	3.1	1.5	0.2	setosa
4	5.0	3.6	1.4	0.2	setosa

연습 02 **다음 tips 데이터는 미국 레스토랑의 매출과 웨이터에게 지불한 팁을 나타내는 데이터이다. 아래의 코드와 실행 결과를 참고하여 다음 문제를 해결해 보세요.**

```
import seaborn as sns
tips=sns.load_dataset('tips')
tips.head()
```

〈실행 결과〉

	total_bill	tip	sex	smoker	day	time	size
0	16.99	1.01	Female	No	Sun	Dinner	2
1	10.34	1.66	Male	No	Sun	Dinner	3
2	21.01	3.50	Male	No	Sun	Dinner	3
3	23.68	3.31	Male	No	Sun	Dinner	2
4	24.59	3.61	Female	No	Sun	Dinner	4

❶ total_bill과 tip에 대한 오름차순 정렬을 한 후 상위 10개만 출력하세요.

〈실행 결과〉

	total_bill	tip	sex	smoker	day	time	size
67	3.07	1.00	Female	Yes	Sat	Dinner	1
92	5.75	1.00	Female	Yes	Fri	Dinner	2
111	7.25	1.00	Female	No	Sat	Dinner	1
172	7.25	5.15	Male	Yes	Sun	Dinner	2
149	7.51	2.00	Male	No	Thur	Lunch	2
195	7.56	1.44	Male	No	Thur	Lunch	2
218	7.74	1.44	Male	Yes	Sat	Dinner	2
145	8.35	1.50	Female	No	Thur	Lunch	2
135	8.51	1.25	Female	No	Thur	Lunch	2
126	8.52	1.48	Male	No	Thur	Lunch	2

❷ size를 기준으로 내림차순, tip을 기준으로는 오름차순 정렬한 후 상위 10개의 데이터만 출력하세요.

〈실행 결과〉

	total_bill	tip	sex	smoker	day	time	size
125	29.80	4.20	Female	No	Thur	Lunch	6
143	27.05	5.00	Female	No	Thur	Lunch	6
156	48.17	5.00	Male	No	Sun	Dinner	6
141	34.30	6.70	Male	No	Thur	Lunch	6
187	30.46	2.00	Male	Yes	Sun	Dinner	5
216	28.15	3.00	Male	Yes	Sat	Dinner	5
142	41.19	5.00	Male	No	Thur	Lunch	5
185	20.69	5.00	Male	No	Sun	Dinner	5
155	29.85	5.14	Female	No	Sun	Dinner	5
153	24.55	2.00	Male	No	Sun	Dinner	4

연습 03

본문의 붓꽃 데이터 셋에서 다음 문제를 해결해 보세요.

❶ 꽃 받침 너비의 값을 내림차순으로 정렬해 보세요.

〈실행 결과〉

	SepalLength	SepalWidth	PetalLength	PetalWidth	Species
15	5.7	4.4	1.5	0.4	setosa
33	5.5	4.2	1.4	0.2	setosa
32	5.2	4.1	1.5	0.1	setosa
14	5.8	4.0	1.2	0.2	setosa
16	5.4	3.9	1.3	0.4	setosa
...	...	...	...	...	...
87	6.3	2.3	4.4	1.3	versicolor
62	6.0	2.2	4.0	1.0	versicolor
68	6.2	2.2	4.5	1.5	versicolor
119	6.0	2.2	5.0	1.5	virginica
60	5.0	2.0	3.5	1.0	versicolor

150 rows × 5 columns

❷ ❶의 결과 상위 10개의 데이터를 막대 그래프로 나타내 보세요.

〈실행 결과〉

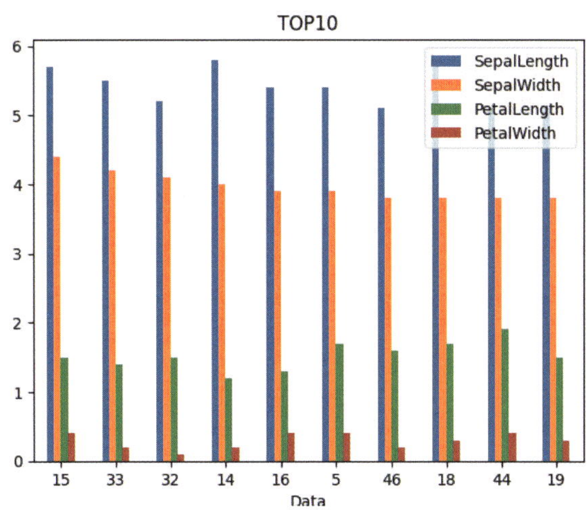

❸ 꽃잎의 길이와 꽃잎의 너비의 산점도 그래프를 그려 보세요.

〈실행 결과〉

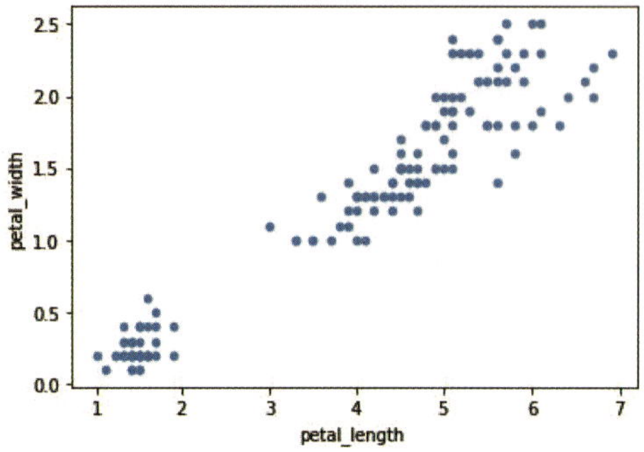

연습 04

본문의 타이타닉 데이터 셋에서 다음 문제를 해결해 보세요.

❶ 성별에 따른 생존율을 비교해 보세요.

〈실행 결과〉

	Survived
Sex	
female	0.742038
male	0.188908

❷ 함께 승선한 부모와 자식 수(Parch)에 따른 생존율 비교해 보세요.

〈실행 결과〉

	Parch	Survived
3	3	0.600000
1	1	0.550847
2	2	0.500000
0	0	0.343658
5	5	0.200000
4	4	0.000000
6	6	0.000000

❸ 객실 등급(Pclass), 성별(Sex) 컬럼 별로 titanic 내 Survived, Age 컬럼의 평균값을 출력해 보세요.

〈실행 결과〉

Pclass	Sex	Survived	Age
1	female	0.968085	34.611765
	male	0.368852	41.281386
2	female	0.921053	28.722973
	male	0.157407	30.740707
3	female	0.500000	21.750000
	male	0.135447	26.507589

❹ 항구별 생존자를 데이터 시각화로 확인해 보세요.

〈실행 결과〉

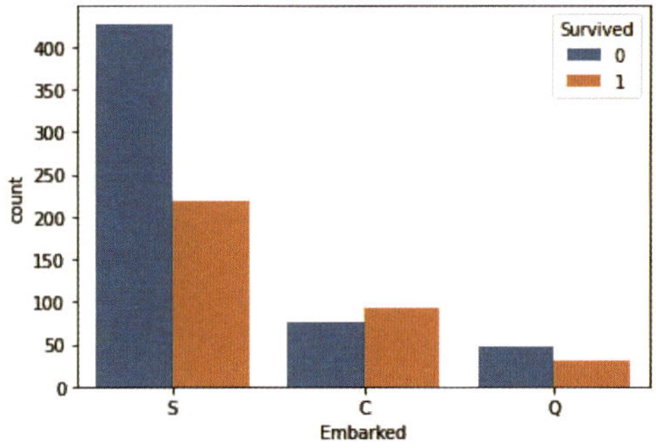

| 7장 |

시각화 라이브러리

학습 목표

- 데이터 시각화 필요성을 이해하고 사용한다.
- 데이터 시각화에 효율적인 맷플롯립(Matplotlib) 라이브러리를 이해하고 사용한다.
- 맷플롯립(Matplotlib) 라이브러리로 표현한 그래프에 시본(Seaborn) 라이브러리를 활용하여 손쉽게 입체적이고 실용적인 그래프로 표현한다.

1 〉 데이터 시각화 이해

수많은 데이터를 눈으로 보고 의미를 파악하는 것은 어려움이 있다. 보다 효과적으로 데이터의 의미를 전달하기 위해서는 데이터 시각화를 수단으로 사용할 수 있다. 이미 데이터 시각화를 통해 데이터 분석 결과를 보다 효과적으로 전달하고 데이터만으로 파악하기 어려웠던 인사이트 도출과 정확한 분석 결과를 도출하는 사례는 많이 있다.

데이터 분석 결과를 다양한 형태의 데이터 시각화 방법을 학습할 수 있는 라이브러리를 알아보기 위해 먼저 데이터 시각화 장점과 활용 사례들에 대하여 살펴본다.

1.1 데이터 시각화 장점

기술적인 데이터 분석도 중요하지만, 분석 결과 기반의 가치 창출이 데이터 분석의 핵심이다. 가치 창출을 위해서는 데이터 시각화를 적극적으로 활용하면 된다. 데이터 분석 역량은 데이터 수집, 가공, 분석 기법을 활용한 데이터 분석 기술이 필요하다.

반면 데이터 시각화에는 데이터 분석 결과를 시각적으로 표현해서 스토리텔링하는 역량이 필요하다. 최근에는 데이터 시각화 활용이 쉬워지면서 고도의 전문 역량이 없더라도 데이터를 활용하여 인사이트를 발견하고, 스토리텔링할 수 있게 되었다. 이러한 데이터 시각화의 장점은 다음과 같다.

많은 양의 데이터를 시각적으로 요약

컴퓨터 모니터 화면을 벗어날 정도로 많은 양의 데이터는 그 특징을 전달하기 어렵다. 이런 경우 데이터 시각화를 도형, 선, 색 등의 시각적 요소들을 활용하여 많은 양의 데이터를 요약 표현할 수 있다. 이렇게 하면 한눈에 보기 어려운 많은 양의 데이터도 한 번에 볼 수 있게 된다. 따라서 의료, 금융, 교통 등 데이터가 생성되는 대부분의 분야에서 시각화 없이는 현상을 파악하고 예측하기 어렵기 때문에 데이터 시각화가 강조되고 있다.

데이터 시각화 유형에는 선, 막대, 원 차트 등 셀 수 없이 많은 시각화 유형이 있다. 시각화 유형은 어떤 데이터를 어떻게 표현할 것인지에 따라 구분된다. 차트에 활용되는 도형의 종류, 크기, 위치, 색 등으로 데이터의 크기를 비교하거나 분포를 파악하여 데이터의 의미를 찾을 수 있다.

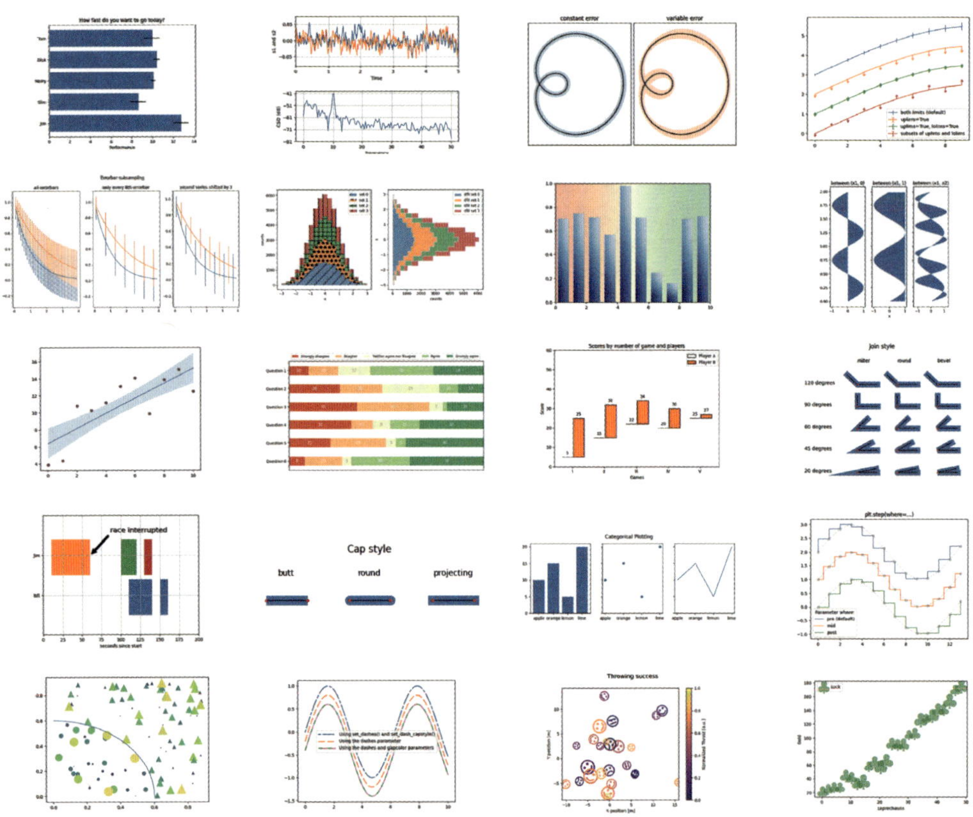

그림 7-1. 데이터 시각화 유형 예

시각을 통한 데이터 인사이트 도출

시각화 차트를 볼 때 시각적 패턴을 확인하기 위해 시각화 요소인 도형의 형태, 크기, 위치, 색 정보 등으로 시각적 패턴을 찾는다. 선 차트에서는 선의 높낮이 변화 형태로 데이터의 변화 추세를 파악하고, 다른 값들과 구별되는 이상치가 있는지 등을 빠르게 파악한다. 막대 차트, 원 차트 등 다른 시각화 차트들도 대부분 시각화 요소의 시각적 패턴으로 데이터의 의미를 파악하게 된다.

데이터 시각화에서 주의할 점은 데이터 인사이트의 정확한 전달을 위해 시각화 형태를 잘 선택해야 한다는 것이다. 데이터 인사이트에 적합한 시각화 유형을 선택하고 해석에 오류가 발생하지 않도록 시각화 차트를 작성해야 한다. 즉, 시각화 유형을 선택할 때는 데이터 시각화의 목적을 명확히 해야 한다.

데이터 시각화의 기본적인 목적은 데이터의 크기를 비교하는 것이다. 데이터 비교 시각화 차트에는 누적 막대 차트, 그룹 막대 차트, 선 차트, 영역 차트 등이 있고, 구성의 비중을 보는 차트에는 파이 차트, 100% 누적 막대 차트, 폭포 차트 등이 있다. 구성 비중 차트는 항목이 많은 경우 비교가 어렵기 때문에 비교 항목이 4~5개 정도일 때 적합하게 사용된다. 데이터 분포를 확인하는 차트에는 산점도, 히스토그램 등이 있다. 데이터 관계를 보기 위한 차트에는 산점도, 버블 차트 등이 있다.

더 정확한 데이터 분석 결과 도출

데이터 시각화는 데이터 분석 결과를 전달하기 위한 목적으로도 사용된다. 즉, 데이터 분석에서 시각화는 데이터의 정확한 이해를 돕고, 쉽고 빠른 데이터 인사이트 발견을 위해 필수 요소인 것이다. 이 외에도 시각화는 더욱더 정확한 분석을 위한 데이터 탐색 방법으로 시각화가 중요한 역할을 하는데, 시각화를 활용하여 데이터를 분석하는 시각적 분석으로도 활용된다. 즉, 시각화 차트를 만들 때 활용하는 데이터 변수, 수치 계산 방식, 차트 유형 등의 조건을 변경하면서 다양한 형태로 표현되는 시각화 차트의 시각적 패턴을 근거로 데이터 분석을 하는 것이다.

1.2 데이터 시각화 활용 사례

데이터 시각화는 대부분의 분야에서 활용될 수 있다. 다양한 분야에서 활용되는 데이터 시각화 사례는 다음과 같다.

시각화 대시보드를 통한 공동의 데이터 활용

데이터 시각화는 데이터 인사이트를 전달 및 공유할 때 효과적으로, 보고서, 프레젠테이션 등에 삽입되는 시각화 차트는 전달하고자 하는 메시지를 효과적으로 전달할 수 있게 된다. 이러한 시각화 차트는 빠르게 인지되어 전달하고자 하는 데이터 스토리텔링에 큰 공감을 일으킬 수 있다.

시각화 대시보드는 데이터 시각화를 공유하는 방식 중 하나다. 데이터 시각화 대시보드는 시각화 차트와 표 등으로 구성된 하나의 보드로, 데이터 시각화 대시보드를 이용하면 주요한 데이터 지표를 모니터링하고 탐색할 때 유용하다. 대부분의 데이터 시각화 대시보드는 데이터 조회 기간을 선택하거나 특정 기준으로 데이터를 조회할 수 있는 필터와 같은 상호작용 기능을 제공한다. 이러한 기능을 이용하면 복잡한 데이터 분석 기술 없이도 편리하게 데이터를 조회하고 탐색할 수 있게 된다.

데이터 시각화 대시보드는 기업 및 조직에서 유용하게 활용되는데, 전문 데이터 분석가가 아니어도 쉽게 데이터를 활용할 수 있다. 개인마다 서로 다른 관점에서 데이터를 탐색할 수 있기 때문에 더욱 다양한 데이터 인사이트를 도출할 수 있고, 이는 조직 전체의 관점에서 중요 의사결정의 근거로 활용되어 새로운 기회 도출 및 가치 창출에 큰 역할을 한다.

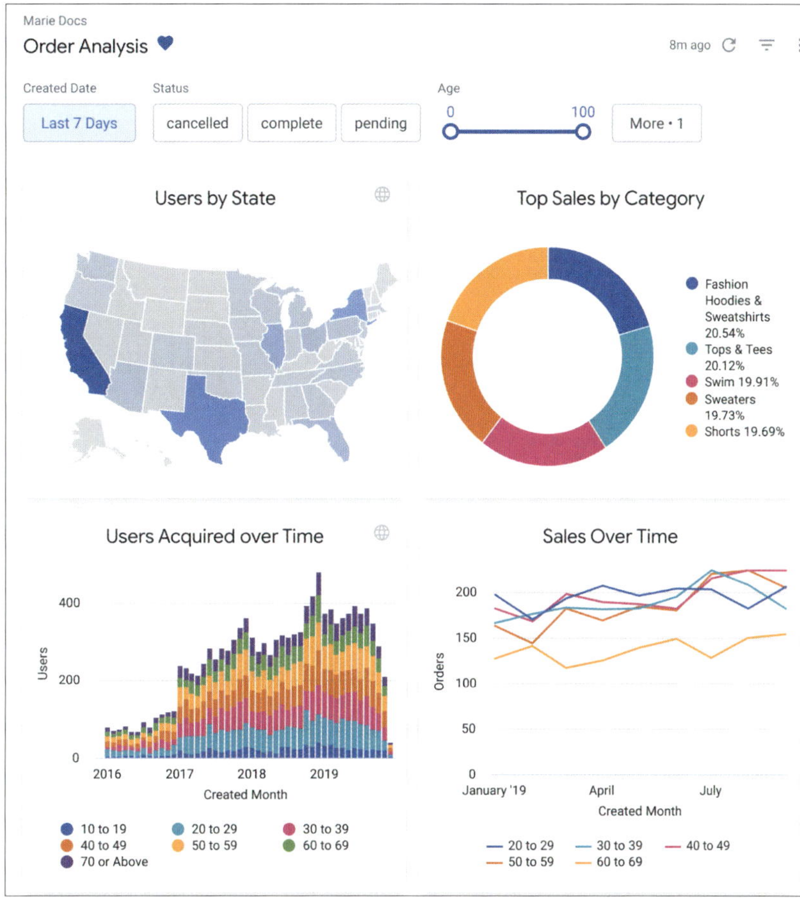

그림 7-2. 데이터 시각화 대시보드 예

다양한 분야에서의 시각화 활용

데이터 시각화는 데이터가 존재하는 모든 분야에서 활용되는데, 공공데이터 개방 정책과 함께 데이터 활용의 활성화를 위해 제공하는 정부의 시각화 서비스가 있다. 대표 사례로 공공데이터 포털 시각화 서비스, 지자체별 공공데이터를 개방하는 다수의 사이트가 있다. 공공 부문 외에 민간 부문에서도 데이터 시각화를 활용하고 있다. 다양한 산업의 여러 기업들은 각자 보유한 데이터의 활용도를 높이기 위해 데이터 시각화를 적극적으로 도입했는데, 의사결정 목적의 데이터 시각화 대시보드를 구축하여 활용하고 있다.

그림 7-3. 공공데이터 포털의 시각화 화면 예

금융권 분야에서도 데이터 분석을 활용하는 사례가 점점 늘고 있다. 데이터 분석을 활용하여 수익 창출을 위한 고객 분석에 점점 비중이 증가하는 추세다. 즉, 데이터 분석을 활용하여 보다 나은 고객 만족과 마케팅에 높은 기대를 갖고 있는 것은 고객 행동 예측을 위한 것이다. KEB 하나은행의 경우 '하나 빅 인사이트'를 구축하여 은행 핵심 경영지표, 조직 단위별 영업 실적 모니터링, 고객 특성에 따른 비정형 분석 같은 은행 내부 데이터를 그래프로 시각화하여 확인할 수 있다.

인공지능 분야에서도 데이터 시각화를 활용하여 시각적 분석을 시도하고 복잡한 인공지능 학습 결과를 보여 주고 있다. 데이터 과학자가 활용하는 시각적 분석 도구 '클러스터 비전'은 화가 밥 로스 그림 400점의 데이터 셋을 클러스터 비전을 이용하여 시각적으로 분석하였다.

언론 분야에서도 데이터를 기반으로 스토리텔링 기사를 내보낼 때 시각화 차트를 이용하고 있다. 단순히 수치를 활용하는 것 외에도 데이터 분석을 통해 찾아낸 새로운 사실을 보도하는 데이터 저널리즘을 실현하는데 데이터 시각화를 적극적으로 활용하고 있다.

1.3 파이썬으로 하는 데이터 시각화

파이썬으로 데이터 시각화할 때는 시각화 관련 기능을 모아 놓은 시각화 라이브러리를 임포트(Import) 하여 사용한다. 시각화 라이브러리에는 특징이 다른 다양한 종류의 라이브러리들이 있는데, 주요한 파이썬 시각화 라이브러리 종류 및 특징은 다음과 같다.

시각화 라이브러리

각 라이브러리마다 특징이 달라 데이터 분석 목적에 따라 선택적으로 사용한다.

표 7-1. 시각화 라이브러리

시각화 라이브러리	특징
맷플롯립(Matplotlib)	파이썬에서 가장 많이 사용하며, 데이터를 차트나 플롯으로 시각화하는 라이브러리이다. 판다스의 데이터프레임을 바로 시각화할 때도 내부적으로 맷플롯립을 사용한다. 맷플롯립은 데이터 분석 이전의 데이터 이해를 위한 시각화 또는 데이터 분석 이후의 결과를 시각화하기 위해 사용된다.
시본(Seaborn)	맷플롯립을 기반으로 색 테마, 차트 기능 등을 추가해 주는 라이브러리이다. 맷플롯립과 함께 사용하며 히트맵, 카운트 플롯 등을 제공한다.
폴리움(Folium)	지도 데이터를 이용하여 위치 정보를 시각화하는 라이브러리이다. 자바스크립트 기반으로 상호작용의 그래프를 그릴 수 있다.
파이차트(Pyecharts)	바이두(Baidu)에서 데이터 시각화를 위해 만든 파이썬 버전의 라이브러리이다. 다양한 그래프들이 내장되어 있고 자바스크립트 기반으로 상호작용의 그래프를 그릴 수 있다.
플로트나인(Plotnine)	R의 ggplot2에 기반을 두어 그래프를 그려 주는 라이브러리이다. R 시각화 경험이 있다면 편리하게 사용할 수 있다.
플로틀리(Plotly)	상호작용 그래프를 그려 주는 라이브러리이다. R, 스칼라, 파이썬, 자바스크립트, 매트랩 등에서 사용할 수 있다. 사용이 쉽고 세련된 도구이며 온라인과 오프라인 버전이 따로 존재한다.
보케(Bekeh)	맷플롯립의 대화형 버전으로, 다양한 기능을 제공하고 디자인이 훌륭하며 플롯(축)들 간의 링크가 가능하다. 반면 시본에 비교하여 문법이 복잡하다는 단점이 있다.

시각화 단계

판다스의 시리즈와 데이터프레임에는 plot()이라는 시각화 함수를 내장하고 있다. plot() 함수도 맷플롯립을 임포트(Import) 하여 사용해야 한다. 일반적인 시각화 단계를 정리하면 다음과 같다.

❶ **1단계** : 시각화 라이브러리 불러오기

❷ **2단계** : x축, y축에 표시할 데이터 정하기

❸ **3단계** : plot() 함수에 데이터 입력하기

❹ **4단계** : 그래프 보여 주기

실습 코드 7-1

기본적인 시각화 문법

```
import matplotlib.pyplot as plt                    #1단계
xdata=[2, 3, 4, 5]                                 #2단계
ydata=[1, 3, 5, 7]
plt.plot(xdata, ydata)                             #3단계
plt.show()                                         #4단계
```

〈실행 결과〉

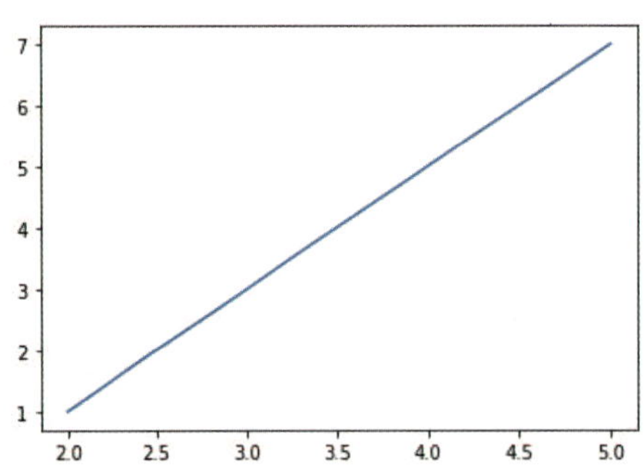

2 〉 맷플롯립 라이브러리

맷플롯립(Matplotlib) 라이브러리는 그래프를 그릴 때 가장 많이 사용하는 파이썬 라이브러리 중 하나로, 맷플롯립을 활용하면 다양한 유형의 그래프를 간편하게 그릴 수 있다. 시각화할 때 데이터로 리스트나 딕셔너리 자료형도 가능하지만, 데이터프레임을 이용하면 새로운 그래프에 적용하는 것이 더 쉽기 때문에 대부분 데이터프레임 자료형을 이용한다.

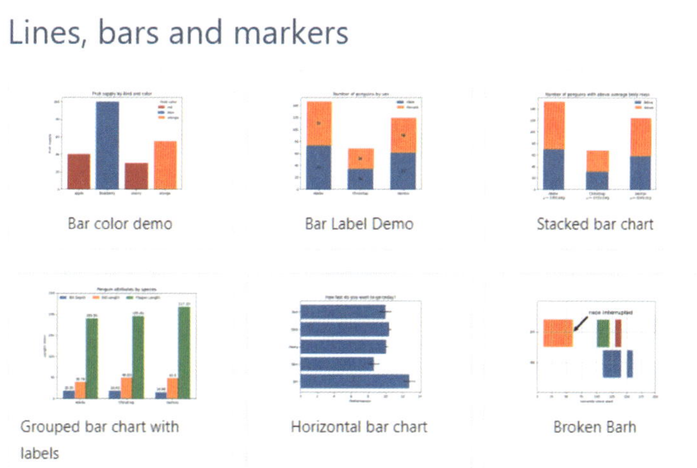

그림 7-4. 맷플롯립 시각화 예

2.1 시각화 옵션

그래프를 표현하다 보면 그래프 제목, x축 및 y축 이름 등의 그래프에 대한 추가 옵션을 지정할 때가 많다. 대표 시각화 옵션들은 다음과 같다.

제목

그래프 제목은 title() 함수를 사용하여 표현한다. 제목은 기본적으로 영어를 사용하는데, 한글을 사용하려면 별도의 설정을 해야 한다. 한글 폰트 설정은 〈12장〉에서 자세히 다룬다.

실습 코드 7-2

제목 지정

〈코드〉

```
import matplotlib.pyplot as plt
plt.title('Line Graph')
xdata=[2, 3, 4, 5]
ydata=[1, 3, 5, 7]
plt.plot(xdata, ydata)
plt.show()
```

〈실행 결과〉

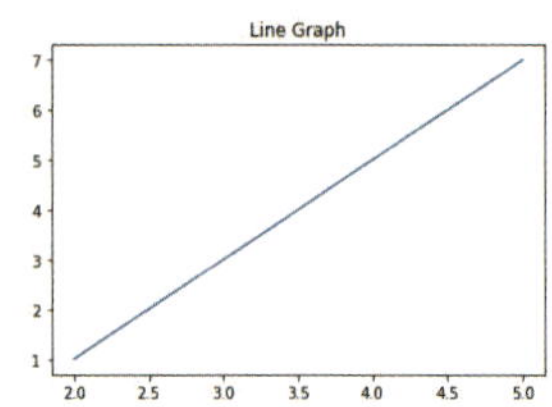

범례

그래프 범례는 두 개 이상의 데이터를 표현할 때 사용한다. 범례 추가는 plot() 함수를 활용하여 표현하는데, plot() 함수의 label 속성값에 원하는 문자열을 작성하고 그래프를 그리기 전에 legend() 함수를 실행한다.

실습 코드 7-3

범례 지정

〈코드〉

```
import matplotlib.pyplot as plt
plt.title('Legend')
data1=[2, 3, 4, 5]
data2=[8, 6, 4, 2]
plt.plot(data1, label='asc')
plt.plot(data2, label='desc')
plt.legend()
plt.show()
```

〈실행 결과〉

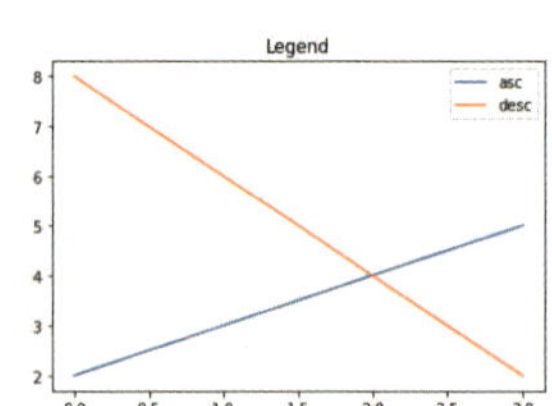

색상

그래프 색상은 plot() 함수에 color 속성을 추가하여 표현한다.

실습 코드 7-4

색상 지정

〈코드〉

```
import matplotlib.pyplot as plt
xdata=[2, 3, 4, 5]
ydata=[1, 3, 5, 7]
plt.plot(xdata, ydata, color='red')
plt.show()
```

〈실행 결과〉

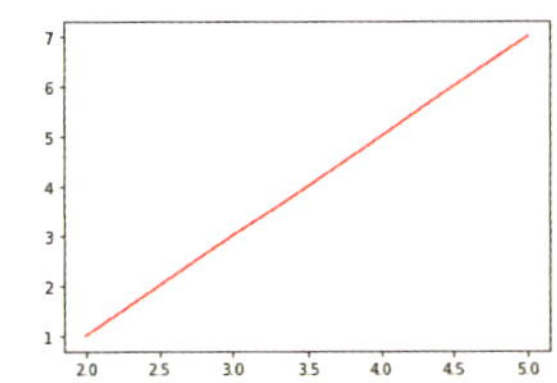

x축 및 y축 이름

x축 이름은 xlabel() 함수를 사용하고 y축 이름은 ylabel() 함수를 사용하여 표현한다.

실습 코드 7-5

x축 및 y축 이름 지정

〈코드〉

```
import matplotlib.pyplot as plt
xdata=[2, 3, 4, 5]
ydata=[1, 3, 5, 7]
plt.plot(xdata, ydata)
plt.xlabel('X value')
plt.ylabel('Y value')
plt.show()
```

〈실행 결과〉

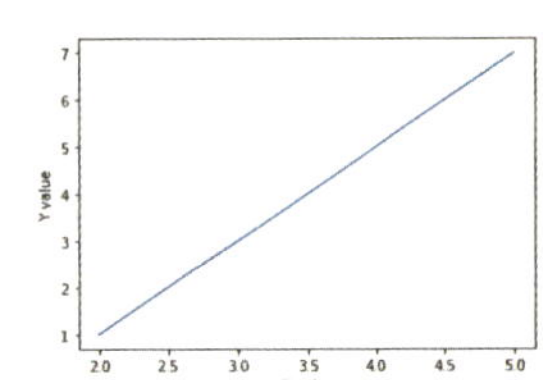

그래프 선 모양

그래프 선 모양은 plot() 함수의 linestyle 속성을 이용하여 표현한다. linestyle 속성으로 실선은 '–', 파선은 '––', 점쇄선은 '–.', 점선은 ':' 기호로 설정한다.

실습 코드 7-6

그래프 선 모양 지정

```
import matplotlib.pyplot as plt
data1=[2, 3, 4, 5]
data2=[8, 6, 4, 2]
plt.plot(data1, color='r', label='dashed', linestyle='--')
plt.plot(data2, color='g', label='dotted', linestyle=':')
plt.legend()
plt.show()
```

〈실행 결과〉

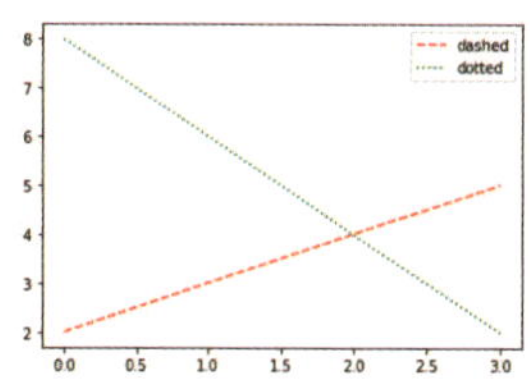

그림 범위 지정

plot() 함수로 그래프를 그릴 때, 몇몇 점은 그림의 경계선에 있어서 잘 보이지 않을 수 있다. xlim() 함수와 ylim() 함수를 사용하여 그림의 범위를 수동으로 조정할 수 있다.

실습 코드 7-7

그림 범위 지정

```
import matplotlib.pyplot as plt
plt.title('X, Y range')
xdata=[5, 10, 15, 20]
ydata=[1, 3, 5, 7]
plt.plot(xdata, ydata, color='b', linestyle='--', marker='o', markersize ='10')
plt.xlim(0,25)
plt.ylim(-2,10)
plt.show()
```

〈실행 결과〉

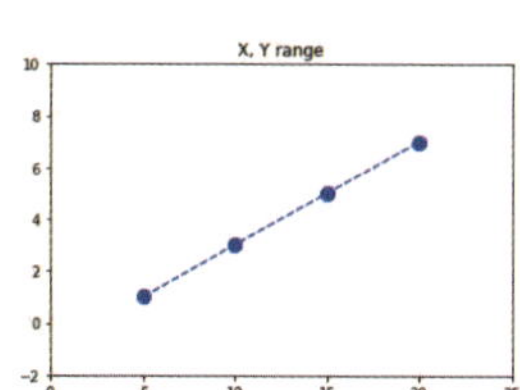

xlim() 함수는 x축의 최솟값과 최댓값, ylim() 함수는 y축의 최솟값과 최댓값을 지정한다.

잠깐만요

마커 및 색상 속성

plot() 함수에서 marker 속성을 사용하면 선의 점 모양을 다양하게 변경할 수 있다. 마커와 색상 속성은 다음과 같다.

마커 속성	마커 의미
+	더하기
,	쉼표
.	점
o	원형
v	역삼각형
^	삼각형
s	사각형

색상 속성	색상 의미
b	파랑색
g	녹색
r	빨강색
c	청록색
m	마젠타색
y	노랑색
k	검정색
w	흰색

내장 시각화 옵션

판다스를 이용하면 시각화 라이브러리를 임포트 하지 않아도 내장 그래프 도구를 이용하여 기본적인 시각화를 할 수 있다. plot() 함수의 kind 속성을 지정하면 다양한 종류의 그래프를 표현할 수 있다. 그래프 속성값은 다음과 같다.

표 7-2. 그래프 속성값

속성값	그래프	속성값	그래프
line	선 그래프	kde	커널 밀도 그래프
bar	수직 막대 그래프	area	면적 그래프
barh	수평 막대 그래프	pie	파이 그래프
hist	히스토그램	scatter	산점도 그래프
box	상자수염 그래프	hexbin	고밀도 산점도 그래프

실습 코드 7-8

내장 시각화 옵션

```
import pandas as pd
my_score=[[50,90,95],[60,75,100],[75,85,90],[85,75,90],[95,80,85],[90,85,80],[95,80,75]]
subject=['kor', 'math', 'eng']
df=pd.DataFrame(my_score, columns=subject)
df.plot(kind='line')     df.plot(kind='area')     df.plot(kind='box')
```

〈실행 결과〉

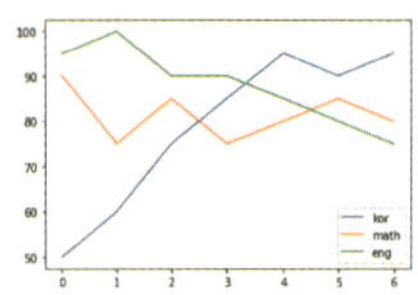

〈실행 결과〉

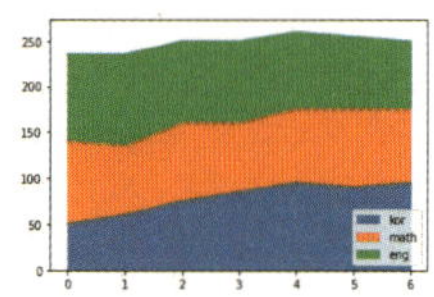

〈실행 결과〉

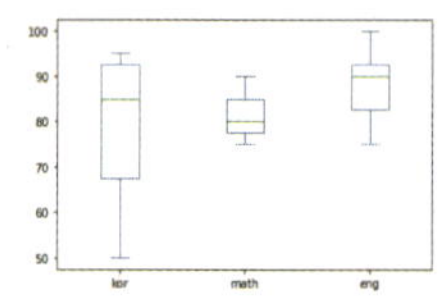

2.2 선 그래프

연속적으로 변하는 데이터를 시각화할 때는 선 그래프가 가장 적당하다. 일반적으로 선 그래프는 시간에 따라 데이터의 연속적인 변화량을 관찰할 때 자주 사용한다. 예를 들어, 시간에 따른 온도 변화량, 수출액 변화량, 교통 사고량 등을 시각화할 때 유용하게 사용된다. 선 그래프는 수량을 점으로 표시하면서 선으로 이어 그리기 때문에 증가와 감소 상태를 쉽게 확인할 수 있다.

선 그래프는 plot() 함수에 x축, y축 데이터를 선택하여 그린다. x축에 시간 변수를 지정하여 시간 변화량을 나타내는 시계열 데이터를 표현하는 그래프에도 많이 사용한다.

데이터 셋 정보

에어코리아(https://www.airkorea.or.kr/)에서 2001년~2019년까지의 미세먼지 데이터 'fine_dust.xlsx' 파일을 다운로드하여 선 그래프로 표현한다.

[fine_dust.xlsx]

	A	B	C	D	E	F	G	H	I	J	K	L	M	N	O	P	Q	R	S	T
1	area	2001	2002	2003	2004	2005	2006	2007	2008	2009	2010	2011	2012	2013	2014	2015	2016	2017	2018	2019
2	Seoul	71	76	69	61	58	60	61	55	54	49	47	41	45	46	45	48	44	40	42
3	Gyeonggi	71	74	68	67	65	68	66	60	60	58	56	49	54	54	53	53	51	44	46
4	Incheon	52	57	61	62	61	68	64	57	60	55	55	47	49	49	53	49	46	40	43
5	Busan	60	69	55	60	58	59	57	51	49	49	47	43	49	48	46	44	44	41	36
6	Daegu	67	71	59	0	55	54	53	57	48	51	47	42	45	45	46	43	42	39	39
7	Gwangju	57	52	36	46	49	55	52	50	46	45	43	38	42	41	43	40	40	41	42
8	Daejeon	48	53	43	49	48	49	49	45	43	44	44	39	42	41	46	44	45	44	42
9	Ulsan	0	54	40	50	50	52	53	54	49	48	49	46	47	46	46	43	43	40	37
10	Sejong	0	0	0	0	0	0	0	0	0	0	0	0	0	0	0	46	47	40	44
11	Gangwon	49	58	57	59	62	58	55	56	53	51	50	47	50	51	50	47	44	38	37
12	Chungcheong	59	54	52	56	52	54	58	55	54	54	50	46	49	47	49	47	44	42	44
13	Jeolla	55	53	45	49	47	49	52	48	50	48	46	43	45	45	44	44	42	39	38
14	Gyeongsang	51	55	52	58	55	54	52	51	48	47	47	44	49	49	46	43	42	43	39
15	Jeju	46	45	37	43	45	49	44	43	42	48	42	34	40	47	44	41	37	35	35

세션 저장소에 업로드

선 그래프 표현을 위해 필요한 엑셀 파일은 〈3장〉에서 소개한 방법과 같이 코랩 세션 저장소에 업로드하여 사용한다. 코랩 세션 저장소는 임시 공간이기 때문에 런타임이 해제되면 업로드된 파일은 삭제된다. 따라서 업로드 후 파일이 변경되었고 변경된 파일이 필요하다면 런타임이 해제되기 전에 반드시 다운로드해야 한다.

코랩 노트에서 왼쪽 폴더 모양의 '파일' 아이콘(🗀)을 클릭한다. 파일 화면이 표시되면 'fine_dust.xlsx' 엑셀 파일을 드래그하여 업로드한다.

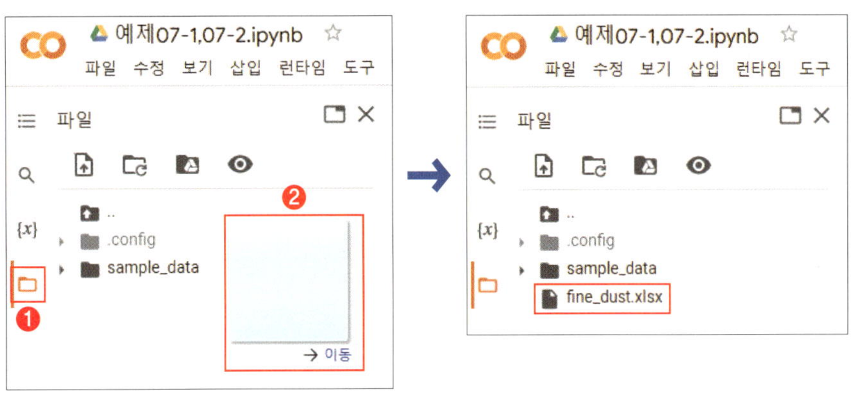

데이터 읽어와서 선 그래프 그리기

1행과 2행에서 판다스와 맷플롯립 라이브러리를 임포트 한다. 4행에서는 판다스의 read_excel을 사용하여 'fine_dust.xlsx' 엑셀 파일을 읽어와 데이터프레임 변수 data에 저장한다. data에는 2001년부터 2019년까지의 지역별 미세먼지 데이터가 있는데, 5행에서 2018년 데이터만 가져와 'data2018'에 저장한다.

실습 코드 7-9

'미세먼지' 엑셀 파일 읽어오기

```
1  import pandas as pd
2  import matplotlib.pyplot as plt
3  
4  data=pd.read_excel('fine_dust.xlsx', index_col='area')
5  data2018=data[2018]
```

1행에서 그래프 크기를 지정하고, 2행에서 원형 마커를 지정한다. 3행과 4행에서는 x축 및 y축 이름을 지정한다. 5행에서 그래프 제목을 지정하고 6행에서 격차 표시를 활성화시킨 후 7행에서 그래프를 출력한다.

실습 코드 7-10

2018년 지역별 미세먼지 선 그래프

```
1  plt.figure(figsize=(15,4))
2  plt.plot(data2018, color='b', marker='o')
3  plt.xlabel('area')
4  plt.ylabel('micrometer')
5  plt.title('2018 Fine Dust Line Graph')
6  plt.grid()
7  plt.show()
```

〈실행 결과〉

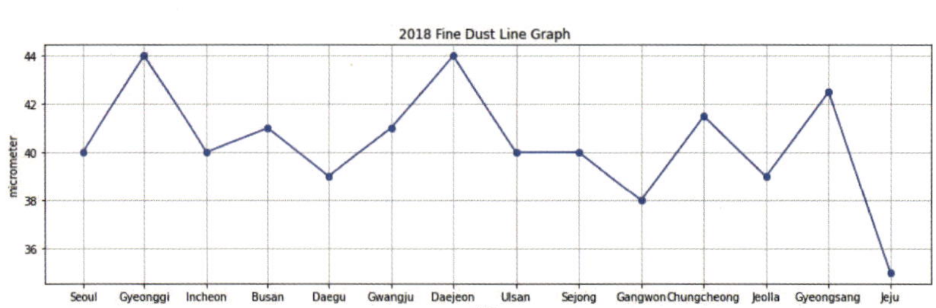

앞서 미세먼지 엑셀 파일을 읽어와 데이터프레임 변수 data에 저장했었는데, data에는 2001년부터 2019년까지의 지역별 미세먼지 데이터가 있다. 아래의 코드 3행에서 5행까지 for 문을 이용하여 data에서 2016년 데이터를 가져와 chartdata에 저장하고 사각형 마커 및 이름을 지정하는 과정을 2019년까지 반복한다. 이러한 과정을 통해 다중 선 그래프를 그리게 된다.

실습 코드 7-11

2016년~2019년 지역별 미세먼지 선 그래프

```
1   plt.figure(figsize=(15,4))
2
3   for year in range(2016, 2020):
4     chartdata=data[year]
5     plt.plot(chartdata, marker='s', label=year)
6
7   plt.xlabel('area')
8   plt.ylabel('micrometer')
9   plt.title('2016~2019 Fine Dust Line Graph')
10  plt.legend()
11  plt.grid()
12  plt.show()
```

〈실행 결과〉

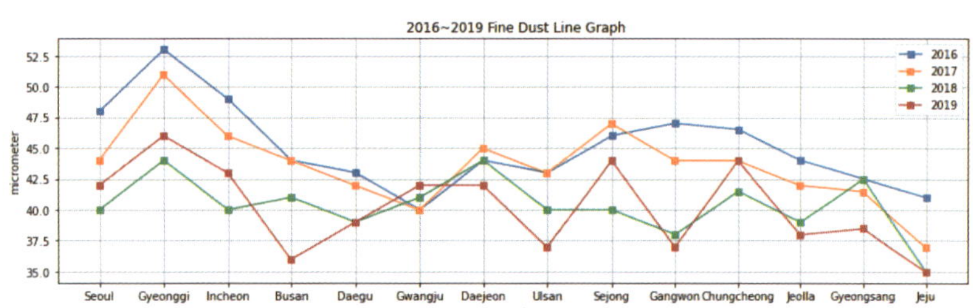

2.3 막대 그래프

집단별 차이를 표현할 때 막대 그래프가 적당하다. 시간에 따른 변화를 표현할 때는 선 그래프가 좋지만, 크고 작음의 차이를 한눈에 파악할 때는 막대 그래프를 많이 사용한다. 예를 들어, 수량의 많고 적음 비교, 변화된 양에 대한 일별, 월별, 연별 통계 등의 비교, 우리 반 학생들이 좋아하는 연예인과 좋아하는 인원 등을 시각화할 때 유용하게 사용된다. 가독성 면에서 막대 그래프는 일반적으로 항목의 개수가 적으면 가로 막대가 보기 좋고 항목이 많으면 세로 막대가 보기 편하다. 막대 그래프는 bar() 함수에 x축, y축 데이터를 지정하여 그린다.

세로 막대 그래프 그리기

앞에서 설명한 코랩 세션 저장소에 엑셀 파일을 업로드하는 과정은 생략한다. 여기서부터 실습을 위해 선 그래프 앞부분 설명을 참고하여 파일 업로드하는 과정을 거치고 오기를 권한다.

1행과 2행에서 판다스와 맷플롯립 라이브러리를 임포트 한다. 4행에서는 판다스의 read_excel을 사용하여 'fine_dust.xlsx' 엑셀 파일을 읽어와 데이터프레임 변수 data에 저장한다. data에는 2001년부터 2019년까지의 지역별 미세먼지 데이터가 있는데, 5행에서 2017년 데이터만 가져와 data2017에 저장한다.

7행에서 그래프 크기를 지정하고, 8행에서는 bar( ) 함수로 x축 데이터에 data2017의 인덱스를, y축 데이터에 data2017을 지정한다. 9행에서 ylim() 함수로 y축의 최솟값과 최댓값을 지정한다. 10행과 11행에서는 x축 및 y축 이름을 지정한다. 12행에서 그래프 제목을 지정하고 13행에서 격차 표시를 활성화시킨 후 14행에서 그래프를 출력한다.

실습 코드 7-12

2017년 지역별 미세먼지 세로 막대 그래프

```python
import pandas as pd
import matplotlib.pyplot as plt

data=pd.read_excel('fine_dust.xlsx', index_col='area')
data2017=data[2017]

plt.figure(figsize=(15,4))
plt.bar(data2017.index, data2017, color='g')
plt.ylim(35,55)
plt.xlabel('area')
plt.ylabel('micrometer')
plt.title('2017 Fine Dust Bar Graph')
plt.grid()
plt.show()
```

〈실행 결과〉

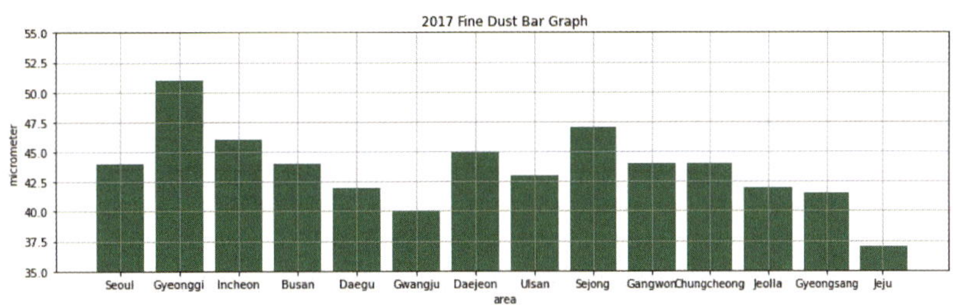

그룹 세로 막대 그래프 그리기

앞에서 미세먼지 엑셀 파일을 읽어와 데이터프레임 변수 data에 저장했었는데, data에는 2001년부터 2019년까지의 지역별 미세먼지 데이터가 있다. 다음 코드 6행은 data에서 경기, 인천, 부산, 대구 지역의 2016년~2019년 데이터만 추출하여 data4에 저장한다. 7행에서 10행까지 for 문을 이용하여 data4에서 2016년 데이터를 가져와 chartdata에 저장하고 두께 0.2의 막대 그래프를 지정하는 과정을 2019년까지 반복한다. 이때 index를 이용하여 막대 그래프가 출력되는 위치를 0.2씩 이동한다.

이러한 과정을 통해 그룹 막대 그래프가 그려진다. 15행에서는 x축 눈금을 가운데로 지정하기 위해 막대 그래프를 0.2씩 오른쪽으로 이동했던 마지막 위치에서 0.5를 빼주고, x축 눈금 이름을 지정한다.

실습 코드 7-13

2016년~2019년 경기, 인천, 부산, 대구 지역별 미세먼지 그룹 세로 막대 그래프

```
1  import numpy as np
2  index=np.arange(4)
3
4  plt.figure(figsize=(15,4))
5
6  data4=data.loc['Gyeonggi':'Daegu', 2016:2019]
7  for year in range(2016, 2020):
8    chartdata=data4[year]
9    plt.bar(index, chartdata, width=0.2, label=year)
10   index=index + 0.2
11
12 plt.ylim(35,55)
13 plt.xlabel('area')
14 plt.ylabel('micrometer')
15 plt.xticks(index-0.5, ['Gyeonggi', 'Incheon', 'Busan', 'Daegu'])
16 plt.title('2016~2019 Fine Dust Group Bar Graph')
17 plt.legend()
18 plt.show()
```

〈실행 결과〉

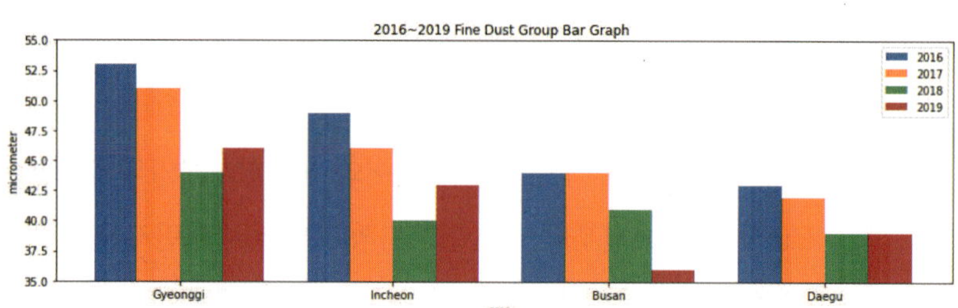

그룹 누적 가로 막대 그래프 그리기

앞서 확인했던 '2016년 2019년 지역별 미세먼지 그룹 막대 그래프'를 누적하여 가로 방향으로 변경하여 표현했다. 누적 막대 그래프를 그리는 것은 기존 막대 그래프 위에 막대 그래프를 하나 더 그리는 형식이다. 이를 위해 index의 위치를 변경하지 않으면 된다. 가로 방향으로 바꾸는 것은 bar() 함수 대신 barh() 함수를 사용하면 된다. 막대 그래프를 가로 방향으로 변경했으므로 x축 및 y축 이름, x축 및 y축 눈금도 가로 방향에 맞게 변경한다.

실습 코드 7-14

2016년~2019년 지역별 미세먼지 그룹 누적 가로 막대 그래프

```
plt.figure(figsize=(10,4))
index=np.arange(4)

data4=data.loc['Gyeonggi':'Daegu', 2016:2019]
for year in range(2016, 2020):
  chartdata=data4[year]
  plt.barh(index, chartdata, label=year)

plt.xlim(30,55)
plt.ylabel('area')
plt.xlabel('micrometer')
plt.yticks(index, ['Gyeonggi', 'Incheon', 'Busan', 'Daegu'])
plt.title('2016~2019 Fine Dust Group Barh Graph')
plt.legend()
plt.show()
```

〈실행 결과〉

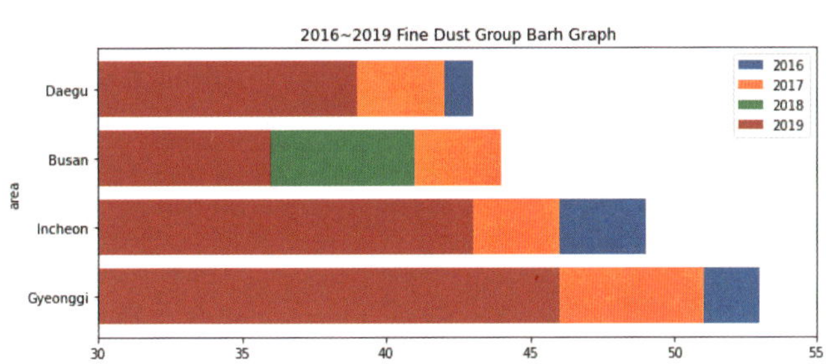

2.4 산점도 그래프

서로 다른 두 연속형 변수 사이의 관계를 나타내며 연속형 변수의 상관성을 확인할 때 산점도 그래프를 사용한다. 예를 들어, 나이와 소득에 대한 상호 관련성 파악 등에 유용하게 사용되는데, 두 변수 간의 상관관계를 개략적으로 파악할 수 있기 때문이다. 산점도에 표시되는 각 점들은 자료의 관측값을 의미하고, 각 점의 위치는 관측값이 가지는 x축, y축 변수의 값으로 결정된다.

데이터 셋 정보

공공데이터포털(https://www.data.go.kr/)에서 2020년 건강검진 일부 데이터 'health_screenings_2020_1000ea.xlsx' 파일을 다운로드하여 산점도 그래프를 표현하려고 한다. 산점도 그래프 표현을 위해 먼저 필요한 엑셀 파일을 코랩 세션 저장소에 업로드한다.

변수명	데이터형	설 명
year	int64	기준년도(2020년)
city_code	int64	시도 코드
gender	int64	성별 코드(남자 : 1, 여자 : 2)
age_code	int64	연령대 코드(5세 단위)
height	int64	신장(5cm 단위)
weight	int64	몸무게(5kg 단위)
waist	float64	허리둘레
eye_left	float64	시력(좌)
eye_right	float64	시력(우)
hear_left	float64	청력(좌)
hear_right	float64	청력(우)
systolic	int64	수축기 혈압

diastolic	int64	이완기 혈압
blood_sugar	int64	식전혈당(공복혈당)
cholesterol	int64	총 콜레스테롤
triglycerides	int64	트리글리세라이드
HDL	int64	HDL 콜레스테롤
LDL	float64	LDL 콜레스테롤
hemoglobin	float64	혈색소
urine_protein	float64	요단백
serum	float64	혈청크레아티닌
AST	int64	(혈청지오티)AST
ALT	int64	(혈청지피티)ALT
GTP	int64	감마 지티피
smoking	int64	흡연상태 (비흡연 : 1, 흡연 끊음 : 2, 흡연 : 3)
drinking	float64	음주 여부 (비음주 : 0, 음주 : 1)
oral_check	int64	구강검진 수검여부 (미수검 : 0, 수검 : 1)
dental_caries	float64	치아우식증 유무 (없음 : 0, 있음 : 1)
tartar	float64	치석 (없음 : 0, 있음 : 1)
open_date	int64	데이터 공개일자

데이터 읽어와서 산점도 그래프 그리기

1행과 2행에서 판다스와 맷플롯립 라이브러리를 임포트 한다. 3행에서는 판다스의 read_excel을 사용하여 'health_screenings_2020_1000ea.xlsx' 엑셀 파일을 읽어와 데이터프레임 변수 data에 저장한다.

실습 코드 7-15

'2020년 건강검진' 엑셀 파일 읽어오기

```
1  import pandas as pd
2  import matplotlib.pyplot as plt
3  data=pd.read_excel('health_screenings_2020_1000ea.xlsx')
```

data에는 2020년 건강검진 데이터가 저장되어 있는데, 다음 코드의 1행에서 키 데이터만 가져와 heightdata에 저장하고, 2행에서는 몸무게 데이터만 가져와 weightdata에 저장한다.

4행에서 그래프 크기를 지정하고, 5행에서는 scatter() 함수로 x축 데이터에 heightdata, y축 데이터에 weightdata를 지정한다. 7행과 8행에서는 x축 및 y축 이름을 지정한다. 9행에서 그래프 제목을 지정하고, 10행에서 격자 표시를 활성화시킨 후 11행에서 그래프를 출력한다.

실습 코드 7-16

키 및 몸무게 산점도 그래프

```
1   heightdata=data['height']
2   weightdata=data['weight']
3
4   plt.figure(figsize=(10,4))
5   plt.scatter(heightdata, weightdata)
6
7   plt.xlabel('height')
8   plt.ylabel('weight')
9   plt.title('2020 Health Screenings Scatter Graph')
10  plt.grid()
11  plt.show()
```

〈실행 결과〉

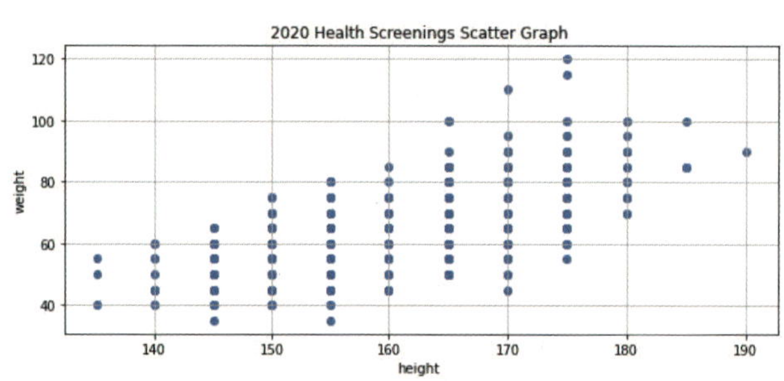

그룹 산점도 그래프 그리기

누적 산점도 그래프를 그리는 것은 기존 산점도 그래프 위에 산점도 그래프를 하나 더 그리는 형식이다.

앞서 2020년 건강검진 엑셀 파일을 읽어와 데이터프레임 변수 data에 저장했었다. 다음 코드의 1행~3행에서는 data에서 systolic, diastolic, blood_sugar 데이터를 가져와 각각의 변수에 저장한다.

5행에서 그래프 크기를 지정하고, 7행~9행에서 scatter() 함수로 x축 데이터와 y축 데이터를 지정하고 점 색상과 점 테두리 색상을 지정한다. 11행과 12행에서 xlim() 함수와 ylim() 함수로 x축 및 y축의 최솟값과 최댓값을 지정한다. 13행에서 그래프 제목 지정, 16행에서 범례 지정, 17행에서 격차 표시, 18행에서는 그래프를 출력한다.

실습 코드 7-17

수축기 혈압, 이완기 혈압, 공복 혈당 그룹 산점도 그래프

```
1  systolic_data=data['systolic']
2  diastolic_data=data['diastolic']
3  blood_sugar_data=data['blood_sugar']
4
5  plt.figure(figsize=(10,6))
6
7  plt.scatter(systolic_data, diastolic_data, color='r', edgecolor='w',
   label='systolic*diastolic')
8  plt.scatter(systolic_data, blood_sugar_data, color='g', edgecolor='w',
   label='systolic*blood_sugar')
9  plt.scatter(diastolic_data, blood_sugar_data, color='b', edgecolor='w',
   label='diastolic*blood_sugar')
10
11 plt.xlim(40,180)
12 plt.ylim(30,300)
13 plt.title('2020 Health Screenings Group Scatter Graph')
14 plt.legend()
15 plt.grid()
16 plt.show()
```

〈실행 결과〉

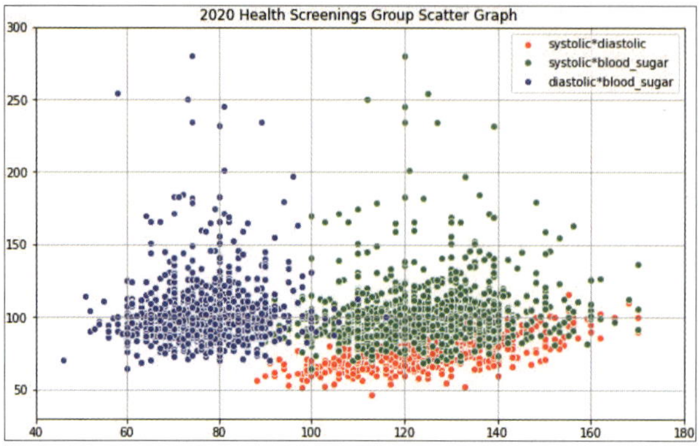

2.5 히스토그램 그래프

변수가 하나인 데이터의 빈도수를 막대 모양으로 나타낼 때 히스토그램이 적당하다. 통계분석에서 도수분포표와 히스토그램은 가장 많이 사용되는 도구로, 데이터의 분석 및 분포를 파악하는 역할을 한다. x축에는 계급, y축에는 해당 도수 및 비율(개수)을 지정한다. 계급은 변수의 구간을 의미하는데 서로 겹치지 않아야 하고 계급(막대)들과는 서로 붙어 있어야 한다.

히스토그램 그리기

앞에서 2020년 건강검진 엑셀 파일을 읽어와 데이터프레임 변수 data에 저장했었다. 다음 코드의 1행에서는 data에서 여성(data.gender==2)의 성별, 키 데이터만 가져와 female_data에 저장한다.

3행에서 그래프 크기를 지정하고, 4행에서 hist() 함수로 female_data 데이터의 키를 지정하고 계급 개수 7개 등의 속성을 지정한다. 6행에서 xlim() 함수로 x축의 최솟값과 최댓값을 지정한다. 7행과 8행에서는 x축 및 y축 이름을 지정하고

9행에서 그래프 제목 지정, 10행에서 범례 지정, 11행에서 격자 표시, 12행에서는 그래프를 출력한다.

실습 코드 7-18

남성 키 히스토그램

```
1   female_data=data.loc[data.gender==2,['gender','height']]
2   
3   plt.figure(figsize=(10,6))
4   plt.hist(female_data['height'], bins=7, label='Female')
5   
6   plt.xlim(130,180)
7   plt.xlabel('height')
8   plt.ylabel('frequency')
9   plt.title('2020 Health Screenings Female Height Histogram')
10  plt.legend()
11  plt.grid()
12  plt.show()
```

〈실행 결과〉

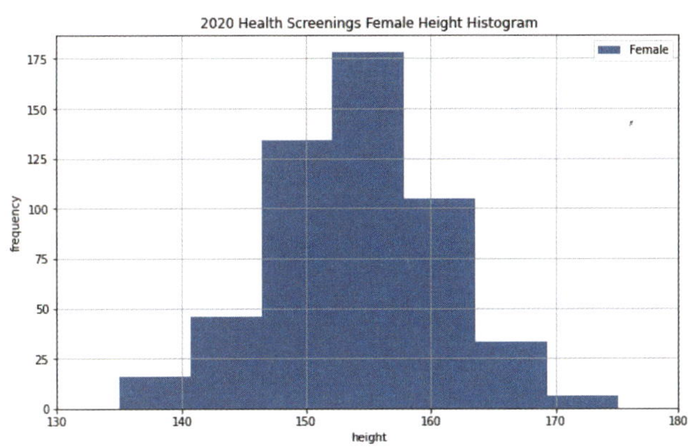

그룹 히스토그램 그리기

그룹 히스토그램을 그리는 것은 기존 히스토그램 위에 히스토그램을 하나 더 그리는 형식이다.

앞서 2020년 건강검진 엑셀 파일을 읽어와 데이터프레임 변수 data에 저장했었다.

다음 코드의 1행에서는 data에서 남성(data.gender==1)의 성별, 키 데이터만 가져와 male_data에 저장하고, 2행에서는 data에서 여성(data.gender==2)의 성별, 키 데이터만 가져와 female_data에 저장한다.

4행에서 그래프 크기를 지정하고, 5행과 6행에서 hist() 함수로 male_data 및 female_data 데이터의 키를 지정하고 계급 개수 7개 등의 속성을 지정한다. 8행에서 xlim() 함수로 x축의 최솟값과 최댓값을 지정한다. 9행과 10행에서는 x축 및 y축 이름을 지정하고 11행에서 그래프 제목 지정, 12행에서 범례 지정, 13행에서 격차 표시, 14행에서는 그래프를 출력한다.

실습 코드 7-19

남성 및 여성 키 그룹 히스토그램

```
1   male_data=data.loc[data.gender==1,['gender','height']]
2   female_data=data.loc[data.gender==2,['gender','height']]
3
4   plt.figure(figsize=(10,6))
5   plt.hist(male_data['height'], bins=7, alpha=0.5, label='Male')
6   plt.hist(female_data['height'], bins=7, alpha=0.5, label='Female')
7
8   plt.xlim(130,195)
9   plt.xlabel('height')
10  plt.ylabel('frequency')
11  plt.title('2020 Health Screenings Male & Female Height Group Histogram')
12  plt.legend()
13  plt.grid()
14  plt.show()
```

〈실행 결과〉

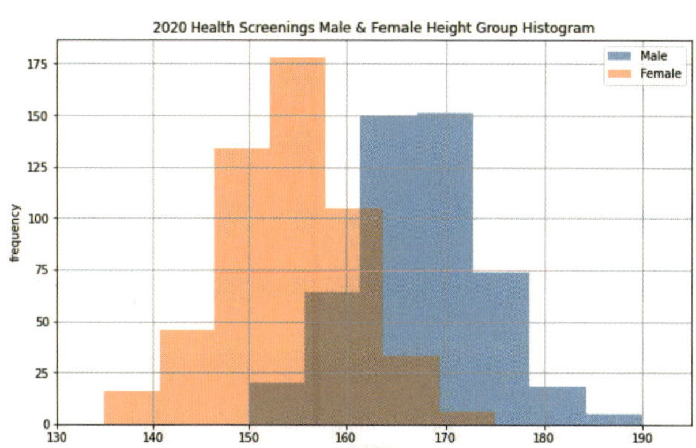

그룹 누적 히스토그램 그리기

1행에서 넘파이 라이브러리를 임포트 한다. 2행에서는 앞에서 저장한 2020년 건강검진 정보의 남성 데이터 male_data와 여성 데이터 female_data에서 각각의 키 데이터를 가져와 넘파이 배열 height에 저장한다.

4행에서 그래프 크기를 지정하고, 5행에서 hist() 함수로 배열 height 데이터를 지정하고 계급 개수 7개 등의 속성을 지정하며, stacked로 누적 속성을 지정한다. 7행에서 xlim() 함수로 x축의 최솟값과 최댓값을 지정한다. 8행과 9행에서는 x축 및 y축 이름을 지정한다. 10행에서 그래프 제목 지정, 11행에서 범례 지정, 12행에서는 그래프를 출력한다.

실습 코드 7-20

남성 및 여성 키 그룹 누적 히스토그램

```
1   import numpy as np
2   height=np.array([male_data['height'], female_data['height']], dtype=object)
3   
4   plt.figure(figsize=(10,6))
5   plt.hist(height, bins=6, label=['Male','Female'], stacked=True)
6   
7   plt.xlim(130,195)
8   plt.xlabel('height')
9   plt.ylabel('frequency')
10  plt.title('2020 Health Screenings Male & Female Height Stacked Histogram')
11  plt.legend()
12  plt.show()
```

〈실행 결과〉

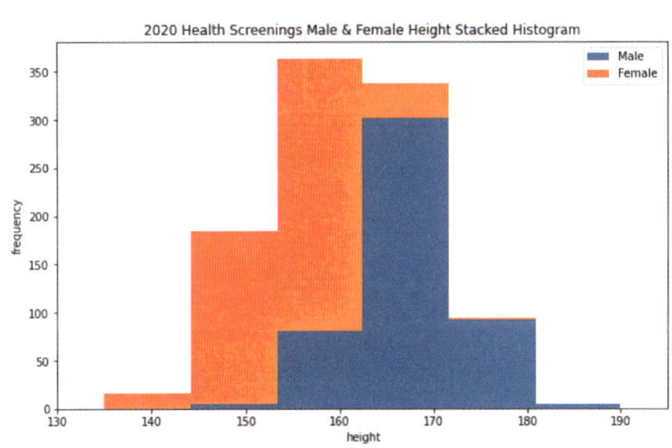

2.6 상자수염 그래프

데이터 분포를 시각화하여 탐색하는 방법으로 상자수염 그래프가 있다. 사람의 나이가 1000살이나 키가 10미터와 같이 표현 가능하지만 현실적으로 불가능한 값들이다. 이런 불가능한 값들을 이상치, 극단치라고 하는데, 이상치는 효과적인 데이터 분석을 위해 제거해야 한다. 이상치를 제거하기 위해 값의 정상 범위를 정하는 방법이 있다. 나이의 경우 0살에서 120살까지를 정상 범위로 설정한다면 121살은 이상치로 보는 것이다. 또 다른 방법으로 통계적인 기법을 사용하는 것인데, 정규 분포에서 상하위 0.2% 밖의 데이터를 극단적인 값으로 가정하여 제거하는 것이다.

아래의 그림은 상자수염(Box Plot) 그래프의 예시로 25%(제1사분위)에서 75%(제3사분위) 사이의 범위는 상자 몸통에 해당되고, 근접값들은 수염으로 꼬리에 해당된다. 위와 아래에 있는 점은 정상보다 많거나 적은 값으로 최댓값을 넘거나 최솟값보다 적은 경우에 해당되는 이상치로 바깥 영역(아웃라이어)이 된다.

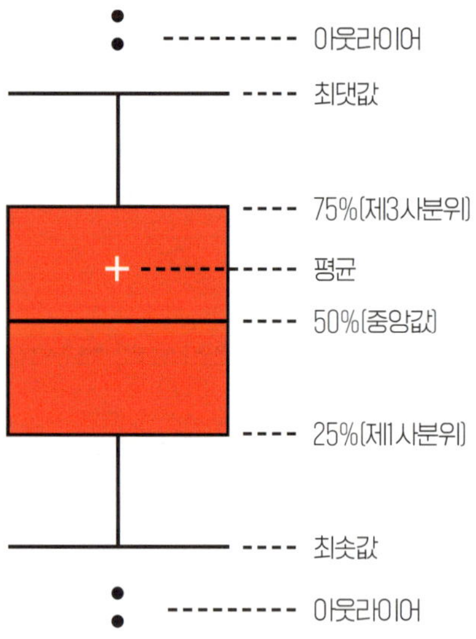

그림 7-5. 상자수염 예시

상자수염 그래프 그리기

1행에서 넘파이 라이브러리를 임포트 한다. 2행에서는 앞에서 저장한 2020년 건강검진 정보의 남성 데이터 male_data와 여성 데이터 female_data에서 각각의 키 데이터를 가져와 넘파이 배열 height에 저장한다.

4행에서 그래프 크기, 5행에서는 boxplot() 함수로 넘파이 배열 height 데이터를 지정하고 x축 눈금 이름을 지정한다. 7행에서 ylim() 함수로 y축의 최솟값과 최댓값을 지정한다. 8행과 9행에서는 x축 및 y축 이름을 지정한다. 10행에서 그래프 제목을 지정하고 11행에서는 그래프를 출력한다.

실습 코드 7-21

남성 및 여성 키 상자수염 그래프

```
1   import numpy as np
2   height=np.array([male_data['height'], female_data['height']], dtype=object)
3
4   plt.figure(figsize=(8,5))
5   plt.boxplot(height, labels=['Male','Female'])
6
7   plt.ylim(130,200)
8   plt.xlabel('gender')
9   plt.ylabel('height')
10  plt.title('2020 Health Screenings Male & Female Height Box Plot')
11  plt.show()
```

〈실행 결과〉

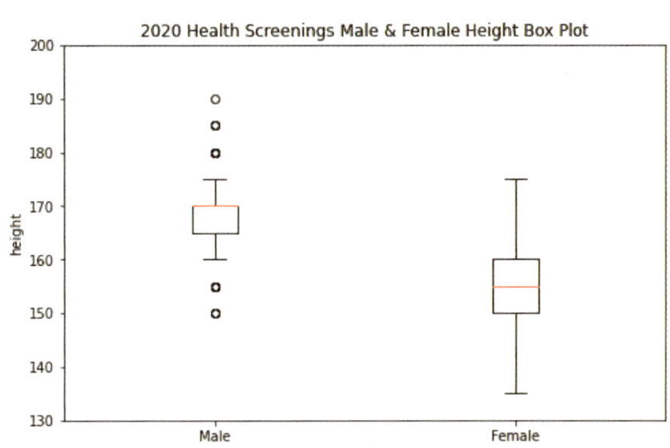

가로 상자수염 그래프 그리기

앞에서 남성 및 여성의 키 데이터를 저장한 넘파이 배열 height로 가로 상자수염 그래프를 그리기 위해서는 2행의 boxplot() 함수에 vert 속성을 False로 지정한다.

바뀐 가로 방향에 맞게 4행에서는 xlim() 함수로 x축의 최솟값과 최댓값을 지정하고 5행과 6행에서 x축과 y축 이름을 변경한다.

실습 코드 7-22

남성 및 여성 키 가로 상자수염 그래프

```
1  plt.figure(figsize=(8,5))
2  plt.boxplot(height, labels=['Male','Female'], vert=False)
3
4  plt.xlim(130,200)
5  plt.ylabel('gender')
6  plt.xlabel('height')
7  plt.title('2020 Health Screenings Male & Female Height Box Plot')
8  plt.show()
```

〈실행 결과〉

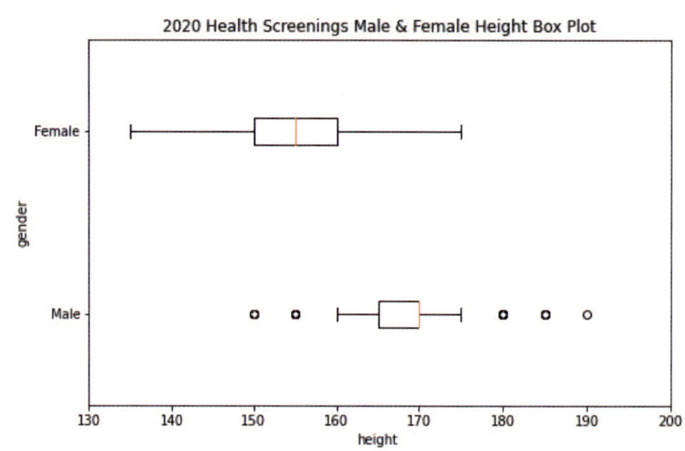

3 〉 시본 라이브러리

시본(Seaborn) 라이브러리는 맷플롯립을 기반으로 다양한 테마와 통계용 차트 등의 동적인 기능을 추가한 시각화 라이브러리이다. 시본 라이브러리는 맷플롯립과 다르게 통계와 관련된 차트를 제공하기 때문에 데이터프레임으로 다양한 통계 지표를 낼 수 있으며 데이터 분석에 활발히 사용되고 있다.

시본 라이브러리로 그리는 그래프들은 크게 관계형, 분포형, 카테고리형의 세 가지 범주로 분류할 수 있는데, 실제 분석에서는 맷플롯립과 시본 라이브러리 두 가지를 함께 사용한다. 시본 라이브러리를 사용할 때 주의할 점은 시본이 맷플롯립에 의존적이기 때문에 맷플롯립 라이브러리도 반드시 함께 임포트 해야 한다는 것이다. 시본 라이브러리의 주요 특징 및 시각화 단계는 다음과 같다.

표 7-3. 시본 라이브러리의 특징 및 단계

시본 주요 특징	시본 시각화 단계
뛰어난 시각화 효과	① 데이터 준비
간결한 구문 제공	② 배경 설정
판다스 데이터프레임에 최적화	③ 시각화
쉬운 데이터프레임 집계 및 차트 요약	④ 개별 그래프 상세 설정

시본 라이브러리는 기본적으로 맷플롯립보다 제공하는 색상이 더 많기에 색 표현력이 좋다. 맷플롯립으로 그래프를 표현하더라도 시본의 set() 함수를 미리 선언해 주면 자동으로 시본 팔레트로 출력된다. 시본은 'deep, muted, pastel, bright, dark, colorblind'의 6개 기본 팔레트를 제공하고 있다.

맷플롯립 배경	시본 배경
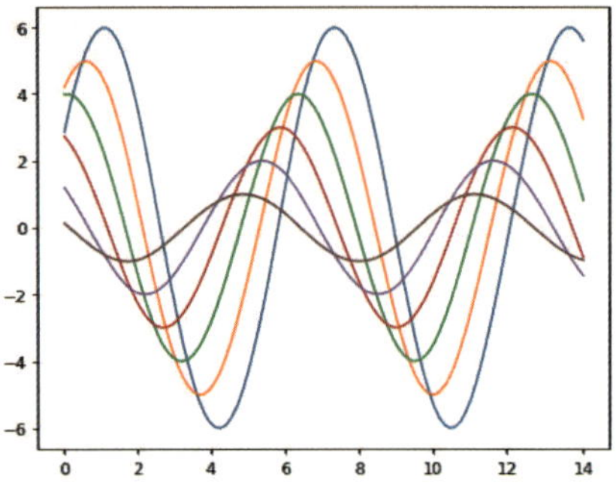	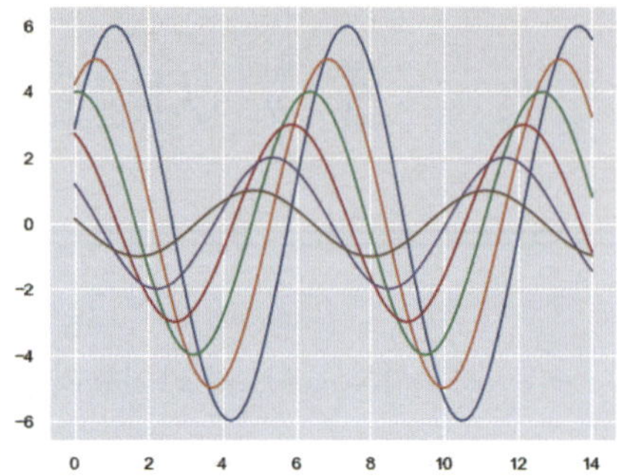

3.1 데이터 시각화 준비하기

라이브러리 및 데이터 읽어오기

2020년 건강검진 일부 데이터 'health_screenings_2020_1000ea.xlsx' 엑셀 파일을 읽어와 동적인 시각화를 표현하려고 한다. 시본 라이브러리를 이용하여 그래프를 표현하기 위해 엑셀 파일은 앞서 진행한 것처럼 코랩 세션 저장소에 미리 업로드한다.

1행~3행에서는 판다스, 넘파이, 맷플롯립 라이브러리를 임포트 하고, 4행에서는 시본 라이브러리를 임포트 한다. 6행에서는 read_excel을 사용하여 2020년 건강검진 일부 데이터 'health_screenings_2020_1000ea.xlsx' 엑셀 파일을 읽어와 데이터프레임 변수 data에 저장한다.

실습 코드 7-23 라이브러리 임포트 및 '2020년 건강검진' 엑셀 파일 읽어오기

```
1 import pandas as pd
2 import numpy as np
3 import matplotlib.pyplot as plt
4 import seaborn as sns
5 
6 data=pd.read_excel('health_screenings_2020_1000ea.xlsx')
```

데이터 전처리

다음은 성별, 음주 여부, 흡연상태에 대하여 숫자로 저장되어 있는 정보를 데이터 분석의 가독력을 높이기 위하여 'Male', 'Female', 'Non-drinking', 'Drinking', 'Non-smoking', 'Smoking'의 문자열로 변경하여 데이터 전처리하는 과정이다.

1행에서 데이터프레임 변수 data에 저장되어 있는 성별, 키, 몸무게, 허리둘레, 음주 여부, 흡연상태 데이터를 가져와 data6에 저장한다. 2행과 3행에서 성별 데이터를 'Male'과 'Female'로 변경하고, 4행에서 음주 여부 0(비음주)은 'Non-drinking'으로 변경하고, 5행에서 1(음주)은 'Drinking'으로 변경한다. 6행에서 흡연상태 1(비흡연)과 2(흡연 끊음)를 'Non-smoking'으로 변경하고, 7행에서 3(흡연)을 'Smoking'으로 변경한다.

실습 코드 7-24

'2020년 건강검진' 정보에서 성별, 음주 여부, 흡연상태 데이터 전처리

```
1  data6=data.loc[:,['gender', 'height', 'weight', 'waist', 'drinking', 'smoking']]
2  data6.loc[data6['gender']==1,['gender']]='Male'
3  data6.loc[data6['gender']==2,['gender']]='Female'
4  data6.loc[data6['drinking']==0,['drinking']]='Non-drinking'
5  data6.loc[data6['drinking']==1,['drinking']]='Drinking'
6  data6.loc[(data6['smoking']==1) | (data6['smoking']==2),['smoking']]='Non-smoking'
7  data6.loc[data6['smoking']==3,['smoking']]='Smoking'
```

3.2 시본 막대 그래프

시본에서 사용하는 막대 그래프는 barplot() 함수로 속성 3개를 지정하여 범주별 그룹을 쉽게 표현할 수 있다. 시본 막대 그래프는 기본적으로 오차 막대가 표시되는데, 오차 막대를 그리는 범위를 신뢰구간이라고 한다. 오차 막대 신뢰구간을 표준편차로 하고 싶다면 ci 속성을 "sd"(ci="sd")로 지정한다.

데이터 분석은 대부분 평균을 구하지만, 데이터에 극단치가 많을 때 중앙값을 확인하거나 범주형 데이터인 경우 그룹별 개수를 계산할 수 있다. estimator 속성을 지정하여 원하는 그룹의 집계를 쉽고 간편하게 할 수 있다.

데이터 준비하기

1행에서 data6에서 성별, 음주 여부의 그룹별 개수(인원)를 구하여 drinking에 저장하고 2행에서는 data6에서 성별, 흡연 상태의 그룹별 개수(인원)를 구하여 smoking에 저장한다. 1행과 2행에서 구한 음주 여부와 흡연 상태에 대한 그룹별 개수(인원)의 시리즈를 3행과 4행에서 각각 데이터프레임으로 변경한다. 5행과 6행에서는 음주 여부와 흡연 상태의 그룹화 된 인덱스를 reset_index() 함수를 이용하여 초기화한다.

실습 코드 7-25

음주 여부 및 흡연 상태 데이터 준비하기

```
1  drinking=data6.groupby(['gender', 'drinking'])['drinking'].count()
2  smoking=data6.groupby(['gender', 'smoking'])['smoking'].count()
3  drinking=drinking.to_frame(name='count')
4  smoking=smoking.to_frame(name='count')
5  drinking=drinking.reset_index()
6  smoking=smoking.reset_index()
```

기본 막대 그래프 그리기

1행에서는 그래프 크기 지정과 함께 figure() 함수로 그림 객체를 생성하고, 2행에서 그래프 제목을 지정한다. 3행에서는 x축 눈금 개수를 배열로 생성하여 index에 저장한다. 5행에서 add_subplot() 함수를 이용하여 1행 2열의 서브플롯 중 첫 번째 서브플롯을 생성한다. 7행~10행에서는 첫 번째 서브플롯에 그려질 음주 여부 데이터 개수(인원)를 bar() 함수를 이용하여 지정하고, 첫 번째 그래프 제목 지정, y축 이름 지정, x축 눈금 이름을 지정한다.

12행에서 add_subplot() 함수를 이용하여 1행 2열의 서브플롯 중 두 번째 서브플롯을 생성한다. 14행~17행에서는 두 번째 서브플롯에 그려질 흡연 상태 데이터 개수(인원)를 bar() 함수를 이용하여 지정하고, 두 번째 그래프 제목 지정, y축 이름 지정, x축 눈금 이름을 지정한다.

실습 코드 7-26

성별 음주 여부 및 흡연 상태 막대 그래프

```
1   fig=plt.figure(figsize=(17,6))
2   fig.suptitle('2020 Health Screenings Drinking & Smoking Type Bar Graph',
    fontweight='bold')
3   index=np.arange(4)
4
5   fig.add_subplot(1,2,1)
6
7   plt.bar(index, drinking['count'])
8   plt.title('Drinking Type')
9   plt.ylabel('Count')
10  plt.xticks(index, ['Non-drinking(Female)','Drinking(Female)','Non-drinking(Male)',
    'Drinking(Male)'])
11
12  fig.add_subplot(1,2,2)
13
14  plt.bar(index, smoking['count'])
15  plt.title('Smoking Type')
16  plt.ylabel('Count')
17  plt.xticks(index, ['Non-smoking(Female)', 'Smoking(Female)', 'Non-smoking(Male)',
    'Smoking(Male)'])
18
19  plt.show()
```

〈실행 결과〉

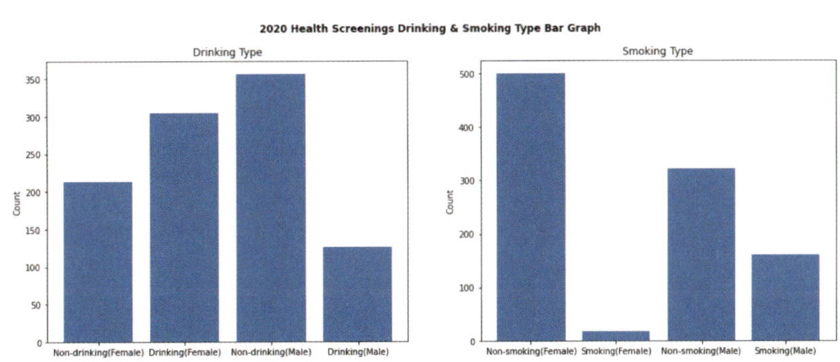

잠깐만요

add_subplot() 함수

add_subplot() 함수의 인자를 통해 서브플롯 개수를 조정한다. add_subplot(1, 2, 1)은 1x2(행x열)의 서브플롯을 생성한다는 의미이고, 세 번째 인자 1은 생성된 두 개의 서브플롯 중 첫 번째 서브플롯을 의미한다. 마찬가지로 (1, 2, 2)는 1x2 서브플롯에서 두 번째 서브플롯을 의미한다.

시본 막대 그래프 그리기

1행에서는 그래프 크기 지정과 함께 figure() 함수로 그림 객체를 생성하고, 3행과 4행에서는 add_subplot() 함수를 이용하여 1행 2열의 서브플롯 중 첫 번째 서브플롯과 두 번째 서브플롯을 생성한다. 6행에서 barplot() 함수로 x축 데이터에 성별, y축 데이터에 음주 여부 개수(인원), hue 속성에는 성별 음주 여부 그룹별 데이터를 지정하여 첫 번째 서브플롯에 배치한다. 7행에서 barplot() 함수로 x축 데이터에 성별, y축 데이터에 흡연상태 개수(인원), hue 속성에는 성별 흡연상태 그룹별 데이터를 지정하여 두 번째 서브플롯에 배치한다.

9행에서 그래프 제목을 지정하고, 10행과 11행에서는 첫 번째 서브플롯과 두 번째 서브플롯의 제목을 지정하며, 13행에서는 그래프를 출력한다.

실습 코드 7-27

성별 음주 여부 및 흡연 상태 시본 막대 그래프

```
1   fig=plt.figure(figsize=(17,6))
2
3   area1=fig.add_subplot(1,2,1)
4   area2=fig.add_subplot(1,2,2)
5
6   ax1=sns.barplot(data=drinking,x='gender',y='count',hue='drinking',ax=area1)
7   ax2=sns.barplot(data=smoking,x='gender',y='count',hue='smoking',ax=area2)
8
9   fig.suptitle('2020 Health Screenings Drinking & Smoking Type Seaborn Bar
    Graph', fontweight='bold')
10  area1.set_title('Drinking Type')
11  area2.set_title('Smoking Type')
12
13  plt.show()
```

〈실행 결과〉

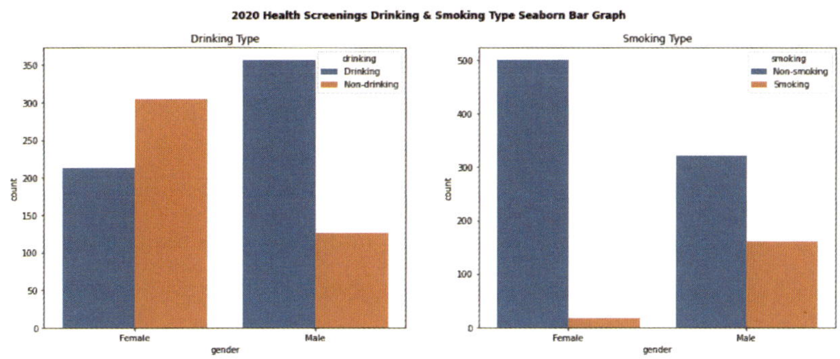

3.3 시본 산점도 그래프

시본 산점도 그래프는 스트립 플롯(Strip Plot) 그래프, 스웜 플롯(Swarm Plot) 그래프 등이 있다. 맷플롯립의 산점도 그래프처럼 모든 데이터를 점으로 표현하는데, 맷플롯립의 산점도보다 범주에 따른 각 분포의 실제 데이터나 전체 형상 등을 보여 준다는 장점이 있다.

데이터 준비하기

data6에서 남성 및 여성의 성별, 몸무게, 허리둘레, 음주 여부, 흡연 상태 데이터를 가져와 male_data와 female_data에 각각 저장한다.

실습 코드 7-28

남성 및 여성의 성별, 몸무게, 허리둘레, 음주 여부, 흡연 상태 데이터 가져오기

```
male_data=data6.loc[data6.gender=='Male',['gender','weight',
'waist','drinking','smoking']]
female_data=data6.loc[data6.gender=='Female',['gender','weight',
'waist','drinking','smoking']]
```

시본 스트립 플롯 그래프 그리기

스트립 플롯 그래프는 데이터 분포를 요약하여 간략히 띠 형태로 보여 주는 그래프이다. 일반적으로 작은 데이터를 다루는 용도로 사용되는데, 큰 데이터를 다룰 때는 주로 히스토그램 등을 많이 사용한다.

1행에서 그래프 크기를 지정하고 2행에서는 그래프 제목을 지정한다. 4행과 5행에서는 stripplot() 함수로 male_data와 female_data의 허리둘레 데이터를 x축에 지정, 몸무게 데이터를 y축에 각각 지정한다. 7행에서는 x축 눈금 간격(눈금 개수는 총 127개)을 허리둘레의 최솟값(min(female_data['waist']) ⇒ 53.0)과 최댓값(max(male_data['waist']) ⇒ 128.0)을 중심으로 지정한 후, 8행에서는 그래프를 출력한다.

실습 코드 7-29

남성과 여성의 허리둘레 및 몸무게 시본 스트립 플롯 그래프

```
1  plt.figure(figsize=(10,5))
2  plt.title('Seaborn Strip Plot Graph')
3
4  sns.stripplot(data=male_data, x='waist', y='weight')
5  sns.stripplot(data=female_data, x='waist', y='weight')
6
7  plt.xticks(np.arange(0,127,63), labels=[53, 90.5, 128])
8  plt.show()
```

〈실행 결과〉

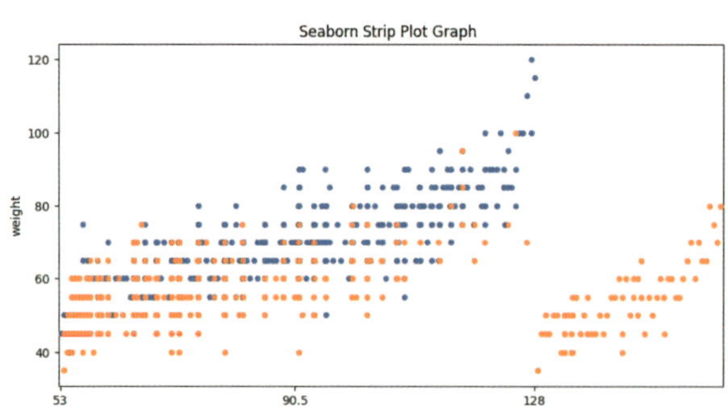

잠깐만요

stripplot() 함수

데이터 개수가 1개이고 변수의 종류가 연속적이거나 범주형인 데이터에 대하여 간단히 요약한 그래프이다. 상자수염 또는 바이올린 그래프를 보충하는 그래프로 많이 사용된다.

시본 스트립 플롯 그래프의 팔레트 속성으로 색상 지정하기

1행에서 그래프 크기를 지정하고 2행에서는 그래프 제목을 지정한다. 4행과 5행에서는 stripplot() 함수로 male_data와 female_data의 허리둘레 데이터를 x축에 지정, 몸무게 데이터를 y축에 지정, 성별을 hue 속성에 지정, 팔레트 종류 'dark'와 'Set1'을 palette 속성에 각각 지정한다. 7행에서는 x축 눈금 간격을 지정한 뒤, 8행에서는 그래프를 출력한다.

실습 코드 7-30

남성과 여성의 허리둘레 및 몸무게 시본 스트립 플롯 그래프 - 색상 팔레트 지정

```
1  plt.figure(figsize=(10,5))
2  plt.title('Seaborn Strip Plot Graph - Color Palette')
3
4  sns.stripplot(data=male_data, x='waist', y='weight', hue='gender',palette='dark')
5  sns.stripplot(data=female_data, x='waist', y='weight', hue='gender',palette='Set1')
6
7  plt.xticks(np.arange(0,127,63), labels=[53, 90.5, 128])
8  plt.show()
```

〈실행 결과〉

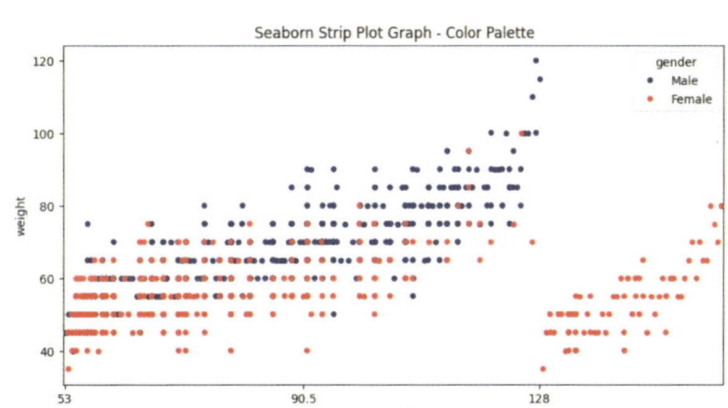

잠깐만요

시본의 색상 표현

시본 사이트(https://seaborn.pydata.org/tutorial/color_palettes.html#palette-tutorial)에 접속하면 그래프에 색상을 사용하는 원칙과 6개의 기본 팔레트 외에도 다양한 색상 팔레트를 확인할 수 있다.

시본 스웜 플롯 그래프 그리기

스웜 플롯 그래프는 스트립 플롯 그래프와 유사하지만 스웜 플롯 그래프에서는 점들이 보정되기 때문에 서로 겹쳐지지 않는다. 이러한 기능은 값의 분포를 표현할 때는 좋지만 큰 수 관찰 값의 양을 어림잡을 때는 좋지 않다.

스웜 플롯 그래프로 표현하기 위해 앞서 준비한 남성 데이터 male_data와 여성 데이터 female_data에서 100개씩 가져와 male_data_100과 female_data_100에 각각 저장한다.

실습 코드 7-31

남성 및 여성 데이터 100개 가져오기

```
male_data_100=male_data.head(100)
female_data_100=female_data.head(100)
```

1행에서 그래프 크기를 지정하고 2행에서는 그래프 제목을 지정한다. 4행과 5행에서는 swarmplot() 함수로 male_data_100과 female_data_100의 허리둘레 데이터를 x축에 지정, 몸무게 데이터를 y축에 지정, 성별을 hue 속성에 지정, 팔레트 종류 및 마커 크기를 지정한다. 7행에서는 x축 눈금 간격을 지정한 뒤, 8행에서는 그래프를 출력한다.

실습 코드 7-32

남성과 여성의 허리둘레 및 몸무게 시본 스웜 플롯 그래프

```
plt.figure(figsize=(10,5))
plt.title('Seaborn Swarm Plot Graph')

sns.swarmplot(data=male_data_100, x='waist', y='weight', hue='gender', palette='dark',size=4)
sns.swarmplot(data=female_data_100, x='waist', y='weight', hue='gender', palette='Set1',size=4)

plt.xticks(np.arange(0,46,22.5), labels=[53, 75.5, 98])
plt.show()
```

〈실행 결과〉

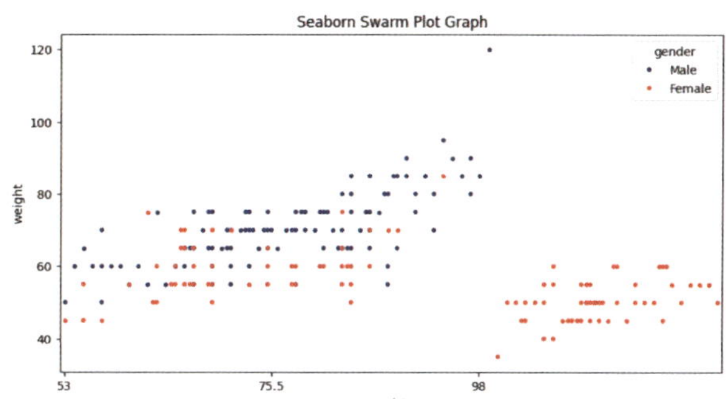

3.4 시본 히스토그램 그래프

시본에서 사용하는 히스토그램은 histplot() 함수로 데이터의 빈도수를 막대 모양으로 나타낼 때 많이 사용하는데, histplot() 함수는 데이터 분포와 밀도를 확인할 수 있어 hist() 함수보다 많이 사용한다.

시본에서는 histplot()와 distplot() 함수를 이용하여 히스토그램을 표현할 수 있는데, distplot() 함수는 향후 버전에서 사라질 예정이기 때문에 histplot() 사용을 권장한다.

시본 히스토그램 그래프 그리기

1행에서 그래프 크기를 지정하고, 2행과 3행에서 histplot() 함수로 male_data와 female_data의 몸무게 지정, 계급 개수 7개, 투명도 0.5, 레이블과 색상의 속성을 각각 지정한다. 5행에서 xlim() 함수로 x축의 최솟값과 최댓값을 지정한다. 6행과 7행에서는 x축 및 y축 이름을 지정하고 8행에서 그래프 제목 지정, 9행에서 범례 지정, 10행에서 격차 표시, 11행에서는 그래프를 출력한다.

실습 코드 7-33

남성과 여성의 몸무게 히스토그램 그래프

```
1   plt.figure(figsize=(10,6))
2   sns.histplot(male_data['weight'], bins=7, alpha=0.5, label='Male')
3   sns.histplot(female_data['weight'], bins=7, alpha=0.5, label='Female',
    color='r')
4
5   plt.xlim(20,130)
6   plt.xlabel('weight')
7   plt.ylabel('count')
8   plt.title('Weight Seaborn Histogram')
9   plt.legend()
10  plt.grid()
11  plt.show()
```

〈실행 결과〉

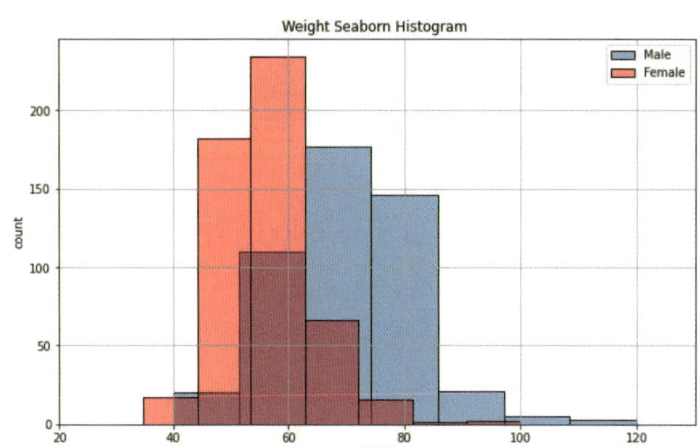

시본 히스토그램의 커널 밀도 추정(KDE) 속성 지정하기

1행에서 그래프 크기를 지정하고, 2행과 3행에서 histplot() 함수로 male_data와 female_data의 허리둘레 지정, 계급 개수 7개, 투명도 0.5, 레이블과 색상 지정, KDE(커널 밀도 추정) 활성의 속성을 각각 지정한다. kde 속성을 True로 활성화시키면 히스토그램보다 부드러운 형태의 분포 곡선을 추가로 보여 준다. 5행에서 xlim() 함수로 x축의 최솟값과 최댓값을 지정한다. 6행과 7행에서는 x축 및 y축 이름을 지정한다. 8행에서 그래프 제목 지정, 9행에서 범례 지정, 10행에서 격차 표시, 11행에서는 그래프를 출력한다.

실습 코드 7-34

남성과 여성의 허리둘레 히스토그램 - 커널 밀도 추정(KDE) 속성 지정

```
1   plt.figure(figsize=(10,6))
2   sns.histplot(male_data['waist'], bins=7, alpha=0.5, label='Male', kde=True)
3   sns.histplot(female_data['waist'], bins=7, alpha=0.5, label='Female',
    color='r', kde=True)
4
5   plt.xlim(40,140)
6   plt.xlabel('waist')
7   plt.ylabel('count')
8   plt.title('Waist Seaborn Histogram - KDE(Kernel Density Estimator)')
9   plt.legend()
10  plt.grid()
11  plt.show()
```

〈실행 결과〉

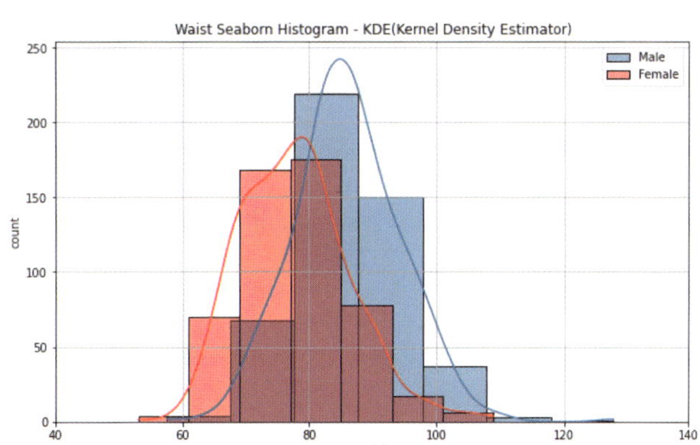

3.5 시본 상자수염 그래프

시본 상자수염(Box Plot) 그래프는 hue 속성으로 매우 쉽게 상자수염 그래프를 그릴 수 있다. 데이터프레임 데이터를 이용할 때는 시본 상자수염 그래프를 많이 사용한다.

시본 상자수염 그래프 그리기

1행에서 그래프 크기를 지정하고, 2행에서는 그래프 제목을 지정한다. 4행에서는 boxplot() 함수로 data6의 음주 여부 데이터를 x축에 지정, 몸무게 데이터를 y축에 지정, 성별을 hue 속성에 지정한다. 5행에서 ylim() 함수로 y축의 최솟값과 최댓값을 지정하고 6행에서는 그래프를 출력한다.

실습 코드 7-35

음주 여부와 몸무게 상자수염 그래프

```
1  plt.figure(figsize=(10,6))
2  plt.title('Drinking & Weight Seaborn Box Plot Graph')
3
4  sns.boxplot(data=data6, x='drinking', y='weight', hue='gender')
5  plt.ylim(30,100)
6  plt.show()
```

〈실행 결과〉

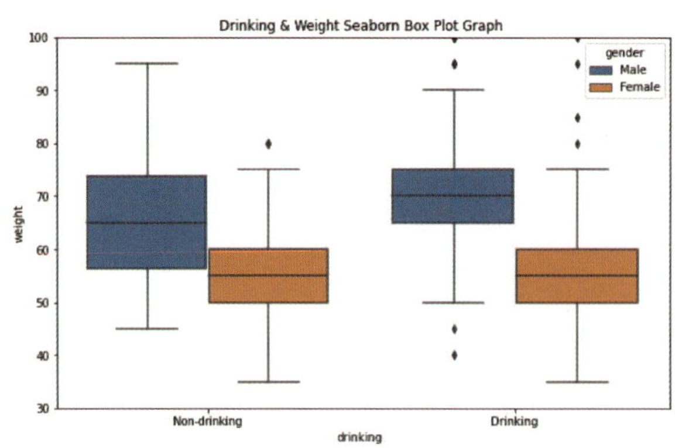

시본 가로 상자수염 그래프 그리기

1행에서 그래프 크기를 지정하고, 2행에서는 그래프 제목을 지정한다. 4행에서는 boxplot() 함수로 data6의 허리둘레 데이터를 x축에 지정, 음주 여부 데이터를 y축에 지정, 성별을 hue 속성에 지정, orient 속성에 가로 방향을 지정한다. 5행에서 xlim() 함수로 x축의 최솟값과 최댓값을 지정하고 6행에서는 그래프를 출력한다.

실습 코드 7-36

음주 여부와 허리둘레 가로 상자수염 그래프

```
1  plt.figure(figsize=(10,7))
2  plt.title('Drinking & Waist Seaborn Box Plot Graph - Horizontal')
3
4  sns.boxplot(data=data6, x='waist', y='drinking', hue='gender', orient='h')
5  plt.xlim(50,110)
6  plt.show()
```

〈실행 결과〉

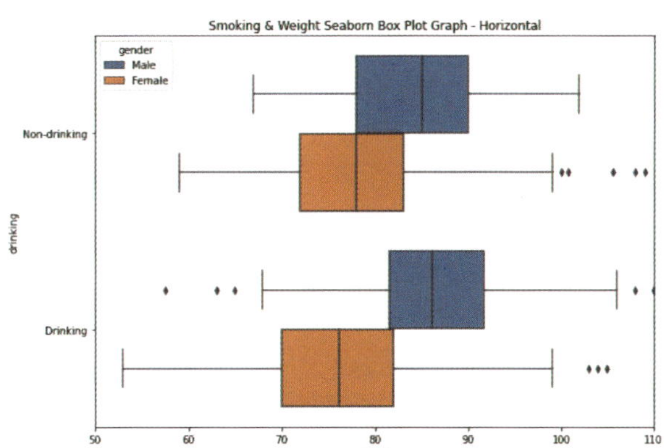

3.6 카운트 플롯 그래프

카운트 플롯(Count Plot) 그래프는 범주형 데이터에 대하여 항목별 개수를 세어 막대 그래프로 표현한다. 카운트 플롯 그래프를 이용하여 각 범주별로 데이터가 얼마나 있는지 표현할 수 있으며 해당 열을 구성하고 있는 값들을 구분하여 보여 준다.

카운트 플롯 그래프 그리기

1행에서 그래프 크기를 지정하고 2행에서는 그래프 제목을 지정한다. 3행에서는 countplot() 함수로 data6의 음주 여부 데이터를 x축에 지정하고 성별을 hue 속성에 지정한다. 4행에서는 그래프를 출력한다.

실습 코드 7-37

성별 음주 여부 카운트 플롯 그래프

```
1  plt.figure(figsize=(10,6))
2  plt.title('Drinking Count Plot Graph')
3  sns.countplot(data=data6, x='drinking', hue='gender')
4  plt.show()
```

〈실행 결과〉

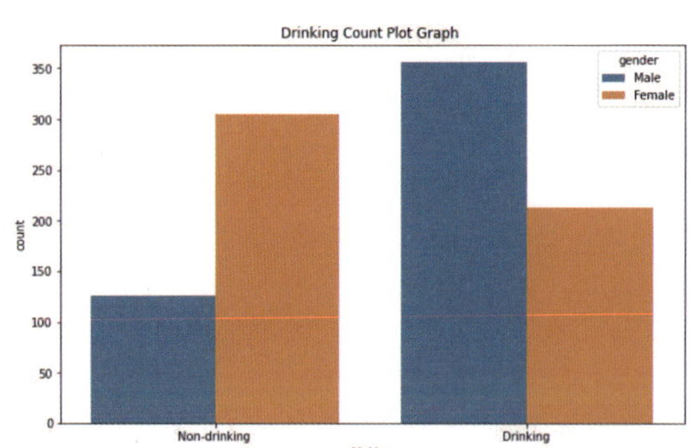

가로 카운트 플롯 그래프 그리기

1행에서 그래프 크기를 지정하고 2행에서는 그래프 제목을 지정한다. 3행에서는 countplot() 함수로 data6의 흡연 상태 데이터를 x축 대신 y축으로 가로 막대 지정, 성별을 hue 속성에 지정, 막대 출력 순서를 order 속성을 이용하여 지정한다. 4행에서는 그래프를 출력한다.

실습 코드 7-38

성별 흡연 상태 가로 카운트 플롯 그래프

```
1  plt.figure(figsize=(10,6))
2  plt.title('Smoking Count Plot Graph - Horizontal')
3  sns.countplot(data=data6, y='smoking', hue='gender', order=['Smoking',
   'Non-smoking'])
4  plt.show()
```

〈실행 결과〉

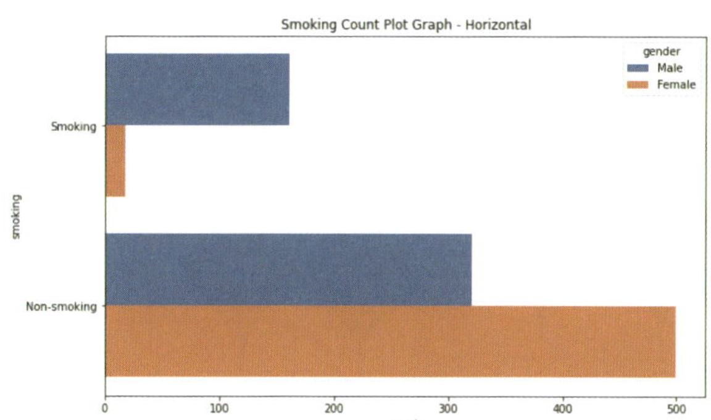

3.7 바이올린 플롯 그래프

바이올린 플롯(Violin Plot) 그래프는 바이올린처럼 생겼다고 붙여진 이름이다. 상자수염 그래프와 달리 커널 밀도 추정치를 이용하여 그래프를 그리고 분포에 대한 결과를 보일 때 효과적이지만, 작은 샘플 크기로 보여 주는 경우 분석에 오해의 소지가 있을 수 있다.

바이올린 플롯 그래프 그리기

1행에서 그래프 크기를 지정하고 2행에서는 그래프 제목을 지정한다. 3행에서는 violinplot() 함수로 data6 데이터 중에서 몸무게가 100 미만인 성별 데이터를 x축에 지정, 몸무게 데이터를 y축에 지정, 음주 여부를 hue 속성에 지정한다. 4행에서는 그래프를 출력한다.

실습 코드 7-39

성별 몸무게를 음주 여부로 분리하여 그린 바이올린 플롯 그래프

```
1   plt.figure(figsize=(10,6))
2   plt.title('Gender Weight Violin Plot Graph - Drinking category')
3   sns.violinplot(data=data6[data6.weight<100], x='gender', y='weight',
    hue='drinking')
4   plt.show()
```

〈실행 결과〉

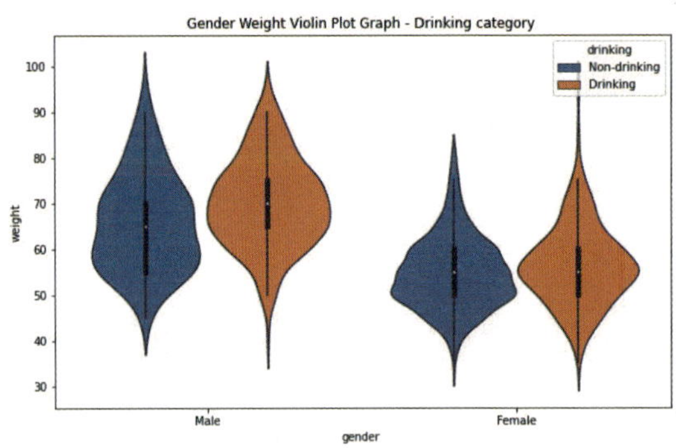

가로 바이올린 플롯 그래프 그리기

1행에서 그래프 크기, 2행에서는 그래프 제목을 지정한다. 3행에서는 violinplot() 함수로 data6 데이터 중에서 허리둘레가 120 미만인 성별 데이터를 x축 대신 y축으로 가로 형태 지정, 허리둘레 데이터를 x축에 지정, 음주 여부를 hue 속성에 지정한다. 4행에서는 그래프를 출력한다.

실습 코드 7-40

성별 허리둘레를 음주 여부로 분리하여 그린 가로 바이올린 플롯 그래프

```
plt.figure(figsize=(7,8))
plt.title('Gender Waist Violin Plot Graph - Drinking category')
sns.violinplot(data=data6[data6.waist<120], y='gender', x='waist',
hue='drinking')
plt.show()
```

〈실행 결과〉

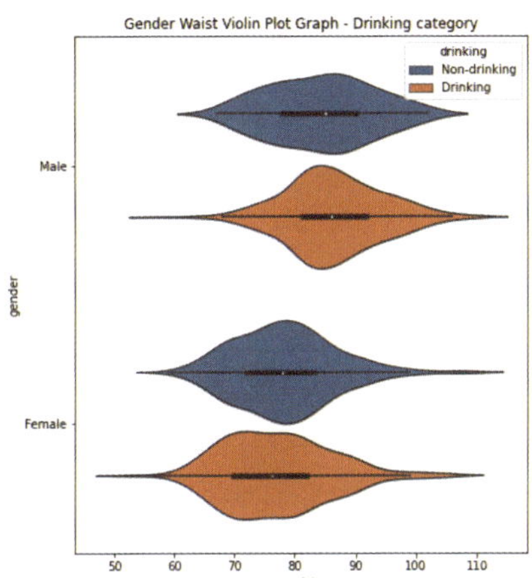

3.8 시본 히트맵 그래프

데이터가 2차원이고 모든 값이 범주형 값이면 히트맵(Heat Map) 그래프로 표현하기 좋다. 히트맵은 색상으로 표현된 행렬 정보를 이용하여 사각형의 그래프를 그리고, 두 개의 범주형 값에 의한 실수값의 변화를 확인할 수 있다. 색상으로 표현할 수 있는 다양한 정보를 일정한 이미지 위에 열 분포 형태의 시각적 그래픽으로 출력하는 것이 특징이다.

corr() 함수로 상관관계 정도를 수치로 나타낸 계수를 구하여 히트맵 그래프로 표현한다. 상관 계수는 1에 가까울수록 상관관계가 높다는 것을 의미하고 -1에 가까울수록 상관관계가 낮다는 것을 의미하지만, 인과관계를 의미하는 것은 아니다.

데이터 준비하기

1행에서 데이터프레임 변수 data에서 성별, 몸무게, 허리둘레 데이터를 가져와 data3에 저장한다. 2행에서는 데이터프레임 변수 data에서 성별, 몸무게, 허리둘레, 음주 여부, 흡연 상태, 콜레스테롤, HDL, LDL 데이터를 가져와 data8에 저장한다.

실습 코드 7-41

데이터 준비하기

```
1 data3=data.loc[:,['gender','weight','waist']]
2 data8=data.loc[:,['gender','weight','waist','drinking','smoking','cholesterol',
  'HDL','LDL']]
```

3×3 히트맵 그래프 그리기

1행에서 그래프 크기를 지정하고 2행에서는 그래프 제목을 지정한다. 4행에서 corr() 함수로 data3 데이터의 상관 계수를 구하여 correlation_data3에 저장한다. 5행에서는 heatmap() 함수의 annot 속성을 True로 활성화시켜 correlation_data3의 상관 계수 수치 표시, cmap 속성에 색상을 지정한다. 6행에서는 그래프를 출력한다.

실습 코드 7-42

3×3 히트맵 그래프

```
1 plt.figure(figsize=(10,6))
2 plt.title('3×3 Heat Map Graph')
3
4 correlation_data3=data3.corr()
5 sns.heatmap(correlation_data3, annot=True, cmap='YlGnBu')
6 plt.show()
```

〈실행 결과〉

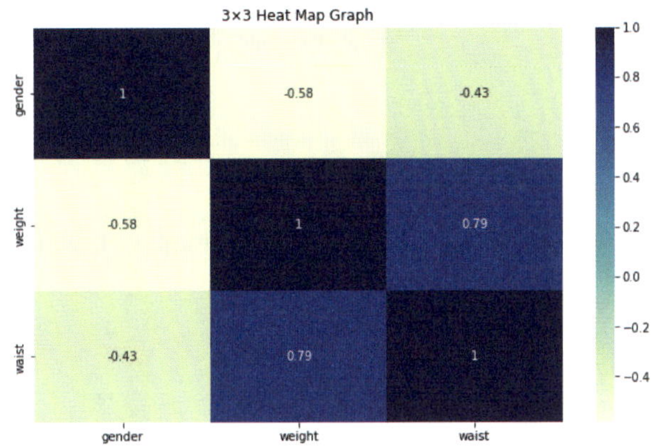

8×8 히트맵 그래프 그리기

1행에서 그래프 크기를 지정하고 2행에서는 그래프 제목을 지정한다. 4행에서 corr() 함수로 data8 데이터의 상관 계수를 구하여 correlation_data8에 저장한다. 5행에서는 triu() 함수로 correlation_data8에서 오른쪽 상단 영역을 보이지 않게하기 위해 지정하고, 이를 upp_mat에 저장한다. 7행에서는 heatmap() 함수의 annot 속성을 True로 활성화시켜 correlation_data8의 상관 계수 수치 표시, cmap 속성에 색상 지정, mask 속성에 마스크 영역 upp_mat를 지정한다. 8행에서는 그래프를 출력한다.

실습 코드 7-43

8×8 히트맵 그래프

```
1  plt.figure(figsize=(13,10))
2  plt.title('8×8 Heat Map Graph')
3
4  correlation_data8= data8.corr()
5  upp_mat=np.triu(correlation_data8)
6
7  sns.heatmap(correlation_data8, annot=True, cmap='RdYlGn', mask=upp_mat)
8  plt.show()
```

<실행 결과>

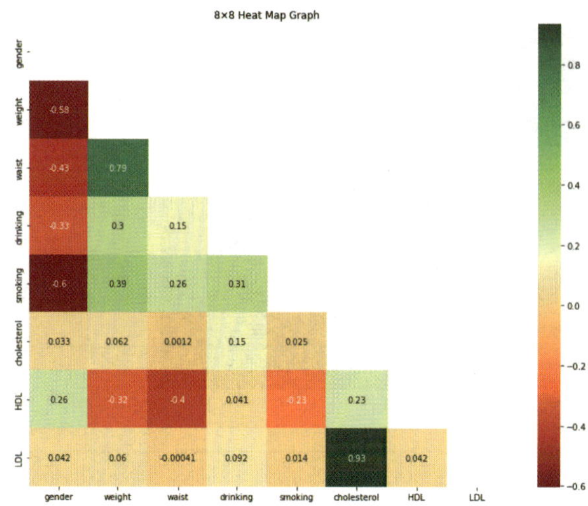

잠깐만요

triu() 함수와 tril() 함수

- **triu() 함수** : 히트맵 그래프에서 1로 표시된 대각선을 중심으로 오른쪽 상단의 삼각형 영역을 보이지 않도록 한다.
- **tril() 함수** : 히트맵 그래프에서 1로 표시된 대각선을 중심으로 왼쪽 하단의 삼각형 영역을 보이지 않도록 한다.

3.9 다중 플롯 그리드 그래프

다중 플롯 그리드 그래프는 다양한 범주의 값을 가지는 데이터에 대하여 다양한 형태의 그래프를 다차원 그리드로 시각화하기에 좋은 방법이다. 다중 플롯 그리드 그래프에는 패싯 그리드(Facet Grid), 페어 플롯(Pair Plot), 조인 플롯(Join Plot) 그래프 등이 있다. 다중 플롯 그리드 그래프를 이용하면 시각화에 대한 제어력을 높이고 간단한 코드로 다양한 그래프를 한 번에 표현할 수 있다.

패싯 그리드 그래프

패싯 그리드(Facet Grid) 그래프는 어떠한 조건에 따라 그래프를 각각 확인하고 싶을 때 사용한다. 행과 열 방향으로 서로 다른 조건을 적용하여 여러 개의 서브플롯을 만들고 각 서브플롯에 적용할 그래프 종류를 map() 함수를 이용하여 그리드 객체에 전달한다.

열 기준으로 나눈 패싯 그리드 그래프 그리기

1행에서 FacetGrid() 함수로 data6의 음주 여부 데이터를 열 기준으로 나눌 속성에 지정, height 속성에 높이 지정, aspect 속성에 세로 대비 가로 비율을 지정한다. 2행에서는 map() 함수로 서브플롯에 그릴 히스토그램 histplot() 함수를 지정하고, 서브플롯 데이터에 허리둘레 데이터 지정, 계급 개수 10개 지정, 색상 지정, KDE(커널 밀도 추정) 활성을 지정한다. 3행에서는 그래프를 출력한다.

실습 코드 7-44

열 기준으로 나눈 패싯 그리드 그래프

```
1  fg=sns.FacetGrid(data6, col='drinking', height=5, aspect=1.3)
2  fg.map(sns.histplot, 'waist', bins=10, color='g', kde=True)
3  plt.show()
```

〈실행 결과〉

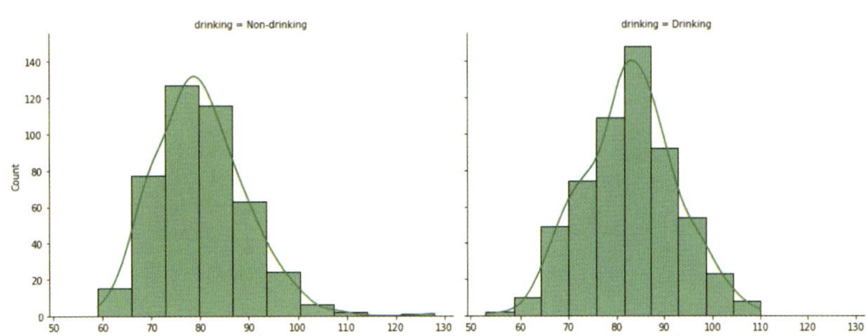

행과 열 기준으로 나눈 패싯 그리드 그래프 그리기

1행에서 FacetGrid() 함수로 data6의 성별 데이터를 행 기준으로 나눌 속성에 지정, 음주 여부 데이터를 열 기준으로 나눌 속성에 지정, height 속성에 높이 지정, aspect 속성에 세로 대비 가로 비율을 지정한다. 2행에서는 map() 함수로 서브플롯에 그릴 히스토그램 histplot() 함수를 지정하고, 서브플롯 데이터에 허리둘레 데이터 지정, 계급 개수 10개 지정, 색상 지정, KDE(커널 밀도 추정) 활성을 지정한다. 3행에서는 그래프를 출력한다.

실습 코드 7-45

행과 열 기준으로 나눈 패싯 그리드 그래프

```
1  fg=sns.FacetGrid(data6, row='gender', col='drinking', height=4.5, aspect=1.5)
2  fg.map(sns.histplot, 'waist', bins=10, color='deeppink', kde=True)
3  plt.show()
```

〈실행 결과〉

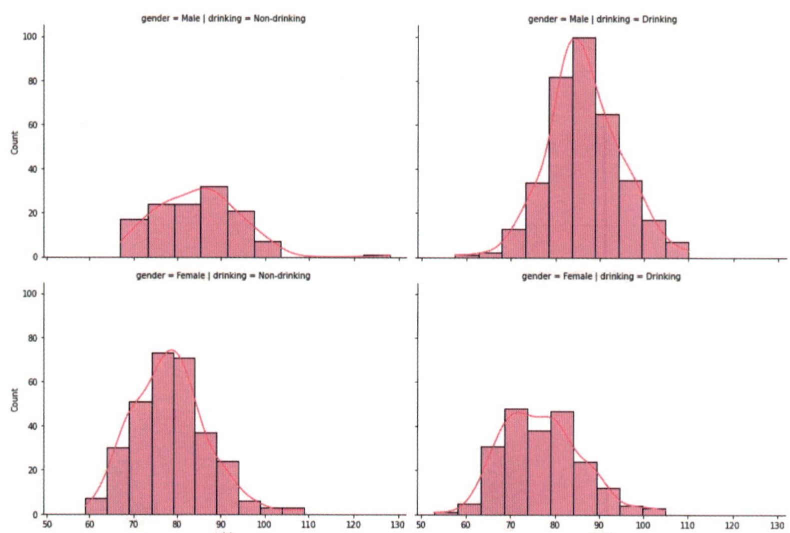

페어 플롯 그래프

3차원 이상의 다차원 실수형 데이터를 시각화할 때 페어 플롯 그래프가 적당하다. 페어 플롯(Pair Plot) 그래프는 데이터에서 각각 2개 열(컬럼) 간의 관계를 그래프로 표현한다. 그리드 형태로 각 데이터 열 조합은 산점도 그래프로 표현하고, 동일한 데이터가 만나는 대각선 영역에는 히스토그램으로 표현한다. 페어 플롯 그래프의 열(컬럼)에는 숫자형 데이터만 가능하다. 다양한 기능이나 세부적인 설정을 원할 때는 PairGrid() 함수를 이용한다.

pairplot() 함수로 페어 플롯 그래프 그리기

pairplot() 함수로 data6 데이터를 지정하고, height 속성에 높이 지정, aspect 속성에 세로 대비 가로 비율을 지정한다. 앞의 데이터 전처리 과정에서 data6 데이터의 성별, 음주 여부, 흡연 상태를 문자열로 변경하였기 때문에 숫자형 데이터가 아닌 열(컬럼)은 페어 플롯 그래프에 나타나지 않는다. 2행에서는 그래프를 출력한다.

실습 코드 7-46

페어 플롯 그래프

```
1    sns.pairplot(data6, height=3.3, aspect=1.3)
2    plt.show()
```

〈실행 결과〉

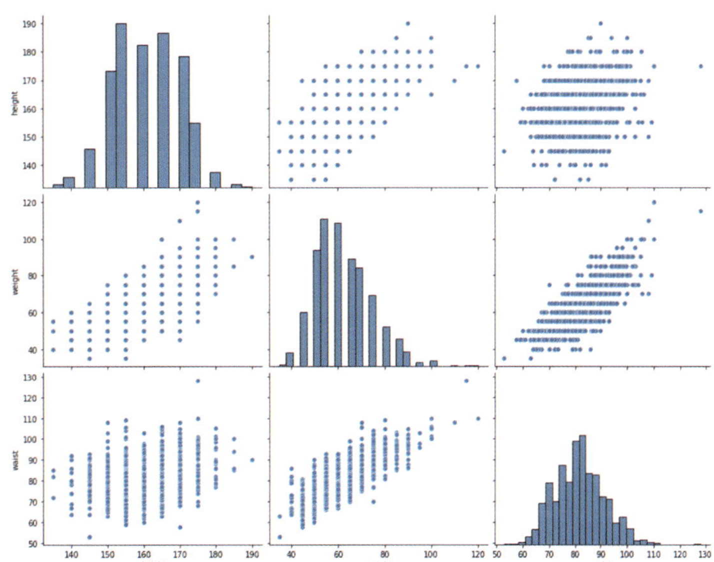

PairGrid() 함수로 페어 플롯 그래프 그리기

1행에서 페어 플롯 그래프에 적용할 색상을 초기화한다. 2행에서는 PairGrid() 함수로 data6 데이터 지정, hue 속성에 성별 데이터 지정, 색상 팔레트 속성에 1행에서 선언한 색상 지정, height 속성에 높이 지정, aspect 속성에 세로 대비 가로 비율을 지정한다. 3행에서 map_diag() 함수로 대각선에 그릴 히스토그램 및 계급 개수 10개를 지정한다. 4행에서는 map_offdiag() 함수로 대각선 외에 그릴 산점도 그래프를 지정한다. 5행에서는 범례를 지정한다. data6 데이터에 숫자 데이터가 아닌 열(컬럼)은 페어 플롯 그래프에 나타나지 않는다. 6행에서는 그래프를 출력한다.

실습 코드 7-47

PairGrid() 함수로 그린 페어 플롯 그래프

```
1  color=['#00994C', '#FF007F']
2  pp=sns.PairGrid(data6, hue='gender', palette=color, height=3.3, aspect=1.3)
3  pp.map_diag(sns.histplot, bins=10)
4  pp.map_offdiag(sns.scatterplot)
5  pp.add_legend()
6  plt.show()
```

〈실행 결과〉

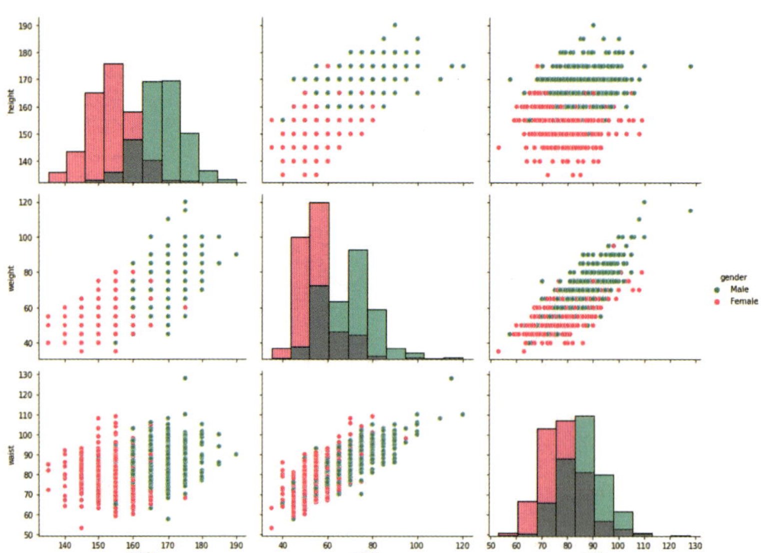

연습 문제

연습 01 데이터 시각화의 필요성에 대하여 작성하세요.

연습 02 시각화 라이브러리 종류를 나열하고 차이점을 작성하세요.

연습 03 시각화하는 과정을 단계별로 작성하세요.

연습 04 2020년 건강검진 데이터를 이용하여 다음 선 그래프와 같이 출력되도록 빈칸에 알맞은 코드를 완성하세요.

```
import numpy as np
import pandas as pd
import matplotlib.pyplot as plt
import seaborn as sns

data=pd.read_excel('health_screenings_2020_1000ea.xlsx')
data3=data.loc[:,['city_code','gender','waist']]

male_data=data3[data3['gender']==1].groupby('city_code')['waist'].mean()
female_data=data3[data3['gender']==2].groupby('city_code')['waist'].mean()

plt.figure(figsize=(12, 4))

[                                                    ]


plt.xlabel('Count')
plt.ylabel('Waist')
plt.title('2020 Health Screenings Waist')
plt.legend()
plt.grid()
plt.show()
```

〈실행 결과〉

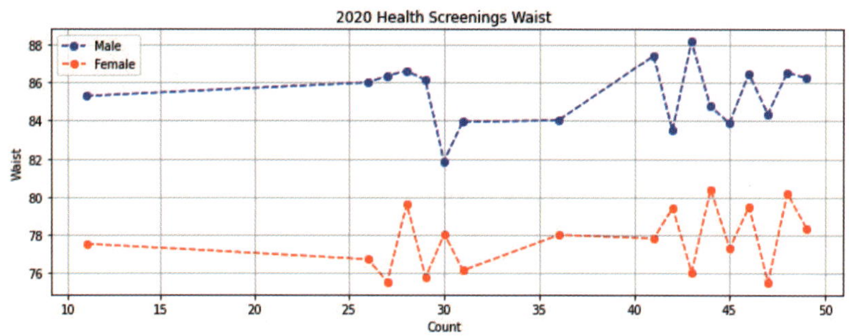

연습 05

2020년 건강검진 데이터를 이용하여 다음 막대 그래프와 같이 출력되도록 빈칸에 알맞은 코드를 완성하세요.

```
import numpy as np
import pandas as pd
import matplotlib.pyplot as plt
import seaborn as sns

data=pd.read_excel('health_screenings_2020_1000ea.xlsx')
data3=data.loc[:,['city_code','gender','waist']]

waistData=data3.loc[100:110,['waist']]

plt.figure(figsize=(10, 5))



plt.ylim(50, 110)
plt.xlabel('Count')
plt.ylabel('Waist')
plt.title('2020 Health Screenings Waist')
plt.grid()
plt.show()
```

〈실행 결과〉

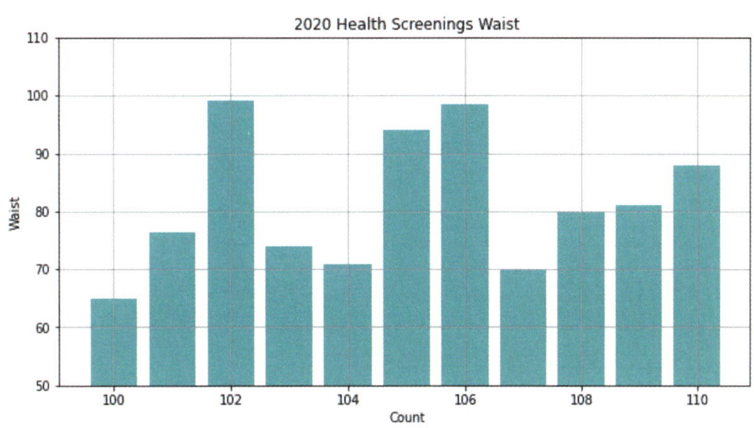

연습 06 2020년 건강검진 데이터를 이용하여 다음 산점도 그래프와 같이 출력되도록 빈칸에 알맞은 코드를 완성하세요.

```
import numpy as np
import pandas as pd
import matplotlib.pyplot as plt
import seaborn as sns

data=pd.read_excel('health_screenings_2020_1000ea.xlsx')
lEyeData=data['eye_left']
rEyeData=data['eye_right']

plt.figure(figsize=(5, 5))



plt.xlim(0, 2.5)
plt.ylim(0, 2.5)
plt.xlabel('Eye Left')
plt.ylabel('Eye Right')
plt.title('2020 Health Screenings Scatter Graph')
plt.show()
```

〈실행 결과〉

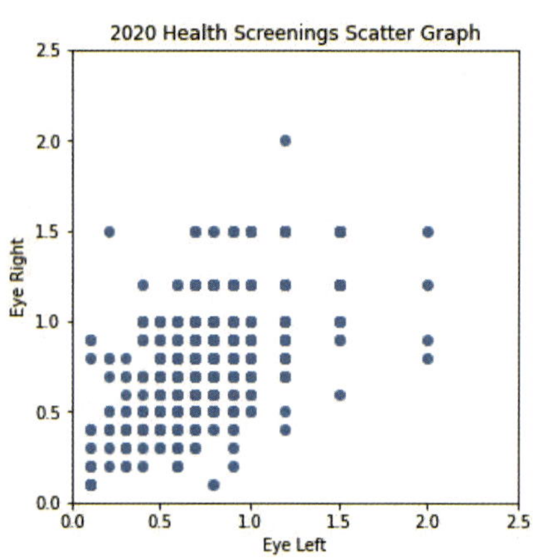

연습 07 2020년 건강검진 데이터를 이용하여 다음 히스토그램과 같이 출력되도록 빈칸에 알맞은 코드를 완성하세요.

```
import numpy as np
import pandas as pd
import matplotlib.pyplot as plt
import seaborn as sns

data=pd.read_excel('health_screenings_2020_1000ea.xlsx')
data3=data.loc[:,['city_code','gender','waist']]

male_data=data3.loc[data3.gender==1, ['gender', 'waist']]
female_data=data3.loc[data3.gender==2, ['gender', 'waist']]

plt.figure(figsize=(10, 6))

[                                                    ]


plt.xlim(50, 115)
plt.xlabel('Waist')
plt.ylabel('Frequency')
plt.legend()
plt.grid()
plt.show()
```

〈실행 결과〉

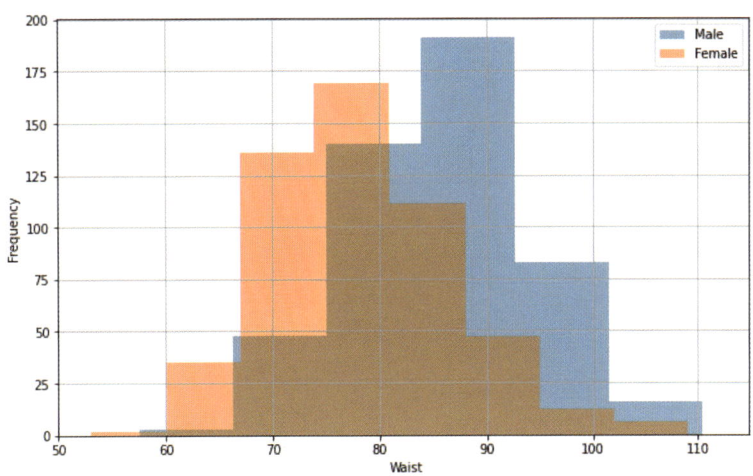

연습 08

2020년 건강검진 데이터를 이용하여 다음 상자수염 그래프와 같이 출력되도록 빈칸에 알맞은 코드를 완성하세요.

```
import numpy as np
import pandas as pd
import matplotlib.pyplot as plt
import seaborn as sns

data=pd.read_excel('health_screenings_2020_1000ea.xlsx')
data3=data.loc[:,['city_code','gender','waist']]

mandata=data3.loc[data3.gender==1, ['gender', 'waist']]
womandata=data3.loc[data3.gender==2, ['gender', 'waist']]

male=np.array(male_data['waist'], dtype=object)
female=np.array(male_data['waist'])

plt.figure(figsize=(10,5))

[                                        ]

plt.xlabel('Gender')
plt.ylabel('Waist')
plt.title('2020 Health Screenings Male & Female Waist Box Plot')
plt.show()
```

〈실행 결과〉

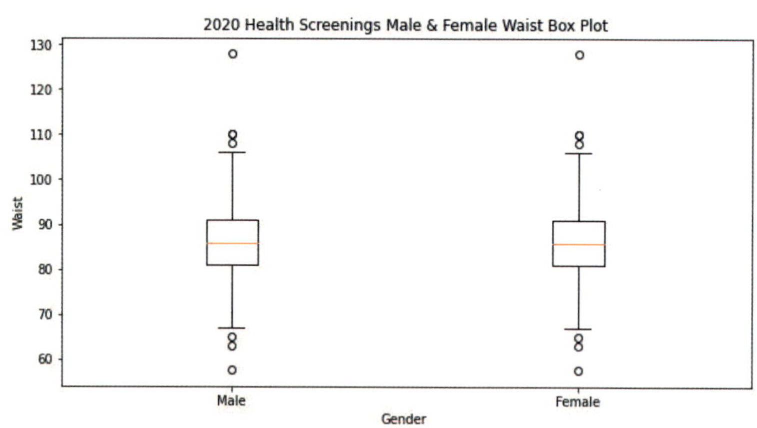

연습 09

2020년 건강검진 데이터를 이용하여 다음 카운트 플롯 그래프와 같이 출력되도록 빈칸에 알맞은 코드를 완성하세요.

```
import numpy as np
import pandas as pd
import matplotlib.pyplot as plt
import seaborn as sns

data=pd.read_excel('health_screenings_2020_1000ea.xlsx')
data6=data.loc[:,['gender', 'height', 'weight', 'waist', 'drinking', 'smoking']]

data6.loc[data6['gender']==1,['gender']]='Male'
data6.loc[data6['gender']==2,['gender']]='Female'
data6.loc[(data6['smoking']==1) | (data6['smoking']==2),['smoking']]='Non-smoking'
data6.loc[data6['smoking']==3,['smoking']]='Smoking'

smoking=data6.groupby(['gender','smoking'])['smoking'].count()
smoking=smoking.to_frame(name='count')
smoking=smoking.reset_index()

plt.figure(figsize=(10,6))



plt.title('Smoking Count Plot Graph')
plt.show()
```

〈실행 결과〉

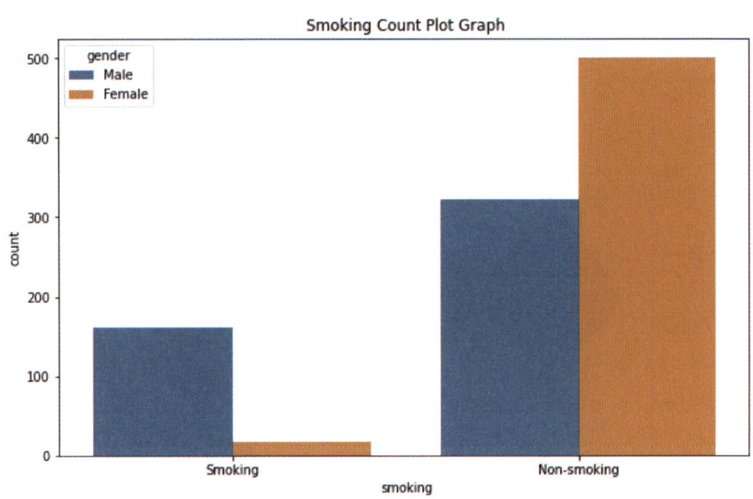

연습 10

2020년 건강검진 데이터를 이용하여 다음 바이올린 플롯 그래프와 같이 출력되도록 빈칸에 알맞은 코드를 완성하세요.

```
import numpy as np
import pandas as pd
import matplotlib.pyplot as plt
import seaborn as sns

data=pd.read_excel('health_screenings_2020_1000ea.xlsx')
data6=data.loc[:,['gender', 'height', 'weight', 'waist', 'drinking', 'smoking']]

data6.loc[data6['gender']==1,['gender']]='Male'
data6.loc[data6['gender']==2,['gender']]='Female'
data6.loc[(data6['smoking']==1) | (data6['smoking']==2),['smoking']]='Non-smoking'
data6.loc[data6['smoking']==3,['smoking']]='Smoking'

smoking=data6.groupby(['gender','smoking'])['smoking'].count()
smoking=smoking.to_frame(name='count')
smoking=smoking.reset_index()

plt.figure(figsize=(10,6))



plt.title('Violin Plot Graph')
plt.show()
```

〈실행 결과〉

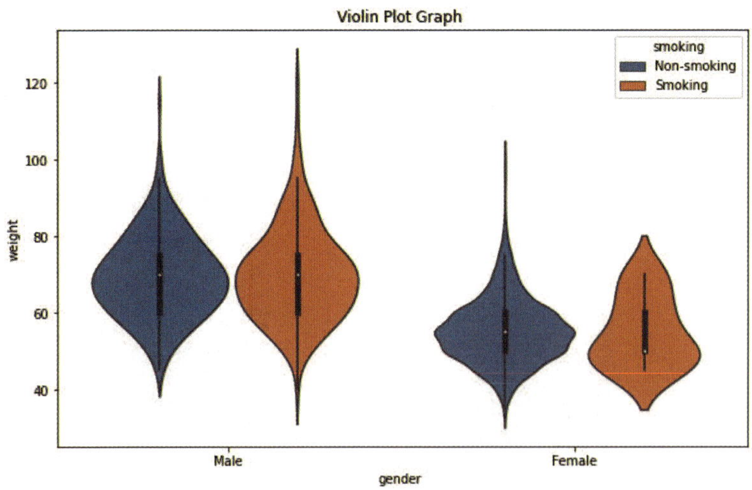

연습 11

2020년 건강검진 데이터를 이용하여 다음 히트맵 그래프와 같이 출력되도록 빈칸에 알맞은 코드를 완성하세요.

```
import numpy as np
import pandas as pd
import matplotlib.pyplot as plt
import seaborn as sns

data=pd.read_excel('health_screenings_2020_1000ea.xlsx')
data6=data.loc[:,['gender', 'height', 'weight', 'waist', 'drinking', 'smoking']]

plt.figure(figsize=(10,6))

correlation_data6=data6.corr()
upp_mat=np.triu(correlation_data6)

[                                                  ]

plt.title('Heat Map Graph')
plt.show()
```

〈실행 결과〉

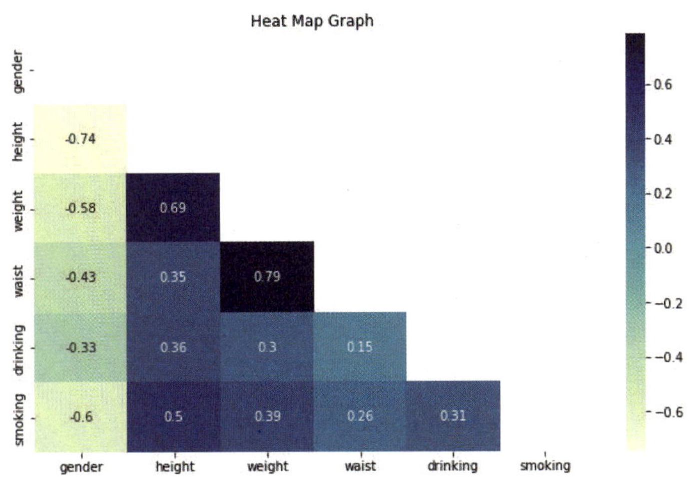

데이터 분석을 위한 실무 경험이 부족한 초보자들이라면, 어떤 데이터를 분석해야 할지에 대한 고민이 있을 것이다. 이번 마당에서는 다양한 주제의 데이터를 활용하여 간단한 미니 프로젝트를 수행하여 데이터 분석 실력을 향상시킬 수 있도록 돕는다.

< 넷째 마당 >

데이터 분석 미니 프로젝트

| 8장 |

환경 관련 데이터 분석

학습 목표

- 환경 관련 데이터 분석을 위한 분석 대상 데이터를 수집한다.
- 수집한 데이터를 목적에 따라 가공한다.
- 데이터를 분석하고 시각화하여 분석 결과를 해석한다.

1 〉 분석 대상 데이터 수집

최근 몇 년간 중국의 산업화, 도시화의 가속으로 인해 대기오염이 악화되었다. 오염된 대기는 겨울의 찬 기류와 섞이면서 뿌옇게 보이게 되는데, 이를 미세먼지라고 한다. 미세먼지는 교통, 농업, 공업, 건강 등 여러 측면에서 부정적인 영향을 미치고 있으며 국민들의 일상생활과 신체 건강에 심각한 영향을 미치고 있으므로 시급히 해결해야 할 사회문제이다. 미세먼지 자료를 분석 대상 데이터로 정하여 수집하고 가공하여 미세먼지에 대해 변화 추이를 파악하고 농도에 영향을 미치는 주요 변수가 무엇인지 분석한다.

미세먼지 데이터 분석을 위해 에어코리아(https://www.airkorea.or.kr/index)와 기상청(https://web.kma.go.kr/weather/forecast/timeseries.jsp)에서 미세먼지에 관한 데이터를 수집한다.

1.1 에어코리아 사이트에서 미세먼지 데이터 수집

❶ 에어코리아(https://www.airkorea.or.kr/index)에 접속하고 메뉴에서 '통계정보' → '최종확정 측정자료 조회'를 클릭하고 표시되는 화면에서 '확정자료 다운로드'를 선택한다.

❷ 다음과 같이 조회 기간과 측정소를 지정하고 〈엑셀〉 버튼을 클릭하여 파일을 다운로드한다.

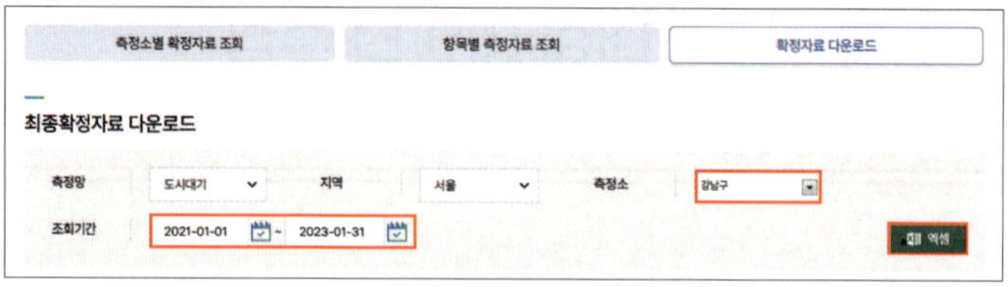

❸ 엑셀을 실행하고 다운로드한 파일을 연다. 데이터 분석에 필요 없는 컬럼(B~D)을 삭제한다.

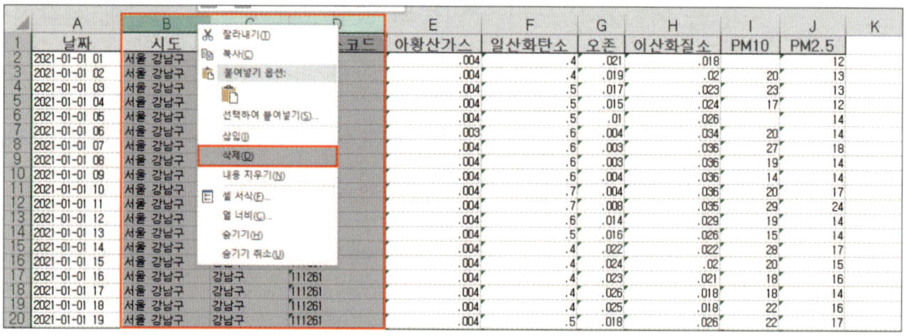

❹ 다운로드한 파일 형식은 'Microsoft Excel 97-2003 Worksheet.xls (*.xls)'이다. 이 형식의 파일은 코랩에 업로드하여 읽으면 오류가 발생하기 때문에 파일 형식을 'Excel 통합 문서(*.xlsx)'로 변경해야 한다. 엑셀 메뉴에서 〔파일〕→〔다른 이름으로 저장〕→〔찾아보기〕를 클릭하여 대화상자가 표시되면 파일 형식을 'Excel 통합 문서(*.xlsx)'로 지정하고 〈저장〉 버튼을 클릭하여 저장한다.

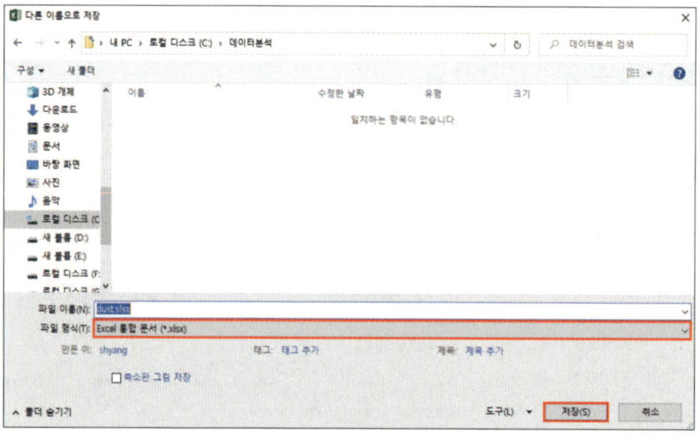

표 8-1. 미세먼지 데이터 정보(파일 : dust.xlsx)

변수명	변수 설명	단위
아황산가스(SO2)	대기오염물질, 아황산가스의 공기 중 농도	ppm
일산화탄소(CO)	대기오염물질, 일산화탄소의 공기 중 농도	ppm
오존(O3)	대기오염물질, 오존의 공기 중 농도	ppm
이산화질소(NO2)	대기오염물질, 이산화질소의 공기 중 농도	ppm
PM10	1000분의 10mm보다 작은 먼지의 공기 중 농도 (미세먼지)	microgram/cubicmeter
PM2.5	1000분의 2.5mm보다 작은 먼지의 공기 중 농도 (초미세먼지)	microgram/cubicmeter

1.2 기상청 사이트에서 날씨 데이터 수집

❶ 기상청(https://data.kma.go.kr/cmmn/main.do)에 접속하고 메뉴에서 '데이터'→ '기상관측' → '지상'을 클릭한다.

❷ 왼쪽 메뉴에서 '기상관측' → '지상' → '방재기상관측(AWS)'를 선택한다. 자료 화면에서 지점을 '서울특별시' → '강남구'로 선택하고 데이터 분석에 필요한 기온, 풍속, 강수량, 습도를 선택한 다음 〈조회〉 버튼을 클릭 후 〈엑셀〉 버튼을 클릭하여 다운로드한다.

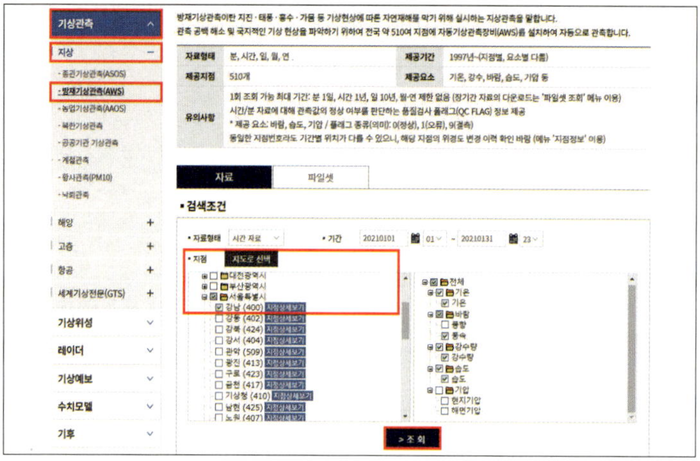

③ 엑셀을 실행하고 다운로드한 파일을 열어 데이터를 확인한다. 엑셀 메뉴에서 〔파일〕 → 〔다른 이름으로 저장〕 → 〔찾아보기〕를 클릭하여 대화상자가 표시되면 파일 형식을 'Excel 통합 문서(*.xlsx)'로 지정하고 〈저장〉 버튼을 클릭해 저장한다.

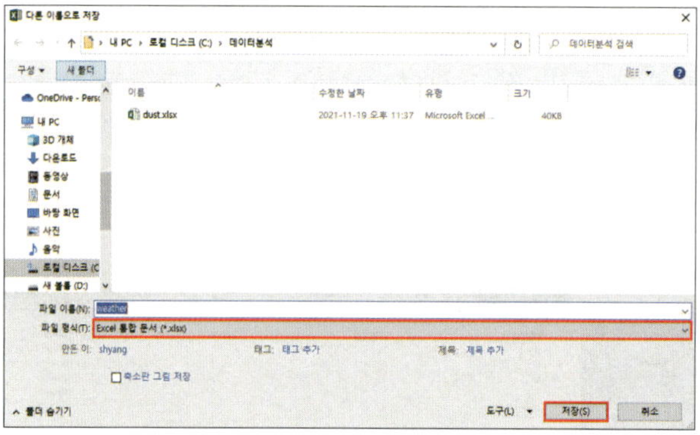

표 8-2. 날씨 정보에 관한 데이터 정보(파일 : weather.xlsx)

변수명	변수 설명	단위
기온	공기의 온도	℃
풍속	바람의 속도	m/s
강수량	강수량 혹은 강우량은 어떤 곳에 일정 기간 동안 내린 물의 총량	mm
습도	공기 중에 포함되어 있는 수증기의 양 또는 비율을 나타내는 단위	%

1.3 구글 코랩에 업로드

❶ 코랩에서 수집한 데이터로 데이터 분석을 하기 위해서는 엑셀 파일들을 구글 드라이브에 업로드하고 연결해야 한다. 왼쪽 메뉴에서 '파일' 아이콘(🗀)을 클릭하고 파일 화면이 열리면 '드라이브 마운트' 아이콘(▲)을 클릭한다. 이 과정은 코랩의 해당 새 노트 파일에서 한 번만 설정하면 된다.

❷ 구글 드라이브 연동을 위해 'MyDrive' 폴더에서 마우스 오른쪽 버튼을 클릭하여 '업로드'를 선택한다.

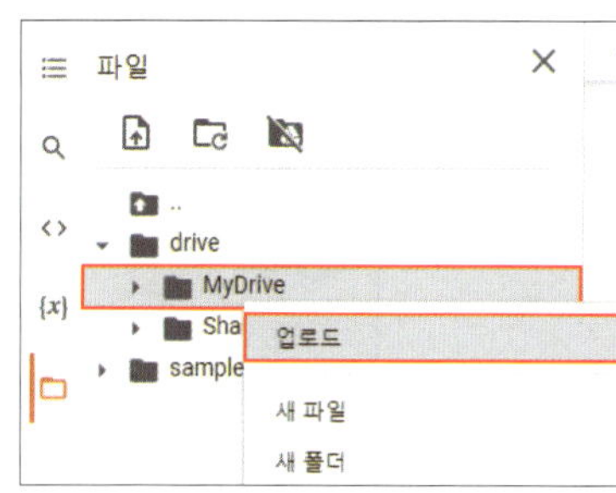

❸ 열기 대화상자가 표시되면 수집한 2개의 엑셀 파일을 선택하여 구글 코랩에 업로드한다.

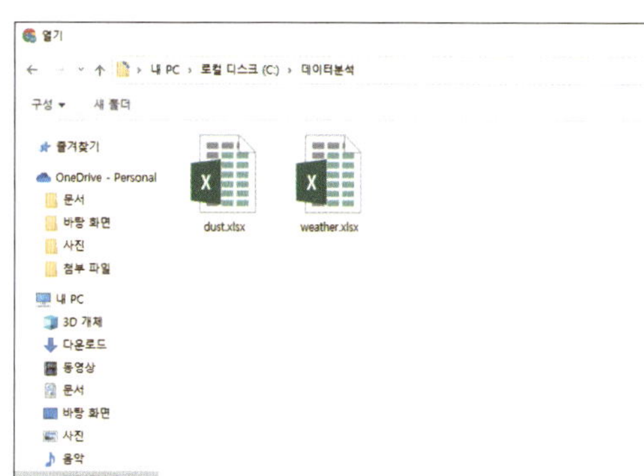

2 〉 데이터 확인

미세 데이터와 날씨 데이터를 확인한 후 데이터 전체적인 구조와 기초 통계량 등을 확인하고 데이터를 가공하고 데이터 결측치를 처리한다.

2.1 미세먼지 데이터

데이터 읽어서 확인하기

미세먼지 데이터를 가져오기 위해 엑셀 파일을 읽어오고, 처음 5행 데이터를 출력하여 필요 데이터를 확인한다.

잠깐만요

파일 경로 복사하기

구글 코랩의 경로를 복사할 데이터 파일에서 마우스 오른쪽 버튼을 클릭하여 경로 복사를 클릭하면 쉽게 파일 경로를 복사할 수 있다.

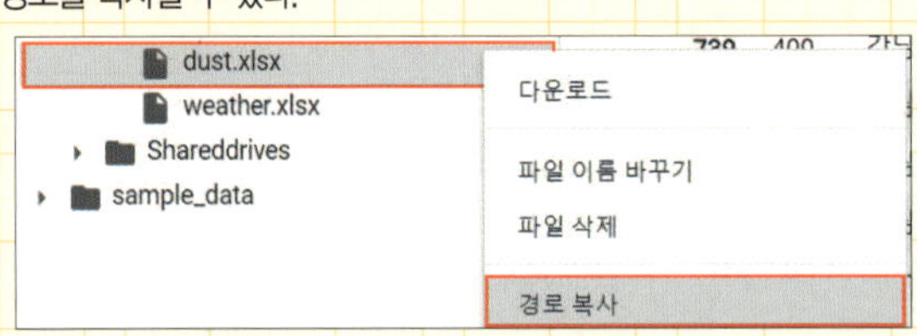

❶ 1행에서는 파이썬 라이브러리 판다스(Pandas)를 임포트(Import) 하고, 4행에서는 판다스의 'read_excel'을 입력하여 'dust.xlsx' 엑셀 파일을 읽어와 데이터프레임 변수 dust에 저장한다. 5행에서는 dust의 처음 5행을 출력한다.

실습 코드 8-1

'미세먼지' 엑셀 파일 읽어오기

```
import pandas as pd
# dust.xlsx 불러오기
file_path='/content/drive/MyDrive/dust.xlsx'
dust=pd.read_excel(file_path)
dust.head()
```

〈실행 결과〉

	날짜	아황산가스	일산화탄소	오존	이산화질소	PM10	PM2.5
0	2021-01-01 01	0.004	0.4	0.021	0.018	NaN	12.0
1	2021-01-01 02	0.004	0.4	0.019	0.020	20.0	13.0
2	2021-01-01 03	0.004	0.5	0.017	0.023	23.0	13.0
3	2021-01-01 04	0.004	0.5	0.015	0.024	17.0	12.0
4	2021-01-01 05	0.004	0.5	0.010	0.026	NaN	14.0

❷ 데이터 전체적인 구조를 확인한다. info() 함수는 데이터에 대한 전반적인 정보를 나타내고, 데이터프레임의 행과 열의 크기, 컬럼명, 컬럼을 구성하는 값의 자료형 등을 출력한다.

실습 코드 8-2

데이터의 기본 정보 출력

〈코드〉

```
dust.info()
```

〈실행 결과〉

```
<class 'pandas.core.frame.DataFrame'>
RangeIndex: 744 entries, 0 to 743
Data columns (total 7 columns):
 #   Column  Non-Null Count  Dtype
---  ------  --------------  -----
 0   날짜       744 non-null    object
 1   아황산가스    740 non-null    float64
 2   일산화탄소    740 non-null    float64
 3   오존       740 non-null    float64
 4   이산화질소    740 non-null    float64
 5   PM10    725 non-null    float64
 6   PM2.5   739 non-null    float64
dtypes: float64(6), object(1)
memory usage: 40.8+ KB
```

❸ 데이터 기초 통계량을 확인한다. describe() 함수는 숫자 데이터의 컬럼별 요약 통계량을 출력한다. 또한 mean(), max(), median() 등 개별 함수를 사용하여 통계량을 계산할 수도 있다.

실습 코드 8-3

데이터의 기초 통계량 출력

```
dust.describe()
```

〈실행 결과〉

	아황산가스	일산화탄소	오존	이산화질소	PM10	PM2.5
count	740.000000	740.000000	740.000000	740.000000	725.000000	739.000000
mean	0.003654	0.563243	0.014154	0.030422	33.325517	21.833559
std	0.000628	0.164593	0.010689	0.014664	19.930029	12.222892
min	0.002000	0.300000	0.001000	0.006000	3.000000	3.000000
25%	0.003000	0.400000	0.003000	0.017000	20.000000	13.000000
50%	0.004000	0.500000	0.014000	0.030000	29.000000	19.000000
75%	0.004000	0.700000	0.024000	0.043000	43.000000	29.000000
max	0.006000	1.200000	0.037000	0.063000	163.000000	72.000000

데이터 가공하기

컬럼의 이름을 영문으로 변경하고 특정 컬럼에서 필요한 데이터만을 추출한 후 컬럼 순서도 재정렬한다.

❶ 한글 컬럼명을 rename() 함수를 사용하여 영문명으로 변경한다. 데이터프레임에 반영하기 위해서는 반드시 inplace=True로 설정한다. 컬럼명이 변경되었는지 확인하기 위해 dust의 처음 5행을 출력한다.

실습 코드 8-4

한글 컬럼명을 영문명으로 변경

```
dust.rename(columns={'날짜':'date','아황산가스':'so2',
                     '일산화탄소':'co','오존':'o3',
                     '이산화질소':'no2'},inplace=True)
dust.head()
```

〈실행 결과〉

	date	so2	co	o3	no2	PM10	PM2.5
0	2021-01-01 01	0.004	0.4	0.021	0.018	NaN	12.0
1	2021-01-01 02	0.004	0.4	0.019	0.020	20.0	13.0
2	2021-01-01 03	0.004	0.5	0.017	0.023	23.0	13.0
3	2021-01-01 04	0.004	0.5	0.015	0.024	17.0	12.0
4	2021-01-01 05	0.004	0.5	0.010	0.026	NaN	14.0

❷ 날짜 데이터에서 데이터 분석에 필요한 '년도-월-일'만 추출한다.

실습 코드 8-5

특정 문자열 추출

```
dust['date']=dust['date'].str[:11]
dust.head()
```

〈실행 결과〉

	date	so2	co	o3	no2	PM10	PM2.5
0	2021-01-01	0.004	0.4	0.021	0.018	NaN	12.0
1	2021-01-01	0.004	0.4	0.019	0.020	20.0	13.0
2	2021-01-01	0.004	0.5	0.017	0.023	23.0	13.0
3	2021-01-01	0.004	0.5	0.015	0.024	17.0	12.0
4	2021-01-01	0.004	0.5	0.010	0.026	NaN	14.0

❸ 날짜(date) 컬럼의 자료형을 날짜형으로 변환한 후 확인한다.

실습 코드 8-6

데이터형 변경

```
dust['date']=pd.to_datetime(dust['date'])
dust.dtypes
```

〈실행 결과〉

```
date     datetime64[ns]
so2             float64
co              float64
o3              float64
no2             float64
PM10            float64
PM2.5           float64
dtype: object
```

❹ 날짜(date) 컬럼에서 년도, 월, 일을 추출하여 새로운 컬럼을 생성한다.

실습 코드 8-7

새로운 컬럼 생성

```
dust['year']=dust['date'].dt.year
dust['month']=dust['date'].dt.month
dust['day']=dust['date'].dt.day
dust.columns
```

〈실행 결과〉

```
Index(['date', 'so2', 'co', 'o3', 'no2', 'PM10', 'PM2.5', 'year', 'month',
       'day'],
      dtype='object')
```

❺ 컬럼의 순서를 재정렬한다.

실습 코드 8-8

컬럼 순서 재정렬

```
dust=dust[['date','year','month','day','so2','co','o3','no2','PM10',
'PM2.5']]
dust.columns
```

〈실행 결과〉

```
Index(['date','year','month','day','so2','co','o3','no2','PM10',
      'PM2.5'],
     dtype='object')
```

데이터 전처리

데이터 탐색과 분석 프로젝트 초기 준비과정에서 가장 힘든 작업은 결측치다. 미세먼지 데이터에서 결측치를 확인한 후 가장 적절한 방법으로 결측치를 처리한다.

❶ 결측치를 확인한다.

실습 코드 8-9

결측치 확인하기

〈코드〉

```
dust.isnull().sum()
```

〈실행 결과〉

```
date      0
year      0
month     0
day       0
so2       4
co        4
o3        4
no2       4
PM10     19
PM2.5     5
dtype: int64
```

❷ 시계열 분석에서는 null 값을 이전 시간의 값을 기준으로 채운다. 결측값을 앞 방향 또는 뒷 방향으로 채울 수 있는데, 여기에서는 앞 방향으로 채운다. 이전 값이 없는 경우 특정값으로 채운다.

실습 코드 8-10

결측치 처리 : 이전 데이터로 채우기

```
dust=dust.fillna(method='pad')
dust.head()
```

	date	year	month	day	so2	co	o3	no2	PM10	PM2.5
0	2021-01-01	2021	1	1	0.004	0.4	0.021	0.018	NaN	12.0
1	2021-01-01	2021	1	1	0.004	0.4	0.019	0.020	20.0	13.0
2	2021-01-01	2021	1	1	0.004	0.5	0.017	0.023	23.0	13.0
3	2021-01-01	2021	1	1	0.004	0.5	0.015	0.024	17.0	12.0
4	2021-01-01	2021	1	1	0.004	0.5	0.010	0.026	NaN	14.0

〈실행 결과〉

	date	year	month	day	so2	co	o3	no2	PM10	PM2.5
0	2021-01-01	2021	1	1	0.004	0.4	0.021	0.018	NaN	12.0
1	2021-01-01	2021	1	1	0.004	0.4	0.019	0.020	20.0	13.0
2	2021-01-01	2021	1	1	0.004	0.5	0.017	0.023	23.0	13.0
3	2021-01-01	2021	1	1	0.004	0.5	0.015	0.024	17.0	12.0
4	2021-01-01	2021	1	1	0.004	0.5	0.010	0.026	17.0	14.0

실습 코드 8-11

결측치 처리 : 이전 값이 없는 경우 특정 값으로 채우기

```
dust.fillna(20,inplace=True)
dust.head()
```

〈실행 결과〉

	date	year	month	day	so2	co	o3	no2	PM10	PM2.5
0	2021-01-01	2021	1	1	0.004	0.4	0.021	0.018	20.0	12.0
1	2021-01-01	2021	1	1	0.004	0.4	0.019	0.020	20.0	13.0
2	2021-01-01	2021	1	1	0.004	0.5	0.017	0.023	23.0	13.0
3	2021-01-01	2021	1	1	0.004	0.5	0.015	0.024	17.0	12.0
4	2021-01-01	2021	1	1	0.004	0.5	0.010	0.026	17.0	14.0

❸ 결측값을 다시 한번 확인한다.

실습 코드 8-12

결측치 확인

〈코드〉

```
dust.isnull().sum()
```

〈실행 결과〉

```
date      0
year      0
month     0
day       0
so2       0
co        0
o3        0
no2       0
PM10      0
PM2.5     0
dtype:int64
```

잠깐만요

시계열 분석이란

일정한 시간 간격으로 표시된 자료의 특성(추세변동, 계절변동, 순환변동, 불규칙변동)을 파악하여 미래를 예측하는 분석 방법이다. 시계열 분석을 통해서 내년도 판매량, 다음달 항공기 이용 승객, 앞으로 4개월 동안의 변화, 다음 분기에 예상되는 변화 등을 예측할 수 있다.

2.2 날씨 데이터

데이터 읽어와서 확인하기

날씨먼지 데이터를 가져오기 위해 엑셀 파일을 읽어 오고, 처음 5행 데이터를 출력하여 필요 데이터를 확인한다.

❶ 'weather.xlsx' 엑셀 파일을 읽어와 데이터프레임 변수 weather에 저장한다. 3행에서는 weather의 처음 5행을 출력한다.

실습 코드 8-13

'날씨 데이터' 엑셀 파일 읽어오기

```
1 file_path='/content/drive/MyDrive/weather.xlsx'
2 weather=pd.read_excel(file_path)
3 weather.head()
```

〈실행 결과〉

	지점	지점명	일시	기온(°C)	풍속(m/s)	강수량(mm)	습도(%)
0	400	강남	2021-01-01 01:00:00	-7.2	0.6	0.0	57.5
1	400	강남	2021-01-01 02:00:00	-7.6	0.7	0.0	57.5
2	400	강남	2021-01-01 03:00:00	-8.2	0.6	0.0	62.0
3	400	강남	2021-01-01 04:00:00	-8.1	0.5	0.0	60.5
4	400	강남	2021-01-01 05:00:00	-8.7	1.3	0.0	66.4

❷ 데이터 전체적인 구조를 확인한다.

실습 코드 8-14

데이터의 기본 정보 출력

```
weather.info()
```

〈실행 결과〉

```
<class 'pandas.core.frame.DataFrame'>
RangeIndex: 743 entries, 0 to 742
Data columns (total 7 columns):
 #   Column   Non-Null Count  Dtype
---  ------   --------------  -----
 0   지점       743 non-null    int64
 1   지점명      743 non-null    object
 2   일시       743 non-null    datetime64[ns]
 3   기온(°C)   743 non-null    float64
 4   풍속(m/s)  743 non-null    float64
 5   강수량(mm)  743 non-null    float64
 6   습도(%)    743 non-null    float64
dtypes: datetime64[ns](1), float64(4), int64(1), object(1)
memory usage: 40.8+ KB
```

데이터 가공하기

필요 없는 컬럼들을 삭제하고 컬럼명을 변경한 후 컬럼의 일부 데이터를 제거한다.

❶ 데이터 분석에 필요 없는 컬럼들을 삭제한다.

실습 코드 8-15

컬럼 삭제 : 지점, 지점명 삭제

```
weather.drop('지점',axis=1,inplace=True)
weather.drop('지점명',axis=1,inplace=True)
weather.head()
```

〈실행 결과〉

	일시	기온(°C)	풍속(m/s)	강수량(mm)	습도(%)
0	2021-01-01 01:00:00	-7.2	0.6	0.0	57.5
1	2021-01-01 02:00:00	-7.6	0.7	0.0	57.5
2	2021-01-01 03:00:00	-8.2	0.6	0.0	62.0
3	2021-01-01 04:00:00	-8.1	0.5	0.0	60.5
4	2021-01-01 05:00:00	-8.7	1.3	0.0	66.4

❷ 특수기호가 들어간 컬럼들의 이름을 변경한다.

실습 코드 8-16

컬럼명 변경 : columns 사용

```
weather.columns=['date','temp','wind','rain','humid']
weather.info()
```

〈실행 결과〉

	date	temp	wind	rain	humid
0	2021-01-01 01:00:00	-7.2	0.6	0.0	57.5
1	2021-01-01 02:00:00	-7.6	0.7	0.0	57.5
2	2021-01-01 03:00:00	-8.2	0.6	0.0	62.0
3	2021-01-01 04:00:00	-8.1	0.5	0.0	60.5
4	2021-01-01 05:00:00	-8.7	1.3	0.0	66.4

❸ 컬럼 일부 데이터 제거한 후 데이터 타입을 변경한다.

실습 코드 8-17

날짜 컬럼 시간 데이터 제거 : date

```
weather['date'] = pd.to_datetime(weather['date']).dt.date
weather['date']=weather['date'].astype('datetime64[ns]')
weather.info()
```

〈실행 결과〉

```
<class 'pandas.core.frame.DataFrame'>
RangeIndex: 743 entries, 0 to 742
Data columns (total 5 columns):
 #   Column  Non-Null Count  Dtype
---  ------  --------------  -----
 0   date    743 non-null    datetime64[ns]
 1   temp    743 non-null    float64
 2   wind    743 non-null    float64
 3   rain    743 non-null    float64
 4   humid   743 non-null    float64
dtypes: datetime64[ns](1), float64(4)
memory usage: 29.1 KB
```

잠깐만요

데이터 타입을 날짜 데이터 형식으로 변경한 이유는 1행의 결과 date 컬럼의 데이터 형식이 object 형식으로 변경되기 때문이다. datetime으로 변경하는 방법은 다음과 같이 to_datetime() 함수를 사용해도 된다.

```
weather['date']=pd.to_datetime(weather['date'])
```

astype() 함수는 데이터형을 변환하는 함수로 다양한 데이터형으로 변환 가능하다.

❹ 기상청에서는 0.1단위로 강수량을 측정해서 0.1이하로 비가 내리면 0으로 표시한다. 그래서 강수량(rain)이 0인 데이터를 0.01로 변경한 후 확인한다. value_counts() 함수를 이용하면 개별 컬럼 내에 각각의 값이 나온 횟수를 셀 수 있다.

이 과정은 기상청에서 0.1 이하의 강수량은 0으로 측정하기 때문에 좀 더 세부적인 값을 측정하기 위해 변경하는 것이다.

실습 코드 8-18

데이터 변경

```
weather['rain']=weather['rain'].replace([0], 0.01)
weather['rain'].value_counts()
```

〈실행 결과〉

```
0.01   720
0.50     9
1.00     7
1.50     3
2.00     2
2.50     2
Name: rain, dtype: int64
```

3 〉 데이터 병합

데이터 분석에 필요한 미세먼지 데이터와 날씨 데이터를 가로로 병합하기 위해 필요 없는 행을 삭제하고 병합한다.

❶ 데이터를 병합하기 전 미세먼지 데이터(dust)와 날씨 데이터(weather)의 행, 열 크기를 확인한다. shape 속성을 이용하면 데이터의 행, 열 크기를 확인할 수 있다.

실습 코드 8-19

미세먼지 데이터 행, 열 크기 확인

```
dust.shape
```

〈실행 결과〉

```
(744, 10)
```

실습 코드 8-20

날씨 데이터 행, 열 크기 확인

```
weather.shape
```

〈실행 결과〉

```
(743, 5)
```

❷ 미세먼지 데이터에서 날씨데이터와 공통적인 내용이 아닌 행을 찾아서 삭제한다.

실습 코드 8-21

미세먼지 데이터 특정 행 삭제

```
dust.drop(index=743,inplace=True)
```

〈실행 결과〉

```
(743, 10)
```

❸ dust와 weather 데이터프레임이 동일하게 가진 date 컬럼을 기준으로 병합해서 df프레임을 생성한 후 확인한다. 3행에서는 df의 처음 5행 데이터를 출력한다. 앞으로 dust와 weather 데이터프레임은 사용하지 않는다.

실습 코드 8-22

미세먼지 데이터와 날씨 데이터 병합

```
1  df=pd.merge(dust,weather,on='date')
2  df.head()
```

〈실행 결과〉

	date	year	month	day	so2	co	o3	no2	PM10	PM2.5	temp	wind	rain	humid
0	2021-01-01	2021	1	1	0.004	0.4	0.021	0.018	20.0	12.0	-7.2	0.6	0.01	57.5
1	2021-01-01	2021	1	1	0.004	0.4	0.021	0.018	20.0	12.0	-7.6	0.7	0.01	57.5
2	2021-01-01	2021	1	1	0.004	0.4	0.021	0.018	20.0	12.0	-8.2	0.6	0.01	62.0
3	2021-01-01	2021	1	1	0.004	0.4	0.021	0.018	20.0	12.0	-8.1	0.5	0.01	60.5
4	2021-01-01	2021	1	1	0.004	0.4	0.021	0.018	20.0	12.0	-8.7	1.3	0.01	66.4

4 〉 데이터 분석 및 시각화

병합한 데이터에서 특정 요소 간의 상관관계를 분석하고 시각화하여 분석 결과를 확인한다.

4.1 데이터 분석

❶ 상관 계수를 계산하는 corr() 함수를 이용하여 미세먼지 데이터와 날씨 데이터의 모든 요소별 상관관계를 확인한다.

실습 코드 8-23

모든 요소별 상관관계 확인

```
df.corr()
```

〈실행 결과〉

	year	month	day	so2	co	o3	no2	PM10	PM2.5	temp	wind	rain	humid
year	NaN	NaN	NaN	NaN	NaN	NaN	NaN	NaN	NaN	NaN	NaN	NaN	NaN
month	NaN	NaN	NaN	NaN	NaN	NaN	NaN	NaN	NaN	NaN	NaN	NaN	NaN
day	NaN	NaN	1.000000	-0.319732	0.227379	-0.119688	0.209155	0.016818	0.050328	0.491673	-0.075695	0.026279	0.176865
so2	NaN	NaN	-0.319732	1.000000	0.139818	-0.067423	0.083555	0.160285	0.147822	-0.375592	0.032008	-0.019673	-0.096696
co	NaN	NaN	0.227379	0.139818	1.000000	-0.756933	0.841533	0.529804	0.692035	0.318469	-0.322632	0.077316	0.337989
o3	NaN	NaN	-0.119688	-0.067423	-0.756933	1.000000	-0.924152	-0.348411	-0.524511	-0.204392	0.355292	-0.096531	-0.288304
no2	NaN	NaN	0.209155	0.083555	0.841533	-0.924152	1.000000	0.420515	0.564851	0.314004	-0.403820	0.109401	0.315366
PM10	NaN	NaN	0.016818	0.160285	0.529804	-0.348411	0.420515	1.000000	0.825227	0.175605	-0.108610	0.026195	0.216703
PM2.5	NaN	NaN	0.050328	0.147822	0.692035	-0.524511	0.564851	0.825227	1.000000	0.190270	-0.201781	0.069162	0.354332
temp	NaN	NaN	0.491673	-0.375592	0.318469	-0.204392	0.314004	0.175605	0.190270	1.000000	-0.210847	0.077425	0.212419
wind	NaN	NaN	-0.075695	0.032008	-0.322632	0.355292	-0.403820	-0.108610	-0.201781	-0.210847	1.000000	-0.077878	-0.462202
rain	NaN	NaN	0.026279	-0.019673	0.077316	-0.096531	0.109401	0.026195	0.069162	0.077425	-0.077878	1.000000	0.283847
humid	NaN	NaN	0.176865	-0.096696	0.337989	-0.288304	0.315366	0.216703	0.354332	0.212419	-0.462202	0.283847	1.000000

❷ 미세먼지(PM10)를 기준으로 각 변수와의 상관관계를 알아본다. 상관 계수만 살펴보면, 미세먼지(PM10)와 초미세먼지(PM2.5), 일산화탄소(co), 이산화질소(no2)가 상관관계가 높다는 것을 확인할 수 있다.

실습 코드 8-24

미세먼지와 다른 요소와의 상관관계

〈코드〉

```
corr=df.corr()
corr['PM10'].sort_values(ascending=False)
```

〈실행 결과〉

```
PM10        1.000000
PM2.5       0.825227
co          0.529804
no2         0.420515
humid       0.216703
temp        0.175605
so2         0.160285
rain        0.026195
day         0.016818
wind       -0.108610
o3         -0.348411
year             NaN
month            NaN
Name: PM10, dtype: float64
```

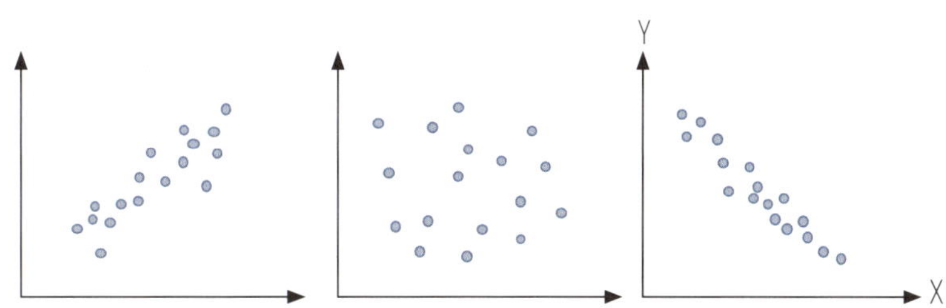

[A] 강한 양의 상관　　[B] 무상관　　[C] 강한 음의 상관

상관	상관 계수
양의 상관	+0.7 ~ +1.0이면, 강한 양의 상관관계 +0.3 ~ +0.7이면, 뚜렷한 양의 상관관계 +0.1 ~ +0.3이면, 약한 양의 상관관계
무상관	−0.1 ~ +0.1이면, 관계가 없음
음의 상관	−1.0 ~ −0.7이면, 강한 음의 상관관계 −0.7 ~ −0.3이면, 뚜렷한 음의 상관관계 −0.3 ~ −0.1이면, 약한 음의 상관관계

4.2 데이터 시각화

히스토그램 그래프로 시각화

각 요소별 히스토그램을 출력한다. bins는 구간 경계값이다.

실습 코드 8-25

히스토그램 그래프로 시각화

```
df.hist(bins=50,figsize=(20,15))
```

〈실행 결과〉

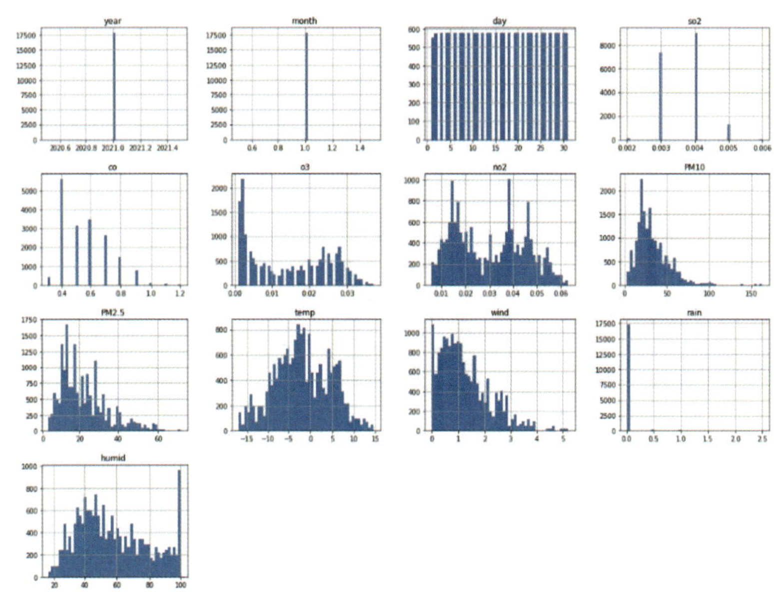

막대 그래프로 시각화

일별 미세먼지 현황을 막대 그래프로 출력한다. 시본(Seaborn) 라이브러리를 추가로 이용하여 데이터 범위를 다양한 색상으로 출력한다.

실습 코드 8-26

막대 그래프로 시각화

```
import matplotlib.pyplot as plt
import seaborn as sns
plt.figure(figsize=(15,10))
sns.barplot(x='day',y='PM10',data=df,palette='Set1')
plt.xticks(rotation=0)
plt.show()
```

〈실행 결과〉

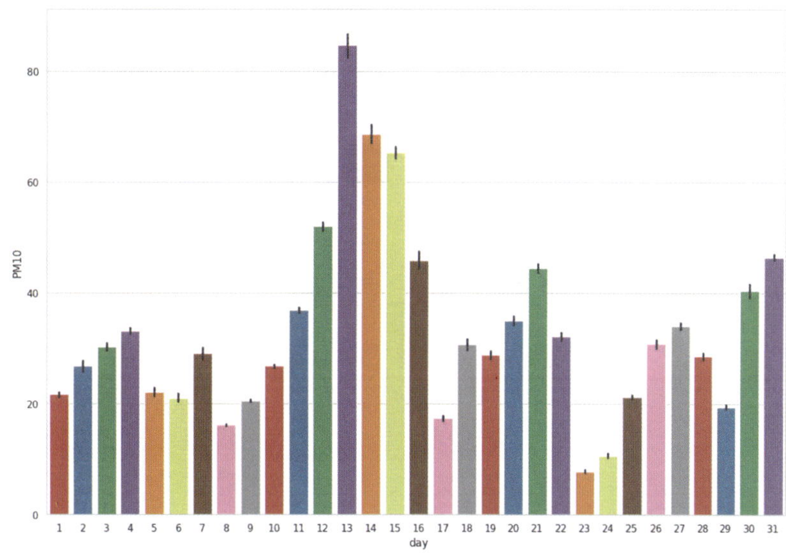

히트맵 그래프로 시각화

각 변수 간의 상관관계를 히트맵으로 출력한다. 앞서 모든 요소별로 어떤 상관관계가 있는지 corr() 함수를 이용하여 확인한 데이터를 히트맵 그래프를 이용하여 시각화하한다.

corr() 함수를 이용해서 모든 변수와의 관계를 파악하는 과정이 번거로워 히트맵을 사용하여 상관관계를 전체적으로 파악할 수 있다. 상관 계수가 0.3 이상 되는 변수와의 관계를 중점적으로 확인한다.

실습 코드 8-27

히트맵 그래프로 시각화

```
plt.figure(figsize=(15,10))
sns.heatmap(data=corr, annot=True, fmt='.2f',cmap='hot')
```

〈실행 결과〉

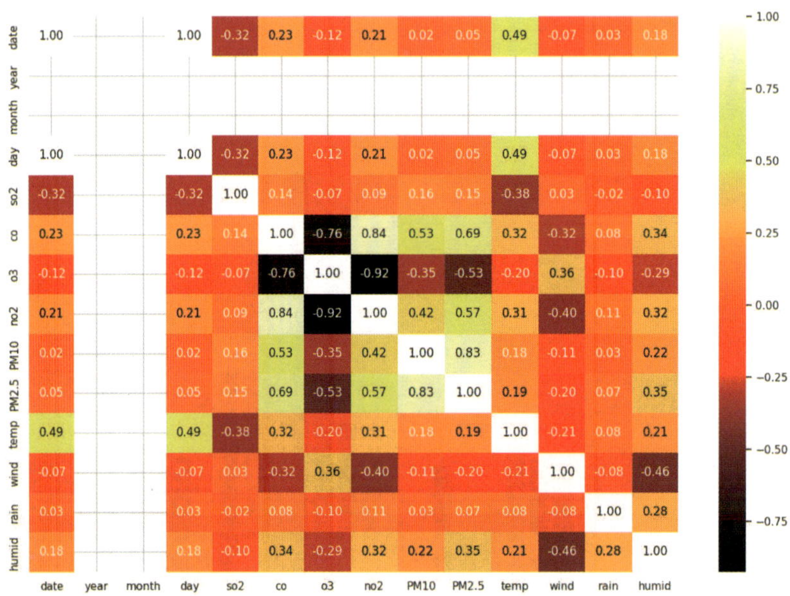

산점도 그래프로 시각화 (1)

온도(temp)와 미세먼지(PM10)와의 상관관계를 산점도 그래프로 확인한다. 산점도 그래프로 확인한 결과 온도와 미세먼지는 상관관계가 없음을 확인할 수 있다.

잠깐만요

산점도 그래프를 그릴 때 주로 scatter() 함수를 사용하지만, plot() 함수를 사용해도 됩니다.

실습 코드 8-28

산점도 그래프로 시각화 (1)

```
plt.figure(figsize=(15,10))
x=df['temp']  # 온도
y=df['PM10'] # 미세먼지
plt.plot(x,y,marker='o',linestyle='none',alpha=0.5)
plt.title('temp - pm10')
plt.xlabel('temp')
plt.ylabel('pm10')
plt.show()
```

〈실행 결과〉

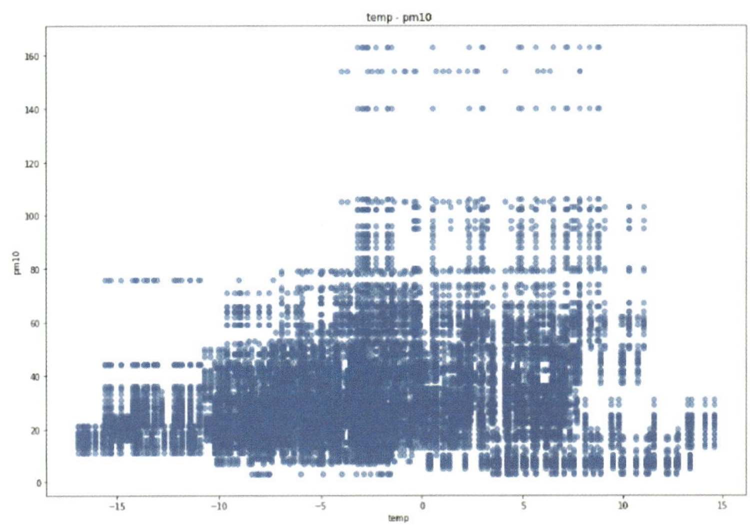

산점도 그래프로 시각화 (2)

미세먼지(PM10)와 초미세먼지(PM2.5)와의 상관관계를 산점도 그래프로 확인한다. 산점도 그래프로 확인한 결과, 산포도로 미세먼지와 초미세먼지가 선형성을 가지는 것이 확인되어 상관관계가 상당히 높은 것을 확인할 수 있다.

실습 코드 8-29

산점도 그래프로 시각화 (2)

```
plt.figure(figsize=(15,10))
x=df['PM10']  # 미세먼지
y=df['PM2.5']  # 초미세먼지
plt.plot(x,y,marker='o',linestyle='none',color='red',alpha=0.5)
plt.title('pm10-pm2.5')
plt.xlabel('pm10')
plt.ylabel('pm2.5')
plt.show()
```

〈실행 결과〉

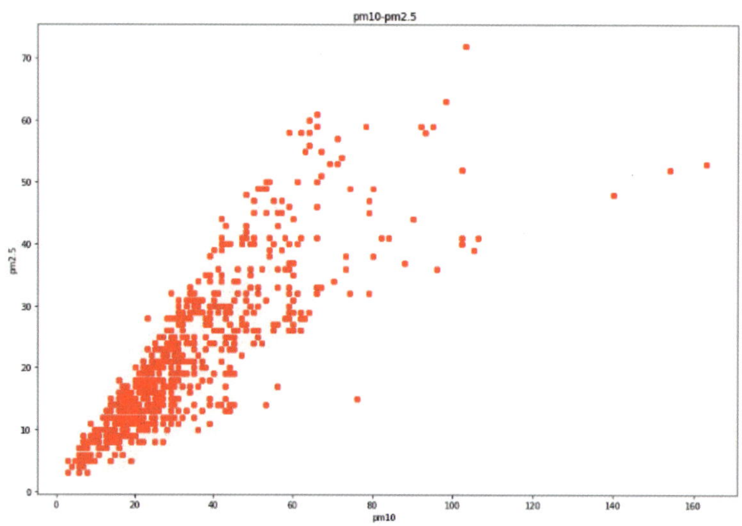

분석 요약

- 미세먼지(pm10)와 초미세먼지(pm2.5)는 강한 관계성이 있다.
- 미세먼지 변수 중 대기오염과 관련된 변수들은 관련성이 있다.
- 일산화탄소(co)와 이산화질소(no2)는 강한 관계성이 있다.
- 오존(o3)과 바람(wind)은 약한 관계성이 있다.
- 기온(temp)과 미세먼지는 무관하다.

연습 문제

연습 01 미세먼지(dust.xlsx)의 결측치를 이전 데이터로 채웠는데, 이전 시간이 아닌 다음 시간 값으로 채우고 결측치를 처리하세요.

- fillna(method = 'bfill') 또는 fillna(method = 'backfill') 사용

〈실행 결과〉

	date	year	month	day	so2	co	o3	no2	PM10	PM2.5
0	2021-01-01	2021	1	1	0.004	0.4	0.021	0.018	20.0	12.0
1	2021-01-01	2021	1	1	0.004	0.4	0.019	0.020	20.0	13.0
2	2021-01-01	2021	1	1	0.004	0.5	0.017	0.023	23.0	13.0
3	2021-01-01	2021	1	1	0.004	0.5	0.015	0.024	17.0	12.0
4	2021-01-01	2021	1	1	0.004	0.5	0.010	0.026	20.0	14.0

```
date      0
year      0
month     0
day       0
so2       0
co        0
o3        0
no2       0
PM10      0
PM2.5     0
dtype:int64
```

연습 02 본문에서 사용된 데이터 대신 여러분이 사는 동네의 특정 년도의 미세먼지 데이터와 날씨 데이터를 가지고 분석하세요.

연습 03

데이터프레임(df)의 일별 오존(o3) 농도를 시본 모듈을 사용하여 막대 그래프 나타내고, 그래프의 옵션들을 다양하게 설정하세요.

〈실행 결과〉

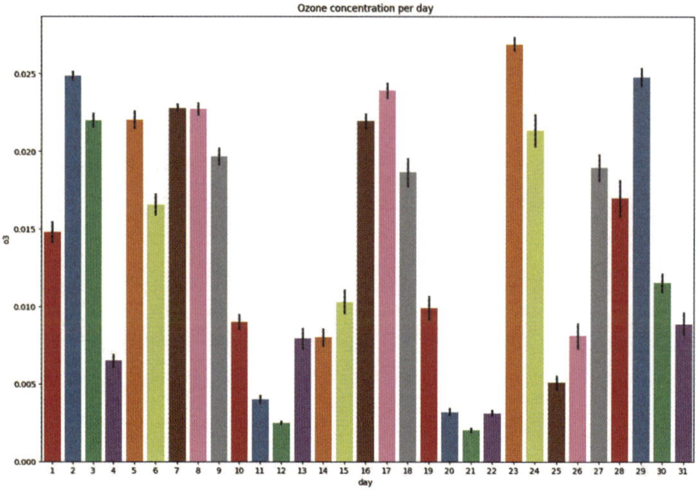

연습 04

본문에서 사용된 데이터를 가지고 일별 평균 기온(temp) 데이터를 세로 막대 그래프로 나타내세요.

〈실행 결과〉

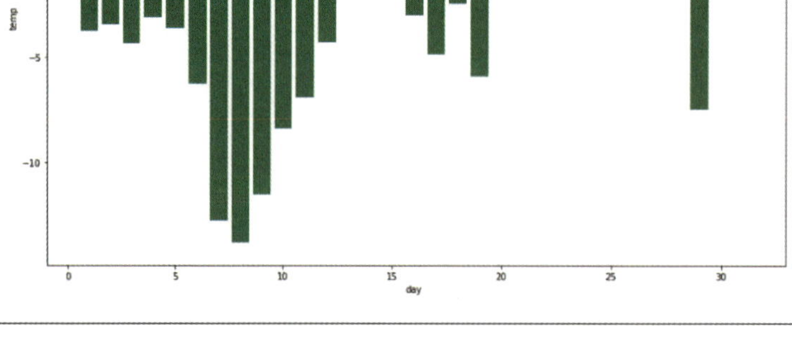

| 9장 |

행복지수 데이터 분석

학습 목표

- 행복지수 데이터 분석을 위한 분석 대상 데이터를 수집한다.
- 수집한 데이터를 목적에 따라 가공하고 데이터를 분석한다.
- 한글 폰트 설정 후 시각화하여 분석 결과를 해석한다.

1 〉 분석 대상 데이터 수집

대한민국은 반세기 동안 엄청난 경제성장과 더불어 400배 넘게 부유해진 반면 자살률, 청년 자살 증가율, 노인 빈곤률 등 어두운 면도 함께 증가하였다. 양적인 경제 번영과 달리 사회의 질적인 발전과 행복은 그렇지 못한 것이다. 건강은 정신적으로나 육체적으로 아무 탈없이 튼튼한 상태를 말하는데, 행복은 건강에 영향을 주는 중요한 요소이다. 삶에 영향을 주는 중요 요소들을 포함하여 측정한 행복지수 자료를 분석 대상 데이터로 정하여 수집하고 가공하여 요소 간의 상관관계를 분석하고자 한다.

고려대학교 정부학연구소 연구팀에서 수행한 '행복지표체계 구축 기반 연구'를 바탕으로 구축한 대한민국 행복지도 홈페이지에서 행복지수 데이터를 수집한다.

1.1 대한민국 행복지도 사이트에서 수집

대한민국 행복지도 사이트의 행복지수는 건강, 안전, 환경, 경제, 교육, 관계 및 사회참여, 여가의 7개 요소와 삶의 만족도 요소로 산출되었으므로 각각의 데이터를 수집한다.

❶ 대한민국 행복지도 사이트(http://117.52.82.47/)에 접속하고 화면 상단 메뉴에서 '2019 행복지도' → '삶의만족도'를 클릭한다.

❷ 삶의만족도의 〈엑셀다운로드〉 버튼을 클릭한다.

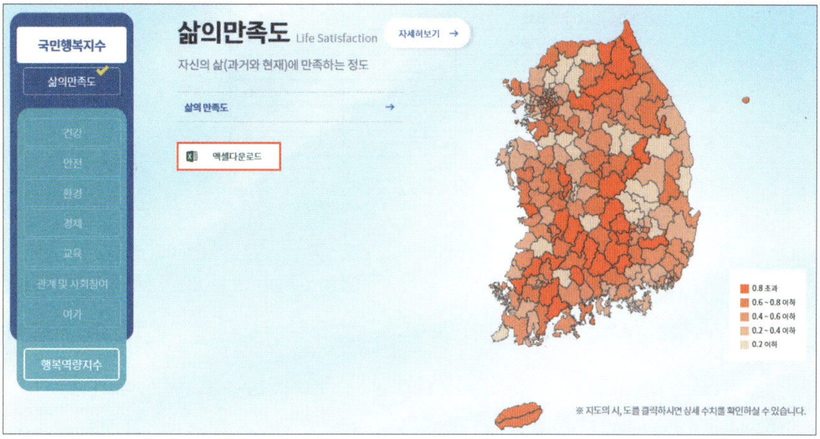

❸ 다른 이름으로 저장 대화상자가 표시되면 원하는 저장 위치를 지정하고 〈저장〉 버튼을 클릭하여 저장한다.

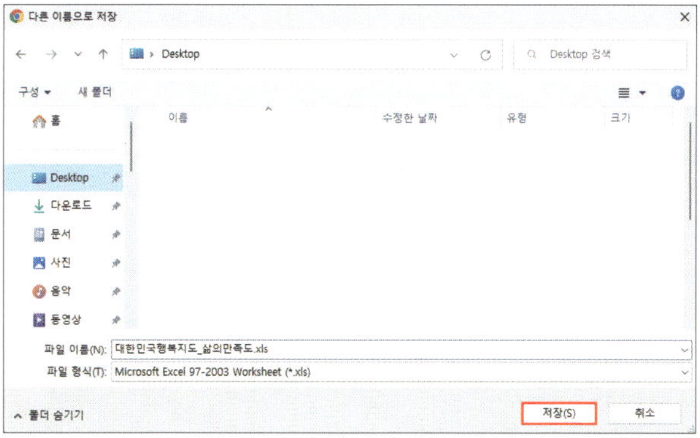

❹ 엑셀을 실행하고 다운로드한 파일을 불러오면 전국의 구군별 삶의 만족도를 확인할 수 있다.

	A	B	C	D	E	F	G
1	No	시도	구군	삶의 만족도			
2	1	서울특별시	종로구	0.4437			
3	2	서울특별시	중구	0.4976			
4	3	서울특별시	용산구	0.6161			
5	4	서울특별시	성동구	0.4729			
6	5	서울특별시	광진구	0.4041			
7	6	서울특별시	동대문구	0.5842			
8	7	서울특별시	중랑구	0.1058			
9	8	서울특별시	성북구	0.6382			
10	9	서울특별시	강북구	0.0461			

⋮

223	222	경상남도	남해군	0.3203
224	223	경상남도	하동군	0.6993
225	224	경상남도	산청군	0.9355
226	225	경상남도	함양군	0.9565
227	226	경상남도	거창군	0.6163
228	227	경상남도	합천군	0.8057
229	228	제주특별자치도	제주시	0.7113
230	229	제주특별자치도	서귀포시	0.7113

❺ 다운로드한 파일 형식은 'Microsoft Excel 97-2003 Worksheet.xls (*.xls)'이다. 이 형식의 파일은 코랩에 업로드하여 읽으면 오류가 발생하기 때문에 파일 형식을 'Excel 통합 문서(*.xlsx)'로 변경해야 한다. 엑셀 메뉴에서 〔파일〕→〔다른 이름으로 저장〕→〔찾아보기〕를 클릭하여 대화상자가 표시되면 파일 형식을 'Excel 통합 문서(*.xlsx)'로 지정하고 〈저장〉 버튼을 클릭하여 저장한다.

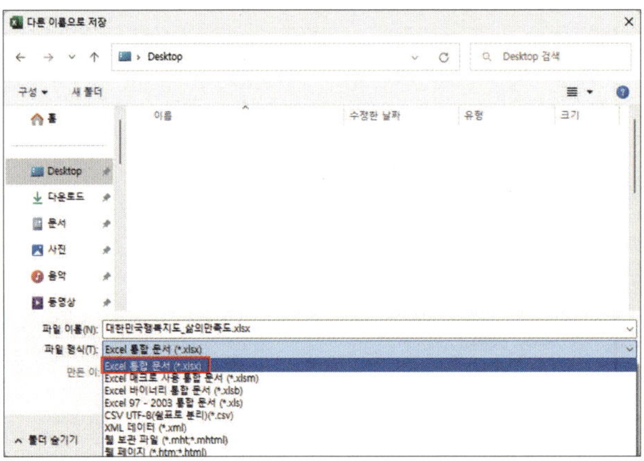

❻ 동일한 방법으로 건강, 안전, 환경, 경제, 교육, 관계 및 사회참여, 여가 요소를 선택하여 각각의 엑셀 파일을 다운로드하고, 엑셀 파일을 하나씩 열어 파일 형식을 'Excel 통합 문서(*.xlsx)'로 지정하여 각각 다시 저장한다.

각 파일의 지표 정보 산출 내용은 대한민국 행복지도 사이트(http://happykorea.re.kr/)를 참고한다.

표 9-1. 데이터 정보

파일명	열 정보(지표 정보)
대한민국행복지도_삶의만족도.xlsx	자신의 삶(과거와 현재)에 만족하는 정도
대한민국행복지도_건강.xlsx	주관적 건강수준 인지율, 인구 십만 명당 정신건강증진기관 수, 인구 천 명당 의료기관 종사 의사 수, 건강생활 실천률, 인구 천 명당 의료기관 병상 수
대한민국행복지도_안전.xlsx	사회안전에 대한 인식, 인구 천 명당 cctv 대수, 인구 십만 명당 응급의료기관 및 응급실 운영기관 수, 단위면적당 지역경찰관서 수, 지역안전등급 현황 중 '교통사고 및 화재'
대한민국행복지도_환경.xlsx	환경체감도, 인구 천 명당 1일 산업폐수 방류량, 도시지역 중 '녹지지역 비율', 미세먼지(PM2.5), 주민 1인당 생활폐기물 배출량
대한민국행복지도_경제.xlsx	1인당 지역내총생산(GRDP), 인구 천 명당 사업체 수, 인구 천 명당 종사자 수, 국민기초생활보장 수급자 비율, 종사자 천 명당 영세자영업자 수
대한민국행복지도_교육.xlsx	교원 1인당 학생 수, 영유아 천 명당 보육시설 수, 인구 십만 명당 학교 수, 인구 천 명당 사설학원 수
대한민국행복지도_관계및사회참여.xlsx	인구 십만 명당 자살률, 1인가구(독거노인 제외) 비율, 독거노인가구 비율, 인구 십만 명당 사회적기업 수, 가족관계 만족도
대한민국행복지도_여가.xlsx	여가활용 만족도, 노인 천 명당 노인여가복지시설 수, 인구 십만 명당 도서관 수, 인구 십만 명당 문화기반시설 수, 인구 천 명당 체육관련 여가시설 수

1.2 세션 저장소에 업로드

코랩에서 데이터 분석하기 위해 수집한 엑셀 파일들은 앞서 학습한 방법과 같이 코랩 세션 저장소에 업로드한다.

❶ 먼저 구글 드라이브에서 마우스 오른쪽 버튼을 클릭하여 '더보기' → 'Google Colaboratory'를 선택해 코랩을 실행한다. 'Google Colaboratory'가 보이지 않는다면 〈2장〉 코랩 환경 설정 내용을 통해 구글 드라이브에 연결한다. 코랩의 새 노트가 나타나면 이름을 '예제09.ipynb'로 수정한다.

❷ 코랩 노트의 왼쪽 메뉴에서 '파일' 아이콘(🗀)을 클릭한다. 파일 화면이 열리면 수집한 8개의 엑셀 파일을 드래그하여 업로드한다.

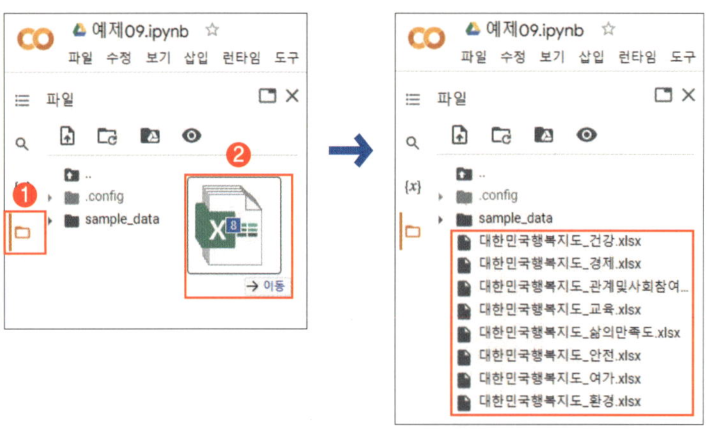

2 〉 데이터 가공

데이터 분석 목적에 따라 수집한 데이터를 다양한 형태로 가공하게 된다. 행복지수 8개 요소가 저장되어 있는 각각의 엑셀 파일들의 내용을 확인하고, 요소 간의 상관관계를 분석하기 위한 형태로 가공한다.

2.1 데이터 읽어와서 확인

행복지수 8개 요소 데이터를 가져오기 위해 각각의 엑셀 파일을 읽어 들이고, 처음 5줄 데이터를 출력하여 필요 데이터를 확인한다.

❶ 1행에서는 파이썬 라이브러리 판다스(Pandas)를 임포트(Import) 하고, 3행에서는 판다스의 read_excel을 사용하여 '대한민국행복지도_삶의만족도.xlsx' 엑셀 파일을 읽어와 데이터프레임 변수 happy_life에 저장한다. 4행에서는 happy_life의 처음 5행을 출력한다.

실습 코드 9-1

'삶의 만족도' 엑셀 파일 읽어오기

```
1    from pandas import *
2
3    happy_life=read_excel('대한민국행복지도_삶의만족도.xlsx')
4    happy_life.head()
```

〈실행 결과〉

	No	시도	구군	삶의 만족도
0	1	서울특별시	종로구	0.4437
1	2	서울특별시	중구	0.4976
2	3	서울특별시	용산구	0.6161
3	4	서울특별시	성동구	0.4729
4	5	서울특별시	광진구	0.4041

❷ 1행에서는 판다스의 read_excel을 사용하여 '대한민국행복지도_건강.xlsx' 엑셀 파일을 읽어와 데이터프레임 변수 happy_health에 저장한다. 2행에서는 happy_health의 처음 5줄 데이터를 출력한다. 건강지수는 5개의 지표와 평균으로 구성되어 있는데, 행복지수 8개 요소들 간의 상관관계 분석을 위해 평균 수치를 사용한다.

실습 코드 9-2

'건강' 엑셀 파일 읽어오기

```
1  happy_health=read_excel('대한민국행복지도_건강.xlsx')
2  happy_health.head()
```

〈실행 결과〉

	No	시도	구군	평균	주관적 건강수준 인지율	인구 십만명당 정신건강증진기관 수	인구 천명당 의료기관 종사 의사수	건강생활실천율	인구 천명당 의료기관병상수
0	1	서울특별시	종로구	0.9220	0.8424	0.6914	1.0000	0.9697	0.7616
1	2	서울특별시	중구	0.6742	0.5772	0.4106	0.9995	0.9669	0.4043
2	3	서울특별시	용산구	0.5898	0.9819	0.3353	0.6046	0.9844	0.1433
3	4	서울특별시	성동구	0.4794	0.5465	0.3321	0.5783	0.9776	0.2111
4	5	서울특별시	광진구	0.6373	0.8534	0.7393	0.6352	0.8022	0.1936

❸ 1행에서는 판다스의 read_excel을 사용하여 '대한민국행복지도_안전.xlsx' 엑셀 파일을 읽어와 데이터프레임 변수 happy_safe에 저장한다. 2행에서는 happy_safe의 처음 5줄 데이터를 출력한다. 안전지수는 5개의 지표와 평균으로 구성되어 있는데, 행복지수 8개 요소들 간의 상관관계 분석을 위해 평균 수치를 사용하기로 한다.

실습 코드 9-3

'안전' 엑셀 파일 읽어오기

```
1  happy_safe=read_excel('대한민국행복지도_안전.xlsx')
2  happy_safe.head()
```

〈실행 결과〉

	No	시도	구군	평균	사회안전에 대한 인식 b)	인구 천명당 cctv 대수 b)	인구 십만명당 응급의료기관 및 응급실 운영기관수	단위면적당 지역경찰관서 수	지역안전등급 현황 중 '교통사고 및 화재' a)
0	1	서울특별시	종로구	0.7470	0.9965	0.4796	0.7498	0.9998	0.0162
1	2	서울특별시	중구	0.9320	0.9707	0.8214	0.6938	1.0000	0.3014
2	3	서울특별시	용산구	0.5537	0.6641	0.4311	0.1768	0.8923	0.5075
3	4	서울특별시	성동구	0.5347	0.7452	0.4330	0.1562	0.9800	0.3014
4	5	서울특별시	광진구	0.6072	0.7179	0.2196	0.2019	0.9785	0.7117

❹ 1행에서는 판다스의 read_excel을 사용하여 '대한민국행복지도_환경.xlsx' 엑셀 파일을 읽어와 데이터프레임 변수 happy_environ에 저장한다. 2행에서는 happy_environ의 처음 5줄 데이터를 출력한다. 환경지수는 5개의 지표와 평균으로 구성되어 있는데, 행복지수 8개 요소 간의 상관관계 분석을 위해 평균 수치를 사용한다.

실습 코드 9-4

'환경' 엑셀 파일 읽어오기

```
1  happy_environ=read_excel('대한민국행복지도_환경.xlsx')
2  happy_environ.head()
```

〈실행 결과〉

	No	시도	구군	평균	환경체감도 b)	인구 천명당 1일 산업폐수 방류량 a)	도시지역 중 '녹지지역 비율'	미세먼지(PM2.5) a) b)	주민 1인당 생활폐기물배출량 a)
0	1	서울특별시	종로구	0.4637	0.4658	0.7223	0.2012	0.7704	0.0006
1	2	서울특별시	중구	0.2865	0.1077	0.6957	0.0013	0.6617	0.0000
2	3	서울특별시	용산구	0.5030	0.3142	0.7185	0.1349	0.6895	0.4571
3	4	서울특별시	성동구	0.4196	0.1480	0.6868	0.0347	0.3757	0.7426
4	5	서울특별시	광진구	0.4992	0.1229	0.6940	0.0574	0.7235	0.7016

❺ 1행에서는 판다스의 read_excel을 사용하여 '대한민국행복지도_경제.xlsx' 엑셀 파일을 읽어와 데이터프레임 변수 happy_econo에 저장한다. 2행에서는 happy_econo의 처음 5줄 데이터를 출력한다. 경제지수는 5개의 지표와

평균으로 구성되어 있는데, 행복지수 8개 요소 간의 상관관계 분석을 위해 평균 수치를 사용한다.

실습 코드 9-5

'경제' 엑셀 파일 읽어오기

```
happy_econo=read_excel('대한민국행복지도_경제.xlsx')
happy_econo.head()
```

〈실행 결과〉

	No	시도	구군	평균	1인당 지역내총생산(GRDP)	인구 천명당 사업체수	인구 천명당 종사자수	국민기초생활보장 수급자비율 a)	종사자 천명당 영세자영업자 수 a)
0	1	서울특별시	종로구	1.0000	1.0000	1.0000	1.0000	0.7564	0.9037
1	2	서울특별시	중구	0.9806	1.0000	1.0000	1.0000	0.6718	0.9177
2	3	서울특별시	용산구	0.6915	0.6334	0.5493	0.7282	0.7910	0.8341
3	4	서울특별시	성동구	0.6533	0.5132	0.5368	0.6849	0.8243	0.8377
4	5	서울특별시	광진구	0.4445	0.2906	0.3424	0.3870	0.8681	0.7480

❻ 1행에서는 판다스의 read_excel을 사용하여 '대한민국행복지도_교육.xlsx' 엑셀 파일을 읽어와 데이터프레임 변수 happy_edu에 저장한다. 2행에서는 happy_edu의 처음 5줄 데이터를 출력한다. 교육지수는 4개의 지표와 평균으로 구성되어 있는데, 행복지수 8개 요소 간의 상관관계 분석을 위해 평균 수치를 사용한다.

실습 코드 9-6

'교육' 엑셀 파일 읽어오기

```
1 happy_edu=read_excel('대한민국행복지도_교육.xlsx')
2 happy_edu.head()
```

〈실행 결과〉

	No	시도	구군	평균	교원 1인당 학생수	영유아 천명당 보육시설 수	인구 십만명당 학교수	인구 천명당 사설학원수
0	1	서울특별시	종로구	0.6839	0.8505	0.6248	0.2249	0.8126
1	2	서울특별시	중구	0.5013	0.8729	0.4147	0.2294	0.2944
2	3	서울특별시	용산구	0.2679	0.6479	0.3804	0.1281	0.1629
3	4	서울특별시	성동구	0.2464	0.7661	0.2270	0.1308	0.3366
4	5	서울특별시	광진구	0.4879	0.9309	0.4263	0.1278	0.4607

❼ 1행에서는 판다스의 read_excel을 사용하여 '대한민국행복지도_관계및사회참여.xlsx' 엑셀 파일을 읽어와 데이터프레임 변수 happy_relation에 저장한다. 2행에서는 happy_relation의 처음 5줄 데이터를 출력한다. 관계 및 사회참여지수는 5개의 지표와 평균으로 구성되어 있는데, 행복지수 8개 요소 간의 상관관계 분석을 위해 평균 수치를 사용한다.

실습 코드 9-7

'관계 및 사회참여' 엑셀 파일 읽어오기

```
1  happy_relation=read_excel('대한민국행복지도_관계및사회참여.xlsx')
2  happy_relation.head()
```

〈실행 결과〉

	No	시도	구군	평균	인구 십만명당 자살률 a)	1인가구(독거노인 제외) 비율 a)	독거노인가구 비율 a)	인구 십만명당 사회적기업수	가족관계 만족도 b)
0	1	서울특별시	종로구	0.7425	0.8318	0.0057	0.7593	0.9981	0.5949
1	2	서울특별시	중구	0.4608	0.5462	0.0107	0.7254	1.0000	0.2329
2	3	서울특별시	용산구	0.4317	0.7288	0.0211	0.7754	0.7194	0.2009
3	4	서울특별시	성동구	0.4182	0.7288	0.0791	0.8332	0.6783	0.0937
4	5	서울특별시	광진구	0.3519	0.9434	0.0051	0.8541	0.2461	0.2058

❽ 1행에서는 판다스의 read_excel을 사용하여 '대한민국행복지도_여가.xlsx' 엑셀 파일을 읽어와 데이터프레임 변수 happy_leisure에 저장한다. 2행에서는 happy_leisure의 처음 5줄 데이터를 출력한다. 여가지수는 5개의 지표와 평균으로 구성되어 있는데, 행복지수 8개 요소 간의 상관관계 분석을 위해 평균 수치를 사용한다.

실습 코드 9-8

'여가' 엑셀 파일 읽어오기

```
1  happy_leisure=read_excel('대한민국행복지도_여가.xlsx')
2  happy_leisure.head()
```

〈실행 결과〉

	No	시도	구군	평균	여가활용 만족도 b)	노인 천명당 노인여가복지시설수	인구 십만명당 도서관수	인구 십만명당 문화기반시설수	인구 천명당 체육관련 여가시설수
0	1	서울특별시	종로구	0.6331	0.8409	0.1573	0.4523	0.9997	0.5559
1	2	서울특별시	중구	0.6691	0.6224	0.1467	0.5369	0.8441	0.9886
2	3	서울특별시	용산구	0.2817	0.6381	0.1628	0.2453	0.3715	0.2934
3	4	서울특별시	성동구	0.3257	0.5657	0.1859	0.3590	0.2768	0.4859
4	5	서울특별시	광진구	0.3313	0.6740	0.1443	0.2333	0.2058	0.6365

2.2 데이터 병합

행복지수 8개 요소 데이터는 각각의 데이터프레임 변수에 저장되어 있다. 요소별 데이터프레임 변수의 평균 수치를 가져와 새로운 데이터프레임에 병합한다.

❶ 1행에서는 happy_life 데이터프레임 변수에서 중복되지 않은 '시도' 데이터를 unique() 함수로 추출 후 리스트로 변환하여 city 변수에 저장한다. 2행에서는 '시도' 데이터로 새로운 데이터프레임을 생성하여 데이터프레임 변수 happy_merge에 저장한다. 3행에서는 중복되지 않은 '시도' 데이터로 생성한 happy_merge 데이터를 출력한다.

실습 코드 9-9

'시도' 데이터 추출

```
1   city=list(happy_life['시도'].unique())
2   happy_merge=DataFrame( {'시도' : city} )
3   happy_merge
```

〈실행 결과〉

	시도
0	서울특별시
1	부산광역시
2	대구광역시
3	인천광역시
4	광주광역시
5	대전광역시
6	울산광역시
7	세종특별자치시
8	경기도
9	강원도
10	충청북도
11	충청남도
12	전라북도
13	전라남도
14	경상북도
15	경상남도
16	제주특별자치도

❷ 1행에서는 happy_life에서 '삶의 만족도' 열의 데이터를 가져와 mean() 함수로 '시도' 별 평균을 구한 후 life 변수에 저장한다. 2행에서는 happy_merge에 life를 병합하는데 두 데이터프레임의 공통 열 '시도'를 기준으로 병합한다. 3행에서는 happy_merge의 처음 5줄 데이터를 출력한다.

실습 코드 9-10

'삶의 만족도' 데이터 병합

```
1 life=happy_life['삶의 만족도'].groupby(by=happy_life['시도']).mean()
2 happy_merge=merge(happy_merge, life, on='시도')
3 happy_merge.head()
```

〈실행 결과〉

	시도	삶의 만족도
0	서울특별시	0.490972
1	부산광역시	0.362081
2	대구광역시	0.363988
3	인천광역시	0.411480
4	광주광역시	0.484480

❸ 1행에서는 happy_health에서 '평균' 열의 데이터를 가져와 mean() 함수로 '시도'별 평균을 구한 후 health 변수에 저장한다. 2행에서는 happy_merge에 health를 병합하는데 두 데이터프레임의 공통 열 '시도'를 기준으로 병합한다. 이때 health의 열 이름 '평균'은 rename()을 이용하여 '건강'으로 변경하고 3행에서는 happy_merge의 처음 5줄 데이터를 출력한다.

실습 코드 9-11

'건강' 데이터 병합

```
1 health=happy_health['평균'].groupby(by=happy_health['시도']).mean()
2 happy_merge=merge(happy_merge, health.rename('건강'), on='시도')
3 happy_merge.head()
```

〈실행 결과〉

	시도	삶의 만족도	건강
0	서울특별시	0.490972	0.569532
1	부산광역시	0.362081	0.511906
2	대구광역시	0.363988	0.482325
3	인천광역시	0.411480	0.339620
4	광주광역시	0.484480	0.632300

❹ 1행에서는 happy_safe에서 '평균' 열의 데이터를 가져와 mean() 함수로 '시도'별 평균을 구한 후 safe 변수에 저장한다. 2행에서는 happy_merge에 safe를 병합하는데 두 데이터프레임의 공통 열 '시도'를 기준으로 병합한다. 이때 safe의 열 이름 '평균'은 rename()을 이용하여 '안전'으로 변경하고 3행에서는 happy_merge의 처음 5줄 데이터를 출력한다.

실습 코드 9-12

'안전' 데이터 병합

```
1  safe=happy_safe['평균'].groupby(by=happy_safe['시도']).mean()
2  happy_merge=merge(happy_merge, safe.rename('안전'), on='시도')
3  happy_merge.head()
```

〈실행 결과〉

	시도	삶의 만족도	건강	안전
0	서울특별시	0.490972	0.569532	0.552256
1	부산광역시	0.362081	0.511906	0.404875
2	대구광역시	0.363988	0.482325	0.358429
3	인천광역시	0.411480	0.339620	0.421020
4	광주광역시	0.484480	0.632300	0.266440

❺ 1행에서는 happy_environ에서 '평균' 열의 데이터를 가져와 mean() 함수로 '시도'별 평균을 구한 후 environ 변수에 저장한다. 2행에서는 happy_merge에 environ을 병합하는데 두 데이터프레임의 공통 열 '시도'를 기준으로 병합한다.

이때 environ의 열 이름 '평균'은 rename()을 이용하여 '환경'으로 변경하고 3행에서는 happy_merge의 처음 5줄 데이터를 출력한다.

실습 코드 9-13

'환경' 데이터 병합

```
1 environ=happy_environ['평균'].groupby(by=happy_environ['시도']).mean()
2 happy_merge=merge(happy_merge, environ.rename('환경'), on='시도')
3 happy_merge.head()
```

〈실행 결과〉

	시도	삶의 만족도	건강	안전	환경
0	서울특별시	0.490972	0.569532	0.552256	0.470712
1	부산광역시	0.362081	0.511906	0.404875	0.448719
2	대구광역시	0.363988	0.482325	0.358429	0.552500
3	인천광역시	0.411480	0.339620	0.421020	0.515020
4	광주광역시	0.484480	0.632300	0.266440	0.607480

❻ 1행에서는 happy_econo에서 '평균' 열의 데이터를 가져와 mean() 함수로 '시도'별 평균을 구한 후 econo 변수에 저장한다. 2행에서는 happy_merge에 econo를 병합하는데 두 데이터프레임의 공통 열 '시도'를 기준으로 병합한다. 이때 econo의 열 이름 '평균'은 rename()을 이용하여 '경제'로 변경하고 3행에서는 happy_merge의 처음 5줄 데이터를 출력한다.

실습 코드 9-14

'경제' 데이터 병합

```
1 econo=happy_econo['평균'].groupby(by=happy_econo['시도']).mean()
2 happy_merge=merge(happy_merge, econo.rename('경제'), on='시도')
3 happy_merge.head()
```

〈실행 결과〉

	시도	삶의 만족도	건강	안전	환경	경제
0	서울특별시	0.490972	0.569532	0.552256	0.470712	0.532820
1	부산광역시	0.362081	0.511906	0.404875	0.448719	0.438037
2	대구광역시	0.363988	0.482325	0.358429	0.552500	0.393975
3	인천광역시	0.411480	0.339620	0.421020	0.515020	0.410820
4	광주광역시	0.484480	0.632300	0.266440	0.607480	0.387380

❼ 1행에서는 happy_edu에서 '평균' 열의 데이터를 가져와 mean() 함수로 '시도'별 평균을 구한 후 edu 변수에 저장한다. 2행에서는 happy_merge에 edu를 병합하는데 두 데이터프레임의 공통 열 '시도'를 기준으로 병합한다. 이때 edu의 열 이름 '평균'은 rename()을 이용하여 '교육'으로 변경하고 3행에서는 happy_merge의 처음 5줄 데이터를 출력한다.

실습 코드 9-15

'교육' 데이터 병합

```
1  edu=happy_edu['평균'].groupby(by=happy_edu['시도']).mean()
2  happy_merge=merge(happy_merge, edu.rename('교육'), on='시도')
3  happy_merge.head()
```

〈실행 결과〉

	시도	삶의 만족도	건강	안전	환경	경제	교육
0	서울특별시	0.490972	0.569532	0.552256	0.470712	0.532820	0.399412
1	부산광역시	0.362081	0.511906	0.404875	0.448719	0.438037	0.504594
2	대구광역시	0.363988	0.482325	0.358429	0.552500	0.393975	0.585837
3	인천광역시	0.411480	0.339620	0.421020	0.515020	0.410820	0.502920
4	광주광역시	0.484480	0.632300	0.266440	0.607480	0.387380	0.689680

❽ 1행에서는 happy_relation에서 '평균' 열의 데이터를 가져와 mean() 함수로 '시도'별 평균을 구한 후 relation 변수에 저장한다. 2행에서는 happy_merge에 relation을 병합하는데 두 데이터프레임의 공통 열 '시도'를 기준으로 병합한다.

이때 relation의 열 이름 '평균'은 rename()을 이용하여 '관계및사회참여'로 변경하고 3행에서는 happy_merge의 처음 5줄 데이터를 출력한다.

실습 코드 9-16

'관계 및 사회참여' 데이터 병합

```
1 relation=happy_relation['평균'].groupby(by=happy_relation['시도']).mean()
2 happy_merge=merge(happy_merge, relation.rename('관계및사회참여'), on='시도')
3 happy_merge.head()
```

〈실행 결과〉

	시도	삶의 만족도	건강	안전	환경	경제	교육	관계및사회참여
0	서울특별시	0.490972	0.569532	0.552256	0.470712	0.532820	0.399412	0.390656
1	부산광역시	0.362081	0.511906	0.404875	0.448719	0.438037	0.504594	0.294719
2	대구광역시	0.363988	0.482325	0.358429	0.552500	0.393975	0.585837	0.407486
3	인천광역시	0.411480	0.339620	0.421020	0.515020	0.410820	0.502920	0.504920
4	광주광역시	0.484480	0.632300	0.266440	0.607480	0.387380	0.689680	0.637800

⑨ 1행에서는 happy_leisure에서 '평균' 열의 데이터를 가져와 mean() 함수로 '시도'별 평균을 구한 후 leisure 변수에 저장한다. 2행에서는 happy_merge에 leisure를 병합하는데 두 데이터프레임의 공통 열 '시도'를 기준으로 병합한다. 이때 leisure의 열 이름 '평균'은 rename()을 이용하여 '여가'로 변경하고 3행에서는 happy_merge에 병합된 모든 데이터를 출력한다.

실습 코드 9-17

'여가' 데이터 병합

```
1 leisure=happy_leisure['평균'].groupby(by=happy_leisure['시도']).mean()
2 happy_merge=merge(happy_merge, leisure.rename('여가'), on='시도')
3 happy_merge
```

〈실행 결과〉

	시도	삶의 만족도	건강	안전	환경	경제	교육	관계및사회참여	여가
0	서울특별시	0.490972	0.569532	0.552256	0.470712	0.532820	0.399412	0.390656	0.286732
1	부산광역시	0.362081	0.511906	0.404875	0.448719	0.438038	0.504594	0.294719	0.153587
2	대구광역시	0.363988	0.482325	0.358429	0.552500	0.393975	0.585838	0.407486	0.234925
3	인천광역시	0.411480	0.339620	0.421020	0.515020	0.410820	0.502920	0.504920	0.244590
4	광주광역시	0.484480	0.632300	0.266440	0.607480	0.387380	0.689680	0.637800	0.454980
5	대전광역시	0.407580	0.663580	0.206780	0.582380	0.416260	0.840780	0.510820	0.347960
6	울산광역시	0.471980	0.420040	0.477060	0.393440	0.642580	0.763240	0.676440	0.418420
7	세종특별자치시	0.907700	0.232000	0.157800	0.652400	0.511900	0.587000	0.673700	0.447800
8	경기도	0.426023	0.353952	0.325255	0.557977	0.468926	0.668619	0.601532	0.377561
9	강원도	0.619506	0.329506	0.548000	0.639839	0.386861	0.488533	0.563122	0.632750
10	충청북도	0.410100	0.401064	0.573155	0.466045	0.484755	0.592409	0.372782	0.702891
11	충청남도	0.553100	0.347433	0.481313	0.558173	0.402893	0.648047	0.448720	0.625347
12	전라북도	0.608193	0.421300	0.410914	0.670586	0.196543	0.446936	0.487464	0.667900
13	전라남도	0.547709	0.424732	0.565195	0.700573	0.202668	0.420019	0.481323	0.658668
14	경상북도	0.502223	0.264114	0.484835	0.614265	0.303355	0.428252	0.402183	0.490804
15	경상남도	0.530794	0.312722	0.475561	0.735600	0.325017	0.624022	0.395378	0.463750
16	제주특별자치도	0.711300	0.253700	0.446100	0.684200	0.425000	0.646800	0.610700	0.694800

2.3 데이터 검산

데이터 분석을 진행할 때는 틀린 데이터로 분석하지 않게 가공 후 검산을 진행해야 한다. 앞서 groupby()를 이용하여 '시도'별 평균을 구하여 새로운 데이터프레임에 병합했다. 데이터 가공 전과 가공 후의 평균 차이가 얼마나 나는지 간단히 확인하여 검산한다.

❶ 병합하여 새롭게 만든 데이터프레임 변수 happy_merge에서 '삶의 만족도' 열의 평균과 '대한민국행복지도_삶의만족도.xlsx' 엑셀 파일에서 읽어와 저장한 데이터프레임 변수 happy_life에서 '삶의 만족도' 열의 평균을 출력했다. 이는 약 0.024 정도의 차이가 발생한 것을 확인할 수 있다. happy_merge는 groupby()를 이용하여 '시도'별로 이미 한 번의 평균이 구해진 상태이기 때문에 약간의 차이가 발생한 것이다.

실습 코드 9-18

'삶의 만족도' 데이터 검산

〈코드〉

```
print(happy_merge['삶의 만족도'].mean())
print(happy_life['삶의 만족도'].mean())
```

〈실행 결과〉

```
0.5181887062335198
0.4937618421052632
```

❷ 병합하여 새롭게 만든 데이터프레임 변수 happy_merge에서 '건강' 열의 평균과 '대한민국행복지도_건강.xlsx' 엑셀 파일에서 읽어와 저장한 데이터프레임 변수 happy_health에서 '평균' 열의 평균을 출력했다. 마찬가지로 happy_merge는 이미 한 번의 평균이 구해진 상태이기 때문에 약 0.005 정도의 차이가 발생한 것을 확인할 수 있다.

실습 코드 9-19

'건강' 데이터 검산

〈코드〉

```
print(happy_merge['건강'].mean())
print(happy_health['평균'].mean())
```

〈실행 결과〉

```
0.4094014744072605
0.40443508771929826
```

❸ 병합하여 새롭게 만든 데이터프레임 변수 happy_merge에서 '안전' 열의 평균과 '대한민국행복지도_안전.xlsx' 엑셀 파일에서 읽어와 저장한 데이터프레임 변수 happy_safe에서 '평균' 열의 평균을 출력했다. 마찬가지로 happy_merge는 이미 한 번의 평균이 구해진 상태이기 때문에 약 0.036 정도의 차이가 발생한 것을 확인할 수 있다.

실습 코드 9-20

'안전' 데이터 검산

〈코드〉

```
print(happy_merge['안전'].mean())
print(happy_safe['평균'].mean())
```

〈실행 결과〉

```
0.42088164252386323
0.4569065789473684
```

❹ 병합하여 새롭게 만든 데이터프레임 변수 happy_merge에서 '환경' 열의 평균과 '대한민국행복지도_환경.xlsx' 엑셀 파일에서 읽어와 저장한 데이터프레임 변수 happy_environ에서 '평균' 열의 평균을 출력했다. 마찬가지로 happy_merge는 이미 한 번의 평균이 구해진 상태이기 때문에 약 0.001 정도의 차이가 발생한 것을 확인할 수 있다.

실습 코드 9-21

'환경' 데이터 검산

〈코드〉

```
print(happy_merge['환경'].mean())
print(happy_environ['평균'].mean())
```

〈실행 결과〉

```
0.5794064414748389
0.5806381578947368
```

❺ 병합하여 새롭게 만든 데이터프레임 변수 happy_merge에서 '경제' 열의 평균과 '대한민국행복지도_경제.xlsx' 엑셀 파일에서 읽어와 저장한 데이터프레임 변수 happy_econo에서 '평균' 열의 평균을 출력했다. 마찬가지로 happy_merge는 이미 한 번의 평균이 구해진 상태이기 때문에 약 0.018 정도의 차이가 발생한 것을 확인할 수 있다.

실습 코드 9-22

'경제' 데이터 검산

〈코드〉

```
print(happy_merge['경제'].mean())
print(happy_econo['평균'].mean())
```

〈실행 결과〉

```
0.4076346792607561
0.3894403508771929
```

❻ 병합하여 새롭게 만든 데이터프레임 변수 happy_merge에서 '교육' 열의 평균과 '대한민국행복지도_교육.xlsx' 엑셀 파일에서 읽어와 저장한 데이터프레임 변수 happy_edu에서 '평균' 열의 평균을 출력했다. 마찬가지로 happy_merge는 이미 한 번의 평균이 구해진 상태이기 때문에 약 0.039 정도의 차이가 발생한 것을 확인할 수 있다.

실습 코드 9-23

'교육' 데이터 검산

〈코드〉

```
print(happy_merge['교육'].mean())
print(happy_edu['평균'].mean())
```

〈실행 결과〉

```
0.5786529913992841
0.5396557017543859
```

❼ 병합하여 새롭게 만든 데이터프레임 변수 happy_merge에서 '관계및사회참여' 열의 평균과 '대한민국행복지도_관계및사회참여.xlsx' 엑셀 파일에서 읽어와 저장한 데이터프레임 변수 happy_relation에서 '평균' 열의 평균을 출력했다. 마찬가지로 happy_merge는 이미 한 번의 평균이 구해진 상태이기 때문에 약 0.029 정도의 차이가 발생한 것을 확인할 수 있다.

실습 코드 9-24

'관계 및 사회참여' 데이터 검산

〈코드〉

```
print(happy_merge['관계및사회참여'].mean())
print(happy_relation['평균'].mean())
```

〈실행 결과〉

```
0.49763200954204206
0.468419298245614
```

❽ 병합하여 새롭게 만든 데이터프레임 변수 happy_merge에서 '여가' 열의 평균과 '대한민국행복지도_여가.xlsx' 엑셀 파일에서 읽어와 저장한 데이터프레임 변수 happy_leisure에서 '평균' 열의 평균을 출력했다. 마찬가지로 happy_merge는 이미 한 번의 평균이 구해진 상태이기 때문에 약 0.003 정도의 차이가 발생한 것을 확인할 수 있다.

실습 코드 9-25

'여가' 데이터 검산

〈코드〉

```
print(happy_merge['여가'].mean())
print(happy_leisure['평균'].mean())
```

〈실행 결과〉

```
0.46490970955241717
0.4623894736842106
```

⑨ 데이터 분석을 진행할 때는 데이터의 결손치 확인이 필요하다. 대부분 데이터는 결손치가 포함되어 있을 가능성이 있는데, 결손치는 분석 결과에 큰 영향을 미치기 때문에 숫자를 파악해 두었다가 제거하거나 보관해야 한다.

isnull()을 이용하면 결손치가 True/False로 반환되기 때문에 True 개수를 열마다 sum()으로 계산하여 출력하였다. happy_merge는 '시도'별 평균을 구하여 새로운 데이터프레임으로 생성한 것이기 때문에 결손치가 발생하지 않은 것을 확인할 수 있다.

실습 코드 9-26

데이터 결손 확인

〈코드〉

```
happy_merge.isnull().sum()
```

〈실행 결과〉

```
시도          0
삶의 만족도    0
건강          0
안전          0
환경          0
경제          0
교육          0
관계및사회참여 0
여가          0
dtype: int64
```

3 〉 데이터 분석 및 시각화

가공한 데이터의 간단한 통계량과 집계 내용을 확인하여, 행복지수 8개 요소 간의 상관관계를 분석하고 시각화하여 분석 결과를 확인한다.

3.1 데이터 분석

전체를 파악할 수 있는 요약 정보와 행복지수 요소별 및 시도별로 집계 내용을 확인한다. 행복지수 요소별 상관관계를 분석하여 요소 간의 연관성에 대하여 간단히 확인한다.

❶ describe()를 이용하여 데이터 개수(count), 평균(mean), 표준편차(std), 최솟값(min), 사분위수(25%, 75%), 중앙값(50%), 최댓값(max)을 간단히 출력하였다. 예를 들면, '삶의 만족도'의 경우 최대와 최소가 0.6 이상 차이가 발생한 것을 확인할 수 있다.

실습 코드 9-27

데이터 집계 내용 확인

```
happy_merge.describe()
```

<실행 결과>

```
1 happy_merge.describe()
```

	삶의 만족도	건강	안전	환경	경제	교육	관계및사회참여	여가
count	17.000000	17.000000	17.000000	17.000000	17.000000	17.000000	17.000000	17.000000
mean	0.518189	0.409401	0.420882	0.579406	0.407635	0.578653	0.497632	0.464910
std	0.138257	0.127636	0.123557	0.097299	0.111265	0.125408	0.114394	0.176206
min	0.362081	0.232000	0.157800	0.393440	0.196543	0.399412	0.294719	0.153587
25%	0.411480	0.329506	0.358429	0.515020	0.386861	0.488533	0.402183	0.347960
50%	0.490972	0.401064	0.446100	0.582380	0.410820	0.587000	0.487464	0.454980
75%	0.553100	0.482325	0.484835	0.652400	0.468926	0.648047	0.601532	0.632750
max	0.907700	0.663580	0.573155	0.735600	0.642580	0.840780	0.676440	0.702891

❷ mean()을 이용하여 행복지수 요소별 평균을 확인한다. 이때 axis(축)의 기준에 따라 행 방향으로 동작하게 할지, 열 방향으로 동작하게 할지를 지정할 수 있다. mean(axis=0)은 행 방향으로 동작하여 평균을 구하고, mean(axis=1)은 열 방향으로 동작하여 평균을 구하게 된다. 행복지수 요소별 평균은 행 방향으로 계산하기 때문에 mean(axis=0)이 된다. 행 방향 동작은 기본이기 때문에 axis=0은 생략 가능하다. 평균 수치상은 환경과 교육 부분의 행복지수가 상대적으로 높은 것으로 나타났다.

실습 코드 9-28

행복지수 요소별 평균 확인

<코드>

```
happy_merge.mean(axis=0, numeric_only=True)
```

<실행 결과>

```
삶의 만족도     0.518189
건강           0.409401
안전           0.420882
환경           0.579406
경제           0.407635
교육           0.578653
관계및사회참여  0.497632
여가           0.464910
dtype: float64
```

❸ mean()을 이용하여 시도별 평균을 확인하면 시도별 평균은 열 방향으로 계산하기 때문에 mean(axis=1)이 된다.

실습 코드 9-29

시도별 평균 확인 (1)

〈코드〉

```
happy_merge.mean(axis=1, numeric_only=True)
```

〈실행 결과〉

```
0        0.461637
1        0.389815
2        0.422433
3        0.418799
4        0.520068
5        0.497017
6        0.532900
7         0.21288
8        0.472481
9        0.526015
10       0.500400
11       0.508128
12       0.488729
13       0.500111
14       0.436254
15       0.482856
16       0.559075
dtype:  float64
```

❹ 인덱스가 숫자로 되어 있어 '시도' 정보를 한눈에 확인하기 어렵다. set_index를 이용하여 인덱스를 '시도'로 변경하여 시도별 평균을 다시 확인한다. 평균 수치상은 제주특별자치도의 행복지수가 상대적으로 높은 것으로, 부산광역시의 행복지수가 상대적으로 낮은 것으로 나타났다.

실습 코드 9-30

시도별 평균 확인 (2)

〈코드〉

```
happy_merge.set_index('시도').mean(axis=1)
```

〈실행 결과〉

```
시도
서울특별시          0.461637
부산광역시          0.389815
대구광역시          0.422433
인천광역시          0.418799
광주광역시          0.520068
대전광역시          0.497017
울산광역시          0.532900
세종특별자치시       0.21288
경기도             0.472481
강원도             0.526015
충청북도           0.500400
충청남도           0.508128
전라북도           0.488729
전라남도           0.500111
경상북도           0.436254
경상남도           0.482856
제주특별자치도      0.559075
dtype:  float64
```

5 상관 계수를 계산하는 corr()를 이용하여 행복지수 요소별 상관관계를 확인한다. 상관관계는 두 데이터의 상관관계만 확인하는 것으로 인과관계로 판단해서는 안 된다. 상관 계수만 보면, 환경이 좋아지면 삶의 만족도가 높아지는 관계에 있다는 것과 경제가 높을수록 환경이 나빠진다는 것을 확인할 수 있다.

실습 코드 9-31

행복지수 요소별 상관관계 확인

```
happy_merge.corr(numeric_only=True)
```

〈실행 결과〉

	삶의 만족도	건강	안전	환경	경제	교육	관계및사회참여	여가
삶의 만족도	1.000000	-0.570466	-0.191709	0.572262	-0.057815	-0.113522	0.519122	0.497880
건강	-0.570466	1.000000	-0.210138	-0.357841	0.071809	0.242186	-0.175048	-0.405151
안전	-0.191709	-0.210138	1.000000	-0.124581	-0.142781	-0.519065	-0.444827	0.382730
환경	0.572262	-0.357841	-0.124581	1.000000	-0.716187	-0.146646	0.169838	0.494416
경제	-0.057815	0.071809	-0.142781	-0.716187	1.000000	0.451395	0.298562	-0.367461
교육	-0.113522	0.242186	-0.519065	-0.146646	0.451395	1.000000	0.462585	-0.070109
관계및사회참여	0.519122	-0.175048	-0.444827	0.169838	0.298562	0.462585	1.000000	0.216653
여가	0.497880	-0.405151	0.382730	0.494416	-0.367461	-0.070109	0.216653	1.000000

3.2 한글 폰트 설정

위에서 확인한 분석 결과를 시각화하여 확인하려고 한다. 그런데 코랩에서는 맷플롯립으로 그래프를 그릴 때 한글이 깨지기 때문에 다음의 한글 폰트 설치 코드를 실행하여 설치를 진행해야 한다. 주의할 점은 코랩이라는 가상환경에 설치한 한글 폰트는 세션이 종료되면 매번 재설치를 해야 한다. 그리고 설치 후에는 반드시 [런타임] → [세션 다시 시작]을 클릭한 뒤, 한글 폰트 설치 부분을 제외한 데이터를 읽어 와서 시각화하는 모든 코드를 재실행한다.

실습 코드 9-32

한글 폰트 설치

```
!sudo apt-get install -y fonts-nanum      # 나눔 폰트 설치
!sudo fc-cache -fv                        # 시스템의 폰트 업데이트
!rm ~/.cache/matplotlib -rf               # 기존 설정된 글꼴 캐시 삭제
```

1행에서는 그래프를 그리기 위한 맷플롯립(matplotlib) 라이브러리를 임포트(Import) 하고, 2행에서는 한글 폰트 설정을 위한 폰트 매니저(matplotlib.font_manager)를 임포트(Import) 하며, 3행에서는 시본(Seaborn) 라이브러리를 임포트(Import) 한다. 5행에서는 나눔고딕 폰트 경로를 변수 font_path에 저장하고, 6행에서는 나눔고딕 폰트, 글자 크기 10의 폰트 정보를 변수 font_name에 저장한다. 8행에서는 5행과 6행에서 지정한 한글 폰트 정보를 rc()를 이용하여 적용한다.

실습 코드 9-33

한글 폰트 설정

```
1  import matplotlib.pyplot as plt
2  import matplotlib.font_manager as fm
3  import seaborn as sns
4
5  font_path='/usr/share/fonts/truetype/nanum/NanumGothic.ttf'
6  font_name=fm.FontProperties(fname=font_path, size=10).get_name()
7
8  plt.rc('font', family=font_name)
```

3.3 선 그래프로 시각화

행복지수가 '시도'별 지역에 따라 얼마나 차이가 나는지 선 그래프로 시각화하여 출력한다. 1행에서는 그래프 크기 지정과 함께 figure() 함수로 그림 객체를 생성한다. 2행에서는 행복지수 요소에 해당하는 칼럼명을 추출하여 변수 items에

저장한다. 3행에서 5행까지 for 문을 이용하여 happy_merge에서 행복지수 첫 번째 요소 데이터를 가져와 chartdata에 저장하고 마커 및 이름을 지정하는 과정을 마지막 요소까지 반복한다. 이런 과정을 통해 대한민국 행복지수에 대한 다중 선 그래프를 출력한다.

7행~13행에서는 x축 및 y축 이름, 축 눈금, 그래프 제목, 격차 표시 지정 후 그래프를 출력한다.

실습 코드 9-34

선 그래프로 시각화

```
1   plt.figure(figsize=(15,6))
2   items = list(happy_merge.columns[1:9])
3   for a in items:
4       chartdata = happy_merge[a]
5       plt.plot(chartdata, marker='o', label=a)
6
7   plt.xlabel('시도')
8   plt.ylabel('수치')
9   plt.xticks(range(17), happy_merge['시도'],fontsize=8)
10  plt.title('대한민국 행복지수')
11  plt.legend()
12  plt.grid()
13  plt.show()
```

〈실행 결과〉

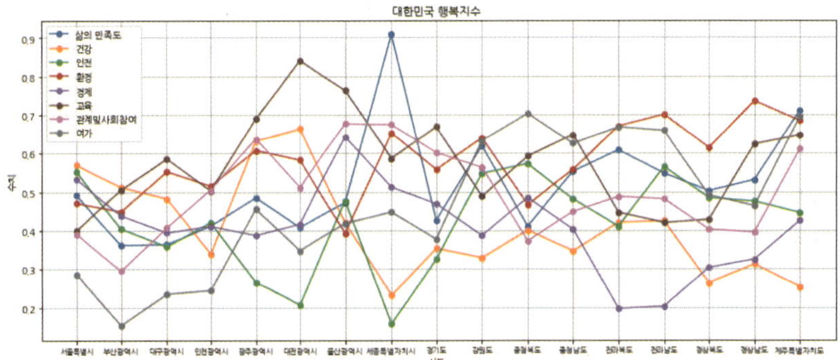

3.4 막대 그래프로 시각화

행복지수가 '시도'별 지역에 따라 얼마나 차이가 나는지 세로 막대 그래프로 시각화하는데, 세로 막대 그래프의 서브플롯을 활성화하여 8개의 요소들을 구분하여 출력한다.

1행에서는 넘파이 라이브러리를 임포트(Import) 한다. 2~3행에서는 plot()을 이용하여 그래프를 그리는데, 종류는 막대 그래프(bar), x축 이름은 '시도', y축 이름은 '수치', 그래프 크기는 가로 '15' 및 세로 '20', 격자선 활성, 계열별 서브플롯 활성으로 한다.

6행에서는 그래프 제목을 '대한민국 행복지수'로, 글자 크기를 '25'로 지정하며, 7행에서는 그래프와 서브플롯 간의 간격을 '8'로, 서브플롯들 간의 간격을 '2'로 지정하여 보기 좋게 레이아웃을 설정한다.

8행에서는 xticks()를 이용하여 x축 눈금을 지정하는데, '시도' 데이터를 저장한 변수 city를 x축 이름으로 지정하고, 360도 회전하여 가로로 출력되도록 한다. 9행에서는 show()를 이용하여 1행에서 7행까지 지정한 속성대로 실제 그래프를 출력한다.

실습 코드 9-35

막대 그래프로 시각화

```
1  from numpy import *
2
3  happy_merge.plot(kind='bar', xlabel='시도', ylabel='수치', figsize=(15,20),
   grid=True, subplots=True)
4
5  plt.suptitle('대한민국 행복지수', fontsize=25)
6  plt.tight_layout(pad=8, h_pad=2)
7  plt.xticks(arange(17), city, rotation=360)
8  plt.show()
```

〈실행 결과〉

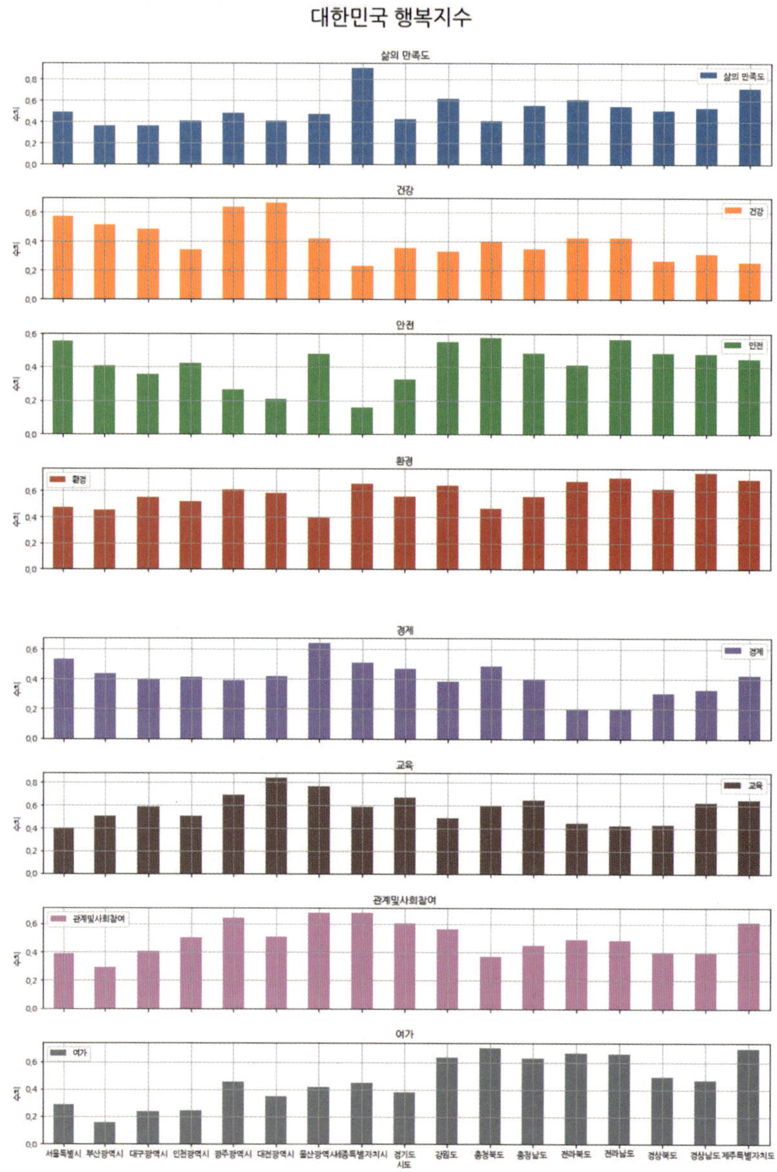
대한민국 행복지수
삶의 만족도
건강
안전
환경
경제
교육
관계및사회참여
여가
수치
서울특별시
부산광역시
대구광역시
인천광역시
광주광역시
대전광역시
울산광역시
세종특별자치시
경기도
강원도
충청북도
충청남도
전라북도
전라남도
경상북도
경상남도
제주특별자치도
시도

3.5 히트맵 그래프로 시각화

앞서 8개의 행복지수 요소별로 어떤 상관관계가 있는지 corr()를 이용하여 확인한다. 이를 히트맵 그래프를 이용하여 시각화한다. 시본(Seaborn) 라이브러리를 추가로 이용하여 데이터 범위를 다양한 색상으로 출력한다.

1행에서는 파이썬 라이브러리 시본(Seaborn)을 임포트(Import) 한다. 3행에서는 그래프 크기를 가로 15 및 세로 13으로 지정하고, 4행에서는 그래프 제목을 '대한민국 행복지수 상관관계'로 글자 크기를 '25'로 지정하며, 5행에서는 마이너스 폰트가 깨지지 않도록 설정한다. 7행에서는 corr()를 이용하여 구한 상관 계수를 변수 correlation_mat에 저장하고, 8행에서는 넘파이(NumPy) 라이브러리의 triu()를 이용하여 위쪽의 삼각형을 변수 upp_mat에 저장한다. tril()을 이용하게 되면 아래쪽 삼각형이 반환된다. 10행에서는 heatmap()을 이용하여 히트맵 그래프를 출력하는데, 상관 계수를 저장한 변수 correlation_mat을 지정하고, mask에 위쪽 부분의 삼각형을 저장한 변수 upp_mat를 지정하여 마스킹한다. 즉, 위쪽 부분의 삼각형이 보이지 않게 된다. annot을 활성화하여 각 셀마다 수치를 출력하고, cmap에는 'RdYlGn' 팔레트 색상을 지정한다. 11행에서는 show()를 이용하여 1행에서 10행까지 지정한 속성대로 실제 그래프를 출력한다.

실습 코드 9-36

히트맵 그래프로 시각화

```
1   import seaborn as sns
2
3   plt.figure(figsize=(15,13))
4   plt.title('대한민국 행복지수 상관관계', fontsize=25)
5   plt.rc('axes', unicode_minus=False)
6
7   correlation_mat = happy_merge.corr(numeric_only=True)
8   upp_mat=triu(correlation_mat)
9
10  sns.heatmap(correlation_mat, mask=upp_mat, annot=True, cmap='RdYlGn')
11  plt.show()
```

〈실행 결과〉

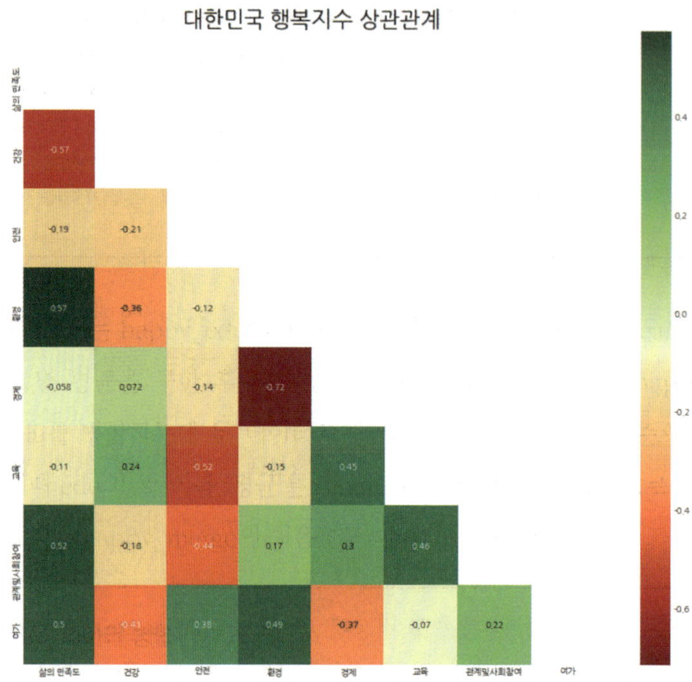

corr() 함수로 상관관계 정도를 수치로 나타난 계수를 구하여 히트맵 그래프로 시각화했다. 앞서 수치로 살펴본 것과 같이 환경이 좋아지면 삶의 만족도가 높아지는 것과 경제가 높을수록 환경이 나빠진다는 상관관계를 시각적으로 확인할 수 있다.

상관 계수는 1에 가까울수록 상관관계가 높다는 것을 의미하고 −1에 가까울수록 상관관계가 낮다는 것을 의미하지만, 인과관계를 의미하는 것은 아니므로 상관관계 분석에 대한 해석할 때 주의해야 한다.

연습 문제

연습 01 본문에서는 시도별로 그룹화하여 행복지수 요소와의 상관관계를 분석했다. 이를 서울특별시 '구군'별로 행복지수 요소와의 상관관계를 분석하고 요소 간의 연관성을 설명하세요.

〈서울특별시 구군별 행복지수〉

	구군	삶의 만족도	건강	안전	환경	경제	교육	관계및사회참여	여가
0	종로구	0.443700	0.922000	0.747000	0.46370	1.000000	0.683900	0.74250	0.6331
1	중구	0.336517	0.714983	0.532967	0.39485	0.676533	0.518717	0.47435	0.4401
2	용산구	0.616100	0.589800	0.553700	0.50300	0.691500	0.267900	0.43170	0.2817
3	성동구	0.472900	0.479400	0.534700	0.41960	0.653300	0.246400	0.41820	0.3257
4	광진구	0.404100	0.637300	0.607200	0.49920	0.444500	0.487900	0.35190	0.3313

〈서울특별시 구군별 행복지수〉

	삶의 만족도	건강	안전	환경	경제	교육	관계및사회참여	여가
삶의 만족도	1.000000	0.278078	0.001577	-0.236015	0.435007	0.560736	0.246283	-0.015894
건강	0.278078	1.000000	0.526684	-0.221940	0.457899	0.408688	0.325174	0.529692
안전	0.001577	0.526684	1.000000	-0.286672	0.233186	-0.024545	-0.215290	0.482690
환경	-0.236015	-0.221940	-0.286672	1.000000	-0.573838	0.038951	0.012447	-0.259865
경제	0.435007	0.457899	0.233186	-0.573838	1.000000	0.233678	0.302810	0.542861
교육	0.560736	0.408688	-0.024545	0.038951	0.233678	1.000000	0.488805	0.286615
관계및사회참여	0.246283	0.325174	-0.215290	0.012447	0.302810	0.488805	1.000000	0.529467
여가	-0.015894	0.529692	0.482690	-0.259865	0.542861	0.286615	0.529467	1.000000

연습 02 서울특별시 '구군'별 지역에 따라 얼마나 차이가 나는지 세로 막대 그래프로 시각화하고, 이를 세로 막대 그래프의 서브플롯을 활성화하여 8개의 요소들을 구분해서 출력하세요.

〈실행 결과〉

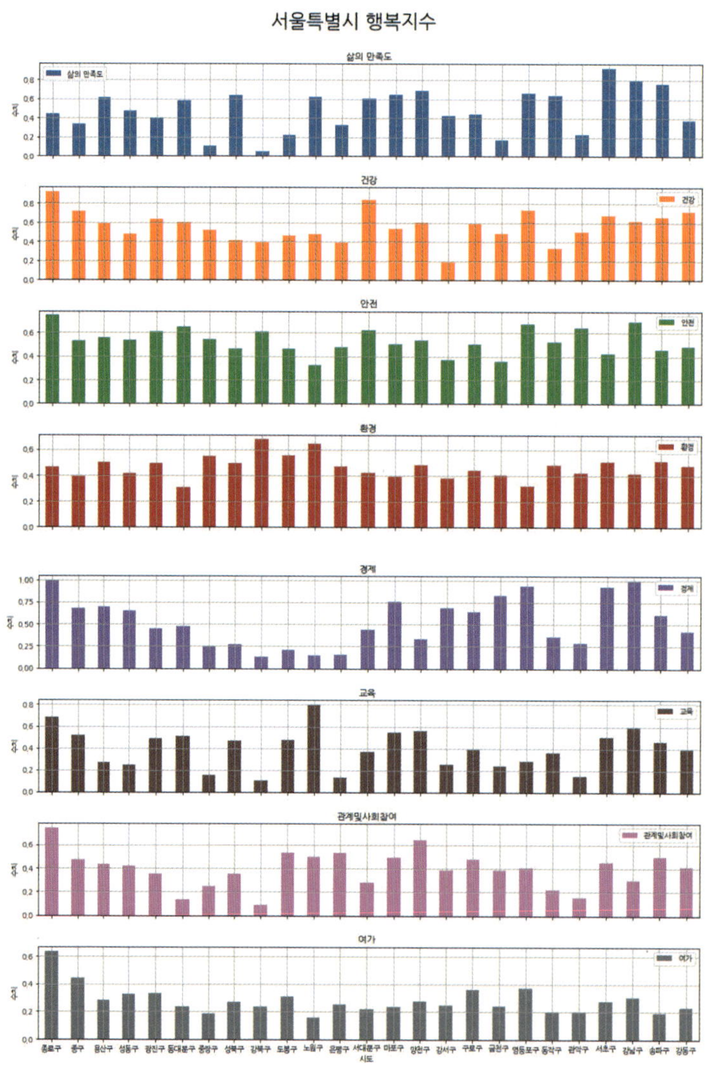

연습 03

연습 01 에서의 상관관계 분석 결과를 히트맵 그래프로 시각화하고 이를 시본(Seaborn) 라이브러리를 추가로 이용하여 데이터 범위를 다양한 색상으로 출력하세요.

〈실행 결과〉

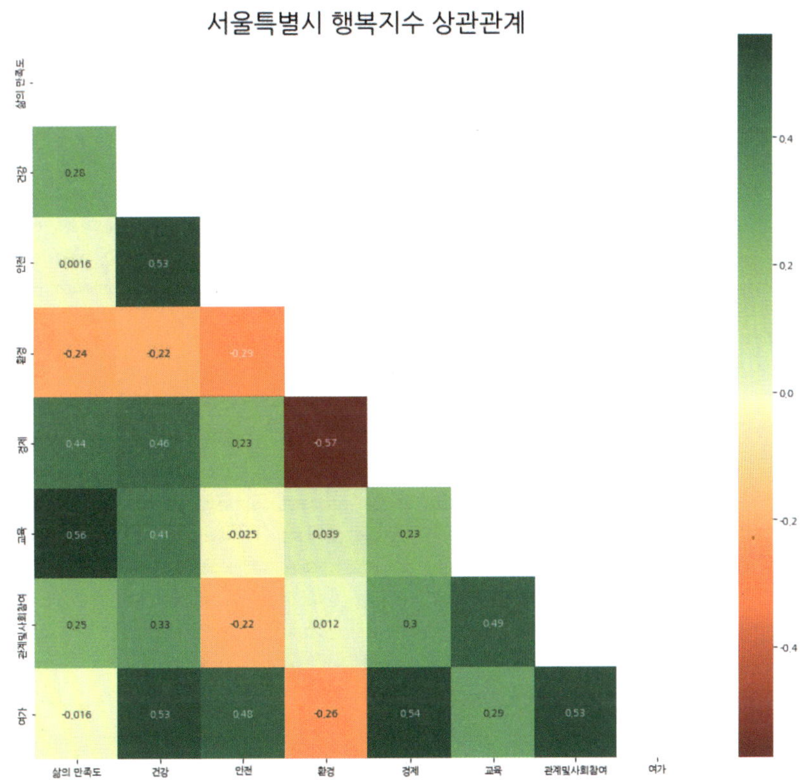

연습 04 서울특별시 외에도 다른 시도의 '구군'별로 행복지수 요소와의 상관관계를 분석하고 요소 간의 연관성을 찾아보세요.

〈부산광역시 구군별 행복지수〉

	구군	삶의 만족도	건강	안전	환경	경제	교육	관계및사회참여	여가
0	중구	0.336517	0.714983	0.532967	0.394850	0.676533	0.518717	0.474350	0.440100
1	서구	0.262820	0.556820	0.366980	0.488525	0.402360	0.596920	0.376575	0.198440
2	동구	0.308517	0.549083	0.436920	0.541083	0.496667	0.609550	0.441650	0.300267
3	영도구	0.227300	0.418100	0.440100	0.550800	0.221700	0.408700	0.009400	0.124300
4	부산진구	0.423900	0.598900	0.288300	0.456300	0.459800	0.599500	0.127000	0.119300

〈부산광역시 구군별 상관관계〉

	삶의 만족도	건강	안전	환경	경제	교육	관계및사회참여	여가
삶의 만족도	1.000000	0.008426	0.377289	0.397642	0.019127	0.078345	0.445796	-0.047536
건강	0.008426	1.000000	0.220567	-0.206558	0.076338	0.347876	-0.055748	-0.093309
안전	0.377289	0.220567	1.000000	0.214805	0.179693	-0.383915	0.120182	0.375980
환경	0.397642	-0.206558	0.214805	1.000000	-0.168107	0.037792	0.274982	0.479295
경제	0.019127	0.076338	0.179693	-0.168107	1.000000	-0.441745	0.199334	0.350187
교육	0.078345	0.347876	-0.383915	0.037792	-0.441745	1.000000	0.406218	-0.056750
관계및사회참여	0.445796	-0.055748	0.120182	0.274982	0.199334	0.406218	1.000000	0.542484
여가	-0.047536	-0.093309	0.375980	0.479295	0.350187	-0.056750	0.542484	1.000000

연습 05 연습 04에서의 상관관계 분석 결과를 히트맵 그래프로 시각화하고, 기본적인 통계와 집계를 수행하여 막대 그래프로 시각화해서 요소 간의 의미 있는 특징을 찾아보세요.

〈실행 결과〉

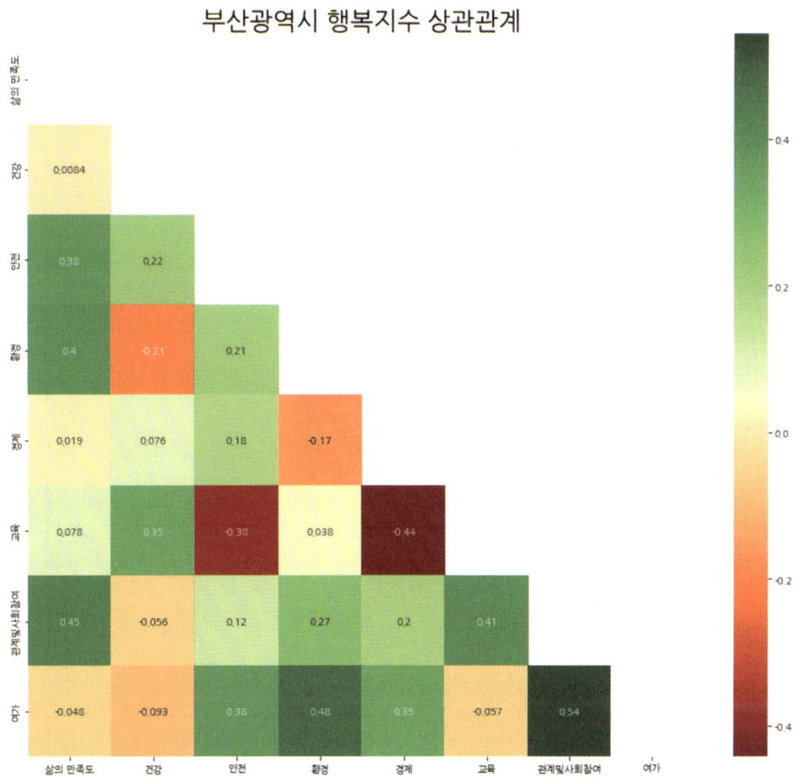

| 10장 |

병원 노쇼 환자 데이터 분석

학습 목표

- 데이터 전처리 과정이 필요한 이유를 알고, 전처리 과정에 필요한 작업이 무엇인지 설명한다.
- 데이터에서 결측치를 찾아 처리하여 가공한다.
- 데이터에서 통계량과 시각화를 이용하여 이상치를 찾아 제거한다.
- 데이터의 값 오류를 찾아 처리하여 가공한다.
- 시각화 기법을 사용하여 중요한 특성을 추출한다.
- 분석에 용이하도록 데이터 타입을 변환한다.

1 〉 데이터 전처리의 이해

그동안 앞에서 다루었던 전처리 방법을 점검하고, 이를 바탕으로 병원에서 발생하는 노쇼 환자에 대한 데이터 분석을 실습한다.

실제로 수집한 데이터를 곧바로 분석하는 것은 불가능하다. 따라서, 분석이 가능하도록 데이터 추출, 결측치 처리, 이상치 제거, 분포 변환, 표준화, 카테고리화, 차원 축소와 같은 작업을 수행해야 한다. 이러한 과정을 데이터 전처리라고 한다. 데이터 전처리 과정에서 어떤 처리를 하느냐에 따라 분석 결과가 유의미한 결과를 도출할 수도 있고, 그렇지 않을 수도 있으며 좋은 성능의 모델을 만들 수도, 만들지 못할 수도 있다.

전처리는 수작업으로 진행해야 하며, 자동화하는 것이 어렵기에 일반적으로 분석 프로세스의 전체 실행시간 중 60~70%(많게는 90%)를 차지한다.

1.1 데이터 전처리가 필요한 이유

데이터 분석 전처리는 데이터 분석을 하기 전에 데이터를 정제하고 변환하는 과정이다. 이 과정에서 데이터에 있는 오류, 결측치, 이상치 등을 처리하여 데이터 분석의 정확성을 높이는 것이 목적이다. 데이터 분석을 전처리하지 않으면 데이터 왜곡, 모델 정확도 저하, 시간과 비용이 많이 드는 문제 등이 발생할 수 있다.

데이터 왜곡

데이터 셋에 결측치나 이상치 등이 발생하면 분석결과가 왜곡될 수 있는 상황을 의미한다.

결측치

데이터 셋에서 일부 데이터가 누락되어 결측치가 발생하는 경우 해당 데이터를 제외하고 분석하는 것이 일반적이다. 그러나 일부 데이터가 결측치를 가질 경우, 결과적으로 부정확한 예측이나 결론을 내릴 수 있다. 예를 들어, 나이와 수입의 관계를 분석할 때, 일부 데이터에 수입 정보가 없다면 나이 데이터와의 상관관계를 분석하기 어렵거나 잘못된 결과가 나올 수도 있다.

이상치

이상치는 수집한 데이터에서 다른 관측치와 상당히 다른 극단적인 값이다. 이러한 이상치가 존재할 경우, 이상치의 원인을 분석하고, 처리해야 한다. 예를 들어, 여름철 평균 온도에 크게 벗어난 특정 온도가 있다면, 해당 여름철 온도는 이상치가 된다.

중복된 데이터

중복된 데이터는 분석 결과에 영향을 미친다. 예를 들어, 특정 기간 동안에 판매된 상품 리스트를 분석할 때, 중복 주문 데이터가 있으면 해당 데이터를 삭제하거나 수정해야 한다.

이러한 데이터 왜곡은 데이터 분석의 정확성에 영향을 미치며, 분석 결과의 신뢰를 떨어뜨리는 원인이 된다. 따라서 데이터 분석 전처리 단계에서 이러한 데이터 왜곡을 처리하는 것이 중요하다.

모델의 정확도 저하

전처리 과정을 거치지 않은 데이터 셋에서는 모델의 정확도가 낮아질 수 있다. 이는 예측 모델이 다양한 데이터 셋에서 일반화되지 못하게 하거나, 오류를 유발하게 할 수 있다.

시간 낭비

전처리 되지 않은 데이터 셋에서 분석을 수행하는 것은 시간과 비용이 낭비되는 것을 의미한다. 이는 데이터 셋의 크기가 커질수록 더욱 문제될 수 있다.

1.2 데이터 전처리 방법

데이터 타입의 일관성

함수를 통해 일괄적으로 데이터 타입을 변경한다.

실습 코드 10-1

int 타입으로 일괄 변경

```
import pandas as pd

# 예시 데이터프레임 생성
data=pd.DataFrame({'A': ['1', '2', '3'], 'B': ['4', '5', '6'], 'C': ['7', '8', '9']})

# A, B, C 열의 데이터 타입을 int로 변경
data[['A', 'B', 'C']]=data[['A', 'B', 'C']].apply(pd.to_numeric)

# 변경된 데이터프레임 정보 출력
print(data.info())
```

〈실행 결과〉

```
<class 'pandas.core.frame.DataFrame'>
RangeIndex: 3 entries, 0 to 2
Data columns (total 3 columns):
 #   Column  Non-Null Count  Dtype
---  ------  --------------  -----
 0   A       3 non-null      int64
 1   B       3 non-null      int64
 2   C       3 non-null      int64
dtypes: int64(3)
memory usage: 200.0 bytes
```

위 코드에서 pd.to_numeric() 함수를 사용하여 A, B, C 열의 데이터 타입을 int로 변경했다. 이렇게 apply() 함수를 이용하면 데이터프레임 내의 여러 열에 대해서 동일한 함수를 한꺼번에 적용할 수 있다.

결측값

결측값 제거하기

dropna() 함수를 사용하여 결측값이 있는 행 또는 열을 제거할 수 있다. dropna() 함수의 인자로 axis=0을 설정하면 결측값이 있는 행을 제거하고, axis=1을 설정하면 결측값이 있는 열을 제거한다.

실습 코드 10-2

결측값 제거

```
import pandas as pd

# 예시 데이터프레임 생성
data=pd.DataFrame({'A': [1, 2, 3, None], 'B': [4, None, 6, 7], 'C': [None, 8, 9, 10]})

# 결측값이 있는 행을 제거한 데이터프레임
data_dropna=data.dropna()

# 결과 출력
print(data_dropna)
```

〈실행 결과〉

```
   A    B    C
2  3.0  6.0  9.0
```

결측값을 특정값으로 채우기(fillna())

fillna() 함수는 데이터프레임에서 결측값을 다른 값으로 채울 때 사용된다. fillna() 함수의 인자로는 채울 값을 입력한다.

실습 코드 10-3

결측값을 0으로 채우기

```
import pandas as pd

# 예시 데이터프레임 생성
data=pd.DataFrame({'A': [1, 2, 3, None], 'B': [4, None, 6, 7], 'C': [None, 8, 9, 10]})

# 결측값을 0으로 채운 데이터프레임
data_fillna=data.fillna(0)

# 결과 출력
print(data_fillna)
```

〈실행 결과〉

```
     A    B     C
0  1.0  4.0   0.0
1  2.0  0.0   8.0
2  3.0  6.0   9.0
3  0.0  7.0  10.0
```

수치형 데이터의 경우 평균, 중앙값 등 대푯값으로 대체하기

실습 코드 10-4

결측값을 평균으로 채우기

```
import pandas as pd

# 예시 데이터프레임 생성
data=pd.DataFrame({'A': [1, 2, 3, None], 'B': [4, None, 6, 7], 'C': [None, 8, 9, 10]})

# 결측값을 평균으로 채운 데이터프레임
data_fillna=data.fillna(data.mean())

# 결과 출력
print(data_fillna)
```

〈실행 결과〉

```
     A         B     C
0  1.0  4.000000   9.0
1  2.0  5.666667   8.0
2  3.0  6.000000   9.0
3  2.0  7.000000  10.0
```

위 코드에서 fillna() 함수에 인자로 data.mean()을 입력하여 결측값을 각 열의 평균값으로 채웠다.

이렇게 생성된 데이터프레임은 기존의 데이터프레임과 동일한 크기를 가지며, 결측값이 있는 위치에만 평균값이 채워진다.

카테고리형 데이터에서 최빈값으로 대체하기

카테고리형 데이터의 경우 최빈값으로 대체할 수 있다. mode()를 사용할 경우 [0]을 입력해야 오류가 발생하지 않는다.

실습 코드 10-5

카테고리형 데이터에서 최빈값으로 결측값 채우기

```
import pandas as pd

# 예시 데이터프레임 생성
data=pd.DataFrame({'A': ['a', 'b', 'c', None], 'B': ['d', None, 'f', 'g'],
'C': [None, 'h', 'i', 'i']})

# 각 열의 결측값을 해당 열의 최빈값으로 채운 데이터프레임
data_fillna=data.apply(lambda x: x.fillna(x.mode()[0]))

# 결과 출력
print(data_fillna)
```

〈실행 결과〉

```
   A  B  C
0  a  d  i
1  b  d  h
2  c  f  i
3  a  g  i
```

위 코드에서 fillna() 함수 대신 apply() 함수와 람다(lambda) 함수를 사용했다. apply() 함수는 각 열(column)에 대해 함수를 적용하는 함수이며, lambda 함수를 사용하여 결측값을 최빈값으로 채웠다. mode() 함수는 각 열의 최빈값을 계산하며, [0]을 사용하여 가장 빈도가 높은 값을 선택한다.

결과적으로 생성된 데이터프레임은 카테고리형 데이터에 대한 최빈값으로 결측값이 채워진다.

수치형 데이터에서 최빈값으로 대체하기

실습 코드 10-6

최빈값으로 결측값 채우기

```
import pandas as pd

# 예시 데이터프레임 생성
data=pd.DataFrame({'A': [1, 2, 3, None], 'B': [4, None, 6, 7], 'C': [None, 8, 9, 9]})

# 결측값을 최빈값으로 채운 데이터프레임
data_fillna=data.fillna(data.mode().iloc[0])

# 결과 출력
print(data_fillna)
```

〈실행 결과〉

```
   A    B    C
0  1.0  4.0  9.0
1  2.0  4.0  8.0
2  3.0  6.0  9.0
3  1.0  7.0  9.0
```

위 코드에서 fillna() 함수에 인자로 data.mode().iloc[0]을 입력하여 결측값을 각 열의 최빈값으로 채웠다. mode() 함수는 각 열의 최빈값을 계산하며, iloc[0]을 사용하여 가장 빈도가 높은 값을 선택한다.

이렇게 생성된 데이터프레임은 기존의 데이터프레임과 동일한 크기를 가지며, 결측값이 있는 위치에만 최빈값이 채워진다.

'NaN' 값을 다른 컬럼값으로 대체

실습 코드 10-7

'NaN' 값을 다른 컬럼값으로 대체

```python
import pandas as pd

# 예시 데이터프레임 생성
data=pd.DataFrame({'A': ['a', 'b', 'c', None], 'B': ['d', None, 'f', 'g'],
'C': [None, 'h', 'i', 'i']})

# 'NaN' 값을 다른 컬럼값으로 대체한 데이터프레임
data_fillna=data.fillna({'A': 'a', 'B': 'd', 'C': 'i'})

# 결과 출력
print(data_fillna)
```

〈실행 결과〉

```
   A  B  C
0  a  d  i
1  b  d  h
2  c  f  i
3  a  g  i
```

위 코드에서 fillna() 함수에 대체하려는 컬럼과 대체할 값으로 이루어진 딕셔너리를 전달하여 값을 대체할 수 있다. 위 예제에서는 A, B, C 컬럼에 NaN 값에 대해 각각 'a', 'd', 'i'로 대체하고 변경하였다.

이러한 처리를 통해, 결측값이 발생하는 상황에서 이를 대체하여 더욱 정확한 분석 결과를 얻을 수 있다.

이상치

이상치를 제거하는 방법에는 여러 가지가 있지만, 가장 기본적인 방법 중 하나는 데이터의 분포를 이용하여 특정 범위 이외의 값을 이상치로 판단하고 제거하는 것이다. 이를 위해서는 데이터 분포를 먼저 확인해야 한다. 이는 시각화 방법(히스토그램, 박스플롯)을 활용하면 이상치 제거가 용이하다.

이상치는 그래프에서 표시된 하얀색 동그라미로 확인을 할 수 있다.

실습 코드 10-8

이상치 찾기

〈코드〉

```
import pandas as pd
import numpy as np
import matplotlib.pyplot as plt

# 예시 데이터프레임 생성
df=pd.DataFrame(np.random.randn(8, 3),
columns=['C1', 'C2', 'C3'])
df.loc[1,'C1']=11
df.loc[3,'C3']=-10
# 박스플롯으로 시각화
plt.boxplot([df['C1'],df['C3']])
```

〈실행 결과〉

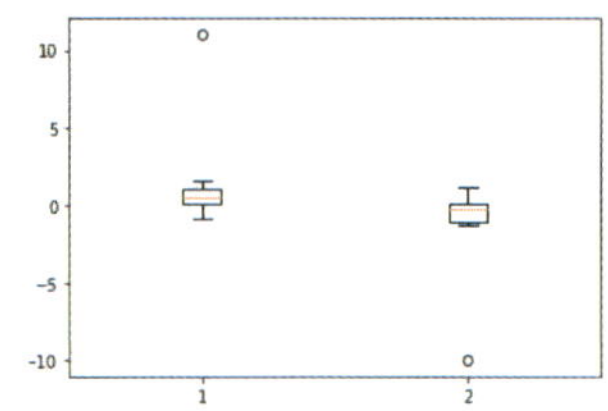

목적에 맞는 변수 추출

데이터 전처리에서 목적에 적합한 변수를 추출하는 방법은 추출할 변수의 목적과 데이터의 특성에 따라 다양하다. 일반적인 방법으로는 상관 분석과 주성분 분석이 있다. 상관관계 함수(corr())를 이용하면 변수 간의 상관관계가 높은 것을 찾아낼 수 있고, 주성분 분석(PCA)을 이용하면 차원을 축소하여 변수를 추출할 수 있다. 다음의 예는 상관관계를 이용하여 변수를 추출하는 방법이다.

실습 코드 10-9

변수 간의 상관 분석을 이용하여 변수 추출

〈코드〉

```
import pandas as pd
import numpy as np
import matplotlib.pyplot as plt
import seaborn as sns

df=pd.DataFrame(np.random.randn(8, 3),
columns=['C1', 'C2', 'C3'])
df.loc[1,'C1']=11
df.loc[3,'C3']=-10
plt.boxplot([df['C1'],df['C3']])
sns.heatmap(df.corr(), annot=True)
```

〈실행 결과〉

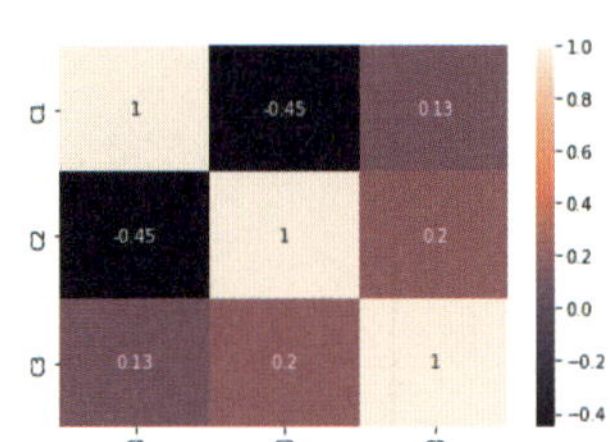

진한 색으로 표시된 변수 C1과 C2가 상관관계가 높은 것을 알 수 있다.

잠깐만요

주성분 분석의 목적은 차원 축소이다. 축소된 데이터를 이용해 분석을 진행할 때 사용한다. 여기서는 간단하게 차원을 축소하여 2개의 특성으로 나타내는 것을 확인하도록 한다.

주성분 분석을 이용하여 변수 추출 : 붓꽃 데이터를 로드하여 주성분 분석하는 예

```
from sklearn.datasets import load_iris
from sklearn.decomposition import PCA
import pandas as pd

# iris 데이터 셋 로드
iris=load_iris()

# iris 데이터 셋을 Pandas DataFrame으로 변환
df=pd.DataFrame(data=iris.data, columns=iris.feature_names)

# PCA 모델 생성 및 학습
pca=PCA(n_components=2) # 주성분 2개 추출
pca.fit(df)

# 학습된 PCA 모델을 이용하여 변환
result=pca.transform(df)

# 변환된 결과를 DataFrame으로 저장
result_df=pd.DataFrame(data=result, columns=['PC1', 'PC2'])

# 변환된 결과 출력
print(result_df)
```

〈실행 결과〉

```
          PC1       PC2
0   -2.684126  0.319397
1   -2.714142 -0.177001
2   -2.888991 -0.144949
3   -2.745343 -0.318299
4   -2.728717  0.326755
..        ...       ...
145  1.944110  0.187532
146  1.527167 -0.375317
147  1.764346  0.078859
148  1.900942  0.116628
```

```
149  1.390189 -0.282661
```

주성분이 2개일때 누적설명분산량이 약 93%이기 때문에 본문 코드 6행에서 주성분의 개수를 2로 설정하였다.

누적설명분산량 확인 코드

```
pca.explained_variance_ratio_
```

〈실행 결과〉

```
array([0.92461872, 0.05306648])
```

2 〉 병원 노소 환자 데이터 분석 실습 (1)

수집된 데이터는 정형 데이터와 비정형 데이터로 구분할 수 있다. 정형 데이터는 회원 데이터나 예약 데이터 등과 같이 표 형식으로 표현할 수 있는 데이터를 의미하며, 비정형 데이터는 이미지, 음성, 영상, 텍스트와 같이 크기가 크고 정해진 틀이 없는 데이터를 의미한다. 이러한 구분에 따라 전처리 방법도 달라지게 된다. 본 학습에서는 정형 데이터의 전처리 방법을 학습하기 위해 캐글에서 제공하는 예약환자 데이터 셋을 활용한다.

2.1 문제 정의와 변수 설명

최근 A 병원에서는 예약한 환자들이 오지 않아 진료가 원활히 이루어지지 않는 일이 종종 발생한다. 이러한 문제를 해결하기 위해 예약하고 오지 않는 환자들의 특징을 파악하고, 'No Show' 발생률을 줄일 수 있는 아이디어를 제시해 본다.

제공된 데이터 셋은 총 14개의 변수로, 각 변수는 다음과 같은 특징을 가지고 있다.

속성	값 형태	설명
PatienID	number	환자ID
AppointmentID	number	예약ID
Gender	F or M	성별
ScheduledDay	date	병원 예약을 한 날
AppointmentDay	date	실제 병원에 방문하는 날
Age	number	나이
Neighbourhood	string	병원 위치

SMS_received	0 or 1	메시지 수락 여부
No-show	Yes or No	노쇼 여부

2.2 데이터 읽기와 확인

필요한 라이브러리를 불러오고, 판다스를 사용해 데이터 셋을 읽어온다.

실습 코드 10-10

데이터 읽기

```
import pandas as pd
import numpy as np
import matplotlib.pyplot as plt
import seaborn as sns

df=pd.read_csv('/content/medical.csv')
df.head()
```

〈실행 결과〉

	PatientId	AppointmentID	Gender	ScheduledDay	AppointmentDay	Age	Neighbourhood	SMS_ received	No-show
0	2.990000e+13	5642903	F	2016-04-29T18:38:08Z	2016-04-29T00:00:00Z	62	JARDIM DA PENHA	0	No
1	5.590000e+14	5642503	M	2016-04-29T16:08:27Z	2016-04-29T00:00:00Z	56	JARDIM DA PENHA	0	No
2	4.260000e+12	5642549	F	2016-04-29T16:19:04Z	2016-04-29T00:00:00Z	62	MATA DA PRAIA	0	No
3	8.680000e+11	5642828	F	2016-04-29T17:29:31Z	2016-04-29T00:00:00Z	8	PONTAL DE CAMBURI	0	No
4	8.840000e+12	5642494	F	2016-04-29T16:07:23Z	2016-04-29T00:00:00Z	56	JARDIM DA PENHA	0	No

계속해서 컬럼명을 확인한다.

실습 코드 10-11

데이터의 컬럼명 확인

```
df.columns
```

```
〈실행 결과〉

Index(['PatientId', 'AppointmentID', 'Gender', 'ScheduledDay',
       'AppointmentDay', 'Age', 'Neighbourhood', 'SMS_received', 'No-show'],
      dtype='object')
```

이번에는 df를 구성하는 행과 열의 크기, 컬럼명, 컬럼을 구성하는 값의 자료형 등을 info() 함수를 사용해 한 번에 확인한다. info() 함수는 데이터에 대한 전반적인 정보를 나타낸다.

실습 코드 10-12

전반적인 정보 확인

```
df.info()
```

〈실행 결과〉

```
<class 'pandas.core.frame.DataFrame'>
RangeIndex: 110527 entries, 0 to 110526
Data columns (total 9 columns):
 #   Column          Non-Null Count   Dtype
---  ------          --------------   -----
 0   PatientId        110527 non-null  float64
 1   AppointmentID   110527 non-null  int64
 2   Gender           110527 non-null  object
 3   ScheduledDay    110527 non-null  object
 4   AppointmentDay  110527 non-null  object
 5   Age              110527 non-null  int64
 6   Neighbourhood   110527 non-null  object
 7   SMS_received     110527 non-null  int64
 8   No-show          110527 non-null  object
dtypes: float64(1), int64(3), object(5)
memory usage: 7.6+ MB
```

info( ) 함수를 사용해 확인한 결과, 데이터의 컬럼 수는 9개, 전체 데이터는 110527로 구성된 것을 알 수 있다. 또한 'Gender', 'ScheduledDay', 'AppointmentDay', 'Neighbourhood', 'No-show'는 string(object) 데이터 타입이라는 것을 확인할 수 있다(수치만 있는 항목은 int64, 문자열을 포함한 항목은 object이다.).

2.3 결측치 확인

이번에는 데이터 내부를 상세하게 확인하여 데이터를 전처리하고자 한다. 먼저 isnull() 함수를 사용해 데이터의 행과 열에 결측치가 하나 이상 포함되어 있는지 여부를 확인한다. 결측치가 포함되어 있으면 True, 그렇지 않으면 False가 출력된다.

2차원 데이터의 경우, axis=1로 설정하면 행별 열 방향을 의미하므로 결과는 행별로 출력된다.

실습 코드 10-13

결측치 유무 확인(axis=1)

```
print(df.isnull().any(axis=1)) # 행별 열방향 중 하나라도 널값이 있는지 조사
```

〈실행 결과〉

```
0         False
1         False
2         False
3         False
4         False
          ...
110522    False
110523    False
110524    False
110525    False
110526    False
Length: 110527, dtype: bool
```

axis=0으로 설정하면 컬럼(열)별 행 방향을 의미하므로 결과는 컬럼별로 출력된다.

실습 코드 10-14

결측치 유무 확인(axis=0)

```
print(df.isnull().any(axis=0)) # 각 칼럼별 행방향 중 하나라도 널값이 있는지
                                 조사
```

〈실행 결과〉

```
PatientId         False
AppointmentID     False
Gender            False
ScheduledDay      False
AppointmentDay    False
Age               False
Neighbourhood     False
SMS_received      False
No-show           False
dtype: bool
```

데이터의 결측값 포함 유무를 확인한 결과 df 데이터프레임은 결측값이 없다는 것을 알 수 있다.

2.4 통계량을 이용하여 이상치 제거

수치형 데이터의 통계량은 describe() 함수를 사용하면 손쉽게 알 수 있다. 결과에는 count(개수/건수), mean(평균), std(표준편차), min(최솟값), 25%(제1사 분위값), 50%(제2사 분위값), max(최댓값)가 출력된다.

실습 코드 10-15

통계량 확인

```
df.describe()
```

〈실행 결과〉

```
       PatientId       AppointmentID    Age              SMS_received
count  1.105270e+05    1.105270e+05     110527.000000    110527.000000
mean   1.474961e+14    5.675305e+06     37.088874        0.321026
std    2.560943e+14    7.129575e+04     23.110205        0.466873
min    3.920000e+04    5.030230e+06     -1.000000        0.000000
25%    4.170000e+12    5.640286e+06     18.000000        0.000000
50%    3.170000e+13    5.680573e+06     37.000000        0.000000
75%    9.440000e+13    5.725524e+06     55.000000        1.000000
max    1.000000e+15    5.790484e+06     115.000000       1.000000
```

통계량 결과를 확인하면 'Age'는 최솟값이 -1이라는 것이 눈에 띈다. 나이는 0부터 시작하기 때문에 음수값이 나올 수 없다. 따라서 나이를 0보다 크거나 같은 값으로만 데이터를 추출하여 이상치를 제거한다.

실습 코드 10-16

이상치 제거

```
df=df[df.Age>=0]
df.Age.min()
```

<실행 결과>

```
0
```

이상치가 잘 제거되었는지 확인한 결과, 'Age'의 최솟값은 0인 것을 알 수 있다.

2.5 데이터 타입 변환

수치형

데이터 분석은 머신러닝을 이용하여 성능이 좋은 모델을 만드는 단계까지 진행하는 경우가 많다. 머신러닝에서는 주로 수치형 데이터를 사용하기 때문에 문자열 데이터를 수치형 데이터로 변환하는 것이 좋다.

'No-show' 변수는 'Yes'와 'No'로 표시되었다. 이를 map() 함수를 사용하여 'Yes'는 1, 'No'는 0으로 변환한다.

실습 코드 10-17

수치형 데이터 변환

```
df["No-show"]=df['No-show'].map({'Yes':1,'No':0})
df['No-show'].value_counts()
```

<실행 결과>

```
0    88207
1    22319
Name: No-show, dtype: int64
```

수치형 데이터 0과 1로 변환이 잘 되었는지 value_counts() 함수를 사용하여 확인한 결과 'No-show'은 0과 1로만 구성되었다는 것을 알 수 있다.

datetime 형으로 변환

문자열 타입으로 표현된 ScheduledDay, AppointmentDay는 datetime 타입으로 변환해야 시간 차이, 요일 수 등 계산이 가능하다. 이때 판다스에서 제공하는 to_datetime() 함수를 사용하여 변환한다.

실습 코드 10-18

datetime 형으로 변환

```
df['AppointmentDay']=pd.to_datetime(df['AppointmentDay'])
df['ScheduledDay']=pd.to_datetime(df['ScheduledDay'])
df.info()
```

<실행 결과>

```
<class 'pandas.core.frame.DataFrame'>
Int64Index: 110526 entries, 0 to 110526
Data columns (total 9 columns):
 #   Column          Non-Null Count   Dtype
---  ------          --------------   -----
 0   PatientId        110526 non-null   float64
 1   AppointmentID   110526 non-null   int64
 2   Gender          110526 non-null   object
 3   ScheduledDay    110526 non-null   datetime64[ns, UTC]
 4   AppointmentDay  110526 non-null  datetime64[ns, UTC]
 5   Age             110526 non-null   int64
 6   Neighbourhood   110526 non-null  object
 7   SMS_received    110526 non-null   int64
 8   No-show         110526 non-null   int64
dtypes: datetime64[ns, UTC](2), float64(1), int64(4), object(2)
memory usage: 8.4+ MB
```

datetime 형으로 잘 변환되는지 info() 함수를 사용하여 확인하면 'Appointment Day', 'ScheduledDay'의 데이터 타입이 datetime 형으로 변환된 것을 알 수 있다.

2.6 새로운 변수 추가

환자가 예약하고, 병원을 방문하는 기간이 어느 정도인지 알기 위해 'wating_day' 컬럼을 추가한다. 'wating_day' 컬럼은 'AppointmentDay', 'ScheduledDay' 간의 일수 차이로 구할 수 있다. 일수 차이를 구하기 위해 datetime 라이브러리에서 제공하는 dayofyear 속성을 사용한다.

실습 코드 10-19

새로운 컬럼 추가

```
df['waiting_day']=df['AppointmentDay'].dt.dayofyear-df['ScheduledDay'].dt.dayofyear
df.info()
```

〈실행 결과〉

```
<class 'pandas.core.frame.DataFrame'>
Int64Index: 110526 entries, 0 to 110526
Data columns (total 10 columns):
 #   Column          Non-Null Count   Dtype
---  ------          --------------   -----
 0   PatientId        110526 non-null  float64
 1   AppointmentID   110526 non-null  int64
 2   Gender          110526 non-null  object
 3   ScheduledDay    110526 non-null  datetime64[ns, UTC]
 4   AppointmentDay  110526 non-null  datetime64[ns, UTC]
 5   Age              110526 non-null  int64
 6   Neighbourhood   110526 non-null  object
 7   SMS_received    110526 non-null  int64
 8   No-show         110526 non-null  int64
 9   waiting_day      110526 non-null  int64
dtypes: datetime64[ns, UTC](2), float64(1), int64(5), object(2)
memory usage: 9.3+ MB
```

info() 함수를 통해 'waiting_day'가 추가된 것을 확인할 수 있다. 계속해서 새로 추가된 'waiting_day'에 이상치가 있는지 describe() 함수를 사용하여 통계량을 확인한다.

실습 코드 10-20

새로운 컬럼의 이상치 확인

```
df.describe()
```

〈실행 결과〉

	PatientId	AppointmentID	Age	SMS_received	No-show	waiting_day
count	1.105260e+05	1.105260e+05	110526.000000	110526.000000	110526.000000	110526.000000
mean	1.474932e+14	5.675304e+06	37.089219	0.321029	0.201934	9.979046
std	2.560937e+14	7.129544e+04	23.110026	0.466874	0.401445	15.607516
min	3.920000e+04	5.030230e+06	0.000000	0.000000	0.000000	-223.000000
25%	4.170000e+12	5.640285e+06	18.000000	0.000000	0.000000	0.000000
50%	3.170000e+13	5.680572e+06	37.000000	0.000000	0.000000	4.000000
75%	9.440000e+13	5.725523e+06	55.000000	1.000000	0.000000	15.000000
max	1.000000e+15	5.790484e+06	115.000000	1.000000	1.000000	146.000000

'waiting_day'에서 최솟값이 −223인 것이 눈에 띈다. 예약은 방문일 당일에 하거나 먼저 하는 행동이기 때문에 음수값이 나올 수 없다. 따라서 'waiting_day'가 0과 같거나 큰 값만 추출하여 이상치를 제거한다.

실습 코드 10-21

새로운 컬럼의 이상치 제거

```
df=df[df.waiting_day>=0]
df['waiting_day'].min()
```

〈실행 결과〉

```
0
```

2.7 값 확인하여 이상치 제거

각 컬럼명에 표시된 값에 오류가 없는지 다시 한번 확인해 본다.

Age

나이의 값에 이상이 없는지 확인하기 위해 unique() 함수를 사용한다.

실습 코드 10-22

'Age' 값 확인

```
df.Age.unique()
```

〈실행 결과〉

```
array([ 62,  56,   8,  76,  23,  39,  21,  19,  30,  29,  22,  28,  54,
        15,  50,  40,  46,   4,  13,  65,  45,  51,  32,  12,  61,  38,
        79,  18,  63,  64,  85,  59,  55,  71,  49,  78,  31,  58,  27,
         6,   2,  11,   7,   0,   3,   1,  69,  68,  60,  67,  36,  10,
        35,  20,  26,  34,  33,  16,  42,   5,  47,  17,  41,  44,  37,
        24,  66,  77,  81,  70,  53,  75,  73,  52,  74,  43,  89,  57,
        14,   9,  48,  83,  72,  25,  80,  87,  88,  84,  82,  90,  94,
        86,  91,  98,  92,  96,  93,  95,  97, 102, 115, 100,  99])
```

unique() 함수로 출력된 결과는 한눈에 이상치를 발견하기는 어렵다. 따라서 Boxplot() 함수로 시각화하여 이상치를 쉽게 발견한다.

실습 코드 10-23

'Age' 이상치 확인

```
plt.figure(figsize=(16,2))
sns.boxplot(x=df.Age)
```

〈실행 결과〉

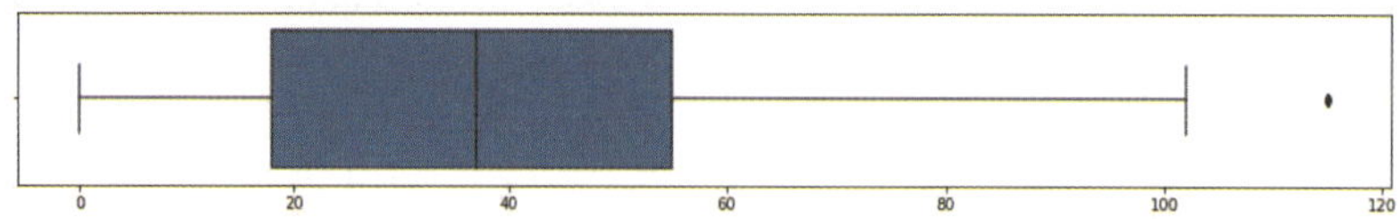

출력된 결과를 확인하면, 120 가까이에 이상치가 있음을 알 수 있다. 따라서 Age가 110보다 작거나 같은 범위만 추출하여 이상치를 제거한다.

실습 코드 10-24

'Age' 이상치 제거

```
df=df[df.Age<=110]
plt.figure(figsize=(16,2))
sns.boxplot(x=df.Age)
```

〈실행 결과〉

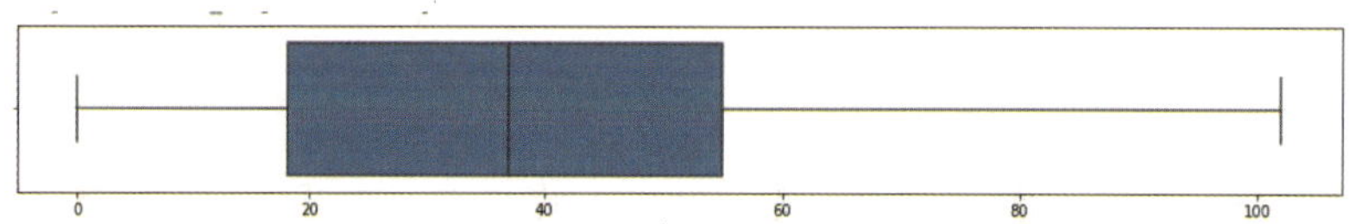

2.8 목적에 적합한 변수 추출

노쇼를 줄이는 것이 이번 문제의 핵심이다. 이를 위해서는 어떤 변수가 노쇼와 관련이 있는지를 파악해야 한다. 데이터를 시각화하여 살펴보자.

waiting_day와 'No-show'

예약하고 방문을 기다리는 기간(waiting_day)과 노쇼하는 것('No-show')은 상관이 있을 수 있다. 이를 확인하기 위해 waiting_day와 'No-show' 간의 관계를 알아본다.

waiting_day==0

당일 예약한 환자가 병원에 방문하지 않을 경우는 당일 예약 건수에서 환자가 병원에 방문하지 않은 건수를 나누면 쉽게 구할 수 있다.

실습 코드 10-25

당일 예약 건수 중 노쇼 비율

```
a=df[df.waiting_day==0]['waiting_day'].value_counts()
b=df[(df['waiting_day']==0)&(df['No-show']==1)]['waiting_day'].value_
counts()
b/a
```

〈실행 결과〉

```
0    0.046472
Name: waiting_day, dtype: float64
```

당일 예약에서는 약 4.6% 정도 노쇼가 발생하는 것을 알 수 있다.

waiting_day<=10

예약한 시점부터 병원 방문 날까지 기다리는 날에 따라 노쇼와 노쇼가 아닌 비율이 어떻게 다른지 알기 위해 기다리는 날을 10 이하로 설정하여 비교하려고 한다. 이를 위해 먼저 'No-show'가 0인 경우(노쇼가 아닌 경우)와 'No-show'가 1인 경우로 데이터를 분할한다.

실습 코드 10-26

데이터 분할

```
no_show=df[df['No-show']==1]
show=df[df['No-show']==0]
```

분할한 데이터에서 waiting_day가 10일 이내인 기간을 비교하기 위해 히스토그램으로 나타낸다.

실습 코드 10-27

데이터 분할 : 히스토그램

```
no_show[no_show['waiting_day']<=10]['waiting_day'].hist(alpha=0.7, label ='no_show')
show[show['waiting_day']<=10]['waiting_day'].hist(alpha=0.3, label ='show')
plt.legend()
```

〈실행 결과〉

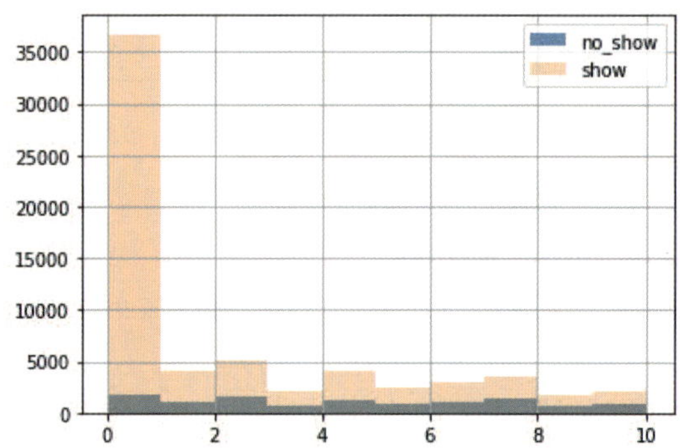

예약 건수가 가장 많은 당일 예약에서 노쇼는 다른 기간의 예약 건수와 비슷한 수치를 유지하고 있는 것으로 보아 당일 예약의 경우 노쇼가 거의 발생하지 않는 것을 알 수 있다.

ScheduledDay/AppointmentDay와 'No-show'

ScheduledDay와 'No-show'

hist() 함수를 사용하여 예약 잡은 날에 따른 노쇼 건수와 노쇼가 아닌 건수를 비교한다.

실습 코드 10-28

시각화로 ScheduledDay와 'No-show' 파악

```
no_show['ScheduledDay'].hist(alpha=0.7,label='no_show')
show['ScheduledDay'].hist(alpha=0.3,label='show')
plt.legend()
```

〈실행 결과〉

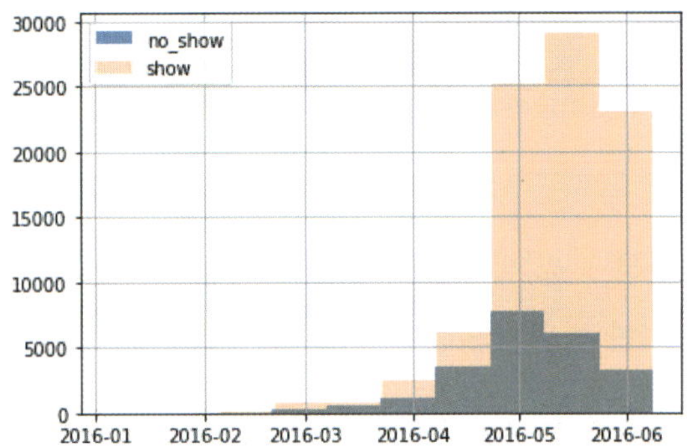

예약 잡은 날에 실제 병원 방문을 한 건수를 살펴보면 2016년 5월 초~5월 말 사이에 가장 많이 예약했다. 예약 잡은 날에 실제 병원 방문을 하지 않은 노쇼 건수는 2016년 4월 말과 5월 초반에 예약을 가장 많이 하였다.

AppointmentDay와 'No-show'

hist() 함수를 사용하여 병원 방문일에 따른 노쇼가 발생한 건수와 그렇지 않은 건수를 비교한다.

실습 코드 10-29

시각화로 AppointmentDay와 'No-show' 파악

```
no_show['AppointmentDay'].hist(alpha=0.7,label='no_show')
show['AppointmentDay'].hist(alpha=0.3,label='show')
plt.legend()
```

〈실행 결과〉

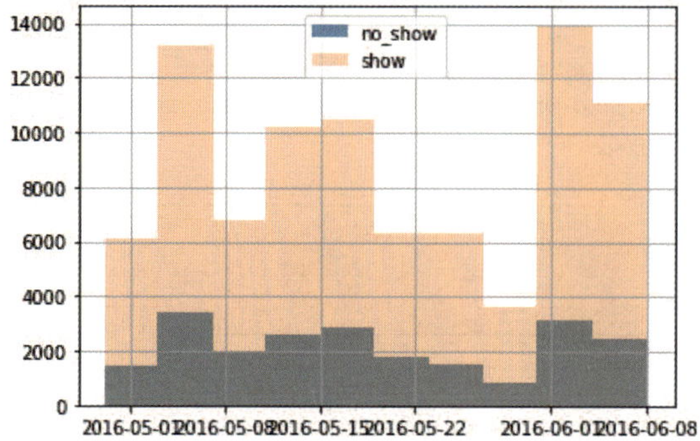

병원 방문일에 따른 노쇼 발생 건수와 실제 방문이 일어난 건수에는 특이점이 보이지 않는다. 다만 병원에 방문이 가장 많은 달이 2016년 6월 1일~3일 정도라는 것은 확인할 수 있다.

재방문 환자와 'No-show'

병원에 방문하는 환자 중에서 재방문하는 환자가 있는지 확인하고, 재방문하는 환자가 예약 잡은 날 병원에 오는 건수와 그렇지 않은 건수를 비교한다.

환자의 병원 예약 횟수

PatientId를 가지고 value_counts() 함수를 구하면 환자별 예약 횟수를 알 수 있다. 환자의 수가 많으므로 예약 횟수 상위 10개만 먼저 확인해 보자.

실습 코드 10-30

상위 10명 환자의 방문 횟수 확인

```
df.PatientId.value_counts().iloc[0:10]
```

〈실행 결과〉

```
8.220000e+14    141
3.350000e+13    127
7.580000e+13    124
8.190000e+13    123
2.690000e+13    117
6.540000e+13    112
6.680000e+13    106
1.450000e+13    104
8.530000e+14    102
8.920000e+13    101
Name: PatientId, dtype: int64
```

상위 10개의 예약 횟수를 확인한 결과, 환자별로 예약이 이루어지고, 예약 횟수가 가장 많은 경우는 141회라는 것을 알 수 있다.

이번에는 상위 500개의 예약 횟수를 확인하기 위해 히스토그램으로 확인한다.

실습 코드 10-31

상위 500명 환자의 예약 횟수 분포

```
df.PatientId.value_counts().iloc[0:500].hist()
```

〈실행 결과〉

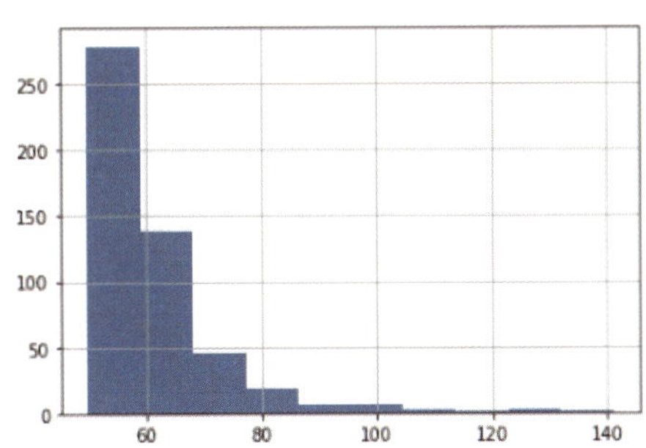

실습 코드 10-32

상위 500명 환자의 예약 횟수

```
df.PatientId.value_counts().iloc[0:500]
```

〈실행 결과〉

```
8.220000e+14    141
3.350000e+13    127
7.580000e+13    124
8.190000e+13    123
2.690000e+13    117
                ...
4.170000e+14     50
9.590000e+14     50
7.220000e+13     50
2.730000e+12     50
3.690000e+13     50
Name: PatientId, Length: 500, dtype: int64
```

상위 500명 환자의 예약 횟수 분포를 보면 최소 50회~최대 141회다. 또한 히스토그램으로 보면 50번~60번 사이에 예약을 가장 많이 한 것으로 확인할 수 있다. 이는 500명의 환자들이 병원에 여러 번 재방문해야 하는 것을 의미한다.

'PatientId'과 'waiting_day'

환자별로 기다리는 기간에 따른 노쇼 발생 건수를 확인하기 위해 waiting_day를 50일 이상으로 설정하고 PatientId의 value_counts() 함수를 사용하여 확인한다.

실습 코드 10-33

'PatientId'과 'waiting_day' 파악

```
df[(df['waiting_day']>=50) & (df['No-show']==1)].PatientId.value_
counts().iloc[0:10]
```

〈실행 결과〉

```
3.380000e+14    6
7.250000e+13    4
7.850000e+13    4
8.340000e+12    4
5.670000e+12    3
2.590000e+13    3
9.630000e+14    3
4.970000e+12    3
9.460000e+14    3
3.370000e+13    3
Name: PatientId, dtype: int64
```

예약하고 병원에 방문하기까지 기다리는 기간이 길수록 여러 건의 노쇼가 발생되고 있음을 알 수 있다.

SMS_received와 waiting_day, 'No-show'

알림 메시지 허용 여부와 기다리는 기간은 노쇼와 관련이 있을까? 이를 알아보기 위해 barplot() 함수를 이용하여 확인한다.

실습 코드 10-34

SMS_received, waiting_day와 'No-show' 특성 파악

```
sns.barplot(y='waiting_day', x='SMS_received', hue='No-show', data=df)
```

〈실행 결과〉

```
<matplotlib.axes._subplots.AxesSubplot at 0x7fdd30ce5990>
```

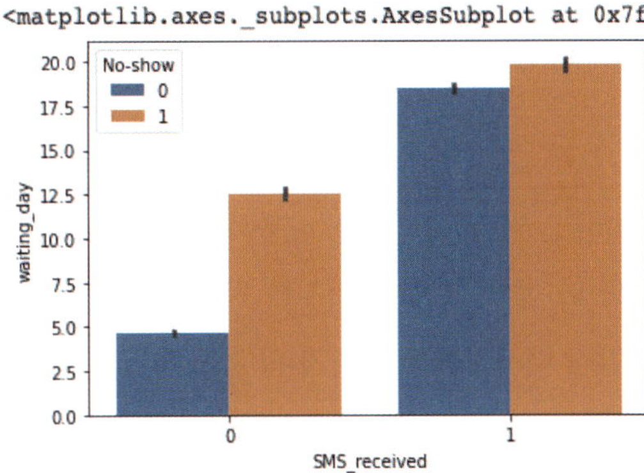

알림 메시지를 허용하지 않는 경우, 기다리는 기간이 5일 이상이면 노쇼가 발생하는 것을 확인할 수 있다. 알림 메시지를 허용하는 경우, 기다리는 기간이 18일 이상이면 노쇼가 발생하는 것을 알 수 있다.

히스토그램 상에서는 알림 메시지를 허용하지 않은 경우에 노쇼의 비율을 정확하게 파악할 수 없다. 이를 정확하게 확인하기 위해 이번에는 알림 메시지 허용 여부에 따른 노쇼의 비율을 구해보자.

실습 코드 10-35

SMS_received에 따른 'No-show' 비율 파악

```
a=len(df[(df['SMS_received']==0) & (df['No-show']==1)])
b=len(df[(df['SMS_received']==0) & (df['No-show']==0)])
print(f'SMS_received가 0일 때 노쇼:{a}')
print(f'SMS_received가 0일 때 쇼:{b}')
print(f'SMS_received가 0일 때 노쇼 비율:{a/(a+b)}')
c=len(df[(df['SMS_received']==1) & (df['No-show']==1)])
d=len(df[(df['SMS_received']==1) & (df['No-show']==0)])
print(f'SMS_received가 1일 때 노쇼:{c}')
print(f'SMS_received가 1일 때 쇼:{d}')
print(f'SMS_received가 1일 때 노쇼 비율:{c/(c+d)}')
```

〈실행 결과〉

```
SMS_received가 0일 때 노쇼:12522
SMS_received가 0일 때 쇼:62494
SMS_received가 0일 때 노쇼 비율:0.1669243894635811
SMS_received가 1일 때 노쇼:9770
SMS_received가 1일 때 쇼:25668
SMS_received가 1일 때 노쇼 비율:0.2756927591850556
```

실행 결과를 확인하면, 알림 메시지를 허용하지 않았을 때, 노쇼가 그렇지 않은 경우보다 5배 정도 더 높다. 알림 메시지를 허용했을 때, 노쇼가 더 많이 발생하지 않는다. 또한 알림 메시지를 허용하지 않았을 때 노쇼 비율이 11% 정도 더 높은 것을 확인할 수 있다.

상관관계로 확인

SMS_received, waiting_day와 'No-show' 과정을 통해 노쇼 여부와 관련 있는 변수 'waiting_day','SMS_received'가 서로 영향있는 것을 알아냈다. 실제 어느 정도 상관이 있는지 파악하기 위해 상관관계를 구한 후, heatmap() 함수를 사용한다.

실습 코드 10-36

'waiting_day'와 'SMS_received' 간의 상관관계 파악

```
temp=df[['waiting_day','SMS_received','No-show']].corr()
sns.heatmap(temp)
```

〈실행 결과〉

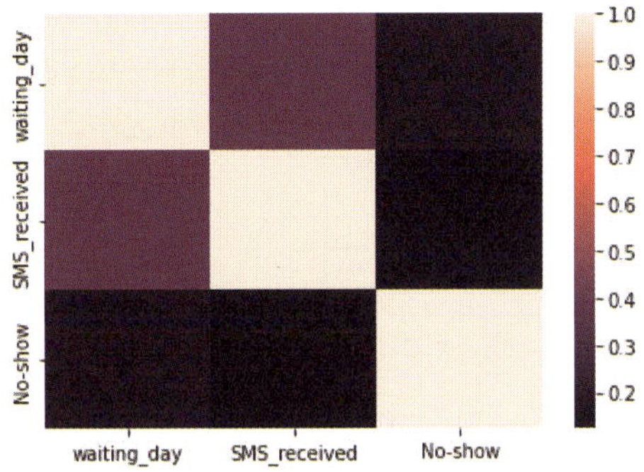

No-show와 관련 있는 변수는 'waiting_day'라는 것을 알 수 있고, 'waiting_day'는 SMS_received와 서로 관련이 있다는 것도 파악할 수 있다.

중요한 특성

'waiting_day'는 ScheduleDay, AppointmentDay로 얻어진 변수이다. 따라서 위의 모든 과정을 통해 목적에 적합한 변수가 ScheduleDay, AppointmentDay, SMS_received, PatientID라는 것을 파악할 수 있다.

2.9 노쇼의 특징 파악 정리

앞에서 살펴본 데이터를 바탕으로 정리하면 다음과 같다(여기에 제시된 노쇼의 특징은 예시에 불과하다. 따라서 자신이 발견한 특징을 정리해 보자).

- 예약을 잡은 날과 실제 병원 방문하는 날의 차이(기다리는 기간)가 많이 날수록 노쇼가 발생한다.
- 특히 1월과 5월에 예약한 경우, 기다리는 기간이 길면 노쇼가 발생한다.
- 병원에 방문하는 횟수가 많은 환자 500명을 추출해서 확인했을 때 3개월 안에 50회 이상의 병원을 방문하고 있다.
- 병원에 방문하는 횟수가 많은 환자 10명을 추출해서 보았을 때, 횟수는 많지 않지만, 노쇼가 발생한다.
- 알림 메시지를 허용하지 않은 경우, 대기일수가 5일 이상이면 노쇼가 발생한다.
- 알림 메시지를 허용하지 않은 경우, 대기일수가 18일 이상이 되면 노쇼가 발생한다.
- 알림 메시지를 허용하지 않으면 노쇼가 발생할 확률이 노쇼가 발생하지 않을 확률보다 5배정도 높아진다.

위의 내용을 종합해 보았을 때, 기다리는 기간이 길수록 노쇼 발생확률이 높다는 것과 알림 메시지를 허용하지 않으면 기다리는 기간(5일 이상)이 길어지는 많은 경우가 노쇼로 이어질 확률이 높다. 이외에도 짧은 기간에 여러 번 병원을 방문 해야 하는 환자의 경우, 노쇼가 가끔씩 발생하고 있다.

목적에 적합한 변수를 찾아야 하는 이유는?

데이터 분석에서는 머신러닝을 바탕으로 컴퓨터가 예측하거나 분류한다. 이때, 어떤 데이터로 학습시킬 것인지 결정하는 것이 중요하기 때문에 중요한 특성을 파악할 필요가 있다.

위의 내용을 바탕으로 찾은 목적에 적합한 변수는 대기일수, 알림 메시지 허용 여부이다. 이러한 변수를 가지고 머신러닝으로 분류(노쇼/노쇼 아님)할 수 있다.

잠깐만요

이러한 결과를 가지고 노쇼를 줄일 수 있는 여러 가지 아이디어를 생각해 보자.

3 〉 병원 노소 환자 데이터 분석 실습 (2)

노소에 영향을 주는 특성을 찾기 위해 더 많은 변수를 살펴보아야 한다. 실습을 통해 앞에서 다루지 않았던 변수의 특징을 No-show와 연결하여 파악해 보자.

실습 코드 10-37

1. 얼마나 많은 환자가 예정된 약속에 오지 않았는가?

```
sns.countplot(x='No-show',data=df)
```

〈실행 결과〉

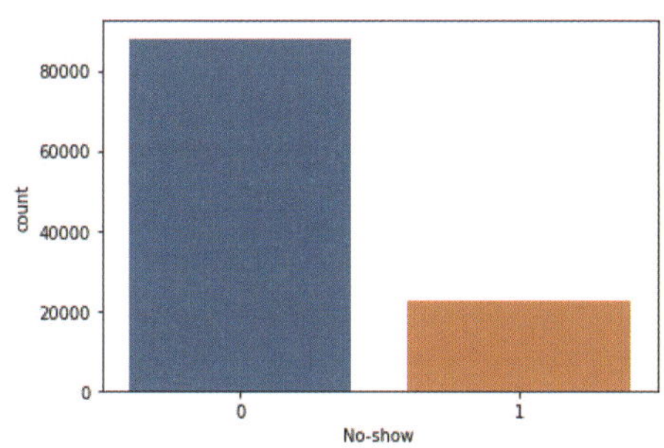

실행 결과, 전체 예약환자 중 20% 정도 노쇼가 발생하는 것을 알 수 있다.

실습 코드 10-38

2. 성별에 따른 노쇼 여부 차이

```
sns.countplot(x='Gender', hue='No-show', data=df)
```

〈실행 결과〉

```
<matplotlib.axes._subplots.AxesSubplot at 0x7fdd30df71d0>
```

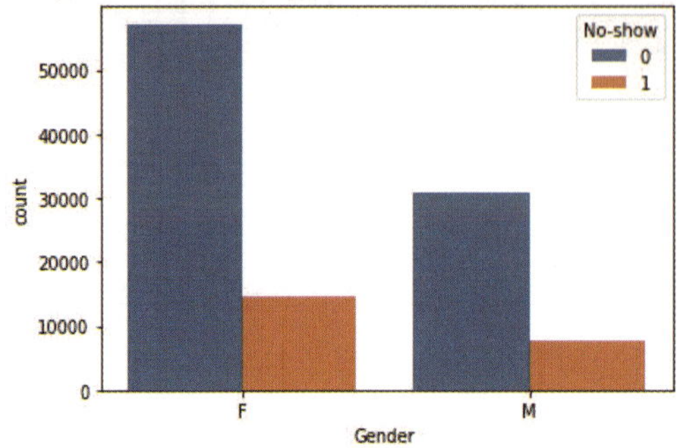

실행 결과, 남성 예약환자보다 여성 예약환자가 차지하는 비율이 더 높다는 것을 한눈에 파악할 수 있다.

실습 코드 10-39

3. 노쇼의 여성과 남성 비율은?

```
여성인원수=df[(df['Gender']=='F') & (df['No-show']==1)]['Gender'].
value_counts()
남성인원수=df[(df['Gender']=='M') & (df['No-show']==1)]['Gender'].
value_counts()
전체여성수=df[df["Gender"]=='F']['Gender'].value_counts()
전체남성수=df[df["Gender"]=='M']['Gender'].value_counts()
print(여성인원수/전체여성수)
print(남성인원수/전체남성수)
```

〈실행 결과〉

```
F    0.203062
Name: Gender, dtype: float64
M    0.199519
Name: Gender, dtype: float64
```

실행 결과를 확인하면 여성의 경우 20% 정도 노쇼가 발생하고, 남성의 경우 22% 정도 노쇼가 발생하는 것으로 보아 성별이 노쇼에 영향받지 않는 것을 알 수 있다.

연습 문제

연습 01 전처리가 필요한 이유는 무엇인지 작성하세요.

연습 02 [전처리 전]의 데이터 셋을 전처리하여 [전처리 후] 데이터 셋으로 변경하려고 한다. 실행 결과를 구하세요.

〈전처리 전〉

```
   Name  Age  Gender   Salary
0   Amy   25  Female  40000.0
1   Bob   30    Male  50000.0
2  Chad   35    Male  60000.0
3  Dave   40    Male  70000.0
4   Eva   45  Female   80000.0
5   Fay   50  Female   90000.0
```

```
import pandas as pd

# 데이터 셋 생성
data={'Name': ['Amy', 'Bob', 'Chad', 'Dave', 'Eva', 'Fay'],
        'Age': [25, 30, 35, 40, 45, 50],
        'Gender': ['Female', 'Male', 'Male', 'Male', 'Female', 'Female'],
        'Salary': [40000.0, 50000.0, 60000.0, 70000.0, 80000.0, 90000.0]}
df=pd.DataFrame(data)

# Gender 컬럼 변환
gender_dict={'Female': 0, 'Male': 1}
df['Gender']=df['Gender'].apply(lambda x: gender_dict[x])

# Salary 컬럼 변환
df['Salary']=df['Salary'] // 1000

# Name 컬럼 삭제
df=df.drop('Name', axis=1)

print(df)
```

연습 03

iris 데이터 셋에서 데이터의 결측치를 처리하고 불필요한 열을 제거하는 과정이다. 다음 코드를 완성하세요.

```
import pandas as pd
from sklearn.datasets import load_iris

# iris 데이터 셋 불러오기
iris=load_iris()

# 데이터 셋을 DataFrame으로 변환
df=pd.DataFrame(iris.data, columns=iris.feature_names)

# 처음 5개 행 출력
print(df.head())

# 결측치 확인
print(______________)

# 결측치 0으로 대체
df=df.

# 처음 5개 행 출력
print(df.head())
```

```
   sepal length (cm)  sepal width (cm)  petal length (cm)  petal width (cm)
0                5.1               3.5                1.4               0.2
1                4.9               3.0                1.4               0.2
2                4.7               3.2                1.3               0.2
3                4.6               3.1                1.5               0.2
4                5.0               3.6                1.4               0.2
sepal length (cm)    0
sepal width (cm)     0
petal length (cm)    0
petal width (cm)     0
dtype: int64
--------------------------------------------------------------------------------
   sepal length (cm)  sepal width (cm)  petal length (cm)  petal width (cm)
0                5.1               3.5                1.4               0.2
1                4.9               3.0                1.4               0.2
2                4.7               3.2                1.3               0.2
3                4.6               3.1                1.5               0.2
4                5.0               3.6                1.4               0.2
```

연습 04

다음 순서에 대로 데이터 전처리를 진행한 ❶~❼의 출력 결과를 보고, 빈 곳을 채우세요.

- 'dt' 컬럼의 데이터 타입을 datetime으로 변경하세요.
- 'City'와 'Country' 컬럼의 결측값을 해당 컬럼의 최빈값으로 대체하세요.
- 'AverageTemperature' 컬럼의 결측값을 해당 컬럼의 평균값으로 대체하세요.
- 'AverageTemperature' 컬럼에서 boxplot을 이용하여 이상치를 제거하세요.
- 'dt' 컬럼에서 년도, 월, 일자 데이터를 추출하여 'Year', 'Month', 'Day' 컬럼을 추가하세요(dt.year, dt.month, dt.day를 이용할 것).

[예제 파일 : 연습문제10-4.csv)]

```
import pandas as pd

# 데이터 셋 불러오기
df=pd.read_csv('연습문제08-4.csv')
print(df.head())----------------------------------------------------❶

# 'dt' 컬럼의 데이터 타입 변경
df['dt']=___________________________________
print(df.info())----------------------------------------------------❷

# 'City'와 'Country' 컬럼의 결측값 대체
print(df.isnull().sum())--------------------------------------------❸
df[['City']]=___________________________________
print(df.isnull().sum())--------------------------------------------❹

# 'AverageTemperature' 컬럼의 결측값 대체
df['AverageTemperature']=___________________________________

# 'AverageTemperature' 컬럼에서 이상치 확인
plt.boxplot(df.AverageTemperature)----------------------------❺
# 'AverageTemperature' 컬럼에서 이상치 제거
df=___________________________________
# 'AverageTemperature' 컬럼에서 이상치 다시 확인
plt.boxplot(df.AverageTemperature)----------------------------❻

# 'dt' 컬럼에서 년도, 월, 일자 데이터 추출하여 새로운 컬럼 추가
df['Year']=___________________________________
df['Month']=___________________________________
df['Day']=___________________________________
df.head()-----------------------------------------------------------❼
```

〈출력결과〉

❶

```
                                          dt          AverageTemperature
       City                         Latitude          Longitude
```

```
0                                          1849-01-01      26.704
Abidjan                                       5.63N           3.23W
1                                          1849-02-01      27.434
Abidjan                                       5.63N           3.23W
2                                          1849-03-01      28.101
Abidjan                                       5.63N           3.23W
3                                          1849-04-01      26.140
Abidjan                                       5.63N    3.23W
4                                          1849-05-01      25.427
Abidjan                                       5.63N           3.23W
----------------------------------------------------------------------------------
❷
<class 'pandas.core.frame.DataFrame'>
RangeIndex: 239177 entries, 0 to 239176
Data columns (total 5 columns):
 #   Column              Non-Null Count   Dtype
---  ------              --------------   -----
 0   dt                  239177 non-null  datetime64[ns]
 1   AverageTemperature  228175 non-null  float64
 2   City                239177 non-null  object
 3   Latitude            239177 non-null  object
 4   Longitude           239177 non-null  object
dtypes: datetime64[ns](1), float64(1), object(3)
memory usage: 9.1+ MB
None
----------------------------------------------------------------------------------
❸
dt                        0
AverageTemperature    11002
City                      0
Latitude                  0
Longitude                 0
dtype: int64
----------------------------------------------------------------------------------
❹
dt                        0
AverageTemperature    11002
City                      0
Latitude                  0
Longitude                 0
dtype: int64
----------------------------------------------------------------------------------
```

❺

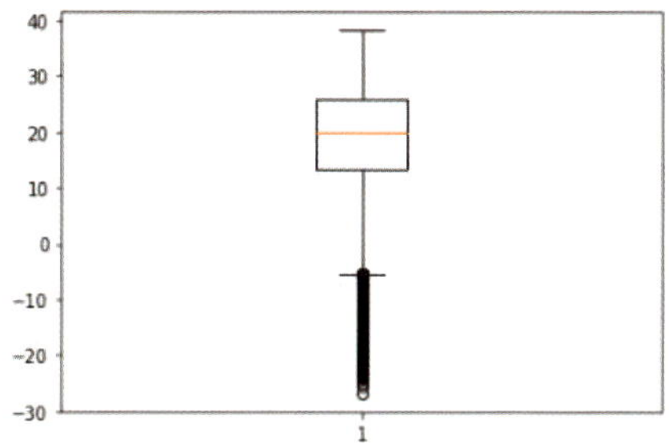

---

❻

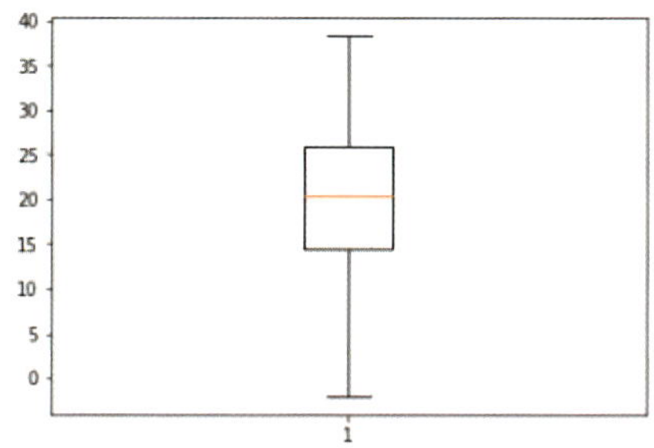

---

❼

```
          dt  AverageTemperature     City Latitude Longitude  Year  Month  Day
0 1849-01-01              26.704  Abidjan    5.63N     3.23W  1849      1    1
1 1849-02-01              27.434  Abidjan    5.63N     3.23W  1849      2    1
2 1849-03-01              28.101  Abidjan    5.63N     3.23W  1849      3    1
3 1849-04-01              26.140  Abidjan    5.63N     3.23W  1849      4    1
4 1849-05-01              25.427  Abidjan    5.63N     3.23W  1849      5
```

연습 05

축구선수의 이적료와 관련된 데이터 셋이다. 축구선수의 이적료와 관련 있는 변수는 무엇인지, 그렇게 생각하는 이유는 무엇인지 작성해 보세요.

전처리 과정에서 해야 하는 것

- 데이터를 읽어오기
- 데이터의 구성 확인하기(데이터 타입, 컬럼 수)
- 널값이 있는지 확인하기
- 이상치가 있는지 확인하기

[예제 파일 : 연습문제10-4.csv]

| 11장 |

주식 시세 예측 분석

학습 목표

- 시계열 데이터의 특징과 전처리 방법을 익히고 이를 바탕으로 실제 문제에서 결과를 예측한다.

1 〉 시계열 데이터의 이해

시계열 데이터(Time Series Data)란 일정한 시간 간격으로 얻어진 데이터들을 의미한다. 즉, 일정한 시간 간격마다 측정된 데이터를 기록한 데이터 셋을 말한다. 주식 가격, 기상 데이터, 주가지수, 웹 트래픽, 생산량, 거래량, 소비량 등 다양한 분야에서 시계열 데이터를 다루고 있다. 시계열 데이터는 다른 데이터와 달리 시간에 따라서 자기 상관성을 가지고 있기 때문에 시간의 흐름에 따른 패턴을 이해하고 예측하는 데 활용된다. 이러한 시계열 데이터를 바탕으로 예측, 분류, 군집화, 이상감지, 시계열 패턴 인식 등 다양한 분석을 할 수 있다.

시계열 데이터의 특징과 전처리 방법을 학습하여, 이를 바탕으로 어떻게 분석할 수 있는지 그 의미를 찾는 데 집중한다.

1.1 시계열 데이터 패턴

시계열 데이터는 일정한 시간 범위 내에 측정한 데이터를 의미한다. 이러한 이유로 시간에 따라 순서가 매겨있고, 연속된 관측치는 서로 상관관계를 가지고 있는 특징을 지닌다. 데이터를 분석하는 목적은 시계열이 가지고 있는 패턴을 찾아 미래의 값을 예측하는 데 있다.

❶ 추세(Trend)

시계열 데이터가 시간에 따라서 증가하거나 감소하는 경향을 보이는 패턴이다. Trend는 선형적이지 않을 수 있으며, 각 시점마다 상승 또는 하락 폭이 다를 수 있다.

예 : POS(Point of sales) 구매 데이터처럼 일정한 날짜 범위 안에서 구매 데이터가 상승했거나 하강한 것이 파악되는 구조

❷ 계절성(Seasonality)

시계열 데이터가 일정한 주기를 가지고 반복되는 패턴이다. 이러한 패턴은 일반적으로 일정한 기간마다 나타나며, 계절별 패턴이나 월별 패턴 등 다양한 형태를 가질 수 있다.

❸ 순환성(Cyclical)

Trend와는 달리, 일정한 주기를 가지고 반복되지만 주기의 길이가 일정하지 않은 패턴이다. 이러한 패턴은 경제적으로 어려운 시기를 거치는 경우에 나타날 수 있으며, COVID-19와 같은 특정 상황에서 발생할 수 있는 임시적인 현상이다.

❹ 불규칙성(Irregular)

지진, 홍수, 파업, 코로나와 같은 특수한 요인에 의해 발생하는 불규칙한 패턴을 말한다. 이러한 패턴은 외부적인 요인에 의해 발생하며 어떠한 패턴도 나타나지 않을 수 있다.

잠깐만요

이러한 패턴은 각각의 시계열 데이터에서 발견되지 않을 수 있고, 여러 가지 패턴이 동시에 나타날 수도 있다. 데이터 분석에서는 이런 패턴을 파악하여 시계열 데이터의 예측에 활용할 수 있다.

1.2 시계열 데이터 분석의 이해

시계열 데이터 분석의 목적은 미래에 대한 예측이다. 예측하는 방법은 수집한 과거 데이터에 포함된 정보를 이용하여 예측에 필요한 경험적 규칙을 추정하여 예측한다.

과거의 규칙이 미래에도 지속될 것이라는 논리가 바탕이 되기에 과거에 대한 정보가 있어야 하고, 양적 데이터로 존재해야 한다. 시계열 데이터 분석 방법은 전통적으로 많이 사용되는 분해법(Decomposition)과 확률적 시계열 분석인 시간영역 분석(ARIMA : Autoregressive Integrated Moving Average) 기법이 있다.

분해법

분해법은 시계열 데이터가 가지는 추세(Trend), 계절성(Seasonality), 주기(Cycle) 및 불규칙성(Irregularity)과 같은 구성요소를 분해하여 분석한다. 분해법을 사용하여 시계열 데이터의 구성요소를 분리하면, 추세나 계절성 등의 패턴을 보다 직관적으로 파악할 수 있다.

예를 들어, 연간 매출액이 시계열 데이터로 주어졌다고 가정하면, 매출액이 지속적으로 증가하는 추세 성분, 일정한 패턴을 가진 계절 성분, 추세와 계절성을 제외한 나머지 잡음 성분으로 분해할 수 있다. 이러한 분해를 통해 추세와 계절성을 분리하고, 잔차를 정상성 시계열로 변환한 후 다른 시계열 분석 방법을 적용할 수 있다.

시간 영역 분석법

ARIMA는 분해법과는 다르게 시간 영역(Time Domain) 분석을 기반으로 하는 확률적 시계열 분석 방법 중 하나다. ARIMA는 AR(Autoregressive)과 MA(Moving Average) 모형을 통합한 모델로서, 현재의 데이터 값이 이전의 데이터 값과 일정한 관계를 가지고 있다는 가정하에 모델링을 수행한다.

❶ AR(Auto Regressive Model) 모형

AR 모형은 자기 회귀 모형(Auto Regressive Model)으로 현재의 값이 이전의 값들의 선형 결합으로 이루어진다는 가정하에 예측하는 모형이다. 따라서 시계열의 시차값(Lagged Values) 사이의 선형관계를 측정한다.

❷ MA(Moving Average) 모형

시간이 지날수록 어떠한 관측값들의 평균값이 지속적으로 증가하거나 감소하는 추세가 생길 수 있다. 이때, 과거의 예측 오차를 활용하여 미래를 예측할 수 있는 모형이 MA 모형이다. MA 모형을 이용하여 예측할 때는 과거의 기간을 결정하는 것이 중요하다. 과거의 기간이 너무 작으면 예측 정확도가 떨어지고, 기간이 너무 크면 시간적인 패턴을 반영하지 못해 예측 정확도가 떨어진다. 따라서 적절한 과거의 기간을 선택하는 것이 중요하다.

❸ ARMA 모형

앞서 설명한 AR(Auto Regressive Model)과 MA(Moving Average) 모형을 혼합한 모형이다.

❹ ARIMA(Autoregressive Integrated Moving Average)

ARMA 모형에서 Integrated 개념을 추가한 모형이다. ARMA 모형은 과거의 상태와 오차값을 사용해 현재 상태를 예측하는 모형이다. 이 모형은 불규칙한 패턴을 가지고 있는 시계열 데이터에서는 예측할 수 없다. 이 부분을 극복하기 위해 관측값 사이의 차분(Difference)을 사용하여 불규칙한 시계열 데이터를 규칙적 시계열 데이터로 활용할 수 있도록 한다. 여기서 차분이란 현재 상태의 변수에서 바로 이전 상태의 변수를 빼주는 것을 말한다. 다시 말해 현재와 추세 간의 관계를 활용하여 미래를 예측할 수 있도록 하는 모형을 ARIMA 모형이라고 한다.

- 상관관계가 0보다 큰 경우 x 값이 크면 y 값도 큰 값을 가진다.
- 상관관계가 0보다 작을 경우 x 값이 크면 y 값은 작은 값을 가진다.
- 추세관계가 0보다 클 경우 x 값이 이전 값보다 증가하면 y 값이 현재는 작은 값이지만 곧 증가하는 추세로 바뀐다.
- 추세관계가 0보다 작을 경우 x 값이 이전 값보다 증가하면 y 값이 현재는 큰 값이지만 곧 하강하는 추세로 바뀐다.

1.3 시계열 데이터 전처리 방법

datetime 변환

info() 함수를 통해 데이터 형식을 확인하면, 날짜가 object 형인지 datetime 형인지 알 수 있다. 만약 데이터 형식이 object 형이라면 datetime 형으로 변경한다.

실습 코드 11-1

info()로 데이터 살펴보기

```
import pandas as pd
d=pd.DataFrame({'date':['2019-01-03', '2021-11-22', '2023-01-05'],
'name':['J', 'Y', 'O']})
d.info()
```

〈실행 결과〉

```
<class 'pandas.core.frame.DataFrame'>
RangeIndex: 3 entries, 0 to 2
Data columns (total 2 columns):
 #   Column  Non-Null Count  Dtype
---  ------  --------------  -----
 0   date    3 non-null      object
 1   name    3 non-null      object
dtypes: object(2)
memory usage: 176.0+ bytes
None
```

실습 코드 11-2

datetime()으로 변환

```
# 본문예제 11-01 코드
# datetime으로 변경
d['date']=pd.to_datetime(d.date,format='%Y-%m-%d')
d.info()
```

〈실행 결과〉

```
<class 'pandas.core.frame.DataFrame'>
RangeIndex: 3 entries, 0 to 2
Data columns (total 2 columns):
 #   Column  Non-Null Count  Dtype
---  ------  --------------  -----
 0   date    3 non-null      datetime64[ns]
 1   name    3 non-null      object
dtypes: datetime64[ns](1), object(1)
memory usage: 176.0+ bytes
None
```

pd.to_datetime()을 활용하여 datetime 형으로 변환하고 출력하면 date 컬럼이 datetime64 형으로 변환되는 것을 확인할 수 있다.

datetime 형의 컬럼을 인덱스로 설정

시계열 데이터는 시간에 종속되기 때문에 시간 컬럼이 인덱스로 설정되는 것이 좋다. 이때, set_index() 함수를 이용하여 인덱스를 설정한다.

실습 코드 11-3

인덱스 설정

```python
# 인덱스 설정
d.set_index(keys=['date'],inplace=True)
print(d)
```

〈실행 결과〉

```
<class 'pandas.core.frame.DataFrame'>
DatetimeIndex: 3 entries, 2019-01-03 to 2023-01-05
Data columns (total 1 columns):
 #   Column  Non-Null Count  Dtype
---  ------  --------------  -----
 0   name    3 non-null      object
dtypes: object(1)
memory usage: 48.0+ bytes
None
```

info() 함수를 통해 확인하면, 인덱스가 DatetimeIndex로 3개 구성되었고, 2019-01-03 to 2023-01-05의 값을 가지고 있다는 것을 확인할 수 있다.

결측치 처리

결측치를 처리하려면 결측치가 있는지 먼저 확인해야 한다. 이때, isnull().sum() 함수를 이용하여 결측치를 확인한다.

실습 코드 11-4

결측값 확인

```
import numpy as np

# 예제 데이터프레임 생성
d=pd.DataFrame({'date':['2019-01-03', '2021-11-22', '2021-12-01',
'2023-01-05'], 'x1':[0.1, 2.0, np.nan, 1.2]})

# datetime으로 변환
d['date']=pd.to_datetime(d.date, format='%Y-%m-%d')

# datetime을 인덱스로 설정
d.set_index(keys=['date'], inplace=True)

# 널값이 있는지 확인
print(d.isnull().sum())

# 전체 데이터 셋 출력
print(d)
```

〈실행 결과〉

```
x1    1
dtype: int64
             x1
date
2019-01-03  0.1
2021-11-22  2.0
2021-12-01  NaN
2023-01-05  1.2
```

이전 값으로 결측값 채우기

만약 결측치가 존재한다면 결측치를 채우거나 삭제해야 한다. 결측치를 채울 때는 fillna() 함수를 사용하여 특정한 값을 채울 수 있다. 시계열 데이터는 과거 데이터를 확인하고 미래를 예측하기 때문에 과거를 채우는 것이 더 의미가 있다. 따라서 fillna() 함수의 파라미터인 method에 'ffill(forward fill)' 값 또는 'pad' 값을 대입하여 결측치 이전의 마지막 값으로 결측치를 채운다.

실습 코드 11-5

이전 값으로 결측치 채우기 (1)

〈코드〉

```
# 본문예제 11-04 코드
# 가장 최근 값으로 결측치 채우기
d=d.fillna(method='ffill')
print(d)
```

〈실행 결과〉

```
             x1
date
2019-01-03  0.1
2021-11-22  2.0
2021-12-01  2.0
2023-01-05  1.2
```

결측치 제거

결측값을 제거할 때는 drop() 함수를 사용하여 해당 기간 데이터를 완전히 사용하지 않을 수 있다.

실습 코드 11-6

결측치 해당 행 삭제

〈코드〉

```
# 본문예제 11-04 코드
# 결측치 제거
d=d.dropna()
print(d)
```

〈실행 결과〉

```
             x1
date
2019-01-03  0.1
2021-11-22  2.0
2023-01-05  1.2
```

전후 값의 평균치로 채우기

interpolate() 함수를 사용해 결측값이 발생한 전후 관측치의 평균값으로 결측값을 채울 수 있다. interpolate() 함수는 default 값으로 선형보간법을 사용한다. 선형보간법은 시간에 따라 시스템이 동작하는 방식을 미리 알고 있을 때와 연도에 따른온도 변화에 대한 추세를 미리 알고 있을 때 유용하다.

실습 코드 11-7

결측치 전후 값의 평균으로 결측값 채우기

〈코드〉

```
# 본문예제 11-04 코드
# 평균값으로 결측치 채우기
d=d.interpolate()
print(d)
```

〈실행 결과〉

```
             x1
date
2019-01-03  0.1
2021-11-22  2.0
2021-12-01  NaN
2023-01-05  1.2
             x1
date
2019-01-03  0.1
2021-11-22  2.0
2021-12-01  1.6
2023-01-05  1.2
```

빈도 설정

빈도는 데이터 분석에서 설정하는 시간의 최소 단위를 말한다. index 속성을 이용하면 빈도가 설정되었는지를 알 수 있다.

실습 코드 11-8

index 속성으로 빈도 확인

```
import numpy as np
d=pd.DataFrame({'date':['2019-01-03', '2021-11-22','2021-12-01','2023-01-05'],
'x1':[0.1,2.0,1.6,1.2]})
d['date']=pd.to_datetime(d.date,format='%Y-%m-%d')
d.set_index(keys=['date'],inplace=True)
# 인덱스 속성 확인
print(d.index)
```

〈실행 결과〉

```
DatetimeIndex(['2019-01-03', '2021-11-22', '2021-12-01', '2023-01-05'],
dtype='datetime64[ns]', name='date', freq=None)
```

아직까지는 빈도(주기)에 대해 설정한 것이 없어 freq가 None으로 설정되어 있는 것을 알 수 있다. 이는 pd.asfreq() 함수를 사용해서 빈도를 설정할 수 있으며, 시간 범위 내에 해당 주기의 날짜가 없다면 자동으로 NaN으로 채워진 행이 생성된다. 이때 method의 값을 'ffill'로 설정하면, 설정한 범위 내에서 이전 값으로 채워진다.

실습 코드 11-9

빈도 설정

```
print(d)
d2=d.asfreq('Y', method='ffill') #'Y' 매년 마지막 일
print(d2) # 설정한 주기로 생성된 데이터
```

〈실행 결과〉

```
             x1
date
2019-01-03  0.1
2021-11-22  2.0
2021-12-01  1.6
2023-01-05  1.2
             x1
date
2019-12-31  0.1
2020-12-31  0.1
2021-12-31  1.6
2022-12-31  1.6
```

asfreq() 함수를 사용하여 빈도를 설정하는 경우 사용하는 옵션은 다음과 같다.

옵션	설명	옵션	설명
B	공휴일과 주말을 제외한 매일(day)	BQS	공휴일과 주말을 제외한 매 분기 시작일
D	매일(day)	A,Y	매년 마지막일
W	매주 일요일	BA,BY	공휴일과 주말을 제외한 매년 마지막일
M	매월 마지막일	AS,YS	매년 시작일
SM	매월 15일	BAS,BYS	공휴일과 주말을 제외한 매년 시작일
CBM	주말을 제외한 매월 마지막일	BH	공휴일과 주말을 제외한 시(hour)
MS	매월 시작일	H	매시간(hour)
SMS	매월 1일과 15일	T,min	매분(minute)
BMS	공휴일과 주말을 제외한 매월 시작일	S	매초(second)
CBMS	주말을 제외한 매월 시작일	L,ms	매밀리초
Q	매분기 마지막일	U,us	매마이크로초
BQ	공휴일과 주말을 제외한 매 분기 마지막일	N	매나노초
QS	매 분기 시작일		

특징량 만들기

시계열 데이터에서 범위를 크게 잡고 하나로 묶을 경우 본질이 묻혀 버릴 수 있다. 이것을 방지하기 위해 슬라이드 창을 사용해 좀 더 상세한 특징량을 생성할 수 있다. rolling()을 사용하여 데이터를 Shift 하면서 부분 시계열을 추출해 그 부분의 통계량을 특징량으로 한다. 예를 들어, rolling(2).mean()이라고 한다면 1번 Shift 하면서 그 부분 시계열을 추출해 평균을 특징량으로 하는 것이다.

인덱스	0	1	2	3	4
rolling(1)	5	4	3	2	7
rolling(2)	Null	5	4	3	2
결과	Null	(4+5)/2(rolling수)	(3+4)/2	(2+3)/2	(7+2)/2

실습 코드 11-10

특징량 만들기

```
import numpy as np
d=pd.DataFrame({'date':['2021-01-06', '2021-01-13', '2021-01-20',
'2021-01-27', '2021-02-03'], 'x1':[5,4,3,2,7]})
d['date']=pd.to_datetime(d.date)
d.set_index(keys=['date'], inplace=True)
print("원본")
print('=='*20)
print(d)
print('=='*20)
tmp=d.rolling(1).mean()
print(tmp)
print()
print('=='*20)
tmp=d.rolling(2).mean()
print(tmp)
```

〈실행 결과〉

```
원본
========================================
            x1
date
2021-01-06   5
2021-01-13   4
2021-01-20   3
2021-01-27   2
2021-02-03   7
========================================
             x1
date
2021-01-06  5.0
2021-01-13  4.0
2021-01-20  3.0
2021-01-27  2.0
2021-02-03  7.0
========================================
             x1
date
2021-01-06  NaN
2021-01-13  4.5
2021-01-20  3.5
2021-01-27  2.5
2021-02-03  4.5
```

이전 값과 차이 계산

시간에 따라 종속변수 값이 어떻게 변화하는지 나타내야 한다. 이런 경우는 현재 값에서 이전 값의 차이를 diff() 함수를 사용하여 구할 수 있다.

실습 코드 11-11

동일한 컬럼 값으로 채우기

```
import numpy as np
d=pd.DataFrame({'date':['2021-01-06', '2021-01-13', '2021-01-20',
'2021-01-27', '2021-02-03'],'x1':[5,4,3,2,7]})
d['date']=pd.to_datetime(d.date)
d.set_index(keys=['date'],inplace=True)
print("원본")
print('=='*20)
print(d)
y_diff=d.diff() # 이전값-이후값
y_diff.columns=['diff'] # 컬럼명 만들기
temp=pd.concat([d,y_diff],axis=1) # 데이터프레임 열끼리 합치기
print('=='*20)
print(temp)
```

〈실행 결과〉

```
원본
========================================
            x1
date
2021-01-06   5
2021-01-13   4
2021-01-20   3
2021-01-27   2
2021-02-03   7
========================================
            x1  diff
date
2021-01-06   5   NaN
2021-01-13   4  -1.0
2021-01-20   3  -1.0
2021-01-27   2  -1.0
2021-02-03   7   5.0
```

지연값 추출

시계열 데이터의 경우 특정한 값이 미래의 값에 영향을 주는 경우가 있다. 이러한 특성을 반영하기 위해 shift()를 사용한다. 예를 들어, shift(2)는 데이터가 2개씩 뒤로 밀리는 것을 의미한다. 이때, 결측치가 발생할 수 있기 때문에 결측치를 처리해야 한다. bfill은 ffill과 반대 방향에서 결측치를 대체한다.

실습 코드 11-12

지연값 추출

```
import numpy as np
d=pd.DataFrame({'date':['2021-01-06', '2021-01-13', '2021-01-20',
'2021-01-27', '2021-02-03'],'x1':[5,4,3,2,7]})
d['date']=pd.to_datetime(d.date)
d.set_index(keys=['date'], inplace=True)
print("원본")
print('=='*20)
print(d)
print('=='*20)
d['shift']=d['x1'].shift(2)
print(d)
print('=='*20)
d=d.fillna(method='bfill')
print(d)
```

〈실행 결과〉

```
원본
========================================
            x1
date
2021-01-06   5
2021-01-13   4
2021-01-20   3
2021-01-27   2
2021-02-03   7
========================================
            x1  shift
date
2021-01-06   5    NaN
2021-01-13   4    NaN
2021-01-20   3    5.0
2021-01-27   2    4.0
2021-02-03   7    3.0
========================================
```

```
            x1  shift
date
2021-01-06   5    5.0
2021-01-13   4    5.0
2021-01-20   3    5.0
2021-01-27   2    4.0
2021-02-03   7    3.0
```

원-핫 인코딩

원-핫 인코딩은 범주형 변수를 컴퓨터가 처리할 수 있는 형태로 변환하는 방법 중 하나로, 일반적으로 텍스트 형태로 저장되므로 이를 그대로 사용하면 데이터를 처리할 때 어려움이 있을 수 있다. 카테고리형 데이터의 각 범주를 하나의 열로 만들어 해당 데이터에만 1을 표시하고, 그 외에는 0으로 표시하여 숫자형으로 인식할 수 있는 문제를 해결할 수 있다.

예를 들어, '색깔'이라는 범주형 변수가 있을 때, 이를 그대로 사용하면 컴퓨터에서는 이를 구분하는 것이 어렵다. 이 문제는 판다스에서 제공하는 get_dummies() 함수를 사용하면 쉽게 해결을 할 수 있다. get_dummies() 함수를 사용하여 원-핫 인코딩을 적용하면 '빨간색', '파란색', '노란색'과 같은 새로운 변수를 만든다. 각각의 변수가 존재하면 1, 그렇지 않으면 0으로 값을 할당하는 방식으로 변환하여 숫자형으로 인식할 수 있도록 만들 수 있다.

실습 코드 11-13

원-핫 인코딩

〈코드〉

```
import pandas as pd

# 예시 데이터프레임 생성
df=pd.DataFrame({'color': ['red', 'blue', 'green', 'blue', 'red']})

# 원-핫 인코딩
one_hot=pd.get_dummies(df['color'])

# 결과 출력
print(one_hot)
```

〈실행 결과〉

```
   blue  green  red
0     0      0    1
1     1      0    0
2     0      1    0
3     1      0    0
4     0      0    1
```

2 〉 시계열 데이터 전처리 실습

야후에서 제공하는 Apple 주식 데이터를 다운로드하여 시계열 데이터 전처리 방법을 학습한다.

2.1 문제 정의와 변수 설명

보라는 주식을 팔아야 할지, 팔지 말아야 할지 고민한 끝에 앞으로 상승한다면 계속 가지고 있기로 마음먹었다. 주식은 상승할 것인가 아니면 하강할 것인가?

다음과 같은 문제를 살펴보았다. 이를 시계열 데이터 전처리 실습에 들어가기 전에 변수와 설명을 알아보자.

번호	변수	설명
1	Date	날짜
2	open	거래가 시작되는 9시에 최초로 체결된 거래 가격
3	High	상한가(하루 중 주가 상승폭이 30%인 가격)
4	Low	하한가(하루 중 주가 하락폭이 30%인 가격)
5	Close	장이 마감하는 3시 30분에 마지막으로 체결된 가격
6	Adj Close	회사 측의 영향을 계산해서 반영하는 조정 종가
7	Volume	주식거래량

2.2 | 주식 관련 라이브러리 설치

FinanceDataReader를 사용하여 주식 관련 데이터를 가져올 수 있다. 다음과 같이 입력하여 FinanceDataReader를 설치한다.

실습 코드 11-14

FinanceDataReader 설치

```
!pip install finance-DataReader
```

2.3 | 애플 주식 데이터 가져오기

FinanceDataReader에서 제공하는 DataReader()의 파라미터에 '종목 코드', '시작 일자', '종료 일자'를 차례대로 추가하여 원하는 종목의 데이터를 가져온다. 이때 날짜는 필수로 입력하지 않아도 되지만, 날짜를 입력하지 않으면 전체 날짜 데이터가 수집된다.

실습 코드 11-15

2022년도부터 현재까지 애플 주식 데이터 가져와 확인하기

```
import pandas as pd
import numpy as np
import matplotlib.pyplot as plt
import seaborn as sns
import FinanceDataReader as fdr

# 2022년도부터 애플 주식 데이터를 불러온다.
df=fdr.DataReader('AAPL', '2022')

# 데이터 확인하기
print(df.head())
print(df.tail())
```

〈실행 결과〉

```
                 Open        High         Low       Close   Adj Close  \
Date
2022-01-03  177.830002  182.880005  177.710007  182.009995  179.273590
2022-01-04  182.630005  182.940002  179.119995  179.699997  176.998337
2022-01-05  179.610001  180.169998  174.639999  174.919998  172.290207
2022-01-06  172.699997  175.300003  171.639999  172.000000  169.414108
2022-01-07  172.889999  174.139999  171.029999  172.169998  169.581558

               Volume
Date
2022-01-03  104487900
2022-01-04   99310400
2022-01-05   94537600
2022-01-06   96904000
2022-01-07   86709100

                 Open        High         Low       Close   Adj Close  \
Date
2024-08-08  213.110001  214.199997  208.830002  213.309998  213.063385
2024-08-09  212.100006  216.779999  211.970001  216.240005  215.990005
2024-08-12  216.070007  219.509995  215.600006  217.529999  217.529999
2024-08-13  219.009995  221.889999  219.009995  221.270004  221.270004
2024-08-14  220.570007  223.029999  219.699997  221.720001  221.720001

              Volume
Date
2024-08-08  47161100
2024-08-09  42201600
2024-08-12  38028100
2024-08-13  44155300
2024-08-14  41888500
```

잠깐만요

국내와 미국 주식 관련 데이터 가져오는 방법

국내 주식 정보 가져오기

```
import FinanceDataReader as fdr
df=fdr.StockListing('KRX')
print(df.head())
```

<실행 결과>

```
     Code        ISU_CD          Name Market Dept    Close  ChangeCode  Changes  ₩
0  005930  KR7005930003          삼성전자  KOSPI        61300           2     -700
1  373220  KR7373220003     LG에너지솔루션  KOSPI       511000           1     4000
2  000660  KR7000660001        SK하이닉스  KOSPI        91000           2    -1700
3  207940  KR7207940008      삼성바이오로직스  KOSPI   783000           2    -6000
4  051910  KR7051910008          LG화학  KOSPI       669000           1     1000

  ChagesRatio    Open    High     Low    Volume        Amount  ₩
0       -1.13   62300   62600   61300  10308143  638634052687
1        0.79  508000  522000  507000    239646  123155230000
2       -1.83   93500   94000   91000   2496352  230723303704
3       -0.76  789000  790000  781000     39167   30725679000
4        0.15  668000  686000  666000    145162   97814598000

            Marcap      Stocks  MarketId
0  365947670315000  5969782550       STK
1  119574000000000   234000000       STK
2   66248215215000   728002365       STK
3   55729242000000    71174000       STK
4   47226277467000    70592343       STK
```

미국 주식 정보 가져오기

```python
import FinanceDataReader as fdr
df=fdr.StockListing('NASDAQ')
print(df.head())
```

<실행 결과>

```
100%|■■■■■■■■■■■| 4393/4393 [00:36<00:00, 121.45it/s]
Symbol                  Name          Industry    IndustryCode
0   AAPL           Apple Inc  컴퓨터, 전화 및 가전제품        571060
1   MSFT      Microsoft Corp     소프트웨어 및 IT서비스        572010
2   AMZN      Amazon.com Inc           다양한 소매업        534020
3   TSLA           Tesla Inc       자동차 및 자동차 부품         31010
4  GOOGL  Alphabet Inc Class A     소프트웨어 및 IT서비스        572010
```

국내 주식		국외 주식	
KRX	KRX전체 종목	NASDAQ	나스닥 종목
KOSPI	KOSPI 종목	NYSE	뉴욕증권거래소 종목
KOSDAQ	KOSDAQ 종목	AMEX	AMEX 종목
KONEX	KONEX 종목	SP500	S&P 종목

2.4 주식 가격 시각화

이번에는 matplotlib 패키지를 사용하여 데이터를 시각화한다.

실습 코드 11-16

컬럼 구성 확인

```
# 주식 가격 시각화하기
plt.figure(figsize=(10, 6))
sns.lineplot(x=df.index, y=df['Close'])
plt.title('Apple Stock Price in 2022')
plt.xlabel('Date')
plt.ylabel('Price')
plt.show()
```

〈실행 결과〉

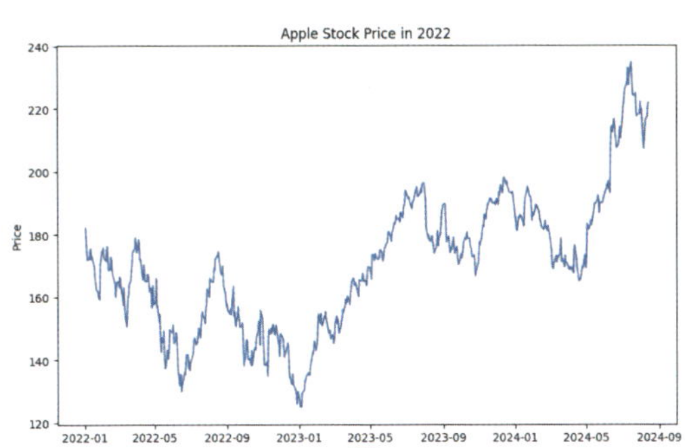

수집한 기간 동안 애플주식의 종가 값을 그래프로 확인할 수 있다.

다운샘플링

시계열 데이터는 시간 간격을 resample()로 조정해야 할 경우가 있다. 이때, 샘플양을 증가시키는 것을 업샘플링이라 하고, 샘플양을 감소시키는 것을 다운샘플링이고 한다. 다운샘플링은 기존의 데이터를 집약하는 방법으로 데이터를 줄이는 것이다. 주식 데이터 셋은 2022년 1월 3일부터 2024년 8월 14일까지의 데이터들이 매일 기록되었기 때문에 실제 데이터의 흐름을 파악하기에는 너무 많다. resample("BM")을 사용하여 시간 구간을 묶어서 다운샘플링을 하면 주말을 제외한 달 단위로 샘플양을 감소시킬 수 있다. 시간 옵션은 초(S), 분(M), 시(H), 주(W), 월(M), 분기(Q), 연(Y), 영업일(B)을 적절히 사용하면 된다.

실습 코드 11-17

다운샘플링

```
df_month=df.resample("BM").mean()
print(df_month.head())
```

〈실행 결과〉

```
                  Open        High         Low       Close   Adj Close  \
Date
2022-01-31  170.201500  172.447999  167.639500  169.861500  168.623887
2022-02-28  169.635262  171.585263  167.580524  169.830001  168.772580
2022-03-31  164.806956  167.164348  162.939131  165.310435  164.315065
2022-04-29  167.479001  169.518500  165.083002  166.820999  165.816531
2022-05-31  148.324286  150.950952  145.364284  148.430477  147.708989

                  Volume
Date
2022-01-31  1.054223e+08
2022-02-28  8.565875e+07
2022-03-31  9.481740e+07
2022-04-29  8.438978e+07
2022-05-31  1.143353e+08
```

수익률 변수 추가하기

일반적으로 수익률은 (매도가격-매수가격)/매수가격이다. 판다스에서 제공하는 pct_change()를 사용하면 수익률을 쉽게 구할 수 있다.

실습 코드 11-18

수익률 추가

```
df_month['rtn']=df_month['Close'].pct_change()
print(df_month.head())
```

〈실행 결과〉

```
                  Open        High         Low       Close   Adj Close  \
Date
2022-01-31  170.201500  172.447999  167.639500  169.861500  168.623887
2022-02-28  169.635262  171.585263  167.580524  169.830001  168.772580
2022-03-31  164.806956  167.164348  162.939131  165.310435  164.315065
2022-04-29  167.479001  169.518500  165.083002  166.820999  165.816531
2022-05-31  148.324286  150.950952  145.364284  148.430477  147.708989

                  Volume       rtn
Date
2022-01-31  1.054223e+08       NaN
2022-02-28  8.565875e+07 -0.000185
2022-03-31  9.481740e+07 -0.026612
2022-04-29  8.438978e+07  0.009138
2022-05-31  1.143353e+08 -0.110241
```

위 코드는 df_month['Close'].pct_change()는 'Close' 컬럼의 월별 변화율을 계산한 Series 객체를 반환하고, 수익률을 구해서 'rtn' 변수를 추가하여 저장하였다.

수익률 시각화

수익률을 흐름을 한 눈에 파악하기 쉽게 시각화하여 표현한다.

실습 코드 11-19

수익률 시각화

```
plt.figure(figsize=(10, 6))
sns.lineplot(x=df_month.index, y=df_month['rtn'])
plt.title('Apple Stock Returns in 2022-2023')
plt.xlabel('Date')
plt.ylabel('Returns')
plt.show()
```

〈실행 결과〉

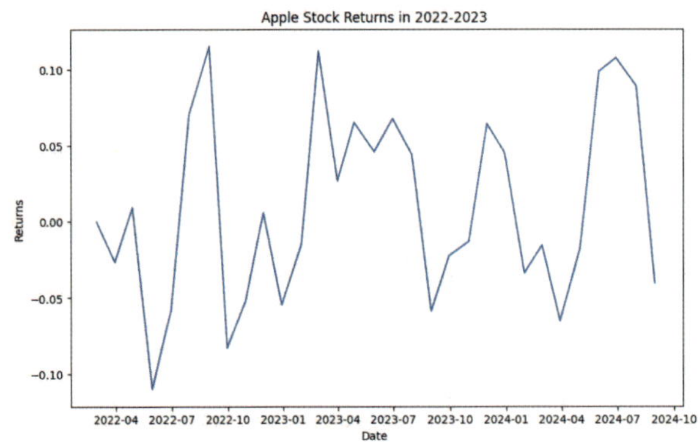

주가 흐름 파악하기

이동평균선은 과거 주식 가격 흐름을 바탕으로 앞으로의 주식 가격을 예측하는 데 사용하는 선이다. 일정 기간 동안의 주식 가격 흐름을 평균을 내서 그 선을 연결하는 것으로 생각하면 이해하기 쉽다. 만약 5일 이동평균선이라고 한다면 최근 5일간의 주가를 종가 기준으로 합하여 5로 나눠 평균을 구하는 것이다.

판다스에서 제공하는 rolling()을 사용하면 이러한 이동평균선을 쉽게 구할 수 있다. 여기서 df_month 데이터프레임은 한 달 단위로 집약시킨 데이터이다. rolling(2).mean()을 사용해서 2달씩 종가의 평균을 구할 수 있다.

실습 코드 11-20

2달씩 종가로 이동평균 구하기

```
df_month['MA'] =df_month['Close'].rolling(2).mean()
df_month.head()
```

〈실행결과〉

```
                  Open        High         Low       Close   Adj Close  \
Date
2022-01-31  170.201500  172.447999  167.639500  169.861500  168.623887
2022-02-28  169.635262  171.585263  167.580524  169.830001  168.772580
2022-03-31  164.806956  167.164348  162.939131  165.310435  164.315065
2022-04-29  167.479001  169.518500  165.083002  166.820999  165.816531
2022-05-31  148.324286  150.950952  145.364284  148.430477  147.708989

                  Volume       rtn          MA
Date
2022-01-31  1.054223e+08       NaN         NaN
2022-02-28  8.565875e+07 -0.000185  169.845750
2022-03-31  9.481740e+07 -0.026612  167.570218
2022-04-29  8.438978e+07  0.009138  166.065717
2022-05-31  1.143353e+08 -0.110241  157.625738
```

이번에는 iloc[]을 사용하여 종가와 이동평균선을 함께 시각화한다.

실습 코드 11-21

이동평균선 시각화

```
df_month.iloc[:,[3,7]].plot(figsize=(15,8))
```

〈실행 결과〉

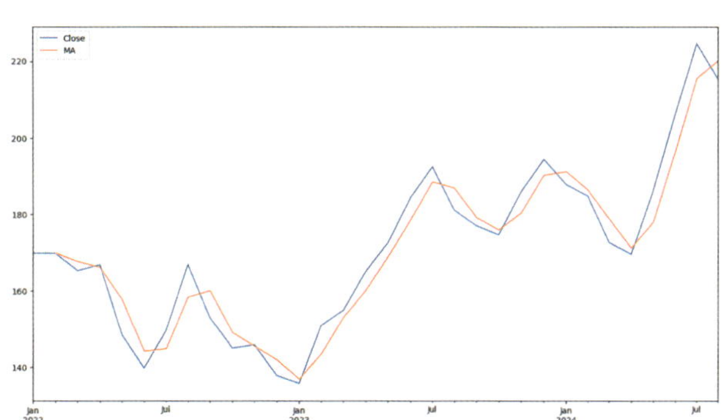

잠깐만요

90일(rolling(3))의 이동평균선을 구해 'MA1' 컬럼에 추가하고, 그래프로 시각화하여 비교한다.

이동평균선

```
df_month['MA1']=df_month['Close'].rolling(3).mean()
df_month.iloc[:,[3,7,8]].plot(figsize =(15,8))
```

〈실행 결과〉

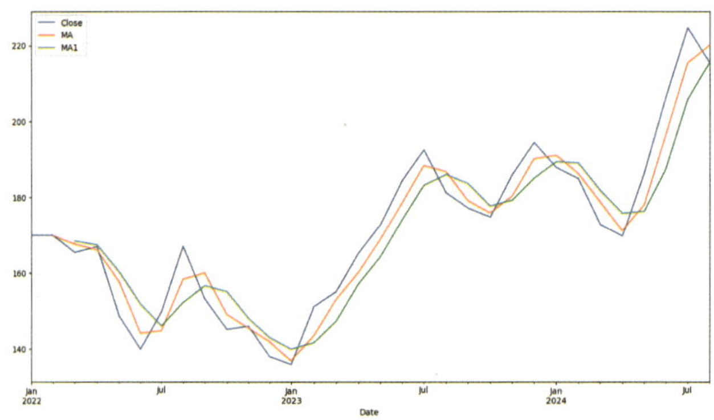

최근 종가를 가져와 이동평균선과 비교를 통해 상승장인지 하락장인지 판단해 본다.

실습 코드 11-22

상승장인지 하락장인지 판별

```
last_close=df_month['MA'].iloc[-2] # 이동평균선 60일 전 종가
print(last_close)
price=df_month['Close'].iloc[-1] # 오늘 종가
print(price)
if price>last_close:
    print('상승장')
elif price<last_close:
    print('하락장')
```

```
    else:
        print('변화없음')
```

〈실행 결과〉

```
215.43089734569378
215.4610016
상승장
```

코드를 입력하여 결과를 살펴보면 '상승장'이라는 것을 알 수 있다.

애플 데이터 저장하기

지금까지 작업한 애플 데이터를 파일로 저장한다.

실습 코드 11-23

파일로 저장

```
df_month.to_csv('apple_data.csv')
```

3 〉 시계열 데이터 예측 분석

머신러닝은 모델을 생성한 후, 모델을 학습시키기 위해 모델.fit()을 사용한다. 모델을 생성한다는 것은 '이 데이터에는 이런 알고리즘이 적용될거야!'라고 가르쳐주는 것이고, 모델을 학습시킨다는 것은 '아까 이야기한 데이터에 그 알고리즘을 적용해서 규칙 찾아줘!'라는 의미로 이해하면 조금은 쉬울 듯하다. 참고로 본 교재는 데이터 분석을 위한 전처리에 집중했다.

여기서 시세예측 분석은 위에서 설명한 머신러닝을 사용하여 예측을 한다. 시세예측 분석에서 사용할 모델은 ARIMA다. 이는 과거 정보를 사용하고 현재 상태의 변수에서 바로 전 상태의 변수를 빼주어 상태를 추론하되, 추세 변동 경향성까지 반영하기 때문에 불규칙한 패턴이 섞여 있을 때도 분석이 가능하다. ARIMA를 통해 모델을 생성하기 위해서는 statsmodels 모듈을 사용해야 한다. 사용 방법은 다음과 같다.

ARIMA 기본 사용법

```
from statsmodels.tsa.arima_model import ARIMA
import statsmodels.api as sm
ARIMA(데이터, order=(AR,Difference,MA))
```

예) order = (3,1,3)은 ARIMA 모델의 파라미터 설정을 의미한다. 여기서 첫 번째 값인 3은 AR 모델에서 몇 번째 과거까지를 바라보는지 나타내는 파라미터이며, 두 번째 값인 1은 차분(Difference)에 대한 파라미터이고, 세 번째 값인 3은 MA(이동 평균) 모델에서 몇 번째 과거까지를 바라보는지 나타내는 파라미터이다. AR과 MA의 합이 2 미만인 경우, 혹은 곱이 0을 포함한 짝수인 경우가 좋은 파라미터 값으로 알려져 있다.

3.1 ARIMA 모델 만들기

ARIMA 모델을 만들기 위해 pmdarima 라이브러리를 사용하면 다양한 파라미터를 자동으로 튜닝함으로, 최적의 모델을 찾을 수 있다.

실습 코드 11-24

자동 ARIMA 모델 생성

```
!pip install pmdarima
import pmdarima as pm

# 자동 ARIMA 모델 생성 및 학습
auto_arima_model = pm.auto_arima(df['Close'], seasonal=False, trace=True)
```

ARIMA(0, 1, 1)이 최적의 모델임을 알 수 있다.

실습 코드 11-25

ARIMA 적용

```
# 실습에 필요한 라이브러리 불러오기
import pandas as pd
import numpy as np
import matplotlib.pyplot as plt
import seaborn as sns
from statsmodels.tsa.arima_model import ARIMA
import statsmodels.api as sm

# 11.2에서 저장한 apple_data 파일 불러오기
df=pd.read_csv('/content/apple_data.csv')

# ARIMA 모델 만들기
model = ARIMA(df['Close'].values, order=(0, 1, 1))
model_fit=model.fit()
print(model_fit.summary())
```

〈실행 결과〉

```
                               SARIMAX Results
==============================================================================
Dep. Variable:                      y   No. Observations:                   32
Model:                 ARIMA(0, 1, 1)   Log Likelihood                -114.779
Date:                Thu, 15 Aug 2024   AIC                            233.558
Time:                        11:52:12   BIC                            236.426
Sample:                             0   HQIC                           234.493
```

```
                                    - 32
Covariance Type:                     opg
==============================================================================
                 coef    std err          z      P>|z|      [0.025      0.975]
------------------------------------------------------------------------------
ma.L1          0.4278      0.241      1.777      0.075      -0.044       0.900
sigma2        95.6504     30.839      3.102      0.002      35.207     156.094
===================================================================================
Ljung-Box (L1) (Q):                   0.04   Jarque-Bera (JB):                 1.32
Prob(Q):                              0.84   Prob(JB):                         0.52
Heteroskedasticity (H):               1.10   Skew:                            -0.42
Prob(H) (two-sided):                  0.88   Kurtosis:                         2.45
===================================================================================

Warnings:
[1] Covariance matrix calculated using the outer product of gradients (complex-step).
```

model의 summary를 보면 중간에 coef 값과 P>|z| 값이 있다. coef 값은 0에서 가장 떨어졌을 때가 이상적이며, p 값은 0과 가장 가까울 때 좋다고 판단한다. 여기서 사용한 ARIMA(0, 1, 1)은 1차분(differencing)을 사용하고 한 개의 이동 평균(MA) 요소를 포함하는 모델을 의미한다. 첫 번째 이동 평균 요소의 계수인 ma.L1(Moving Average Term 1)은 0.4278이지만, P-value가 .05보다 크기 때문에 통계적으로 유의미하지 않을 가능성이 크다. 데이터의 변동성을 나타내는 sigma2(오차 분산)은 95.6504로 p-value가 .05보다 작기 때문에 통계적으로 유의미하다. MA 요소들의 p-value가 0.05 이상으로, 통계적으로 유의미하지 않기에 이 모델은 데이터에 대한 완전한 설명력을 가지지 못할 가능성이 존재한다.

잠깐만요

만약 const에 대한 p 값이 0.05 이상이면 유의미하지 않기에 model.fit()에서 파라미터 값을 nc로 바꿔야 한다.

상수가 유효하지 않은 경우

```
model_fit(trend= ' nc ' )
```

3.2 모델을 이용하여 예측

분석결과는 plot_predict()를 사용하여 시각화할 수 있다. 실제값인 y(apple_month['Close'])와 예측값을 비교하여 그래프로 나타낸다.

실습 코드 11-26

ARIMA 분석 결과 시각화

```
import pandas as pd
import matplotlib.pyplot as plt

# 과거 데이터에 대한 예측
predicted_values = model_fit.predict(start=0, end=len(df) - 1)

# 예측 결과와 실제 값 비교 데이터프레임 생성
test_pred = pd.DataFrame({'Actual': df['Close'], 'Predicted': predicted_values},
index=df.index)

# 시각화
fig, ax = plt.subplots(figsize=(10, 6))
ax.plot(test_pred.index, test_pred['Actual'], label='Actual', color='blue')
ax.plot(test_pred.index, test_pred['Predicted'], label='Predicted', color='red')

plt.title('Actual vs Predicted')
plt.xlabel('Date')
plt.ylabel('Close Price')
plt.legend()
plt.show()
```

〈실행 결과〉

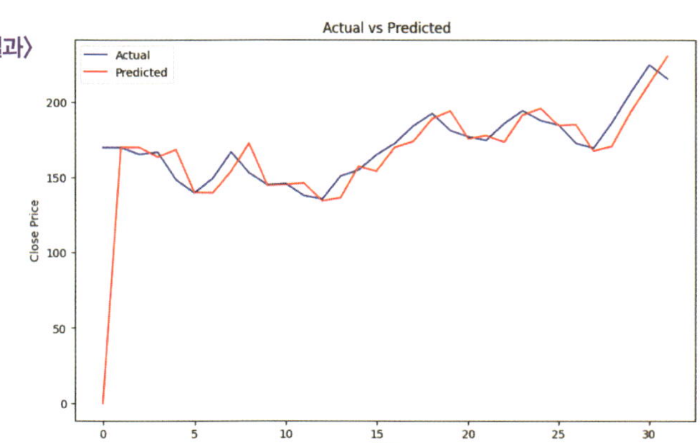

여기서는 실습하는 과정을 이해하는 데 중점을 두기 때문에 생성한 모델은 정확하지는 않지만, 예측을 진행하도록 한다.

생성한 모델이 패턴을 찾았기 때문에 앞으로 어떻게 될 것인지 forecast()를 사용해서 예측할 수 있다. 이때 앞으로 10개월(여기서는 두 달을 하나로 묶었다.)을 내다보기 위해 forecast()의 파라미터인 steps를 5로 설정한다.

실습 코드 11-27

예측

```
forecast_data =model_fit.forecast(steps=5)
forecast_data
```

〈실행 결과〉

```
array([209.23182246, 209.23182246, 209.23182246, 209.23182246,
       209.23182246])
```

모델은 ARIMA(0,1,1)로 생성했기에 AR 요소가 없고 1차분을 적용하며 1개의 MA(이동 평균) 요소를 포함하는 모델이다. 따라서 예측값은 데이터의 트렌드를 제거한 상태(d=1)에서 데이터를 처리하므로 향후 지정된 단계 동안 209.23182246로 동일하게 예측한 결과가 출력된다.

만약 예측값이 모두 동일하게 나오는 것이 원하는 결과가 아닌 경우, 모델의 파라미터를 조정할 필요가 있다. 예를 들어, ARIMA(1, 1, 1) 또는 ARIMA(2, 1, 1) 등 더 복잡한 모델을 시도한 후 적용할 수 있다.

3.3 예측 결과 시각화

수치로 보는 것보다 시각화하여 나타내면 조금 더 직관적으로 해석하는데 용이하다.

먼저, get_forecast(steps=5)를 사용하여 다음 5단계 예측을 생성한 후 forecast.conf_int()를 사용하여 예측값에 해당하는 신뢰구간의 값을 구한다. 그런 다음 신뢰구간의 하한값과 상한값에 반복문을 사용하여 pred_y_lower와 pred_y_upper 리스트에 추가한다.

실습 코드 11-28

최댓값과 최솟값 저장

```
# ARIMA 모델로부터 다음 5단계 예측을 생성
forecast = model_fit.get_forecast(steps=5)

# 각 예측값에 대한 신뢰 구간(95% 구간)을 반환
forecast_conf_int = forecast.conf_int()

# 예측 데이터 최솟값
pred_y_lower=[]

# 예측 데이터 최댓값
pred_y_upper=[]
for lower,upper in forecast_conf_int:
 pred_y_lower.append(lower)
 pred_y_upper.append(upper)
```

plot()로 저장된 값을 사용하여 그래프를 그린다. 이때 함께 출력하기 위해 legend()를 사용한다.

실습 코드 11-29

시각화

```
# 모델이 예측한 최저 가격 그래프
plt.plot(pred_y_lower, color = 'red')

# 모델이 예측한 최고 가격 그래프
plt.plot(pred_y_upper, color = 'blue')

# 실제 가격 그래프
plt.plot(forecast_data ,color ='black')
plt.legend(['low', 'max','predict'])
```

〈실행 결과〉

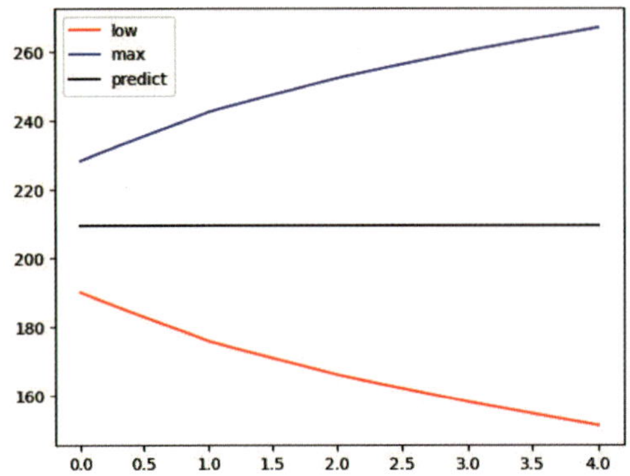

빨간색 선 그래프는 최소예측값을 의미하고, 파란색 선 그래프는 최대예측값을 의미한다. 시각화를 통해 8개월 뒤에 최댓값과 최솟값의 차이가 많은 것을 한 눈에 알 수 있다. 그래프의 평균값을 보면 서서히 증가되는 것을 알 수 있지만, 이 결과를 보고 섣부르게 판단해서는 안된다. 모델을 평가하여 정확도가 높을 때 예측 결과가 의미있기 때문이다. 모델의 정확도를 판단하기 위해서는 테스트 데이터와 학습 데이터로 나누어 학습 데이터로 모델을 학습시키고, 테스트 데이터로 정확한 결과가 나오는지 판단할 수 있다. 이 부분을 조금 더 자세히 공부하고 싶다면 머신러닝을 학습하기 바란다.

연습 문제

연습 01 실행 결과를 확인하고 빈 곳을 채워 코드를 완성하세요.

```
import pandas as pd

# 데이터프레임 생성
df=pd.DataFrame({
    'date': ['2023-01-01', '2023-01-02', '2023-01-03'],
    'price': [1000, 1200, 1300]
})

# date 컬럼을 datetime형으로 변환
df['date']=___________________________

# ❶ 결과 확인
print(df.dtypes)
print(df)

#date를 인덱스로 설정
df.___________________________

# ❷ 결과 확인
print(df.info())
```

〈❶ 결과 확인〉

```
date      datetime64[ns]
price              int64
dtype: object
        date  price
0 2023-01-01   1000
1 2023-01-02   1200
2 2023-01-03   1300
```

〈❷ 결과 확인〉

```
<class 'pandas.core.frame.DataFrame'>
DatetimeIndex: 3 entries, 2023-01-01
to 2023-01-03
Data columns (total 1 columns):
 #   Column  Non-Null Count  Dtype
---  ------  --------------  -----
 0   price   3 non-null      int64
dtypes: int64(1)
memory usage: 48.0 bytes
None
```

연습 02 **실행 결과를 확인하고 빈 곳을 채워 코드를 완성하세요.**

```
# 시계열 데이터 생성
df_idx=pd.date_range('2019-12-01 01:00', periods=40)
df=pd.DataFrame(range(len(df_idx)),columns=['col'], index=df_idx)
# ❶ 결과 확인
print(df.head())

#월단위로 재조정하기
df_monthly=df.______________
# ❷ 결과 확인
print(df_monthly.head())
```

〈❶ 결과 확인〉

```
                     col
2019-12-01 01:00:00    0
2019-12-02 01:00:00    1
2019-12-03 01:00:00    2
2019-12-04 01:00:00    3
2019-12-05 01:00:00    4
```

〈❷ 결과 확인〉

```
             col
2019-12-31  15.0
2020-01-31  35.0
```

연습 03 **2022년 12월 25일부터 100일 간격으로 날짜와 랜덤으로 생성된 값(value)을 가진 데이터프레임을 생성할 때 빈 곳을 채워 월별 price의 합계를 구하세요.**

```
import pandas as pd
import numpy as np
# 데이터프레임 생성
df=pd.DataFrame({
    "date": pd.date_range("2022-12-25", periods=100, freq="D"),
    "value": np.random.randint(100, size=(100,))})
# 월별 price합계 구하기
______________________________
```

〈실행 결과〉

```
date
2022-12-31     271
2023-01-31    1526
2023-02-28    1364
2023-03-31    1599
2023-04-30     187
Freq: M, Name: value, dtype: int64
```

연습 04 다음 빈 곳을 채워 일별 상품 가격 데이터 셋에서 앞으로 2일 뒤의 바나나 가격을 예측하세요.

```
import pandas as pd
from statsmodels.tsa.arima.model  import__________

# 데이터프레임 생성
data=pd.DataFrame({'date': pd.date_range('20230101', periods=100),
                   'product': ['banana']*50 + ['apple']*50,
                   'price': [100]*50 + [120]*50})

# 시계열 데이터 분석을 위해 인덱스를 날짜로 설정
______________________________________

# ARIMA 모델 학습
model=__________________________________# ARIMA(1,1,0) 모델
model_fit=____________

# 앞으로 2틀 예측 값 계산
forecast=model_fit.forecast(steps=2)

# 다음날 바나나 가격 출력
print(forecast)
```

〈실행 결과〉

```
2023-04-11    120.0
2023-04-12    120.0
```

연습 05 다음 실행 결과를 확인하고, 2015년 1월부터 2021년 12월까지 월별 고장률이 기록된 데이터 셋을 분석하여 앞으로 2개월간의 고장률을 예측하는 코드를 작성하세요.

```
import matplotlib.pyplot as plt
import pandas as pd

# 데이터 불러오기
df=pd.read_csv('/content/연습11-05.csv')

# 데이터 탐색
#print(df.head())

# 시계열 데이터 분석을 위해 인덱스를 날짜로 설정
_________________________

from statsmodels.tsa.arima_model import ARIMA
```

```
# ARIMA(1,1,1) 모델 학습
model=______________________
model_fit=_____________

# 앞으로 10개월 고장률 데이터 예측
___________________________

#예측 데이터 평균
predict_y=________________

# 예측 데이터 최솟값
pred_y_lower=[]

# 예측 데이터 최댓값
pred_y_upper=[]
for______________________:
    pred_y_lower.append(lower)
    pred_y_upper.append(upper)

# 모델이 예측한 최저 고장률 그래프
plt.plot(pred_y_lower, color='red')

# 모델이 예측한 최고 고장률 그래프
plt.plot(pred_y_upper, color='blue')

# 모델이 예측한 평균 고장률 그래프
plt.plot(predict_y ,color='black')
plt.legend(['low', 'max','predict'])
```

〈실행 결과〉

```
<matplotlib.legend.Legend at 0x7f1ab0e40400>
```

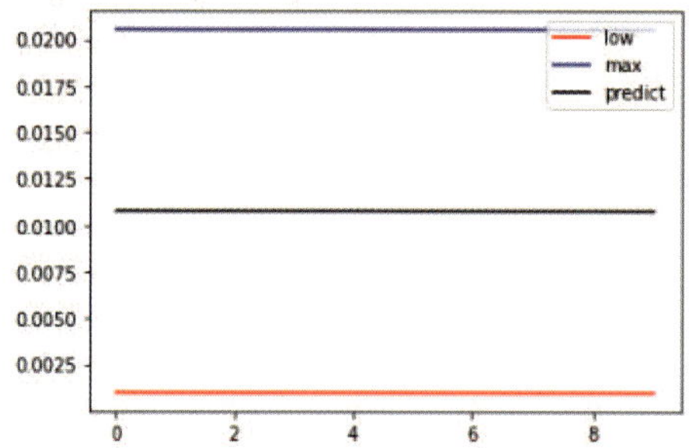

연습 06

연습 01 과 **연습 02** 를 참고하여 관심있는 주식 종목에 대한 1년 치 데이터를 다운로드하여 앞으로 2개월을 예측하세요.

```
!pip install finance-DataReader

import pandas as pd
import numpy as np
import matplotlib.pyplot as plt
import seaborn as sns
import FinanceDataReader as fdr
```

| 12장 |

영화 리뷰 시각화

학습 목표

- 자연어 처리를 위한 전처리 기법이 무엇인지 설명한다.
- 자연어 전처리에 필요한 라이브러리가 무엇인지 알고 설치한다.
- 자연어 전처리 기법을 학습하고, 실제 문제에 적용한다.
- 전처리 과정을 통해 얻은 결과를 워드클라우드로 시각화한다.

1 〉 자연어

자연어란 우리가 사용하는 언어이다. 자연어 처리란 컴퓨터가 처리할 수 있도록 자연어의 의미를 분석하는 것이다. 이러한 자연어 처리를 이용하여 내용 요약, 번역, 사람의 감성 분석, 텍스트 분류뿐 아니라 챗봇에서도 사용할 수 있다.

자연어 처리에서 용도에 알맞게 텍스트를 전처리하는 것이 중요하다. 텍스트 전처리를 제대로 하지 않으면 자연어 처리를 통해 결과를 얻을 수 없기 때문이다. 텍스트 전처리하는 기법을 학습하고, 이를 바탕으로 워드클라우드로 시각화하여 의미를 찾도록 한다.

1.1 단어 토큰화

단어 토큰화(Word Tokenization)란 문장을 단어로 나누는 작업을 의미한다. 문장을 단어 단위로 분리하여 단어를 토큰(Token)이라는 단위로 나누는 것이다. 일반적으로 영어는 띄어쓰기로 토큰화가 가능하다. "I like to eat apples"라는 문장을 토큰화하면 ["I", "like", "to", "eat", "apples"]와 같이 단어별로 나누어진 리스트로 표현된다.

그러나 한국어의 경우 띄어쓰기 단위인 어절로 토큰화하게 되면 단어 하나에 조사가 붙어서 다른 단어로 인식되기 때문에 처리가 힘들다. 예를 들면, '너는', '너에게', '너를', '너와', '너의'와 같이 '너'라는 단어 뒤에 조사가 붙어서 모두 다른 단어로 인식되는데, 이것을 해결하기 위해 형태소(Morpheme)를 이용한다. 형태소란 뜻을 가지는 가장 작은 단위의 말을 의미한다. 형태소를 이용하면 자립형태소(명사, 대명사, 수사, 관형사, 부사, 감탄사), 의존형태소(접사, 조사 등)로 나누어 표현할 수 있다. '파이썬이 너무 좋다'를 형태소로 토큰화하면 '파이썬', '이', '너무', '좋다'로 나뉜다.

KoNLPy 설치하기

형태소 단위로 토큰화하기 위해 KoNLPy 패키지를 설치한다. KoNLPy의 Okt(Open Korea Text), 메캅(Mecab), 코모란(Komoran), 한나눔(Hannanum), 꼬꼬마(Kkma) 형태소 분석기 중에서 Okt를 사용하여 토큰화를 수행해 보자.

실습 코드 12-1

KoNLPy 설치 및 확인

```
!pip install konlpy
!pip show konlpy
```

형태소 토큰화하기

한국어 형태소 분석기 Okt를 사용하기 위해 'konlpy.tag'에 있는 Okt 클래스를 불러와서 분석기를 생성한다.

실습 코드 12-2

Okt 분석기 생성

```
from konlpy.tag import Okt
okt=Okt()
```

Okt 클래스의 메소드는 phrases(), morphs(), nouns(), pos() 등이 있다.

표 12-1. Okt 클래스의 메소드

메소드	설명
phrases(text)	어구 추출
morphs(text)	형태소 추출

nouns(text)	명사 추출
pos(text)	품사 정보 추가하여 추출

morphs()

morphs()를 사용하면 형태소를 추출할 수 있다.

실습 코드 12-3

morphs()

```
from konlpy.tag import Okt
okt=Okt()
token=okt.morphs('꿈의 거처')
print(token)
```

〈실행 결과〉

```
['꿈', '의', '거처']
```

pos()

pos()는 품사 정보를 추가하여 형태소로 토큰화한 결과를 튜플로 쌍을 이루어 반환한다. 이때, 파라미터로 join=True로 설정하면 품사 정보를 포함한 문자열로 반환한다.

실습 코드 12-4

pos()

```
from konlpy.tag import Okt
okt=Okt()
sentence_tag=okt.pos('달이 참 예쁘다고')
print(sentence_tag)
sentence_tag=okt.pos('달이 참 예쁘다고', join=True)
print(sentence_tag)
```

〈실행 결과〉

```
[('달이', 'Noun'), ('참', 'Verb'), ('예쁘다고', 'Adjective')]
['달이/Noun', '참/Verb', '예쁘다고/Adjective']
```

phrases()

phrases()는 문장 내의 단어들을 하나의 구(phrase)로 인식하여 해당 구를 하나의 단어로 처리하는 방법이다. 다음과 같이 코드를 입력하여 어구를 추출하고 반환한다.

실습 코드 12-5

phrases()

```
from konlpy.tag import Okt
okt=Okt()
sentence=okt.phrases('달이 참 예쁘다고')
sentence
```

〈실행 결과〉

```
['달이']
```

1.2 토큰화 실습

입력된 텍스트 중에서 가장 많이 언급되는 단어를 추출해 보자.

형태소 분석

자연어 처리에서 텍스트를 단어 단위로 분할한다. pos()를 이용하여 형태소를 분석하고 결과를 살펴본다.

실습 코드 12-6

pos()로 형태소 분석

```
from konlpy.tag import Okt
okt=Okt()
text=input()
sentece_tag=okt.pos(text)
sentece_tag
```

〈실행 결과〉

(입력) 내겐 멀쩡한 나침반이 없어 따라가 봐도 북극성은 없어 어디쯤인지 대체 알 수가 없어 희한한 것은 이젠 걱정이 없어 바늘 끝엔 항상 네가 있어 (있어) 있어 (있어) 이제 와 영혼의 방황 같은 건 됐어 (됐어) 됐어 난 오직 너에게로부터 쏟아지는 햇살을 굳혀 나침반 위에 눈보란 너에게서 그쳐 파묻힌 내 꿈의 거처는 아무래도 너여야 아무래도 너여야만 해

```
[('내겐', 'Noun'), ('멀쩡한', 'Adjective'), ('나침반', 'Noun'), ('이', 'Josa'), ('없어', 'Adjective'), ('따라가', 'Verb'), ('봐도', 'Verb'), ('북극성', 'Noun'), ('은', 'Josa'), ('없어', 'Adjective'), ('어디', 'Noun'), ('쯤', 'Suffix'), ('인지', 'Josa'), ('대체', 'Noun'), ('알', 'Noun'), ('수가', 'Noun'), ('없어', 'Adjective'), ('희한한', 'Adjective'), ('것', 'Noun'), ('은', 'Josa'), ('이', 'Determiner'), ('젠', 'Noun'), ('걱정', 'Noun'), ('이', 'Josa'), ('없어', 'Adjective'), ('바늘', 'Noun'), ('끝', 'Noun'), ('엔', 'Josa'), ('항상', 'Noun'), ('네', 'Noun'), ('가', 'Josa'), ('있어', 'Adjective'), ('(', 'Punctuation'), ('있어', 'Adjective'), (')', 'Punctuation'), ('있어', 'Adjective'), ('(', 'Punctuation'), ('있어', 'Adjective'), (')', 'Punctuation'), ('이제', 'Noun'), ('와', 'Verb'), ('영혼', 'Noun'), ('의', 'Josa'), ('방황', 'Noun'), ('같은', 'Adjective'), ('건', 'Noun'), ('됐어', 'Verb'), ('(', 'Punctuation'), ('됐어', 'Verb'), (')', 'Punctuation'), ('됐어', 'Verb'), ('난', 'Noun'), ('오직', 'Noun'), ('너', 'Noun'), ('에게', 'Josa'), ('로부터', 'Noun'), ('쏟아지는', 'Verb'), ('햇살', 'Noun'), ('을', 'Josa'), ('굳혀', 'Verb'), ('나침반', 'Noun'), ('위', 'Noun'), ('에', 'Josa'), ('눈', 'Noun'), ('보란', 'Verb'), ('너', 'Noun'), ('에게서', 'Josa'), ('그쳐', 'Verb'), ('파묻힌', 'Verb'), ('내', 'Noun'), ('꿈', 'Noun'), ('의', 'Josa'), ('거처', 'Noun'), ('는', 'Josa'), ('아무래도', 'Adverb'), ('너', 'Modifier'), ('여야', 'Noun'), ('아무래도', 'Adverb'), ('너', 'Modifier'), ('여야', 'Noun'), ('만', 'Josa'), ('해', 'Noun')]
```

collection

동일한 값의 자료가 몇 개인지 파악하는데 사용하는 모듈인 collection을 불러온다. 이때, collection에서 제공하는 counter() 메소드를 사용하면 동일한 값의 빈도수를 쉽게 구할 수 있다. 또한 most_common(n)을 사용하면 가장 빈도수가 많은 순서대로 n개를 추출할 수 있다.

pos()에서 품사와 단어가 하나의 쌍인 튜플로 반환되기 때문에 반복문에서 품사와 단어를 각각 tag와 word에 저장하여 tag가 '명사 또는 형용사'인 것만 추출하여 adj_list에 추가한다.

실습 코드 12-7

collection.counter( )로 빈도수 구하기

```
import collections

text='서기가 영원해도 난 마지막 나야 난 나라는 시대의 처음과 끝이야 난 나라는 인류의 기원과 종말이야 넌 나라는 마음의 유일한 무덤이야 넌 나라는 시계의 마지막 시침이야 난 나라는 우주의 빅뱅과 블랙홀이야 난 나라는 신화의 실체와 허구야 난 너의 이름을 닮은 집을 지을 거야'
sentece_tag=okt.pos(text)

adj_list=[]
for word,tag in sentece_tag:
  if tag in ['Noun','Adjective']: # 품사 중에서 명사, 형용사인 것만 추출하기
    adj_list.append(word)
counts=collections.Counter(adj_list)
tag=counts.most_common(10)
print(tag)
```

〈실행 결과〉

```
[(‘난’,6),(‘나라’,6),(‘마지막’,2),(‘넌’,2),(‘서기’,1),(‘영원해도’,1),(‘나야’,1),(‘시대’,1),(‘처음’,1),(‘끝’,1)]
```

sentence_tag를 모두 읽어온 후에 adj_list에 있는 단어의 빈도수는 Counter()를 사용하여 구할 수 있다.

2 〉 워드클라우드

워드클라우드는 자연어 처리에서 언급된 단어들의 빈도수를 파악해서 빈도수가 가장 높은 단어의 크기를 크게 나타내고, 빈도수가 작은 단어의 크기는 작게 나타내는 시각화 기법이다.

필요한 라이브러리는 맷플롯립(Matplotlib), 워드클라우드(Wordcloud)이다.

2.1 라이브러리 설치

워드클라우드와 맷플롯립 라이브러리를 설치하기 위해 다음과 같은 코드를 입력한다.

실습 코드 12-8

워드클라우드 설치

```
!pip install wordcloud
```

맷플롯립 설치

```
import matplotlib.pyplot as plt
```

2.2 한글 글꼴 설치

한글을 시각화하여 출력할 때, 글꼴이 설치되어 있지 않으면 깨지는 현상이 발생할 수 있다. 따라서 font-nanum을 설치하고, 글꼴 위치를 설정해야 한다.

실습 코드 12-9

나눔글꼴 설치

```
! apt-get install fonts-nanum
font_path='/usr/share/fonts/truetype/nanum/NanumBarunGothic.ttf'
```

〈실행 결과〉

```
Reading package lists... Done
Building dependency tree
Reading state information... Done
fonts-nanum is already the newset version (20170925-1).
0 upgraded, 0 newly installed, 0 to remove and 37 not upgraded.
```

2.3 텍스트 가져와서 품사 태깅

다음 코드를 입력하여 텍스트를 가져와 품사 태깅하고 문장의 품사를 자동으로 판별하는 작업을 한다.

실습 코드 12-10

text 가져오기

```
text='내용 입력'
sentence_tag=okt.pos(text)
adj_list=[]
for word,tag in sentece_tag:
  if tag in ['Noun','Adjective']:
    adj_list.append(word)
```

```
입력: 서기가 영원해도 난 마지막 나야 난 나라는 시대의 처음과 끝이야 난 나라는 인류의 기원과 종말이야 넌 나라는 마음의 유일한 무덤이야 넌 나라는 시계의 마지막 시침이야 난 나라는 우주의 빅뱅과 블랙홀이야 난 나라는 신화의 실체와 허구야 난 너의 이름을 닮은 집을 지을 거야 Enter↵
```

2.4 동일한 단어의 빈도수 구하기

문장에서 동일한 단어가 몇 번 사용되었는지 빈도수를 구할 수 있다. 앞서 살펴본 문장에서 같은 단어가 얼마나 사용되었는지 결과를 구해 보자.

실습 코드 12-11

단어 빈도수 구하기

〈코드〉

```
counts=collections.Counter(adj_list)
tag=counts.most_common(10)
tag
```

〈실행 결과〉

```
[('난', 6),
 ('나라', 6),
 ('마지막', 2),
 ('넌', 2),
 ('서기', 1),
 ('영원해도', 1),
 ('나야', 1),
 ('시대', 1),
 ('처음', 1),
 ('끝', 1)]
```

2.5 워드클라우드 생성

워드클라우드(Wordcloud)의 파라미터로 font_paht는 한글 폰트가 있는 경로이다. 이는 이전에 저장한 font_path 변수를 이용하면 되고, bockground_color는 워드클라우드의 배경색을 설정하는데 사용된다. 이러한 방법으로 워드클라우드의 레이아웃을 구성할 수 있다. 이제 실제 데이터를 넣고 워드클라우드를 생성하기 위해 generate_from_frequencies()의 괄호 안에는 앞에서 생성한 tag를 딕셔너리 형태로 변환하여 넣어준다.

실습 코드 12-12

text 가져오기

```
from wordcloud import WordCloud
wc=WordCloud(font_path=font_path, background_color='skyblue', max_font_size=60)
cloud=wc.generate_from_frequencies(dict(tag))
```

2.6 맷플롯립으로 시각화

앞에서 생성한 워드클라우드를 출력하기 위해서는 맷플롯립을 사용해야 한다. imshow() 안에 생성한 워드클라우드 cloud를 입력하면 출력되는 것을 확인할 수 있다.

실습 코드 12-13

워드클라우드 시각화

```
import matplotlib.pyplot as plt
plt.figure(figsize=(10,8))
plt.imshow(cloud)
```

〈실행 결과〉

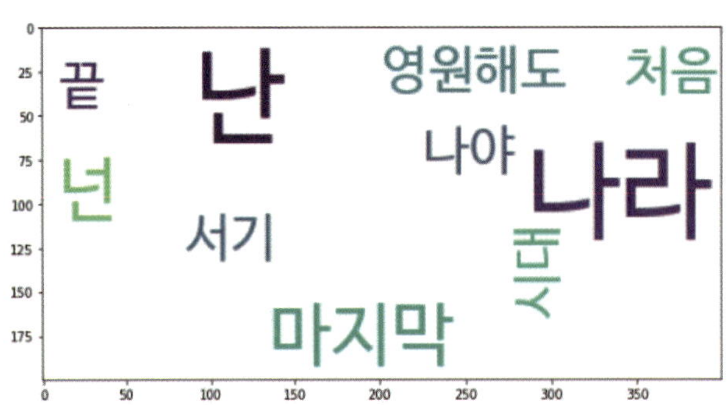

3 〉 자연어 처리 실습 (1)

3.1 영화 리뷰 자연어 처리 (1)

필요한 라이브러리 설치 및 불러오기

자연어 처리 실습을 하기 전에 코엔엘파이와 워크클라우드 라이브러리를 설치하고, 판다스, 맵플롯립, 콜렉션즈, 워드클라우드 라이브러리를 임포트 한다.

```
!pip install konlpy
!pip install wordcloud
import pandas as pd
import matplotlib.pyplot as plt
import collections
from wordcloud import WordCloud
```

데이터 로드하기

네이버 영화 리뷰 데이터를 불러오면 id, document, label 총 3개의 열로 구성된 50,000개의 리뷰가 있다.

실습 코드 12-14

데이터 읽어오기 가져오기

```
df=pd.read_table('/content/ratings_train.txt')
df.head(4)
```

〈실행 결과〉

```
   id        document                                      label
0  9976970   아 더빙.. 진짜 짜증나네요 목소리                      0
1  3819312   흠...포스터보고 초딩영화인줄....오버연기조차 가볍지 않구나  1
2  10265843  너무재밌었다그래서보는것을추천한다                      0
3  9045019   교도소 이야기구먼 ..솔직히 재미는 없다..평점 조정          0
```

데이터 전처리

중복과 결측치 제거

하나의 아이디로 같은 영화의 리뷰를 여러 번 반복했는지 확인한다. 또한 널값이 있는지도 확인해 보자.

실습 코드 12-15

중복 제거 및 결측치 확인

〈코드〉

```python
print(df['id'].nunique())
print(df.isnull().sum())
```

〈실행 결과〉

```
150000
id          0
document    5
label       0
dtype: int64
```

중복 아이디는 없지만 리뷰에 널값이 5개 있다는 것을 확인할 수 있다. 널값이 있다면 리뷰를 분석하는 데 의미가 없는 데이터이므로 해당 행을 제거한다.

실습 코드 12-16

중복 제거 및 결측치 확인

〈코드〉

```python
df=df.dropna(how='any') # Null 값이 존재하는 행 제거
print(df.isnull().values.any()) # Null 값이 존재하는지 확인
```

〈실행 결과〉

```
False
```

불용어 제거

한글과 공백을 제외하고 모두 제거하기 위해서는 정규표현식을 사용한다. 모든 한글을 정규표현식으로 나타내면 [ㄱ-ㅎㅏ-ㅣ가-힣]이다. 여기에 공백까지 추가하면 [ㄱ-ㅎㅏ-ㅣ가-힣]이 된다. 한글과 공백을 제외하라는 의미로 ^를 넣어주어 [^ㄱ-ㅎㅏ-ㅣ가-힣]로 표현하면 손쉽게 원하는 결과를 얻을 수 있다.

실습 코드 12-17

중복 제거 및 결측치 확인

```
df['document']=df['document'].str.replace("[^ㄱ-ㅎㅏ-ㅣ가-힣 ]","")
```

〈실행 결과〉

	id	document	label
0	9976970	아 더빙 진짜 짜증나네요 목소리	0
1	3819312	흠포스터보고 초딩영화인줄 오버연기조차 가볍지 않구나	1
2	10265843	너무 재밌었다 그래서 보는 것을 추천한다	0
3	9045019	교도소 이야기구먼 솔직히 재미는 없다 평점 조정	0
4	6483659	사이몬페그의 익살스런 연기가 돋보였던 영화 스파이더맨에서 늙어보이기만 했던 커스틴 던...	1
...	...	...	...
149995	622902	인간이 문제지 소는 뭔죄인가	0
149996	8549745	평점이 너무 낮아서	0

형태소로 토큰화하기

리뷰를 불러와서 단어와 품사를 하나의 쌍으로 반환하는 pos()로 토큰화한다. 토큰화한 단어 중에서 형용사와 명사만 추출하여 collection.Counter()를 사용하여 빈도수를 구한다.

앞에서 Okt()를 생성하지 않았다면 코드를 실행하기 전에 성성해야 한다.

```
from konlpy.tag import Okt
okt = Okt()
```

실습 코드 12-18

중복 제거 및 결측치 확인

```
temp_list=[]
for sentence in df['document']:
 s_list=okt.pos(sentence)
 for word,tag in s_list:
   if tag in ['Noun','Adjective']:
     temp_list.append(word)
counts=collections.Counter(temp_list)
tag=counts.most_common(50)
tag
```

〈실행 결과〉

```
[(‘영화’, 50643),
(‘정말’, 9578),
(‘진짜’, 8338),
(‘점’, 7636),
(‘이’, 7476),
(‘연기’, 6328),
(‘평점’, 6315),
(‘것’, 6302),
(‘최고’, 6040),
(‘스토리’, 5335),
(‘생각’, 5315),
(‘왜’, 5124),
(‘드라마’, 5063),
(‘감동’, 4881),
(‘사람’, 4837),
(‘보고’, 4665),
(‘말’, 4552),
(‘더’, 4355)
(‘배우’, 4291),
(‘때’, 4279),
(‘내’, 4133),
(‘감독’, 4118),
(‘거’, 4085)
(‘재미’, 3921),
(‘시간’, 3888),
(‘내용’, 3814),
(‘뭐’, 3775),
(‘그냥’, 3758),
(‘좀’, 3648),
(‘그’, 3587),
(‘이런’, 3574),
(‘쓰레기’, 3564),
(‘없는’, 3486),
(‘수’, 3240),
(‘작품’, 2980),
(‘사랑’, 2943),
(‘나’, 2898),
(‘없다’, 2834),
(‘하나’, 2818),
```

워드클라우드 생성과 시각화

단어의 빈도수를 가지고 generate_from_frequencies()를 사용하여 워드클라우드로 나타낸다.

실습 코드 12-19

워드클라우드 시각화

```
# 글꼴 설치
! apt-get install fonts-nanum
font_path='/usr/share/fonts/truetype/nanum/NanumBarunGothic.ttf'

from wordcloud import WordCloud
import matplotlib.pyplot as plt
wc=WordCloud(font_path=font_path, background_color='skyblue', max_font_size=60)
cloud=wc.generate_from_frequencies(dict(tag))

plt.figure(figsize=(10,8))
plt.imshow(cloud)
```

〈실행 결과〉

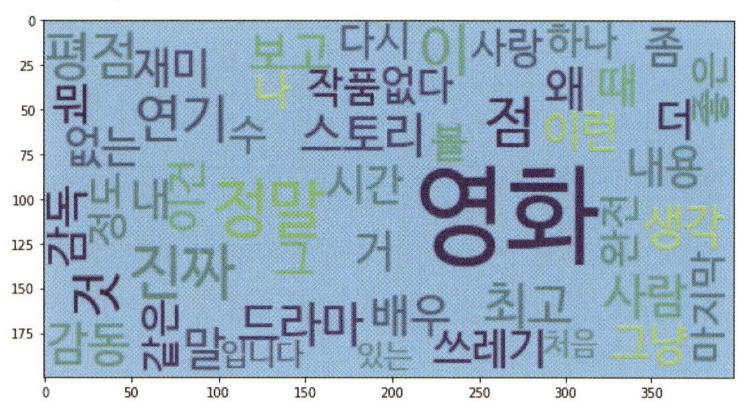

워드클라우드의 실행 결과는 실행할 때마다 달라질 수 있다.

상관없는 단어를 삭제하기

워크클라우드 생성과 시각화에서 생성한 워드클라우드의 결과를 보면 '영화'라는 단어가 가장 빈도수가 높다는 것을 알 수 있다.

도출하고자 하는 의미와 상관없는 단어를 삭제할 필요가 있다.

따라서 형태소로 토큰화하기에서 도출한 단어들 중에서 의미가 없는 단어를 추려서 리스트로 저장한다. 이 리스트의 목록에 포함 안 된 단어만 형용사와 명사로 추출하는 방법으로 구현할 수 있다.

여기서는 임의대로 의미 없는 단어 목록에는 ['점', '정말', '왜', '말', '그', '없다', '정도', '걸', '뭐', '이건', '영화', '완전', '좀', '있는', '거', '나', '이', '볼', '입니다', '것', '이런', '더', '수', '때']와 같은 단어를 추가했다.

실습 코드 12-20

불용어 처리

```
list=[]
stopword=['점','정말','왜','말','그','없다','정도','걸','뭐','이건','영화',
'완전','좀','있는','거','나','이','볼','입니다','것','이런','더','수','때']
for sentence in df['document']:
 s_list=okt.pos(sentence)
for word,tag in s_list:
if word not in stopword:
if tag in ['Noun','Adjective']:
 temp_list.append(word)
counts=collections.Counter(temp_list)
tag=counts.most_common(50)
tag
```

〈실행 결과〉

```
[('진짜', 8338),
 ('연기', 6328),
 ('평점', 6315),
 ('최고', 6040),
 ('스토리', 5335),
 ('생각', 5315),
 ('드라마', 5063),
...............................중략......................................
 ('개', 1944),
 ('재밌게', 1913),
 ('이해', 1898),
 ('안', 1843),
 ('이영화', 1816),
 ('또', 1781)]
```

실습 코드 12-21

워드클라우드 시각화

```
from wordcloud import WordCloud
import matplotlib.pyplot as plt
wc=WordCloud(font_path=font_path, background_color='white', max_font_size=60)
cloud=wc.generate_from_frequencies(dict(tag))
plt.figure(figsize=(10,8))
plt.imshow(cloud)
```

〈실행 결과〉

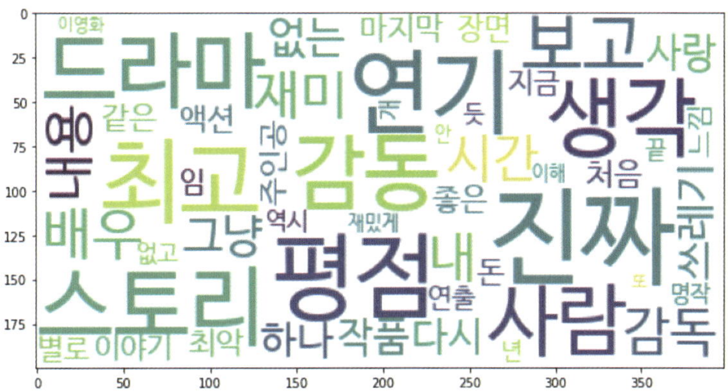

워드클라우드의 생성 결과 '최고', '감동', '스토리', '연기', '사람', '드라마'가 가장 많이 언급되는 단어라는 것을 알 수 있다.

4 〉 자연어 처리 실습 (2)

4.1 영화 리뷰 자연어 처리 (2)

파일 읽어오기

가장 많은 리뷰가 달린 영화를 선택하여 리뷰를 분석해 보자. 전체 데이터는 영화 제목, 리뷰, 평점으로 구성되어 있다.

실습 코드 12-22

데이터 불러오기

```
# 글꼴 설치
! apt-get install fonts-nanum
font_path='/usr/share/fonts/truetype/nanum/NanumBarunGothic.ttf'
#워드클라우드 설치
!pip install wordcloud
#라이브러리 불러오기
from konlpy.tag import Okt
import collections
import matplotlib.pyplot as plt
from wordcloud import WordCloud
import pandas as pd

# 파일 읽어오기
dict_df=pd.read_csv('/content/comment_rank.csv')
dict_df.head(3)
```

〈실행 결과〉

	movie	comment	rank
0	언포기버블	영화의 단조로운 스토리를 긴장감있	10
1	인질	납치범 대가리가 영화 다조지네;; 집중이안되네..	6
2	롱 리브 더 킹: 목포 영웅		10

데이터 탐색

info()를 사용하여 전체 데이터 구성과 데이터 타입을 확인한다. 전체 컬럼은 3개(movie, comment, rank)로 구성되었고 990개의 리뷰가 있다. 또한 rank를 제외하고 문자열 타입인 것을 확인할 수 있다.

실습 코드 12-23

전체 데이터 구성 확인

〈코드〉

```
dict_df.info()
```

〈실행 결과〉

```
<class 'pandas.core.frame.DataFrame'>
RangeIndex: 990 entries, 0 to 989
Data columns (total 3 columns):
 #   Column   Non-Null Count  Dtype
---  ------   --------------  -----
 0   movie    990 non-null    object
 1   comment  990 non-null    object
 2   rank     990 non-null    int64
dtypes: int64(1), object(2)
memory usage: 23.3+ KB
```

영화 개수 확인

리뷰가 가장 많이 달린 영화를 알아보기 전에 unique()를 사용하여 리뷰가 달린 영화의 개수를 파악해 보자. 영화는 총 12개가 있다는 것을 알 수 있다.

실습 코드 12-24

전체 데이터 구성 확인

```
dict_df['movie'].unique()
```

〈실행 결과〉

```
array(['언포기버블', '인질', '롱 리브 더 킹: 목포 영웅', '싱크홀', '아수라', '고양이 집
사', '비바리움','어메이징 스파이더맨', '미드소마', '서복', '매트릭스'], dtype= object)
```

영화별 평점과 리뷰 수 확인하기

groupby()를 사용하여 영화별 평점을 확인하면 평점이 높은 영화는 〈롱 리브 더 킹〉과 〈매트릭스〉라는 것을 알 수 있다.

실습 코드 12-25

영화별 평점

```
dict_df.groupby('movie')['rank'].mean()
```

〈실행 결과〉

```
movie
고양이 집사              8.678947
롱 리브 더 킹: 목포 영웅  10.000000
매트릭스                10.000000
미드소마                 9.285714
비바리움                 9.095238
서복                    9.319149
싱크홀                   9.838384
아수라                   9.616162
어메이징 스파이더맨       9.711538
언포기버블               7.535354
인질                    9.534884
Name: rank, dtype: float64
```

count() 함수를 사용하여 평점이 높은 영화에 리뷰가 많이 작성되는지 확인한다. 리뷰가 많이 달린 영화는 평점이 가장 높은 〈롱 리브 더 킹〉 또는 〈매트릭스〉가 아니라 〈고양이 집사〉라는 것을 알 수 있다.

실습 코드 12-26

영화별 리뷰 수

```
dict_df.groupby('movie')['comment'].count()
```

〈실행 결과〉

```
movie
고양이 집사             190
롱 리브 더 킹: 목포 영웅   0
매트릭스                 8
미드소마                84
비바리움                84
서복                    47
```

```
싱크홀              99
아수라              99
어메이징 스파이더맨    52
언포기버블            99
인질                129
Name: comment, dtype: int64
```

영화 리뷰 형태소 분석

워드클라우드를 생성하기 전에 영화 리뷰를 분석해야 한다. 가장 먼저 형태소 분석과 워드클라우드에 필요한 라이브러리를 설치하고 불러온다. 그런 다음, 리뷰 수가 가장 많은 〈고양이 집사〉에 대한 리뷰 데이터만 따로 저장하면 〈고양이 집사〉 영화 리뷰는 총 190개로 구성되어 있다는 것을 알 수 있다.

실습 코드 12-27

'고양이 집사' 데이터만 추출하기

```
from konlpy.tag import Okt
import collections
okt=Okt()

cat_df=dict_df[dict_df.movie=='고양이 집사']
cat_df
```

〈실행 결과〉

```
    movie       comment                                              rank
5   고양이 집사  방금 봤는데 너무 감동 깊게 봤습니다! 우리나라도 독일처럼        10
               동물보호법 강화되서 더이...
6   고양이 집사  너무 사랑스런 고양이와 따뜻한 사람들의 이야기를 보며 감동 만    8
15  고양이 집사  방금 봤는데 너무 감동 깊게 봤습니다! 우리나라도 독일처럼        10
               동물보호법 강화되서 더이...
...... 중략.........
190 rows × 3 columns
```

리뷰에 대한 형태소 분석은 품사 태깅할 수 있는 pos()를 사용한다. pos()를 사용하면 품사와 단어가 하나의 쌍인 형태로 반환되기 때문에 명사 또는 형용사에 해당하는 단어를 추출하기 쉽다. 또한 counter()를 사용하여 단어별 빈도수를 손쉽게 구할 수 있다. 〈고양이 집사〉는 아이가 나오는 감동적인 영화로, 우리나라에 독일처럼 동물보호법이 강화되어야 한다는 리뷰가 많다는 것을 알 수 있다.

실습 코드 12-28

리뷰 분석하기

```
temp_list=[]
for sentence in cat_df['comment']:
 s_list=okt.pos(sentence)
for word,tag in s_list:
if tag in ['Noun','Adjective']:
 temp_list.append(word)
counts=collections.Counter(temp_list)
tag=counts.most_common(50)
```

〈실행 결과〉

```
[('아이', 198),
 ('감동', 190),
 ('사람', 190),
 ('방금', 99),
 ('깊게', 99),
 ('우리나라', 99),
 ('독일', 99),
 ('동물보호법', 99),
 ('강화', 99),
..............생략......................
```

워드클라우드 생성하기

워드클라우드를 생성할 때 단어별 빈도수가 딕셔너리 형태로 있어야 한다. 이를 위해 dict()로 변환할 수 있지만, 가끔 코랩에서 오류를 발생하는 경우가 있기 때문에 반복문을 사용하여 변환해 본다.

실습 코드 12-29

딕셔너리 변환

```
tag_dic={}
for k,v in tag:
 tag_dic[k]=v
```

본격적으로 워드클라우드를 생성해 보자.

앞에서 'from wordcloud import WordCloud'를 작성하고 런타임이 끊어지지 않았다면 WordCloud()를 사용해도 되지만, 그렇지 않다면 다시 불러와야 한다. 또한 생성한 워드클라우드를 시각적으로 나타내기 위해서는 맷플롯립도 불러와야 한다.

실습 코드 12-30

워드클라우드 시각화

```
wc=WordCloud(font_path=font_path, background_color='white',max_font_size=60)
cloud=wc.generate_from_frequencies(tag_dic)
plt.figure(figsize=(10,8))
plt.imshow(cloud)
```

〈실행 결과〉

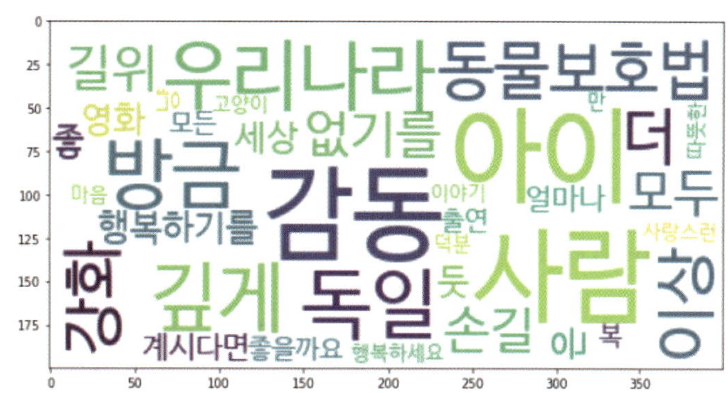

최종적으로 아이, 사람, 동물보호법, 감동과 같은 단어가 가장 많이 언급되었다는 것을 확인할 수 있다. 이러한 결과를 확인했을 때 〈고양이 집사〉는 아이와 동물에 관한 영화이면서 큰 감동을 주는 영화라는 것을 파악할 수 있다.

연습 문제

연습 01 다음 코드의 실행 결과를 구하세요.

```
!pip install konlpy
from konlpy.tag import Okt
okt=Okt()
text="나는 자연어 처리를 배운다"
tagged_text=okt.pos(text)
print(tagged_text)
tokenized_text=okt.morphs(text)
print(tokenized_text)
```

〈실행 결과〉

연습 02 다음 실행 결과를 확인하고, 빈 곳을 채워 코드를 완성하세요.

```
from konlpy.tag import Okt
from collections import Counter

# 가사 불러오기
with open('/content/연습12-02.txt', 'r', encoding='utf-8') as f: lyrics=f.read()
# 텍스트 데이터 전처리
lyrics=lyrics.replace('\n', ' ')  # 개행 문자 제거

# 형태소 분석기 초기화
okt=________________

# 품사 태깅과 형태소 분석 수행
pos=________________
nouns=[word for word, tag in pos if tag == 'Noun'] # 명사만 추출

# 가장 많이 언급된 명사 5개 출력
top_nouns=Counter(nouns).most_common(5)
for noun, freq in top_nouns:
    print(f'{noun}: {freq}회')
```

```
누구: 16회
누: 13회
때: 9회
척도: 6회
굴착기: 6회
```

연습 03

불용어가 다음과 같을 때 해당 단어를 제외하고 빈도수가 높은 5개의 단어를 출력하세요.

• stopword=['순','수만','안','노','땐','줄','가지','것들이','해']

```
from konlpy.tag import Okt
from collections import Counter
# 노래 가사
# 가사 불러오기
with open('/content/연습12-03.txt', 'r', encoding='utf-8') as f: lyrics=f.read()
# 텍스트 데이터 전처리
lyrics=lyrics.replace('\n', ' ')  # 개행 문자 제거
stopword=['순','수만','안','노','땐','줄','가지','것들이','해']
# 품사 태깅과 형태소 분석 수행




# 가장 많이 언급된 명사 5개 출력
top_nouns=Counter(nouns).most_common(5)
for noun, freq in top_nouns:
    print(f'{noun}: {freq}회')
```

```
[('이름', 3), ('너', 2), ('저을', 2), ('몇', 2), ('분', 2)]
```

연습 04

빈 곳을 채워 연습 03 텍스트 파일을 읽어와 상위 20개의 명사를 추출하세요.

```
import pandas as pd
from konlpy.tag import Okt
from collections import Counter
temp_list=[]
df=pd.read_excel('/content/연습12-04.xlsx')
df['본문']=df['본문'].str.replace("[^ㄱ-ㅎㅏ-ㅣ가-힣 ]","")




tag=Counter(temp_list).most_common(20)
tag
```

```
('챗', 2550),
('지능', 2204),
('인공', 2177),
('일', 1358),
('챗봇', 1030),
('것', 894),
('등', 875),
('기술', 802),
('오픈', 783),
('서비스', 779),
('대화', 727),
('미국', 682),
('수', 648),
('구글', 633),
('기업', 629),
('년', 609),
('개발', 560),
('기자', 527),
('세계', 503),
('시간', 501)]
```

연습 05 **뉴스데이터 셋에서 '키워드' 부분의 텍스트 중 상위 100개의 명사를 추출하여 워드클라우드로 시각화하세요.**

```
! apt-get install fonts-nanum
font_path='/usr/share/fonts/truetype/nanum/NanumBarunGothic.ttf'

import pandas as pd
from konlpy.tag import Okt
from collections import Counter
from wordcloud import WordCloud
import matplotlib.pyplot as plt
from wordcloud import WordCloud

temp_list=[]
df=pd.read_excel('/content/연습12-05.xlsx')
df['키워드']=df['키워드'].str.replace("[^ㄱ-ㅎㅏ-ㅣ가-힣 ]","")

# 상위 50개 명사 추출하기

# 워드클라우드 생성하기
```

워드클라우드 시각화

연습 06 빅카인즈 사이트를 이용하여 관심 있는 뉴스를 검색한 후, 데이터를 저장하고 '본문' 속성에서 상위 100개의 명사를 추출하여 시각화하세요.

• 빅카인즈 : https://www.bigkinds.or.kr/v2/news/index.do

| 13장 |

대학생 정신 건강 데이터 분석

학습 목표

- 대학생의 정신 건강과 관련된 데이터를 분석하기 위해 데이터를 가공한다.
- 데이터를 분석하고 시각화하여 분석 결과를 해석한다.

1 〉 문제 정의와 데이터 살펴보기

이번 장에서는 대학생의 인구통계학적 정보, 학업과 관련된 요소, 정신 건강과 관련된 요소 등을 분석함으로 학생들의 정신 건강에 영향을 미치는 요인을 분석한다. 이를 위해 캐글에서 제공되는 Student Mental Health Analysis 관련 데이터 셋을 활용한다.

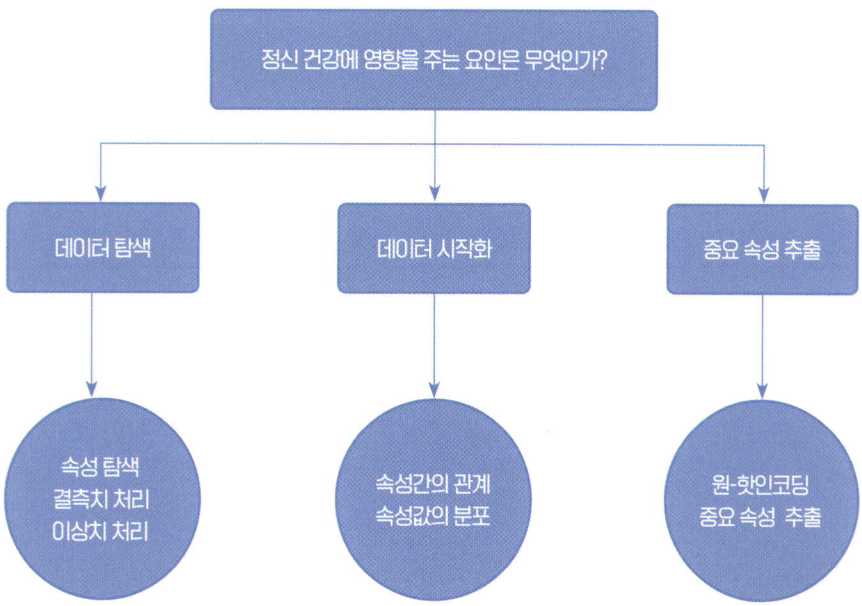

대학생들에게 있어 정신 건강은 매우 중요하다. 특히 익숙했던 생활과는 다르게 대학에 입학하면서 정서적, 정신적 긴장을 겪게 된다. 따라서 학생들의 정신 건강에 영향을 미치는 요인이 무엇인지 분석해 보자.

1.1 데이터 읽기와 필요한 라이브러리 불러오기

❶ kaggle(https://www.kaggle.com/code/jaimeplab/mejoras-de-student-mental-analysis-eda-ml/data) 홈페이지에 접속하여 데이터를 다운로드한다.

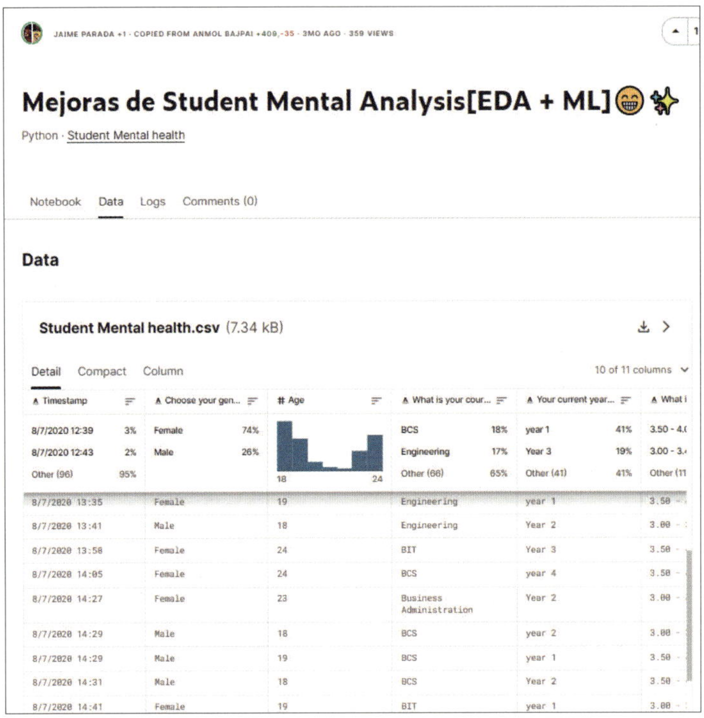

실습 코드 13-1

필요한 라이브러리 불러오기

```
import pandas as pd
import matplotlib.pyplot as plt
import seaborn as sns
```

❷ 다운로드한 데이터를 읽어온 후 head() 함수를 사용하여 데이터 셋을 살펴본다.

실습 코드 13-2

데이터 읽어오기

```
import pandas as pd
df=pd.read_csv('/content/Student Mental health.csv')
df.head()
```

〈실행 결과〉

```
      Timestamp Choose your gender   Age What is your course?  \
0  8/7/2020 12:02             Female  18.0         Engineering
1  8/7/2020 12:04               Male  21.0   Islamic education
2  8/7/2020 12:05               Male  19.0                 BIT
3  8/7/2020 12:06             Female  22.0                Laws
4  8/7/2020 12:13               Male  23.0        Mathemathics

  Your current year of Study What is your CGPA? Marital status  \
0                     year 1        3.00 - 3.49             No
1                     year 2        3.00 - 3.49             No
2                     Year 1        3.00 - 3.49             No
3                     year 3        3.00 - 3.49            Yes
4                     year 4        3.00 - 3.49             No

  Do you have Depression? Do you have Anxiety? Do you have Panic attack?  \
0                     Yes                   No                       Yes
1                      No                  Yes                        No
2                     Yes                  Yes                       Yes
3                     Yes                   No                        No
4                      No                   No                        No

  Did you seek any specialist for a treatment?
0                                           No
1                                           No
2                                           No
3                                           No
4                                           No
```

❸ 데이터 정보를 확인한다.

실습 코드 13-3

데이터 셋 정보 확인

```
df.info()
```

<실행 결과>

```
<class 'pandas.core.frame.DataFrame'>
RangeIndex: 101 entries, 0 to 100
Data columns (total 11 columns):
 #   Column                                         Non-Null Count  Dtype
---  ------                                         --------------  -----
 0   Timestamp                                      101 non-null    object
 1   Choose your gender                             101 non-null    object
 2   Age                                            100 non-null    float64
 3   What is your course?                           101 non-null    object
 4   Your current year of Study                     101 non-null    object
 5   What is your CGPA?                             101 non-null    object
 6   Marital status                                 101 non-null    object
 7   Do you have Depression?                        101 non-null    object
 8   Do you have Anxiety?                           101 non-null    object
 9   Do you have Panic attack?                      101 non-null    object
 10  Did you seek any specialist for a treatment?  101 non-null    object
dtypes: float64(1), object(10)
memory usage: 8.8+ KB
```

총 11개의 컬럼으로 구성되었고, 101개의 데이터들이 있다는 것을 알 수 있다. 여기서 'Age'컬럼에 결측치가 존재하며, float 형이 1개, 문자열형이 10개로 데이터 타입이 있다는 것을 파악할 수 있다. 이때, Timestamp는 DateTime 형식이 아니라 문자열로 구성되었다. 각 컬럼은 다음과 같은 의미가 있다.

컬럼(속성)명	설명
Timestamp	타임스탬프
Choose your gender	성별
Age	나이
What is your course?	학과
Your current year of Study	학년
What is your CGPA?	학점
Marital status	혼인 여부
Do you have Depression?	우울증 여부
Do you have Anxiety?	불안증세 여부
Do you have Panic attack?	공황장애 여부
Did you seek any specialist for a treatment?	치료 여부

2 〉 데이터 전처리

2.1 속성 탐색과 전처리

컬럼명 변경

컬럼명이 설문 문항 그대로 적혀있기 때문에 보다 식별하기 쉽게 변경할 필요가 있다. 실행 결과, 전체 컬럼명이 모두 수정된 것을 확인할 수 있다.

실습 코드 13-4

컬럼명 변경

```
df.columns=['date', 'gender', 'age', 'course', 'year', 'CGPA', 'marital _status',
'depression', 'anxiety', 'panic_attack', 'treatment']
df.info()
```

〈실행 결과〉

```
<class 'pandas.core.frame.DataFrame'>
RangeIndex: 101 entries, 0 to 100
Data columns (total 11 columns):
 #   Column          Non-Null Count  Dtype
---  ------          --------------  -----
 0   date            101 non-null    object v
 1   gender          101 non-null    object
 2   age             100 non-null    float64
 3   course          101 non-null    object
 4   year            101 non-null    object
 5   CGPA            101 non-null    object
 6   marital_status  101 non-null    object
 7   depression      101 non-null    object
 8   anxiety         101 non-null    object
 9   panic_attack    101 non-null    object
 10  treatment       101 non-null    object
dtypes: float64(1), object(10)
memory usage: 8.8+ KB
```

학년 속성값 변경

학년을 나타내는 'year' 속성은 문자열로 구성되었다. 따라서 학년에 대한 데이터를 처리하기 위해서는 범주형을 나타내는 숫자로 변경해야 한다. 이를 위해 학년에 해당하는 값을 확인하여 필요 없는 문자열을 제거하는 작업을 순서대로 수행한다.

실습 코드 13-5

학년 속성값 확인

```
df['year'].unique()
```

〈실행 결과〉

```
array(['year 1', 'year 2', 'Year 1', 'year 3', 'year 4', 'Year 2','Year 3'],
dtype=object)
```

학년에 대한 데이터 값을 확인한 결과, 필요 없는 문자열 'year'이 포함된 것을 알 수 있다. 이를 제거하고 숫자로만 나타낼 수 있도록 변경한다.

실습 코드 13-6

학년 속성 값 변경

```
def Clean(Text):
    Text=Text[-1]
    Text=int(Text)
    return Text
df["year"]=df["year"].apply(Clean)
print(df["year"][:3], "\n")
```

〈실행 결과〉

```
0    1
1    2
2    1
Name: year, dtype: int64
```

CGPA 속성값 변경

CGPA 속성에는 문자열 형태의 범위 값이 들어있다. 먼저 문자열 형태의 범위 값을 확인한다.

실습 코드 13-7

CGPA 속성값 확인

```
df['CGPA'].unique()
```

〈실행 결과〉

```
array(['3.00 - 3.49', '3.50 - 4.00', '3.50 - 4.00 ', '2.50  -  2.99', '2.00 -
2.49', '0 - 1.99'], dtype=object)
```

CGPA 속성값을 확인한 결과, 범위 뒤에 공백이 들어 있는 값이 있는 것을 알 수 있다. 나중에 원활한 분석을 위해 apply()를 이용하여 공백을 제거한다.

실습 코드 13-8

CGPA 공백 제거

```
def remove_space(x):
  x=x.strip()
  return x
df["CGPA"]=df["CGPA"].apply(remove_space)
print(df['CGPA'].unique())
```

〈실행 결과〉

```
['3.00 - 3.49' '3.50 - 4.00' '2.50 - 2.99' '2.00 - 2.49' '0 - 1.99']
```

학과 속성값 변경

학과 속성값과 개수를 먼저 확인한다.

실습 코드 13-9

학과 속성값과 개수 확인

```
print(df['course'].unique())
print(len(df['course'].unique()))
```

〈실행 결과〉

```
['Engineering' 'Islamic education' 'BIT' 'Laws' 'Mathemathics'
 'Pendidikan islam' 'BCS' 'Human Resources' 'Irkhs' 'Psychology' 'KENMS'
 'Accounting ' 'ENM' 'Marine science' 'KOE' 'Banking Studies'
 'Business Administration' 'Law' 'KIRKHS' 'Usuluddin ' 'TAASL' 'Engine'
 'ALA' 'Biomedical science' 'koe' 'Kirkhs' 'BENL' 'Benl' 'IT' 'CTS'
 'engin' 'Econs' 'MHSC' 'Malcom' 'Kop' 'Human Sciences ' 'Biotechnology'
 'Communication ' 'Diploma Nursing' 'Pendidikan Islam ' 'Radiography'
 'psychology' 'Fiqh fatwa ' 'DIPLOMA TESL' 'Koe' 'Fiqh'
 'Islamic Education' 'Nursing ' 'Pendidikan Islam']
49
```

학과 속성값과 개수를 확인한 결과, 49개의 학과가 있지만 'engin', 'Engine', 'Engineering'과 같이 같은 학과라도 다르게 표현한 것을 알 수 있다. 따라서 replace() 함수를 사용하여 같은 학과를 같은 표현으로 변경해 주는 작업을 한다.

실습 코드 13-10

학과 수정 및 개수 확인

```
df['course'].replace({'engin': 'Engineering' , 'Engine':'Engineering' ,
'Islamic education':'Islamic Education' , 'Pendidikan islam':'Pendidikan
Islam' , 'BIT':'IT', 'psychology':'Psychology', 'koe': 'Koe', 'Kirkhs':
'Irkhs', 'KIRKHS': 'Irkhs', 'Benl': 'BENL', 'Fiqh fatwa ': 'Fiqh',
'Laws': 'Law'} , inplace=True)
len(df['course'].unique())
```

〈실행 결과〉

```
37
```

학년과 나이 시각화

먼저, sns에서 제공하는 pairplot()을 이용하여 학년과 나이 데이터를 시각화한다. 이때, 어떠한 특징이 있는지 또는 이상치가 있는지 확인할 필요가 있다.

실습 코드 13-11

학년과 나이 속성 시각화

```
sns.pairplot(df)
```

〈실행 결과〉

```
<seaborn.axisgrid.PairGrid at 0x7f4b8df0a0a0>
```

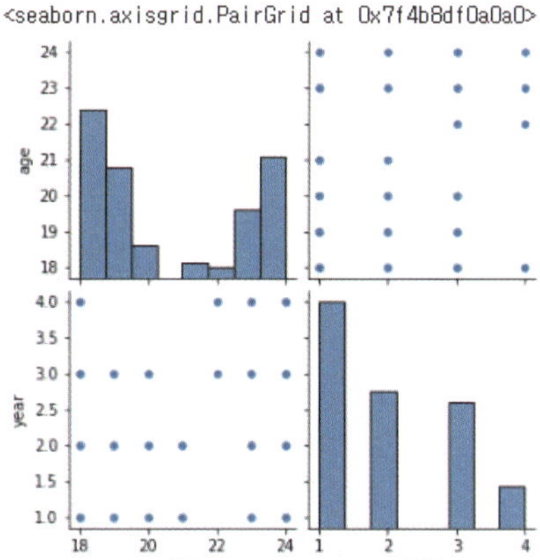

탐색 결과 이상치는 발견되지 않았고, 18세인 1학년 학생의 분포가 가장 많은 것을 알 수 있다.

학과와 학년 시각화

학년별 전공을 파악하기 위해 sns에서 제공하는 countplot()을 활용한다.

1학년 학과 분포

1학년은 엔지니어링학과와 뇌인지학과와 IT가 가장 많은 분포를 차지하고 있는 것을 알 수 있다.

실습 코드 13-12

1학년의 전공 분포

```
plt.figure(figsize=(15, 7))
chart=sns.countplot(x='course', data=df[df['year'] == 1])
chart.set_xticklabels(chart.get_xticklabels(), rotation=45, horizontalalignment
='right')
```

〈실행 결과〉

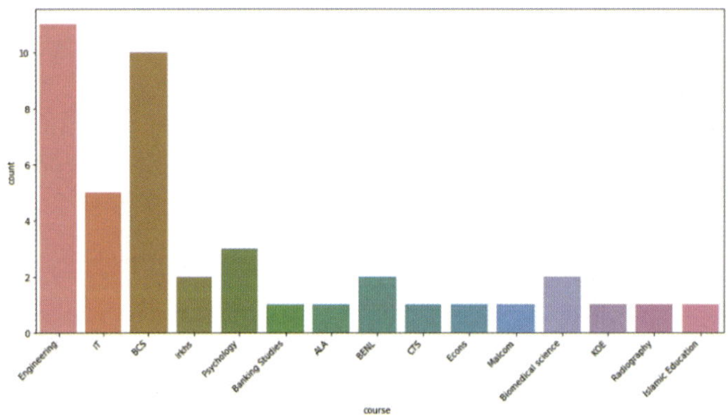

2학년 학과 분포

2학년도 1학년과 마찬가지로 엔지니어링과 뇌인지과학 학과 분포가 많다는 것을 알 수 있다.

실습 코드 13-13

2학년의 전공 분포

```
plt.figure(figsize=(15, 7))
chart=sns.countplot(x='course', data=df[df['year'] == 1])
chart.set_xticklabels(chart.get_xticklabels(), rotation=45, horizontalalignment
='right')
```

〈실행 결과〉

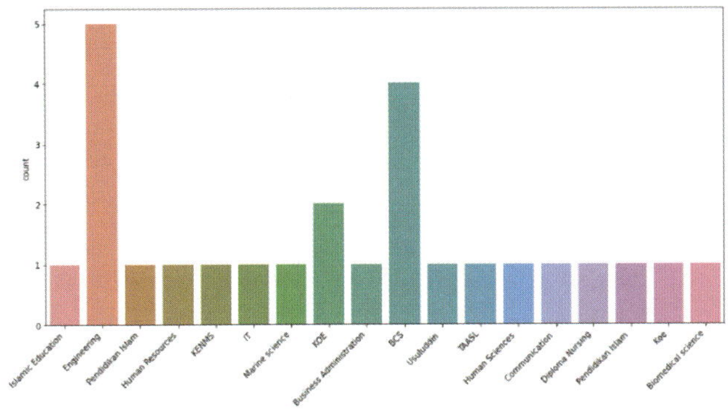

3학년 학과 분포

3학년은 IT 관련 학과가 가장 많은 비중을 차지하고, 그다음으로 뇌인지과학과 법 관련 학과 순으로 많이 분포된 것을 알 수 있다.

실습 코드 13-14

3학년 학과 분포

```
plt.figure(figsize=(15, 7))
chart=sns.countplot(x='course',  data=df[df['year'] == 3])
chart.set_xticklabels(chart.get_xticklabels(), rotation=45, horizontalalignment
='right')
```

〈실행 결과〉

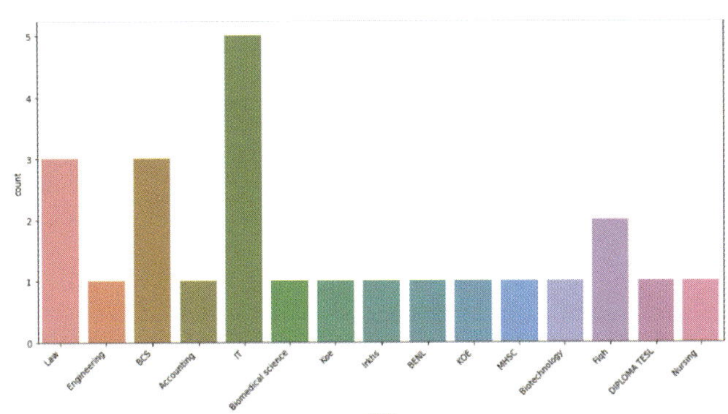

4학년 학과 분포

4학년은 엔지니어링 학과에 가장 많이 분포되었음을 알 수 있다.

실습 코드 13-15

4학년 학과 분포

```
plt.figure(figsize=(15, 7))
chart=sns.countplot(x='course',  data=df[df['year'] == 4])
chart.set_xticklabels(chart.get_xticklabels(), rotation=45, horizontalalignment
='right')
```

〈실행 결과〉

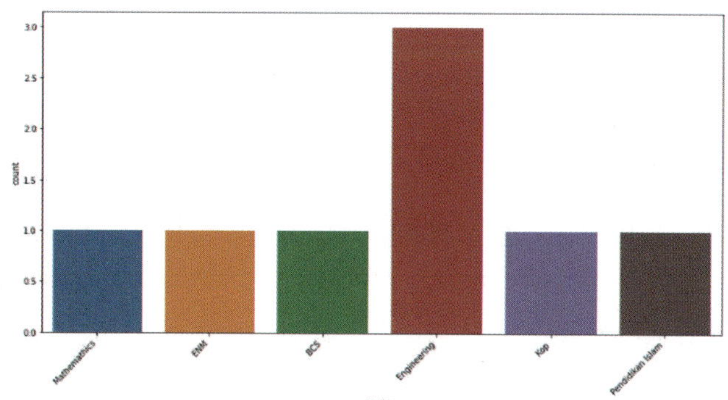

이를 종합하면, 4학년은 엔지니어링 학과가 많고, 다른 학년들은 엔지니어링, 뇌인지과학, IT 학과 학생들이 많이 분포된 것을 확인할 수 있다.

정신 건강과 전공 데이터 시각화

불안감, 우울감, 공황장애와 같은 정신 건강 상태와 전공과의 특성을 살펴보도록 한다.

불안감과 전공

불안감과 관련 있는 요인을 찾기 위해 먼저, 불안감 유무에 따른 전공 분포를 확인한다.

실습 코드 13-16

불안감 유무에 따른 전공 분포

```
plt.figure(figsize=(10, 10))
sns.stripplot(x='anxiety', y='course', data=df, palette=['red', 'blue'])
plt.show()
```

〈실행 결과〉

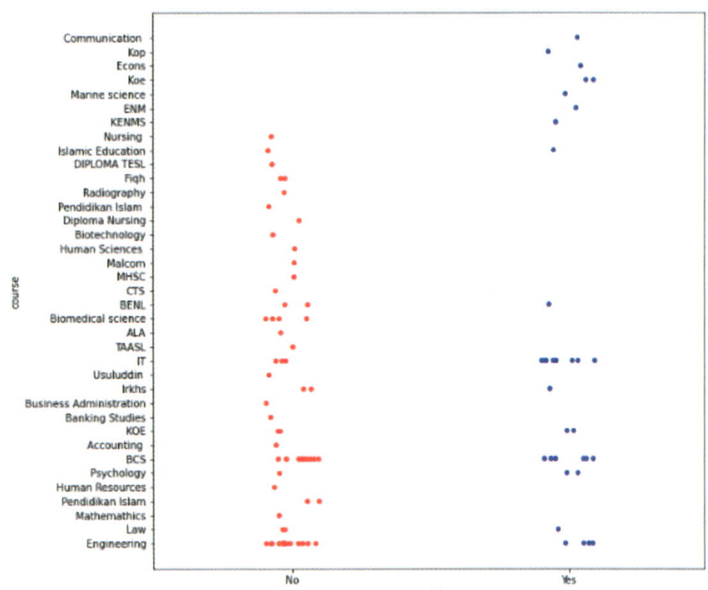

결과를 확인하면, IT 관련 학과 학생들이 불안감이 있는 것으로 분포되었고, 뇌인지과학 관련 학과의 경우 불안감 있는 학생과 그렇지 않은 학생의 분포가 거의 같다. 또한 엔지니어링 학과는 불안감이 덜 하다는 것을 알 수 있다.

우울감과 전공

실습 코드 13-17

우울감 유무에 따른 전공 분포

```
plt.figure(figsize=(10, 10))
sns.stripplot(x='anxiety', y='course', data=df, palette=['red', 'blue'])
plt.show()
```

〈실행 결과〉

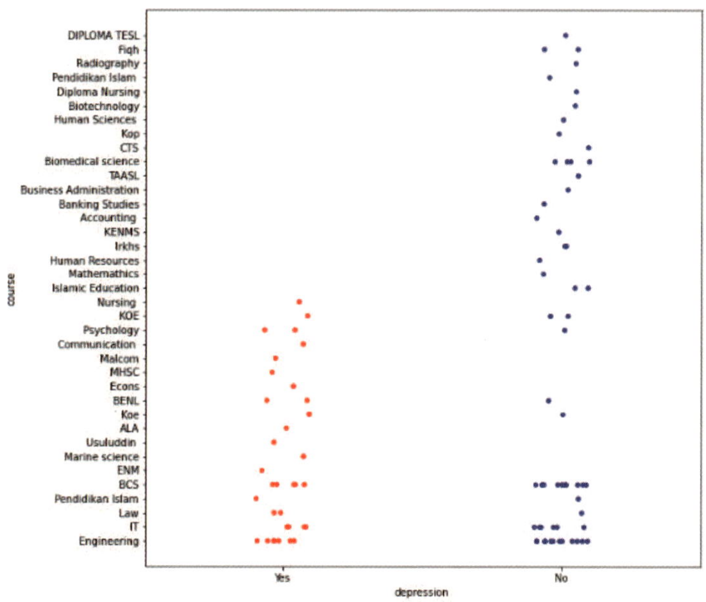

심리학과의 경우 우울감이 있는 학생의 비중이 2/3를 차지하고 있다.

학생들의 비중을 많이 차지하고 있는 학과에 따른 우울감 유무를 자세히 살펴보기 위해 전공별로 countplot()을 이용하여 확인한다.

실습 코드 13-18

우울감 유무에 따른 IT 학생 분포

```
plt.figure(figsize=(10, 7))
chart=sns.countplot(x='depression', data=df[df['course'] == 'IT'])
chart.set_xticklabels(chart.get_xticklabels(), rotation=45, horizontalalignment
='right')
```

〈실행 결과〉

```
[Text(0, 0, 'Yes'), Text(1, 0, 'No')]
```

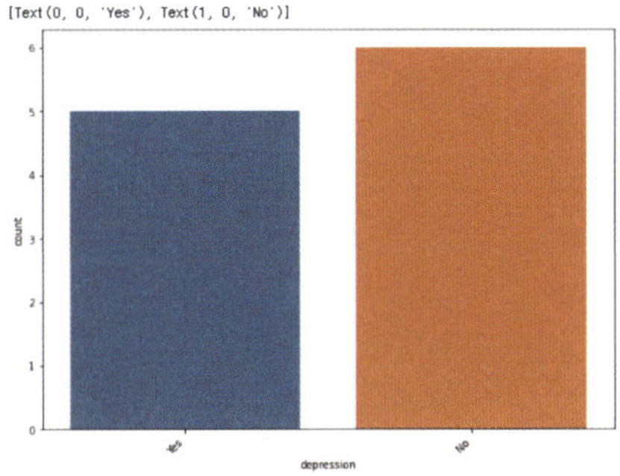

실습 코드 13-19

우울감 유무에 따른 BCS 학생 분포

```
plt.figure(figsize=(10, 7))
chart=sns.countplot(x='depression', data=df[df['course'] == 'BCS'])
chart.set_xticklabels(chart.get_xticklabels(), rotation=45, horizontalalignment
='right')
```

〈실행 결과〉

```
[Text(0, 0, 'No'), Text(1, 0, 'Yes')]
```

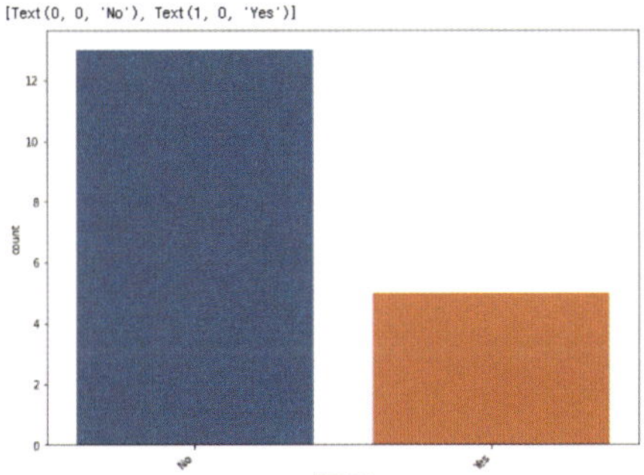

실습 코드 13-20

우울감 유무에 따른 Engineering 학생 분포

```python
plt.figure(figsize=(10, 7))
chart=sns.countplot(x='depression', data=df[df['course'] == 'Engineering'])
chart.set_xticklabels(chart.get_xticklabels(), rotation=45, horizontalalignment
='right')
```

〈실행 결과〉

```
[Text(0, 0, 'Yes'), Text(1, 0, 'No')]
```

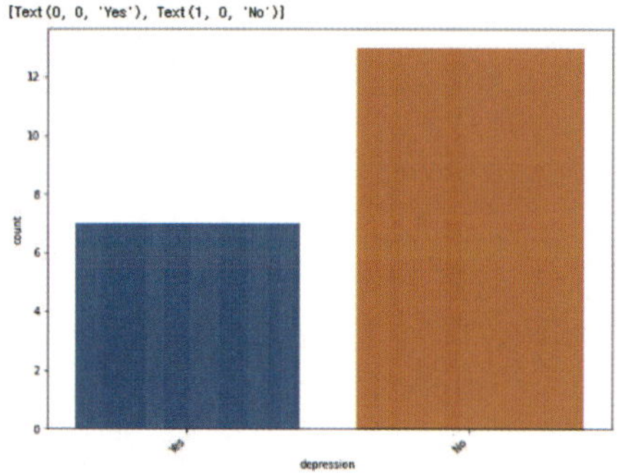

학생분포가 많은 엔지니어링, 뇌인지과학, IT 관련 학과에 대한 우울감을 경험한 학생의 분포를 확인한 결과, IT 관련 학과 학생의 약 50%가 우울감이 있는 것을 알 수 있다.

공황장애와 전공

실습 코드 13-21

공황장애 유무에 따른 전공 분포

```python
plt.figure(figsize=(10, 10))
sns.stripplot(x='panic_attack', y='course', data=df, palette=['red', 'blue'])
plt.show()
```

〈실행 결과〉

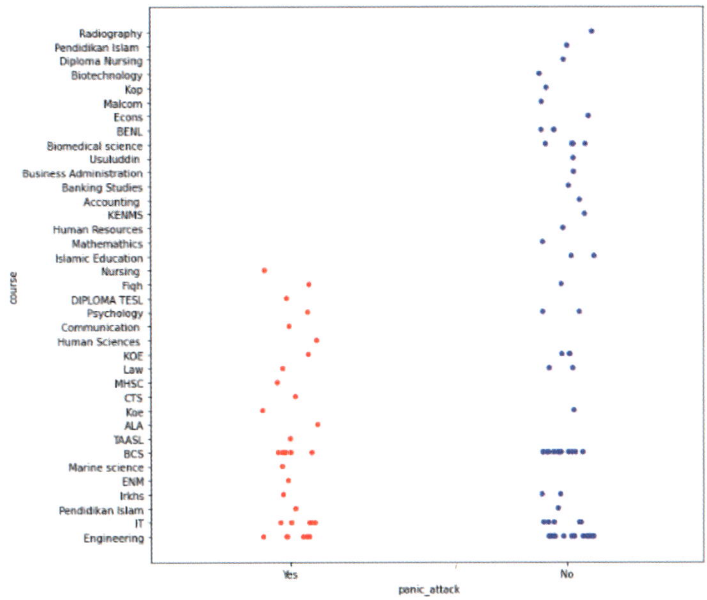

전체적인 분포를 보았을 때 IT 관련 학과 학생이 공황장애를 경험한 비중이 꽤 있음을 짐작할 수 있다. 이를 더 정확하게 파악하기 위해 학생들의 비중을 많이 차지하고 있는 학과에 따른 공황장애 유무를 자세히 살펴보기 위해 전공별로 countplot()을 이용하여 확인한다.

실습 코드 13-22

공황장애 유무에 따른 IT 학생 분포

```
plt.figure(figsize=(10, 7))
chart=sns.countplot(x='panic_attack', data=df[df['course'] == 'IT'])
chart.set_xticklabels(chart.get_xticklabels(), rotation=45, horizontalalignment
='right')
```

<실행 결과>

```
[Text(0, 0, 'Yes'), Text(1, 0, 'No')]
```

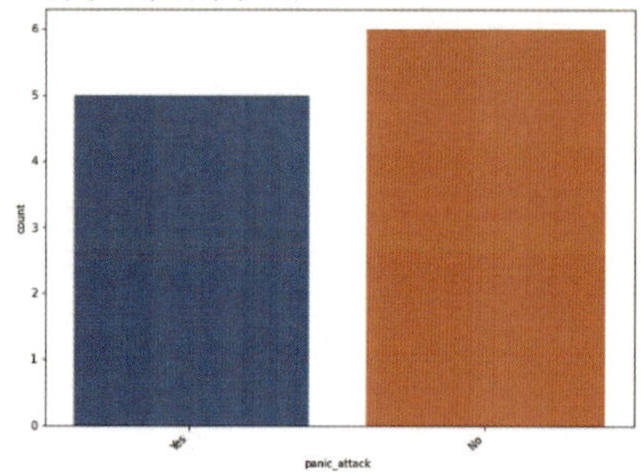

실습 코드 13-23

공황장애 유무에 따른 BCS 학생 분포

```
plt.figure(figsize=(10, 7))
chart=sns.countplot(x='panic_attack',  data=df[df['course'] == 'BCS'])
chart.set_xticklabels(chart.get_xticklabels(), rotation=45, horizontalalignment
='right')
```

<실행 결과>

```
Text(0, 0, 'No'), Text(1, 0, 'Yes')]
```

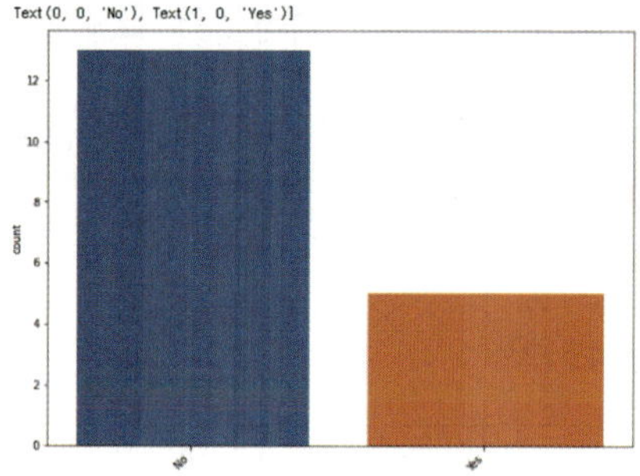

실습 코드 13-24

공황장애 유무에 따른 Engineering 학생 분포

```
plt.figure(figsize=(10, 7))
chart=sns.countplot(x='panic_attack', data=df[df['course'] == 'Engineering'])
chart.set_xticklabels(chart.get_xticklabels(), rotation=45, horizontalalignment
='right')
```

〈실행 결과〉

```
[Text(0, 0, 'Yes'), Text(1, 0, 'No')]
```

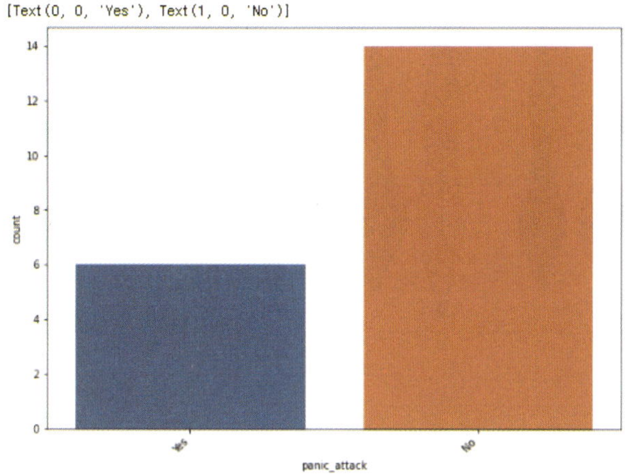

학생분포가 많은 엔지니어링, 뇌인지과학, IT 관련 학과에 대한 공황장애를 경험한 학생의 분포를 확인해 본 결과, IT 관련 학과 학생의 약 46%, 엔지니어링 학과 학생의 30%, 뇌인지과학 학과 학생의 26%가 공황장애를 경험한 것으로 나타났다.

정신 건강, 나이와 학년 데이터 시각화

우울감, 불안감, 공황장애에 대한 연령과 학년 분포를 확인하기 위해 히스토그램으로 시각화한다.

우울감과 나이, 학년

실습 코드 13-25

우울증 유무에 따른 연령과 학년 분포

```
plt.figure(figsize=(14,7))
sns.violinplot(x='year', y='age', data=df, hue='depression', palette
=['red', 'green'])
plt.show()
```

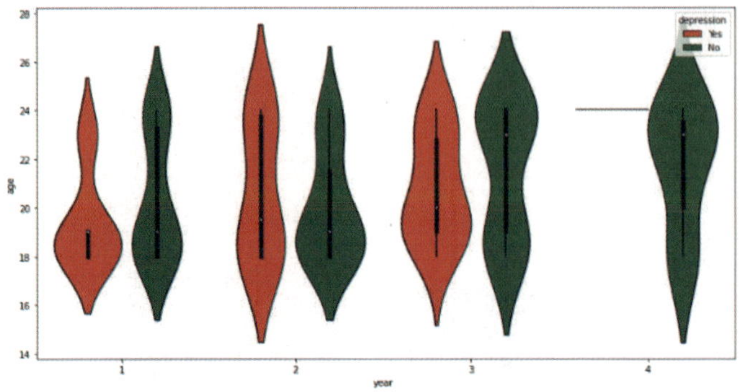

실행 결과를 확인하면, 4학년 학생들은 우울감이 없고, 1학년 18세에서 20세 사이의 학생은 우울감을 가장 많이 경험한 것을 파악할 수 있다.

불안감과 나이, 학년

실습 코드 13-26

불안감 유무에 따른 연령과 학년 분포

```
plt.figure(figsize=(14,7))
sns.violinplot(x='year', y='age', data=df, hue='anxiety', palette=
['red', 'green'])
plt.show()
```

〈실행 결과〉

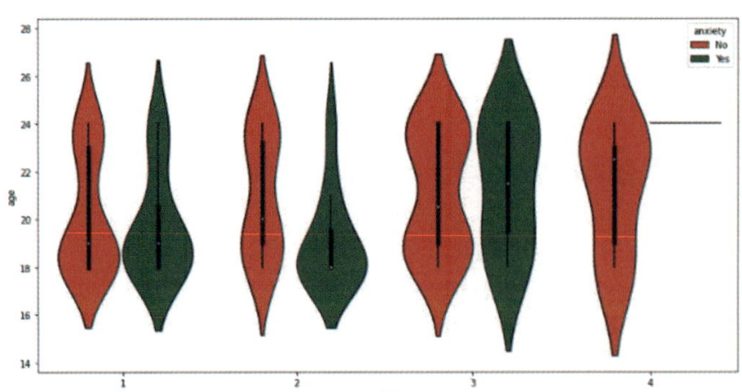

실행 결과를 확인하면, 4학년 학생들은 불안감이 없고, 1학년 18세에서 20세 사이의 학생, 3학년 학생은 불안감을 많이 경험한 것을 파악할 수 있다.

공황장애와 나이, 학년

실습 코드 13-27

공황장애 유무에 따른 연령과 학년 분포

```
plt.figure(figsize=(14,7))
sns.violinplot(x='year', y='age', data=df, hue='panic_attack', palette
=['red', 'green'])
plt.show()
```

〈실행 결과〉

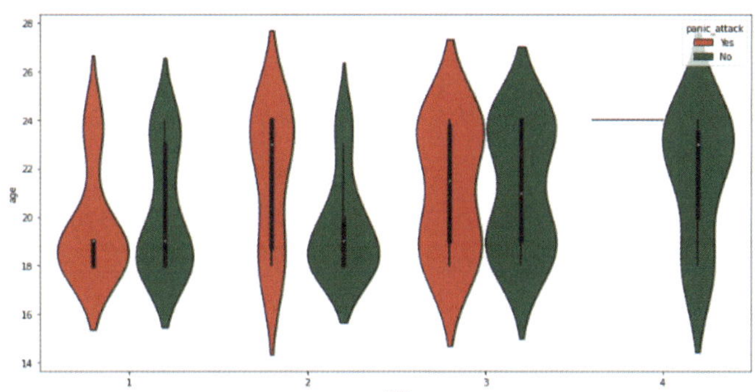

실행 결과를 확인하면, 공황장애를 경험한 1학년 18~20세 학생이 많이 분포되었고, 3학년은 50% 정도 분포된 것을 알 수 있다.

학점과 정신 건강 시각화

앞서 학생들이 18세~20세 사이의 1학년일수록 불안감, 우울증과 공황장애를 경험한 경우가 많고 나이대가 다양한 3학년도 불안, 우울증과 공황장애를 많이 경험한 것을 확인했다.

학점과 나이, 학년 시각화

이번에는 학점에 따른 학년과 나이 분포를 확인한다.

실습 코드 13-28

학점에 따른 나이와 학년 분포

```
sns.catplot(data=df, x="year", y="age", hue="CGPA", kind="violin",
palette="Pastel2",height=10,aspect=2)
```

〈실행 결과〉

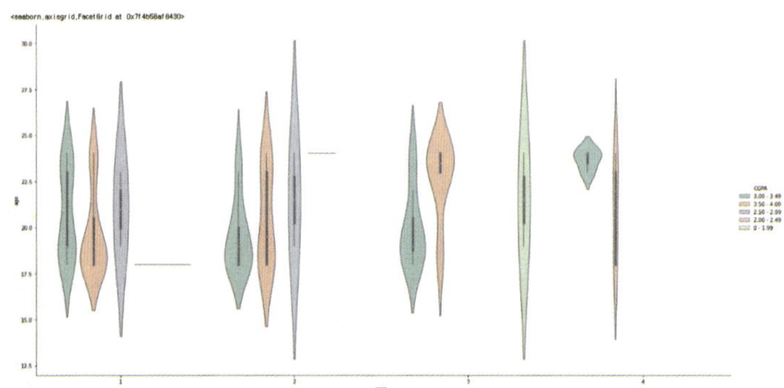

실행 결과를 확인하면, 3학년 학생들 중에는 1.99 미만 학생들이 존재하고, 1학년은 2.50~2.99 사이의 학생들이 많이 분포된 것을 확인할 수 있다.

학점과 우울감, 학년 시각화

이번에는 학점과 정신 건강과 관련하여 더 상세하게 확인한다.

실습 코드 13-29

학점에 따른 우울감, 학년 시각화

```
sns.catplot(data=df, x="CGPA", y="year", hue="depression", kind="violin",
palette="Pastel2",height=10,aspect=2)
```

〈실행 결과〉

<seaborn.axisgrid.FacetGrid at 0x7f4b5914f6a0>

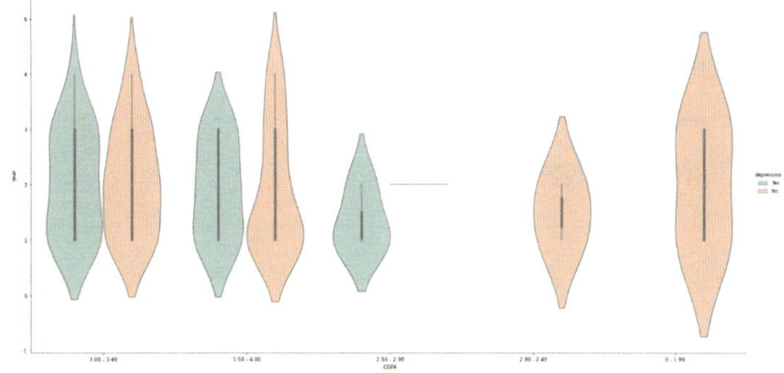

1학년은 성적이 2.50 이상부터 우울감을 많이 경험하고, 3학년은 성적이 3.0 이상부터 우울감을 많이 경험하는 것으로 나타났다.

학점과 불안감, 학년 시각화

실습 코드 13-30

학점에 따른 불안감, 학년 시각화

```
sns.catplot(data=df, x="CGPA", y="year", hue="anxiety", kind="violin", palette="Pastel2",height=10,aspect=2)
```

〈실행 결과〉

<seaborn.axisgrid.FacetGrid at 0x7f4b54a1fb50>

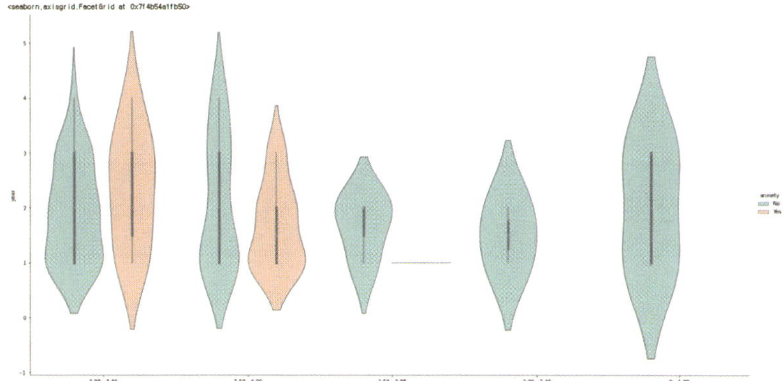

1학년은 성적이 3.50 이상일 때 불안감을 경험하는 분포가 많고, 3학년은 성적이 3.00~3.49일 때 불안감을 경험하는 분포가 많은 것을 알 수 있다.

학점과 공황장애, 학년 시각화

실습 코드 13-31

학점에 따른 공황장애, 학년 시각화

```
sns.catplot(data=df, x="CGPA", y="year", hue="panic_attack", kind="violin", palette="Pastel2",height=10,aspect=2)
```

〈실행 결과〉

```
<seaborn.axisgrid.FacetGrid at 0x7f4b591246a0>
```

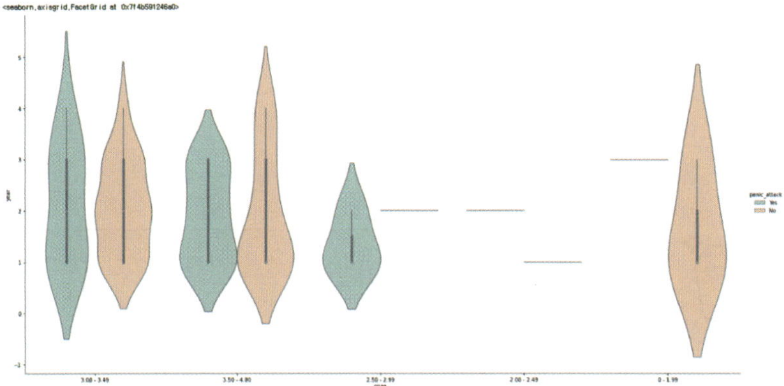

실행 결과를 확인하면 1학년은 성적이 매우 낮을 때보다는 2.50 이상일 때, 3학년은 3.0 이상일 때 공황장애가 발생하는 것을 알 수 있다. 특히 1학년은 성적이 우수한 3.50~4.00일 때 공황장애가 많이 발생하는 것을 확인할 수 있다.

2.3 상관관계 분석

결혼 유무, 우울감, 불안감, 공황장애, 성별, 학년, 나이 속성 간의 관계를 파악하기 위해 상관관계 분석을 한다.

수치형 데이터로 변환

상관관계 분석을 하려면 속성값들이 모두 수치형 데이터로 구성되어 있어야 한다. 따라서 결혼 유무, 우울감, 불안감, 공황장애 속성을 수치형으로 먼저 변환해야 한다. 학년과 나이는 이미 정수형이기 때문에 특별히 변환할 필요는 없다.

실습 코드 13-32

수치형으로 변환

```
df['marital_status'].replace({'Yes': 1,'No':0},inplace=True)
df['depression'].replace({'Yes': 1,'No':0},inplace=True)
df['anxiety'].replace({'Yes': 1,'No':0},inplace=True)
df['panic_attack'].replace({'Yes': 1,'No':0},inplace=True)
df['treatment'].replace({'Yes': 1,'No':0},inplace=True)
```

성별은 범주형 데이터이기에 원-핫 인코딩을 활용하여 수치형으로 변환한다.

잠깐만요

원-핫 인코딩은 범주의 개수만큼 속성을 만들고 범주마다 0이나 1을 입력하는 방법이다.

```
import pandas as pd
# 성별 데이터
gender_data=['male', 'female', 'female', 'male', 'male', 'female']
# pandas get_dummies() 함수를 이용한 원-핫 인코딩
gender_encoded=pd.get_dummies(gender_data)
print(gender_encoded)
```

〈실행 결과〉

```
   female  male
0       0     1
1       1     0
2       1     0
3       0     1
4       0     1
5       1     0
```

실습 코드 13-33

성별 더미변수 변환

```
df_onehot=pd.get_dummies(df,columns=['gender'])
```

마지막으로 범위로 구성된 성적('CGPA') 속성은 평균값으로 변경한다.

실습 코드 13-34

성적 평균값으로 변경

```
df_onehot['CGPA'].replace({'3.00 - 3.49': 3.25,'3.50 - 4.00':3.75,
'2.50 - 2.99':2.75, '2.00 - 2.49':2.25,'0 - 1.99':0.99 },inplace=True)
```

상관관계 시각화

데이터프레임에서 corr()를 사용하면 각 컬럼 간의 상관 계수(Correlation Coefficient)를 계산할 수 있다. 이를 통해 변수 간의 선형적인 관계의 강도를 파악할 수 있다. 상관관계 분석 결과는 수치형으로 나타나기 때문에 한눈에 파악하기 위해서는 sns에서 제공하는 heatmap()을 사용한다. heatmap() 파라미터로 annot=True로 설정하면 히트맵의 상관 계수를 출력할 수 있다.

실습 코드 13-35

수치형으로 변환

```
corr=df_onehot.corr().round(2)
plt.figure(figsize=(20, 20))
sns.heatmap(corr,annot=True)
```

〈실행 결과〉

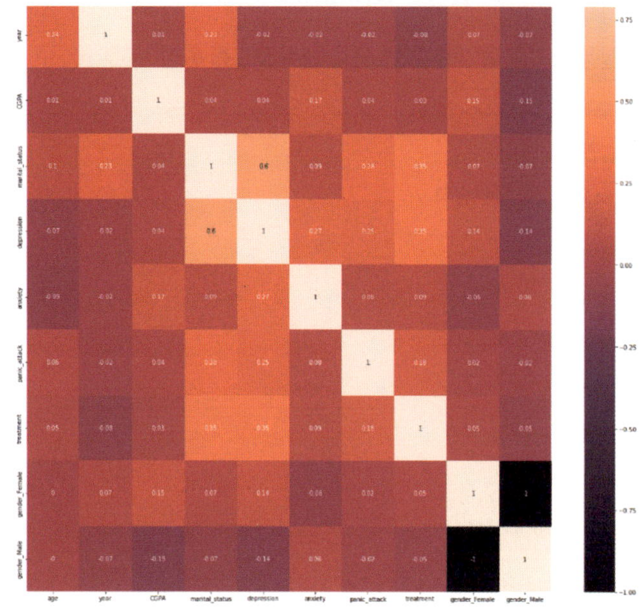

실행한 결과를 살펴보면, 첫째, 결혼 유무와 우울증이 밀접한 관련이 있음을 보여준다. 둘째, 공황장애, 우울증, 결혼 유무는 서로 관련이 있음을 알 수 있다. 셋째, 우울감, 공황장애, 불안감은 서로 관련이 있다. 넷째, 나이와 학년 간에 관련이 있다. 다섯째, 학년과 결혼 유무 간에 관련이 있다. 여섯째, 치료 여부, 결혼 유무와 우울감 간에는 관련이 있다.

이를 종합해 보면, 학생들의 정신 건강에서 불안감은 우울감과 관련 있고, 우울감은 치료 여부와 불안감, 공황장애, 결혼 여부와 관련이 있다. 결혼 여부는 학년, 나이에 관련 있다는 것을 알 수 있다. 따라서 불안감, 우울감, 치료 여부, 공황장애, 결혼 여부, 학년, 나이가 정신 건강과 관련된 주요 요인으로 정리할 수 있다.

이는 우리가 살펴본 데이터 특성을 바탕으로 분석한 결과로 얻어진 결론이다. 이외에도 우리가 살펴보지 못한 데이터의 특성을 바탕으로 분석한다면 더욱 다양한 결과를 얻을 수 있다.

연습 문제

연습 01 다음의 실행 결과를 확인하고, 빈 곳을 채워 코드를 완성하세요.

<컬럼 설명>

total_bill : 식사 총 금액
tip : 팁 금액
sex : 성별
smoker : 흡연 여부
day : 요일
time : 점심/저녁 여부
size : 식사 인원수

```
import pandas as pd
import numpy as np
import matplotlib.pyplot as plt
import seaborn as sns

# seaborn에 내장된 tips 데이터 셋을 불러온다.
df=sns.load_dataset('tips')

# 데이터프레임의 앞부분을 확인한다.
print(df.head())

# 흡연석(smoker)은 'Yes': 1,'No':0로 변환한다.
df['smoker'].❶ ______________________________

#성별(sex), 시간대(time), 요일(day)을 더미변수로 변환한다.
df= ❷ ________________________
df= ❸ ________________________
df= ❹ ________________________

#결과 확인하기
df.info()
```

<실행 결과>

```
<class 'pandas.core.frame.DataFrame'>
RangeIndex: 244 entries, 0 to 243
Data columns (total 12 columns):
 #   Column      Non-Null Count  Dtype
---  ------      --------------  -----
 0   total_bill  244 non-null    float64
 1   tip         244 non-null    float64
 2   smoker      244 non-null    int64
```

```
 3   size         244 non-null    int64
 4   sex_Male     244 non-null    uint8
 5   sex_Female   244 non-null    uint8
 6   time_Lunch   244 non-null    uint8
 7   time_Dinner  244 non-null    uint8
 8   day_Thur     244 non-null    uint8
 9   day_Fri      244 non-null    uint8
 10  day_Sat      244 non-null    uint8
 11  day_Sun      244 non-null    uint8
dtypes: float64(2), int64(2), uint8(8)
memory usage: 9.7 KB
```

연습 02 **캐글에서 제공하는 채용과 관련된 데이터 셋을 불러와 ❶~⓮의 빈 곳을 채워 분석한 후, 다음 문제를 해결하세요.**

- 이직의사를 보인 그룹의 특징은 무엇인가?
- 이직의사와 관련된 중요한 특성(속성)은 무엇이라고 생각하는가?

〈컬럼 설명〉

```
city : 구직자가 거주하는 도시
city_development_index : 해당 도시의 개발 지수
gender : 구직자의 성별
relevent_experience : 관련 경험 유무
enrolled_university : 대학원 수업 수강 여부
education_level : 교육 수준
major_discipline : 주 전공 분야
experience : 경력(년 단위)
company_size : 현재 근무 회사의 직원 수
company_type : 현재 근무 회사의 종류
lastnewjob : 직전 직장에서의 근속 기간
training_hours : 수강한 교육 시간
target : 이직 의사 (0: 이직 의사 없음, 1: 이직 의사 있음)
```

```
import pandas as pd
import numpy as np
import matplotlib.pyplot as plt
import seaborn as sns

# 데이터 셋을 불러온다.
df =pd.read_csv('/content/연습문제13-02.csv')

# 데이터프레임의 앞부분을 확인
df.head()

# 결측치 확인
```

```
❶_______________________

# 결측치 제거
❷_______________________

# 데이터 셋 정보 확인
❸_______________________

# 이직을 생각하는 그룹(df['target']==1) 정보를 데이터프레임 df1로 저장
 df1= ❹_______________________

# 이직 의사가 1인 그룹(df1)의 통계량 출력
❺_______________________

#이직 의사가 1인 그룹(df1)의 총 데이터 수 확인
❻_______________________

#이직 의사가 1인 그룹(df1)의 지역별 분포 파악
❼_______________________

#이직 의사가 1인 그룹(df1)의 학력별 분포
❽_______________________

#이직 의사가 1인 그룹(df1)의 경력별 분포
❾_______________________

#이직 의사가 1인 그룹(df1)의 최근 이직시기 분포
❿_______________________

#이직 의사가 1인 그룹(df1)의 현재 근무 회사의 직원 수
⓫_______________________

#이직 의사가 1인 그룹(df1)의 현재 근무 회사의 종류 분포
plt.figure(figsize=(10, 8))
⓬_______________________

#이직 의사가 1인 그룹(df1)의 이전 회사의 근속 기간 분포
plt.figure(figsize=(10, 8))
⓭_______________________

#이직 의사가 1인 그룹(df1)의 성별 분포
⓮_______________________
```

〈실행 결과〉

❶

```
enrollee_id                0
city                       0
city_development_index     0
gender                  4508
relevent_experience        0
enrolled_university      386
```

```
education_level           460
major_discipline         2813
experience                 65
company_size             5938
company_type             6140
last_new_job              423
training_hours              0
target                      0
dtype: int64
```

❸
```
Int64Index: 8955 entries, 1 to 19155
Data columns (total 14 columns):
 #   Column                  Non-Null Count  Dtype
---  ------                  --------------  -----
 0   enrollee_id             8955 non-null   int64
 1   city                    8955 non-null   object
 2   city_development_index  8955 non-null   float64
 3   gender                  8955 non-null   object
 4   relevent_experience     8955 non-null   object
 5   enrolled_university     8955 non-null   object
 6   education_level         8955 non-null   object
 7   major_discipline        8955 non-null   object
 8   experience              8955 non-null   object
 9   company_size            8955 non-null   object
 10  company_type            8955 non-null   object
 11  last_new_job            8955 non-null   object
 12  training_hours          8955 non-null   int64
 13  target                  8955 non-null   float64
dtypes: float64(2), int64(2), object(10)
memory usage: 1.0+ MB
```

❺
```
        enrollee_id   city_development_index   training_hours  target
count   1483.000000              1483.000000      1483.000000  1483.0
mean   17674.367498                 0.734502        63.361430     1.0
std     9805.906835                 0.143301        59.156899     0.0
min        2.000000                 0.448000         2.000000     1.0
25%     9012.000000                 0.624000        22.000000     1.0
50%    19025.000000                 0.624000        46.000000     1.0
75%    26202.000000                 0.915000        84.000000     1.0
max    33373.000000                 0.949000       336.000000     1.0
```

❻ 1483

❼
```
city_21     656
city_103    239
city_16      61
city_114     57
city_11      54
           ...
```

```
city_175      1
city_54       1
city_176      1
city_26       1
city_69       1
Name: city, Length: 90, dtype: int64
```

❽

```
<AxesSubplot:xlabel='education_level', ylabel='count'>
```

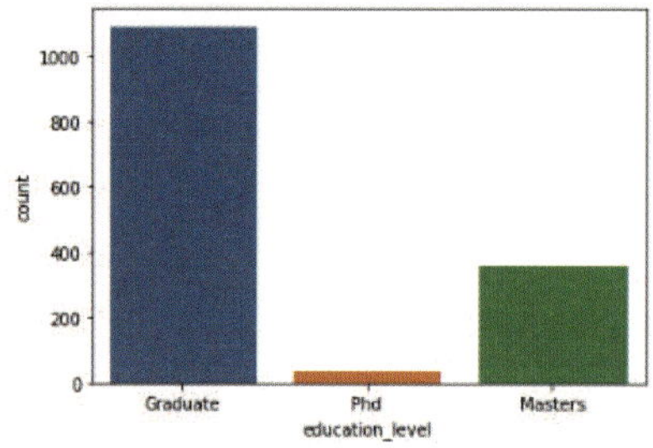

❾

```
<AxesSubplot:xlabel='experience', ylabel='count'>
```

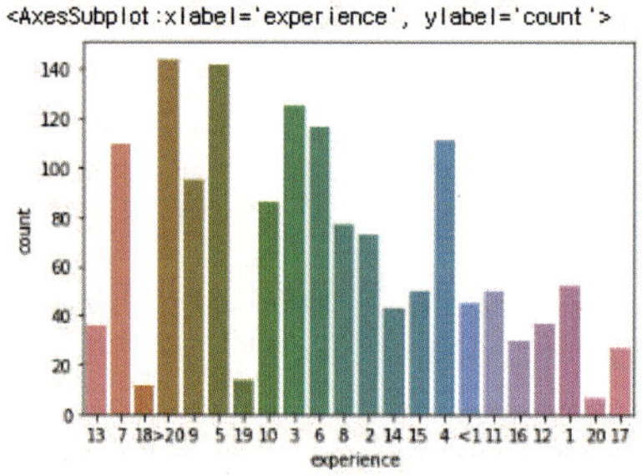

❿

```
<AxesSubplot:xlabel='last_new_job', ylabel='count'>
```

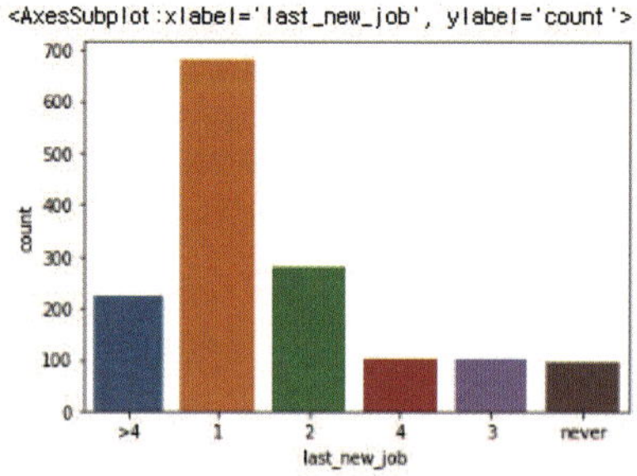

⑪

<AxesSubplot:xlabel='company_size', ylabel='count'>

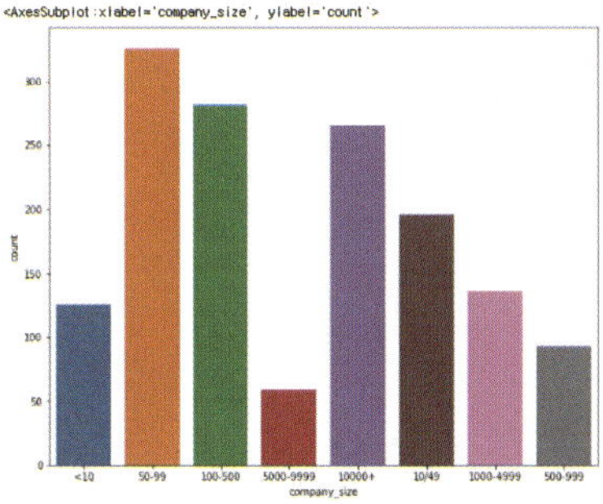

⑫

<AxesSubplot:xlabel='company_type', ylabel='count'>

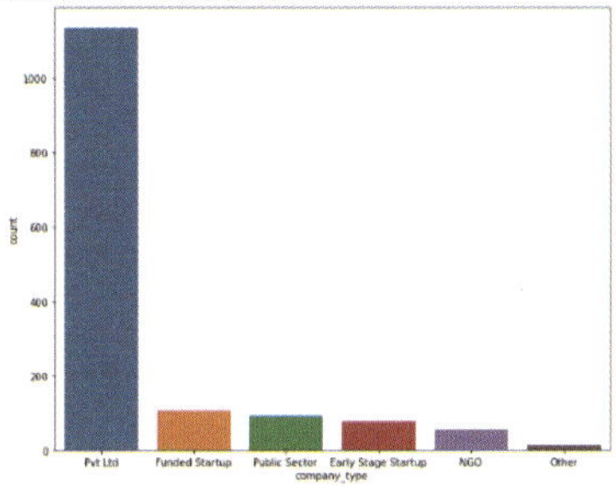

⑬

<AxesSubplot:xlabel='last_new_job', ylabel='count'>

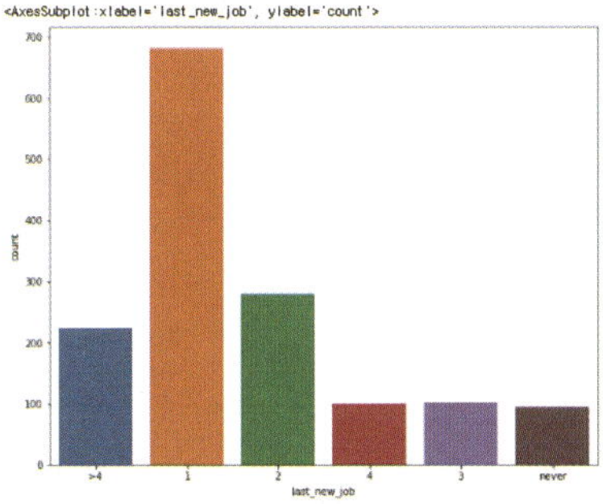

⑭

<AxesSubplot:xlabel='gender', ylabel='count'>

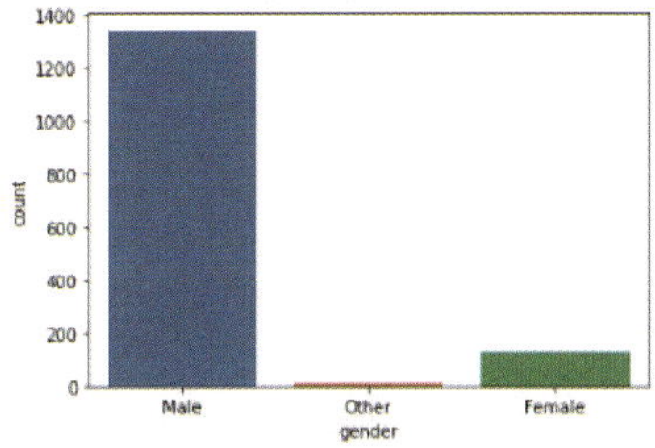

연습 03

시험 결과와 학교 외적 환경요소에 대한 데이터 셋을 불러와 다음 문제를 해결하세요.

- 시험성적이 높은 그룹의 특징은 무엇인가?
- 중요한 특성(속성)은 무엇인가?
- 위 데이터 특성을 분석함으로 알 수 있는 것은 무엇인가?
- 높은 성적을 받기 위해 어떠한 아이디어를 제시할 수 있는가?
- 이 외에 추가적으로 필요한 데이터가 있는가?

〈컬럼 설명〉

```
school : 학생이 등록한 학교 이름
school_setting : 학교 위치
school_type: 학교유형 . 공립(public) 또는 사립(non-public)
teaching_method : 실험학교(experimental) or 일반학교(Standard)
n_student : 한 클래스에 있는 학생 수
student_id : 각 학생의 고유 번호
gneder:학생 성별
lunch : 무료 급식 제공 여부
cs_score : 정보 과목에서 취득한 점수(100점 만점)
```

```
import pandas as pd
import numpy as np
import matplotlib.pyplot as plt
import seaborn as sns

# 데이터 셋을 불러온다.
df =pd.read_csv('/content/연습문제13-03.csv')

# 데이터프레임의 앞부분을 확인한다.
df.head()
```

찾아보기